이화여자대학교 한국문화연구원 해제번역총서

근대 역사 교과서

6

| 저자 |

김상연(金祥演, 1873~?)은 개화기의 관료이자 지식인이다. 본관은 영천(永川)이다. 1899년 관비유학생으로 선발되어 일본에서 유학한 후, 1902년 와세다 대학 경제정치과를 졸업하였다. 1903년 귀국하여 농상공학교(農商工學校) 교관, 법과양성소 교관 등을 역임하였다. 그는 『국가학(國家學)』(1906, 나진 공역술), 『상법총론(商法總論)』 등 주로 정치, 경제 분야에 대한 저역술 활동을 하였다. 그러나 정치개혁을 위해서는 교육진흥이 이루어져야 한다는 생각으로 교육과 관련한 교재 편찬에도 참여하였는데, 『정선만국사』도 그 일환으로 보인다. 이 외에 『신찬보통교육학』 등을 저술하기도 하였다.

| 역자 |

임이랑(林이랑)은 이화여자대학교 사학과를 졸업하고 동대학원에서 석사학위를 받았다. 현재 동대학원 박사과정을 수료하고 이화여대에서 강의하고 있다. 주요 논문으로는 「구한말 국사교과서에 나타난 대외인식 연구」, 「일제시기 신문으로 살펴본 비구니의 활동과 지위」 등이 있다.

이화여자대학교 한국문화연구원 해제번역총서

근대 역사 교과서 6

초판 인쇄 2011년 6월 20일 **초판 발행** 2011년 6월 30일

저자 김상연 **역자** 임이랑 **펴낸이** 박성모 **펴낸곳** 소명출판 **출판등록** 제13-522호

주소 서울시 서초구 서초동 1621-18 란빌딩 1층

전화 02-585-7840 **팩스** 02-585-7848 **전자우편** somyong@korea.com **홈페이지** www.somyong.co.kr

값 22,000원

ISBN 978-89-5626-575-9 94810
ISBN 978-89-5626-569-8 (세트)

이 책은 이화여자대학교의 '2010년 교내특성화사업'의 지원을 받아 출판되었습니다.

이화여자대학교 한국문화연구원 해제번역총서

근대 역사 교과서 6

정선만국사

임이랑

소명출판

발간사

이화여자대학교는 한국의 전문 근대교육기관의 선두주자로서, 한국학 연구에 대한 꾸준한 관심을 기울여 왔습니다. 본교가 2005년 이후 지속적으로 지원하고 있는 '한국학특성화사업'은 한국학 연구의 정체성 확립을 위한 새로운 연구방향을 모색하고자 하는 끊임없는 노력의 일환이라 하겠습니다. 이 사업의 결과물로 출간된 『고서해제』 1, 2권과 한국어 · 역사 · 현대문화 · 예술 분야의 국제화 교재들은 본교의 한국학특성화 사업이 '우리 것에 대한 학문적 성찰'이라는 수렴적 방향과 '우리 것의 세계화'라는 확장적 방향을 동시에 지향하고 있음을 잘 보여주고 있습니다.

한국학 연구자들에게 있어서 가장 절실한 연구의 동력은 새로운 자료의 발견과 그에 대한 해석에서 비롯된다고 알고 있습니다. 따라서 아직 학계에 보고되지 않은 자료를 소장하고 있다는 것은 그 자체로 한국학 연구 분야에서는 대단히 중요한 경쟁력이며, 그것의 발굴 및 해석의 선편을 이끄는 것은 곧 한국학 연구 역량을 획기적으로 확장시킬 수 있는 중요한 관건이 될 것입니다. 그런 의미에서 2010년 특성화사업의 결과로 『이화여자대학교 한국문화연구원 해제번역총서－근대 수신 교과서, 근대 역사 교과서』를 출간하게 된 것은 매우 기쁜 일입니다.

2010년 특성화사업은 본교 소장 고서의 특징적 자료군인 근대 귀중본을 대상으로 해제와 번역, 그리고 원문 영인을 동시에 진행하여 자료에 대한 학문적 접근성과 학술적 가치를 체계적으로 드러내주고 있습니다. 특히 그 중에서도 근대 교과서를 특징적으로 부각시킨 본 총서는 최근 한국학 연구 분야에서 매우 민감한 이슈로 떠오르고 있는 근대성 연구 분야에서 중요한 기초 자료를 제공하고 다양한 연구를 촉발시켜줄 것으로 기대합니다.

1년간의 짧은 사업기간에 알차고 내실 있는 성과를 만들어내기 위해 노력한 많은 분들의 수고가 있었습니다. "한국학 · 한국문화 교육의 국제화 사업단"의 단장으로서 본 사업을 실질적으로 기획하고 추진해주신 전혜영 전 원장님, 자료의 지원을 흔쾌히 해주신 문숙재 전 중앙도서관장님께 특별한 감사를 드립니다. 그리고 한국문화연구원의 모든 관계자 선생님들과 사업의 실무를 담당한 연구원들께도 고마운 마음을 전합니다. 또한 본교의 심화된 한국학 연구 역량을 확인시켜준 교내 번역위원님들과 본 사업에 참여하신 번역 · 교열위원 선생님들 한분 한분께 깊은 감사의 말씀을 전합니다.

앞으로도 "한국문화연구원 해제번역총서" 작업이 계속 순조롭게 진행되기를 바랍니다.

2011년 2월
이화여자대학교 총장
김선욱

서문

한국문화연구원—한국학 · 한국문화 교육의 국제화 사업단에서 추진한 2010년 특성화사업은 이화여대 중앙도서관 소장 근대귀중본 중에서 수신 및 역사 분야의 근대 교과서를 해제 · 번역 · 영인하는 것이다. 이는 이전 고서해제사업 과정에서 특히 그 가치를 높이 인정받아 후속 작업의 필요성이 강하게 제기되었던 본교 소장 근대자료를 최대한 활용하여 이를 체계적으로 정리할 수 있는 학술적 결과물을 만들고자 시도되었다.

2010년 3월 1일부터 시작된 2010년 특성화사업의 경과는 다음과 같다. 먼저 본교 소장 근대서 귀중본의 목록과 범주를 정리하고, 타교나 타 한국학 기관의 소장 및 해제 여부를 확인하는 기초 작업을 진행하였다. 다음 단계로 근대 초기의 시대적 전형성과 이데올로기적 영향력 면에서 학술적 중요성과 의의를 고려하여 근대서 귀중본 중 '수신 · 역사 교과서'류를 사업 대상으로 선정하였다. 이후 전문가를 초빙하여 본교에 소장된 '수신 · 역사 교과서' 자료의 가치와 의의에 대한 감수를 진행하고 그에 의거하여 사업대상 목록을 확정하였으며, 전문 집필진을 구성하여 번역과 해제를 진행하였다.

본 근대 교과서 해제 및 번역 사업은 이화여대 소장 귀중본 자료의 존재와 가치를 학계와 일반 대중 누구에게나 그 내용을 읽고 접할 수 있도록 직접 해제, 번역하고 뒤에 원문까지 영인하여 공간(公刊)한 것이다. 이는 자료의 학문적 인지도와 활용도를 높일 수 있는 가장 효율적인 방식이라고 자부하며, 더욱이 최근 들어 높아지고 있는 근대성 논의에 대한 학계의 높은 관심과 학제간적 연구 경향에 비추어 볼 때, 역사적 가치가 높은 근대 교과서를 해제하고 번역한 본 사업단의 결과물은 학계와 일반의 큰 관심과 반향을 불러일으키기에 충분하다고 판단된다.

『이화여자대학교 한국문화연구원 해제번역총서—근대 수신 교과서, 근대 역사 교과서』의 발간으로 본교에 소장된 귀중한 자료들이 지속적으로 소개되고 연구의 대상으로 주목을 받게 되길 바란다. 또한 본서가 한국의 개화기 및 근대의 역사, 문화적 자료에 관심을 갖고 있는 모든 분들과 학계의 연구자들께 작은 도움이 되었으면 한다. 그동안 본서의 발간을 위해 노력을 아끼지 않은 모든 관계자 여러분께 감사의 마음을 전한다.

2011년 2월

한국문화연구원 원장

최준식

근대계몽기 교과서 해제

허재영

1. 근대계몽기 교과서의 성격

교과서는 '교과용 도서(敎科用圖書)'의 준말이다. 달리 말해 교과(敎科) 운영을 전제로 교육용 재료를 모아 편찬한 책이 교과서이다. 교과서는 한 사회의 교육 이념을 반영할 뿐 아니라 그 사회의 구조 및 지식 발전 정도를 반영한다.

우리나라 최초의 근대식 교과서는 1895년 학부에서 편찬한 『국민소학독본』으로 알려져 있다. 이 시기 한성사범학교령, 소학교령이 공포되고 이에 따라 한성사범학교 규칙과 소학교 교칙이 만들어졌다. 학교령과 학교 규칙에서는 학교 운영에 필요한 교과를 제시하고 해당 교과에서 사용할 수 있는 교과서의 범위를 정해 놓았다.

학제 도입 초기의 교과서 개발은 『국민소학독본』, 『소학독본』, 『신정심상소학』과 같이 학부에 의해 편찬되었다. 그러나 편찬한 종수가 많지 않았고 보급도 활발하지 않았기 때문에 대부분의 학교에서는 『사민필지』(1886~1892년 사이 육영공원 교사였던 헐버트가 지은 지리서), 『서유견문』과 같은 서적이나 『고문진보』, 사서 등의 서적을 교과서로 사용하였다.

그러나 학제가 정비되고 교육에서 교과서가 중요한 의미를 갖게 됨에 따라 좀 더 체계적인 교과서 개발이 이루어지기 시작했다. 엄밀히 말하면 초기의 교과서는 학부 편찬의 교과서와 민간 차원의 저술이 공존했다. 학부대신이 인정한 교과서는 전통적인 한문 고전과 『사민필지』, 『서유견문』 같은 책들이었다. 그렇지만 통감시대에 이르러 교과서 편찬이나 보급 과정에서 학부의 역할이 커져갔는데 이 시대는 을사늑약 이후 일제의 식민 지배가 시작되던 시기로 '교과용 도서 검정 규정' 발포(1908.8)와 같은 교과서 통제가 강하게 이루어졌다. 근대계몽기의 교과서 변화를 두 시기로 나누어 그 특징을 표로 나타내면 다음과 같다.

근대계몽기 교과서 변천사

시기	특징	비고
제1기 (1895~ 1905)	근대식 학제 도입에 따른 교과서 개발기	ㅇ학부 편찬의 교과서 출현 ㅇ개인 저술의 비교적 자유로운 교과서 출현 ㅇ학부대신이 인정한 고전이나 개인 저술
제2기 (1906~ 1910)	통감시대 학정 잠식기의 교과서	ㅇ일본인의 학부 관여 및 교과서 편찬 간섭 ㅇ학부 편찬 교과서를 일본에서 발행함(국어독본, 수신서 등) ㅇ교과용 도서 검정 규정 발포와 교과서 검정 조사 사업 실행 ㅇ일본문(日本文) 교과서 편찬 발행(일어독본, 이과서) ㅇ검정 규정에 따른 검정 교과서의 내용 변질 ㅇ기존의 교과서 가운데 국권회복이나 민지 계발과 무관한 교과서만 인정 ㅇ기존의 교과서 가운데 국권회복이나 민지 계발 등이 들어 있을 경우 불인정 도서로 규정

특히 통감시대 이후 학부의 교과서 편찬은 식민 지배를 전제로 하였기 때문에 이 시기 개발된 『보통학교학도용국어독본』(1907, 일본 도쿄의 대일본주식회사에서 인쇄), 『보통학교학도용일어독본』(1908, 일본 도쿄의 대창서점에서 인쇄), 『보통학교학도용수신서』(1908, 일본 도쿄의 삼성당서점에서

인쇄)는 1910년 강제 병합 이후 병합과 관련된 사항을 수정한 정정본(이 정정본에서 국어는 '조선어'로, '일본어'는 '국어'로 책명을 바꾸었음)을 발행할 수 있었다. 이와 같이 통감시대 교과서 통제 정책으로 인하여 학부에서 인정하지 않은 교과서가 늘어났으며, 검인정을 통과한 교과서의 내용에도 적지 않은 변화가 일어났다. 교과용 도서 검정 규정 이후 해마다 실시된 '교과서 조사 사업'의 결과 1910년의 교과용 도서 가운데 학부 검정을 통과한 교과서는 33종 47책이었으며, 인정 교과는 40개 교과 305종이었다. 이에 비해 교과용 도서로 인정을 받지 못한 도서가 70종, 검정 무효 및 검정 불허가 교과용 도서가 13종이었는데 이들 도서의 대부분은 '수신, 국어, 역사' 관련 교과서였다.

이처럼 근대계몽기의 교과서는 근대식 학제 도입과 전개 과정, 근대 한국 사회의 구조와 역사성, 지식 수입 정도를 반영하는 중요한 자료라고 할 수 있다.

2. 근대계몽기 교과서의 양상과 특징

근대계몽기 교과서는 교과별로 다양한 양상과 특징을 보인다. 1895년 소학교령 발포 당시의 소학교 교과목은 '수신, 독서, 작문, 습자, 산술, 본국지리, 본국역사, 외국지리, 외국역사, 이과, 도화, 체조, 외국어'였는데, 이 가운데 '수신, 독서, 작문, 습자' 교과는 별도의 교과서를 편찬하지 않고 '독본(讀本)' 형태로 개발하였다. 『국민소학독본』(1895, 학부), 『소학독본』(1895, 학부), 『신정심상소학』(1895, 학부)은 모두 소학용 수신 및 독서를 전제로 개발한 교과서이다. 이들 독본류는 과별 편제를 원칙으로 하였으며, 전통적인 수신 윤리와 근대국가의 이념, 서구의 과학 사상, 우화를 중심으로 한 교훈적인 내용 등을 중심으로 하였다.

교과별 교과서의 편찬은 1905년 이후에 본격적으로 이루어졌다. 이 시기 수신과 교과서는 기존의 소학용 독본과는 달리 '수신교과서', 또는 '윤리학교과서'라는 책명을 사용하였다. 이 시기 수신교과서 개발은 대부분 민간 차원에서 이루어졌으며 대표적인 것으로 『윤리학교과서』(1906, 신해영), 『초등윤리학교과서』(1907, 안종화), 『녀자소학슈신서』(1907, 노병희), 『중등수신교과서』(1907, 휘문의숙), 『초등소학수신서』(1908, 유근), 『고등소학수신서』(1908, 휘문의숙), 『초등수신』(1909, 박정동) 등이 있다. 이들 교과서는 개인 저작물로 편제 방식은 과별 편제, 장절식 편제 등 다양한 방식을 취하였으며, 주요 내용은 전통적인 수신 윤리와 근대적 사회 이념 및 국가 윤리를 담고 있다. 다만 1908년 공포된 '교과용 도서 검정 규정' 이후의 교과서에서는 자주 독립을 전제로 한 근대국가 이념은 교과서 통제 정책에 따라 포함될 수 없었다. 이와는 별개로 학부에서 편찬한 『보통학교학도용수신서』(1909, 학부)는 식민 지배를 전제로 만들어진 교과서여서 내용 면에서 개인 저작물과는 차이가 있다. 이 교과서는 강제 병합 직후 일부 내용을 수정한 상태에서 재발행되었다.

역사과 교과서는 근대식 학제 도입 이후 꾸준히 발행되었다. 1895년 학교령 발포 이후 발행된 『조선역사』(1895, 학부), 『조선역대사략』(1895, 학부), 『동국역대사략』(1899, 학부), 『대한역대사략』(1899, 학부) 등은 기존의 역사 편제 방식을 바탕으로 사실 위주의 설명 방식을 취한 학부 편찬의 교과서이며, 『보통학교동국역사』(1899, 현채)는 개인 저작의 교과서이다.

1905년 이후의 역사 교과서 편찬은 을사늑약과 통감부 설치라는 시대 상황에서 개인 차원의 저술이 활발하게 이루어졌다. 이 시기 개인 저술의 교과서는 학교별 수준을 고려하여 '초등', '중등'을 구별하였으며, '본국역사'와 '외국역사'를 구분하여 편찬하였다. 『초등본국역사』(1909, 유근), 『초등대한역사』(1908, 조종만), 『초등대한역사』(1908, 정인호), 『초등본국역사』(1909, 안종화), 『초등대동역사』(1909, 박정동), 『초등본국역사』(1909, 홍사단), 『신찬초등역사』(1910, 유근) 등은 초등용 본국역사를 대상으로 한 교과서이며, 『중등교과 동국사략』(1905, 현채), 『신정동국역사』(1906, 원영의, 유근) 등은 중등용 교과서이다. 또한 초등과 중등을 구분하지 않았지만 『역사집략』(1905, 김택영), 『대동역사』(1905, 최경환), 『대동역사』(1905, 정교), 『보통교과 대동역사략』(1906, 국민교육회), 『대한력사』(1908, 헐버트, 오성근) 등이 편찬되기도 하였다. 외국역사를 대상으로 한 『만국사』(1906, 김상연), 『동양사교과서』(1908, 유옥겸), 『만국사물기원역사』(1909, 장지연), 『서양사교과서』(1910, 유옥겸) 등이 편찬되었다.

지리교과서는 주로 개인 차원에서 개발하였는데 본국지리교과서로는 『대한지지』(1899, 현채), 『대한신지지』(1907, 장지연), 『초등대한지지』(1907, 안종화, 유근), 『초등지리교과서』(1907, 국민교육회), 『최신 고등대한지지』(1909, 정인호), 『중등지문학』(1907, 윤태영), 『신찬지문학』(1907, 민대식), 『초학디지』(1906, 밀러) 등이 있으며, 외국지리교과서로는 『중등만국지지』(주영환, 노재연), 『만국지리』(1907, 황윤덕), 『초등만국지리대요』(1909, 안종화) 등이 있다.

산술, 교육학 등과 관련된 교과서도 다수 편찬되었다. 산술교과서에는 『정선산학』(1908, 남순희), 『신정교과 산학통편』(1908, 이명칠), 『중등교과 산술신서』(1908, 이상설), 『신식 산술교과서』(1908, 이상익) 등이 있으며, 교육학교과서로는 『간명교육학』(1908, 유옥겸), 『신찬 보통교육학』(1908, 김상연), 『보통교육학』(1910, 학부) 등이 있다. 그 밖의 박물학이나 위생학, 기하학, 법제와 경제, 광물, 잠업 등의 특수 분야의 교과서도 다수 편찬되었는데, 1909년(융희 3년) 3월 20일부터 1910년(융희 4년) 7월까지 학부에서 조사한 '교과서 조사 사업'의 결과를 바탕으로 할 때 근대계몽기에 개발 · 보급된 교과서는 대략 440종이 넘을 것으로 추산된다.

3. 이화여자대학교 소장본의 가치

지금까지 근대계몽기 교과서에 대한 기초 연구는 강윤호(1973), 박붕배(1987), 이종국(1992) 등을 통해 이루어져 왔다. 또한 한국교과서연구재단(2000)에서도 전수 조사의 차원에서 근대계몽기 교과서 목록을 작성한 바 있다. 그러나 전수 조사를 목표로 한 앞선 연구에도 불구하고 이 시기 교과서 발행이나 교과서 통제에 대한 체계적인 연구가 충분히 이루어지지는 못했다. 그 주된 이유 가운데 하나는 기초 조사의 차원에서 발행 교과서를 확보하는 일이 쉽지 않았기 때문이다.

이러한 상황에서 이화여자대학교 중앙도서관(이하 중앙도서관)에 소장되어 있는 근대계몽기 교과서는 매우 값진 자료적 가치를 지닌다. 중앙도서관과 이화여자대학교 한국문화연구원의 협력 하에 진행된 조사 결과 이 시기 교과서는 일제강점기를 포함하여 365종에 이른다. 이들 교과서를 교과별로 분류하면 국어 · 일어 · 문학 등의 '어학' 교과서 80종, '역사' 교과서 30종, '지리' 37종, '수신 · 소학 · 윤리서' 36종, '수학 · 산술' 32종, '물리 · 화학 · 과학' 29종, '동식물학' 15종, '생리 · 위생학' 11종, '경제학' 4종, '법학' 4종, '교육학 · 심리학' 6종, '농업 · 광업' 15종, '창가 · 음악' 22종, '가정 · 재봉' 18종, '도화 · 서법' 15종, '박물학 · 기타' 10종으로 나눌 수 있다.

근대계몽기 개발 · 보급되었던 교과서 가운데 이화여자대학교 소장본은 양적으로 방대할 뿐만 아니라 아직까지 학계에 알려지지 않은 것들이 상당수 포함되어 있으므로 이에 대한 체계적인 연구가 시급하다.

4. 번역의 의의

근대계몽기 교과서 연구는 교육학, 국어교육학, 국어학, 국문학, 역사학 등의 모든 분야에 걸쳐 중요한 의미를 갖는다. 교과서의 지식과 언어는 규범적인 성격을 지니므로 그 교과서가 제작된 시대의 사회와 문화를 가장 정확하게 드러내는 자료라고 할 수 있다.

지금까지 근대계몽기의 교과서 연구는 교과서 발행 실태 조사에 그친 경우가 많았고 그나마 전수 조사의 차원에서 교과서의 제작 · 보급 과정을 파악하는 데도 소홀한 면이 있었다. 이와 같은 입장에서 이화여자대학교 소장본의 교과서를 체계적으로 정리하여 번역 · 소개하는 일은 근대계몽기의 문화 사상사를 이해하는 데 중요한 의미를 갖는다. 이 작업은 이 시기의 언어와 문화를 이해하는 실증적인 작업이 될 것이다.

이에 한국문화연구원에서는 이화여자대학교 중앙도서관 소장본 근대계몽기의 수신과와 역사과 교과서 가운데 교육사적 가치가 높은 것을 선별하여 우선적으로 번역을 하였다. 이번에 번역 · 소개하는 교과서는 다음과 같다.

교과	책명	저자 및 편자	발행 연도	출판사
수신 교과	초등여학독본 (初等女學讀本)	이원경 (李源競)	융희 2년(1908)	보문사(普文社)
	초등윤리학교과서 (初等倫理學教科書)	안종화 (安鍾和)	융희 1년(1907)	광학서포(廣學書鋪)
	초등수신교과서 (初等修身教科書)	안종화 (安鍾和)	융희 3년(1909)	광학서포(廣學書鋪)
	고등소학수신서 (高等小學修身書)	휘문의숙 (徽文義塾)	융희 1년(1907)	휘문관(徽文舘)
	초등소학수신서 (初等小學修身書)	유근 (柳瑾)	융희 2년(1908)	광학서포(廣學書鋪)
	보통교육 국민의범 (普通教育國民義範)	진희성 (陳熙星)	융희 2년(1908)	의진사(義進社)
	윤리학교과서 (倫理學教科書)	신해영 (申海永)	융희 2년(1908)	보성관(普成館)
	녀자소학슈신서	노병선 (盧秉鮮)	융희 3년(1909)	박문서관(博文書館)
	초등수신서 (初等修身書)	박정동 (朴晶東)	융희 3년(1909)	동문사(同文社)

	보통교과수신서 (普通教科修身書)	휘문의숙 (徽文義塾)	융희 4년(1910)	휘문관(徽文舘)
	중등수신교과서 (中等修身教科書)	휘문의숙 (徽文義塾)	광무 10년(1906)	휘문관(徽文舘)
역사 교과	정선 만국사 (精選萬國史)	김상연 (金祥演)	광무 10년(1906)	황성신문사 (皇城新聞社)
	초등본국역사 (初等本國歷史)	안종화 (安鍾和)	융희 3년(1909)	광덕서관(廣德書館)
	초등대한역사 (初等大韓歷史)	정인호 (鄭寅虎)	융희 2년(1908)	옥호서림(玉虎書林)
	동양사 교과서 (東洋史 教科書)	유옥겸 (兪鈺兼)	융희 2년(1908)	우문관(右文館)
	보통교과 동국역사 (普通教科東國歷史)	현채 (玄采)	광무 3년(1899)	발행지, 발행자 불명
	중등교과 동국사략 (中等教科東國史略)	현채 (玄采)	광무 10년(1906)	중앙서관(中央書館)
	초등대한력사	조종만	융희 2년(1908)	한양서관
	보통교과 대동역사략 (普通教科大東歷史略)	미상	광무 10년(1906)	대한 국민교육회 (大韓國民教育會)

근대 역사 교과서 해제

강영심(이화여대 한국문화연구원)

1. 근대 교육제도의 도입과 역사 교과서 편찬

구한말은 문호를 개방한 조선이 봉건사회의 개혁을 통한 근대화와 제국주의 열강에 대한 국권수호 란 민족적 당면과제를 해결하려는 다양한 움직임이 모색되었던 시기였다. 당시의 지식인들은 개화운동→개화개혁운동→계몽운동의 맥을 이어가며 근대화와 자주독립을 목표로 민족운동을 전개하였다. 그 중 하나가 근대적 '교육'을 통한 자강운동이며 교육 중에서도 시대인식과 밀접하게 관련된 것이 다름아닌 역사교육이다. 특히 근대적 공교육제도가 출범한 이후 국권이 상실되는 1910년까지의 역사교육은 자국사인식은 물론 근대계몽기 새롭게 대두되는 국민, 국권의식의 형성과 더 나아가 민족의식과 민족정체성의 강화란 측면에서 중요한 문제였다.

또한 1895~1910년 사이에 역사교과목을 위해 편찬된 역사 교과서가 갖는 역사적 의의는 다른 어느 시기보다 크다. 그 이유는 조선후기에 저술된 실학사서 이후의 역사편찬은 바로 1895년의 관찬교과서에서 비롯되었기 때문이다. 일반적으로 사서는 그 시대적 인식 및 사상과 밀접한 관련 속에서 저술되었다는 점을 고려해 볼 때 이 시기에 편찬된 역사 교과서는 시대적 산물이자 당대 역사인식의 결정체라 할 수 있다. 따라서 대한제국시기에 간행된 22종의 국사교과서는 물론 외국 역사 교과서 12종 역시 이 분야 연구에 있어 상당히 중요한 자료임에 틀림없다. 더구나 1895~1910년의 한국사학은 중세사학에서 근대사학으로 발전하기 시작하는 시기이므로 더욱 그러하다.

이러한 격동기의 교육제도는 1894년 갑오개혁에서 새롭게 시작되었다. 사실 1894년 갑오개혁 이전 조선의 교육제도는 성균관, 사학, 향교, 서원 및 서당으로 구성되어 있었으며 고등교육은 성균관에서 담당하고 있었다. 그렇지만 당시 모든 교육기관은 과거(科擧)를 지상목표로 하여 자국사에 대한 학습은 외면한 채 사마천의 『사기(史記)』를 비롯한 『삼국지(三國志)』, 『한서(漢書)』, 『통감(統鑑)』, 『사략(史略)』 등 중국 역사를 읽고 가르치는 것이 역사교육의 실상이었다.

그런데 개항이후 1882년 조선정부는 미국과 조미수호통상조약를 체결한 이후 서양 여러 나라와 국교를 맺게 되면서 신교육의 필요를 절감하고 이를 담당할 교육기관의 설립을 서둘렀다. 그리하여 정부 주도의 관립학교를 세우면서 교육의 내용도 변화되기 시작하였다. 그 외 배재학당, 이화학당 등의 근대식 사립학교도 설립되었으며 새로운 학교교육에 따른 교과과정 및 교과목들이 확정되었고 새로운 교과과정에 역사과목으로 세계역사, 각국역사 등이 개설되었던 것이다.[1]

이후 1894년 조선정부는 갑오개혁을 단행하면서 교육제도도 개혁

---

1 손인수, 『韓國開化教育研究』, 일지사, 1992, 28면.

하였다. 1894년 6월 조선시대의 학무(學務)를 담당하던 예조(禮曹)를 폐지하고, 학무아문(學務衙門)을 신설하여 교육제도의 주관부서를 정비하였으며, 과거제도를 폐지함으로써 신교육제도가 확립되기에 이르렀다. 또한 1895년 2월 고종은 자주독립과 내정개혁의 실시를 주요한 내용으로 하는 '교육조서(敎育詔書)'를 반포하여 교육입국(敎育立國)의 이상을 천명하였다. 고종은 교육조서반포 이후 교육담당 부서가 학무아문임에도 불구하고 내무아문에서까지 "인민은 먼저 본국사와 본국문(本國文)을 가르칠 것"[2]이라고 특별히 역사교육의 필요성에 대한 훈시를 통해 교육의 방향을 강조하고 있다. 이 조서는 교육에 의해 나라를 정립하겠다는 교육입국의 의지를 천명한 것으로, 근대식 학제를 성립시킬 수 있는 계기가 마련되었다.

드디어 1895년 4월에 교사양성을 목적으로 하는 한성사범학교관제(漢城師範學校官制)를 공포하였는데 이것이 우리나라 최초의 근대식 학교 법규였다. 그 뒤 정부는 1895년 5월에 외국어학교 관제를 제정하고 외국어학교(外國語學校)를 설립하였다. 또한 1895년 학무아문이 학부로 재편된 후 1895년 7월 19일 '소학교령(小學校令)'을 공포하고 국고에 의해 서울의 수하동, 재동, 저동 등에 관립소학교를 설립하였으며, 이후 공립소학교와 사립소학교도 전국적으로 설립되어 비로소 초등교육이 가능해졌다. 뒤이어 1889년 4월 공포된 중학교관제에 의해 처음 중학교도 설립되었다.

앞서 1895년에 발표된 각급 학교령에는 학과정도표(교과과정표)도

---

2 『高宗實錄』, 33권, 1895.3월 초, 10일조.

포함되어 있으며 학과목 중에는 '본국역사(本國歷史)'란 과목의 국사교과와 '외국역사'가 역사교과에서 교수되도록 규정하고 있다.[3] 예컨대 한성사범학교에서는 본과(2년과정)의 역사과목은 '본국역사 및 만국역사'로, 속성과(6개월과정)는 '본국역사 및 만국역사대요'란 역사교과과정으로 개설되었다. 또한 관립외국어학교의 교과과정에서는 역사로 '본국역사'를 별도로 두어 자국사를 더 중시한 것이다. 관립소학교의 경우 3년의 심상과(尋常科)와 2~3년의 고등과로 구분된 수업연한 중 심상과에서는 역사로 '본국역사'(선택)를, 고등과에서는 '본국역사'(필수)와 '외국역사'(선택)가 역사과목으로 규정되었다. 그 외에 전통적인 고등교육기관인 성균관의 경학과(經學科)에서도 '본국 및 만국역사'가 교수되도록 경학과규칙을 발표하여 역사교육의 강화에 주력하였다. 그런데 1895년 4월 19일에 발표된 한성사범학교의 학생 모집광고에서는 속성과(速成科)의 입학시험 중 조선역사와 지리가 포함되어 그 과목의 비중을 짐작케 한다.

한성사범학교에서 제시한 '교과목과 교수내용 및 유의점'에 대한 조항 중 특히 본국역사에 관한 내용을 보면, 당시 국가에서 의도하였던 역사교육은 국민된 지조(志操)를 기르는 것, 즉 국민된 긍지를 지니고 국가발전에 대한 자신을 갖도록 함에 그 목적을 두었음을 간파할 수 있다.[4]

한편 민간에서 설립한 사학(私學)은 그 건학정신(建學精神)을 민족주의

---

3 개국 504년 7월 22일, 勅令 제145호 「小學校令」 제8~10조(官報 제119호); 동년 7월 24일, 學部令 제1호 「漢城師範學校規則」(官報 제121호); 동년 8월 9일, 學部令 제2호 「成均館經學院規則」(官報 제135호) 참조.

4 「漢城師範學校規則」 참조.

에 토대를 두고 있었기 때문에 거의 모든 학교에서 국사교육이 이루어졌다. 1898년에 설립된 광흥학교, 한성의숙은 물론 민영환(閔泳煥), 정교(鄭喬) 등이 발기한 홍화학교, 시무학교, 상업전문의 광성학교, 한성법학교, 보성학교 등과 지방 대다수의 사립학교에서 역사가 주요과목으로 교수되었을 뿐 아니라 입학시험의 시험과목 중에 본국사가 포함되었던 것이다. 그 외에 이화학당은 역사가 정규과목으로 개설되었고, 배재학당도 세계역사, 한국역사, 일본역사, 중국역사 등을 교수하였다.

이처럼 역사과목을 중요시한 교과과정은 1906년 통감부설치 후 통감정치의 통제 하에서 실시된 학제개편에 따라 변화를 겪게 되었다.

1906년 이후 개편된 역사과목의 교과과정은 본국역사와 외국역사의 구별을 없애 자국사 과목의 중요성을 희석시켰으며, 역사과목의 시간수도 축소하는 방향으로 왜곡 편성되었다. 우선 소학교를 개편해 4년제로 신설한 보통학교의 경우 역사과목으로 통합하여 자국사개념을 배제시켰다. 이러한 양상은 시간이 지날수록 더욱 강화되어 1909년의 학제 개편에서는 지리와 역사를 한 과목으로 통합시켜 '지리역사'로 명하여 역사과목의 독립성을 제거하였을 뿐 아니라 아예 주당 과목시간 배정도 없애버렸던 것이다. 즉, 보통학교 1, 2학년은 '본국역사 · 지리의 대요(大要)'를 3, 4학년은 '본국역사 · 본국 및 외국지리의 대요'라는 과목명은 두고 있으나 수업시간을 배정하지 않았던 것이다. 이러한 역사와 지리과목의 통합은 다른 학교에서도 동일하였다. 1908년에 신설된 고등여학교에서도 역시 '역사지리'과목에 1주당 1~2시간을 배정하였지만, 1909년의 개편에 따라 과목명만 남기고 그나마 교과시간을 배정하지 않았다.[5] 일제의 학제개편이 조선을 식민지화하는 과정에서 세계관, 시대관, 현실인식을 가르치는 역사과목과 민족의식을 강화하고 항일의식을 심어주는 자국사를 학교교육에서 의도적으로 제외시키려 했던 식민지교육방침의 일환이었음은 짐작하고도 남는다.

전술한 바대로 조선정부가 추진한 새로운 학제 및 교과과정이 정비되자 무엇보다도 각 과목의 교재편찬에 착수하였으며, 학부의 담당자를 중심으로 역사 교과서의 편찬도 서둘렀다. 그러나 당시의 상황은 근대교육을 주관해 갈 인적, 물적자원의 부족은 물론 교과서편찬의 경험이 없었을 뿐 더러 새로운 국사교육의 교재개발을 위한 본국역사에 대한 통사적 서술작업은 더욱 어려운 문제가 아닐 수 없었다. 그러므로 근대교과서 편찬의 경험이 있던 일본의 선례가 참작되거나 일인의 참여 하에 교과서편찬 작업이 진행된 것은 당시의 상황에서는 불가피한 선택이었다. 예컨대 1895년 5월 24일 외부(外部)에서 주일공사관에 사범학교 및 소학교 교과서 편찬참고용으로 일본의 각종 교과서를 보내줄 것을 훈령한 것이 그 중 하나다. 이후 편찬된 최초의 국어교과서인 『심상소학(尋常小學)』과 최초의 교육학 교과서 『신찬교육학(新撰敎育學)』은 일본인의 협력과 참여로 비로소 만들 수 있었던 것이다. 이 시기 교육근대화를 위한 조선인의 주체적 역량이 부족한 데 더하여 일제의 침략적 간섭 하에 진행된 교육개혁은 출발부터 자주성을 크게 손상시키는 한계성을 지니고 있었다.[6]

5 「私立學校規則」 제2장 학과과정 및 교수시수 제10, 13, 14조. 강윤호, 『개화기의 교과용도서』, 교육출판사, 1973, 42~49면 참조.

6 박걸순, 「韓末 學部 편찬 사서와 그 역사인식」, 『충북사학』 5집, 2000.

교과서편찬사업의 주무부서인 학부는 1895년 3월에 교과용도서의 번역과 편찬 등을 담당할 편집국을 설치하고 교과서 편찬에 착수하였다. 마침내 1895년 10월경 최초의 관찬 역사 교과서 『조선역사(朝鮮歷史)』가 국한문 혼용체로 간행되었고, 이어 『조선역대사략(朝鮮歷代史略)』과 『조선략사(朝鮮略史)』가 편찬되었다.[7] 3책이 비슷한 시기에 출간된 점으로 미루어 보건대, 학부에서 『조선역사』와 『조선역대사략』을 간행하였지만 그 내용이 너무 어려워 초등학교 입문용으로 쉽게 풀어 서술한 『조선략사』를 편찬한 것으로 추측된다.

이후 학부는 이 사서를 보충하여 1899년에 『동국역대사략(東國歷代史略)』, 속간본인 『대한역대사략(大韓歷代史略)』 및 국한문혼용의 『보통교과 동국역사(普通教科東國歷史)』를 편찬하였다.

이 시기 이후의 역사 교과서는 학부보다는 일반인이나 계몽 단체에 의해서 간행되는 경향으로 전환되었다. 그런데 역사 교과서 편찬에서 나타난 변화는 편찬주체에 그치는 것이 아니라 역사 교과서의 서술방식이나 그 내용에도 나타나기 시작하였다. 즉 교과서 서술문체에서 순한문은 거의 사라지고 국한문 또는 순한글로 정착되었던 점이 주목된다. 또한 전근대적인 왕조중심의 편년체 서술을 하면서도 통사를 고대―중세―근대로 시대를 구분하여 기술하는 '신사체(新史體)'가 등장하고 있어 역사 서술 방법론상의 변화도 보인다.

그런데 조선정부의 의도 하에 진행되었던 교과서편찬사업은 1905년 을사조약체결이후 일제의 통감부가 설치되고 학제 개편이 본격화

---

7 金興洙, 「歷史教科書 및 歷史 圖書의 편찬과 內容」, 『韓國近代歷史教育研究』, 삼영사, 1990, 121면.

되면서 일제 주도의 교과서통제정책으로 전환되었다. 즉 1904년 제1차 한일의정서(韓日議定書)가 체결되고 1905년 제2차 한일협약(韓日協約)이 조인되어 학부참여관(學部參與官)이 부임하자 기존의 한국인위주 교육정책에서 자주적 성격이 크게 약화되었다. 특히 1905년 2월 일본정부의 추천으로 일인관리가 학부 고문관격인 학부참여관으로 임명되자 일본의 한국교육에 대한 간섭이 노골화되었다. 통감부는 1905년부터 학부 편집국을 일인 학부참여관의 지도 감독 하에 두고 교과서에 대한 일정한 제한을 두기 시작하였다. 우선 1906년 각급 학교령을 공포하고 여기에 각 학교의 '교과서사용규정'을 포함시켰다. 이시기 학부의 교과서정책은 교과용도서 번역, 편찬, 검정에 대한 통제가 주된 방향이었으며, 궁극적으로 조선을 강제로 병합할 경우를 전제로 한 성격의 조치였던 것이다.

뒤이어 통감부는 1908년 8월 '사립학교령(私立學校令)'과 '교과용도서검정규정(教科用圖書檢定規程)'을 발표하고 본격적으로 교과서 내용에 대한 간섭과 통제를 가하였다. 사립학교령에 의하면 사립학교를 설립할 때는 학부대신의 인가를 얻어야 하며 인가 신청시 교과용도서명도 제시하도록 규제한 것이다. 즉 '교과용도서검정규정'은 모든 교과용도서가 학부대신의 검정을 받도록 압박한 것이므로 사립학교에도 그대로 적용되어 사립학교의 교육이 통감부의 통제 하에 놓이게 되었다.

1910년 5월말의 교과용도서검정 상황을 보면 역사는 16부가 출원하여 6부만이 인가(불인가 3부, 조사 중 7부)되었으며, 인가상황도 역사는 19부가 출원하여 7부만이 인가되고 있어 큰 제약을 받고 있음을 알 수 있다. 1911년 말 검정된 교과서는 유옥겸의 『동양사교과서(東洋史教科

書)』, 『서양사교과서(西洋史教科書)』, 박정동의 『초등대동역사(初等大東歷史)』, 『초등본국략사(初等本國略史)』, 안종화(安鍾和)의 『초등본국역사(初等本國歷史)』, 유근(柳瑾)의 『신찬초등역사(新撰初等歷史)』로 국사교과서는 고작 4종에 불과하였다. 이는 모두 초등용으로 일제의 조선사왜곡 및 조선인우민화정책의 산물인 바, 특히 한일관계의 기술에서 일본의 우월성을 인정하고 일본이 조선의 근대화와 독립을 위해 노력하고 있다고 서술한 것이 공통된 특징이다. 불인가된 역사 교과서는 국사 9종과 세계사 12종 등 총 21종에 달하였다. 이로써 민족사서는 물론 학부, 문부성 및 일인이 편찬한 다수 도서까지 인가하지 않고 있는데 이는 강제병탄 이후 일제의 식민지배가 강경해져 감을 반영하는 것이다.

근대교육제가 시행된 1895년부터 1910년까지 편찬된 역사 교과서를 국사와 외국역사로 정리한 것이 아래의 표1과 표2이다.

표1 1895~1910년간 편찬된 국사교과서

	교과서명	편집자	연도	대상시대	체제	기타	책수
1	조선역사 (朝鮮歷史)	학부	1895	단군~조선	편년 국한문	최초의국사교과서, 최초국한문, 건국기원사용, 초등용	3권3책
2	조선역대사략 (朝鮮歷代史略)	학부	1895	단군~조선	편년 한문	고등용	3권3책
3	조선략사 (朝鮮略史)	학부	1895	단군~조선	신사체 국한문	1, 2를합쳐 쉽게 초등용	5권2책
4	동국역대사략 (東國歷代史略)	학부	1899	단군~고려	편년 한문	중(고)등용, 95년보다 정돈	6권3책
5	대한역대사략 (大韓歷代史略)	학부	1899	조선	편년 한문	중(고)등용	2권2책
6	보통교과 동국역사 (普通教科東國歷史)	학부	1899	단군~고려	편년 국한문	중등용 동국역대사략을 초등용으로, 문예 추가 역사총체적 파악 노력, 후일 중등교과동국사략의 기초됨	5권2책
7	역사집략 (歷史輯略)	김택영 (金澤榮)	1905	단군~고려	편년 한문	고등용, 관학 대표한 사찬	1권2책

8	대동역사 (大東歷史)	최경환 (崔景煥)	1905	단군~마한	편년 한문	독립협회 간행 (1896년 필사본을 출판)	5권2책
9	대동역사 (大東歷史)	정교 (鄭 喬)	1905	신라	편년 한문	중등이상, 독립협회 간행	12권4책
10	중등교과동국사략 (中等教科東國史略)	현채 (玄 采)	1906	고대~조선	신사체 국한문	하야시의 『조선사』 역술, 사립중등용, 학부불인가	4권2책
11	보통교과 대동역사략 (普通教科大東歷史略)	국민교육회	1906	단군~고려	편년 국한문	초등용, 계몽주의사서	7권1책
12	신정동국역사 (新訂東國歷史)	원영의 (元泳義), 유근(柳瑾)	1906	단군~고려	편년 국한문	초등용, 계몽주의사서	2권2책
13	초등대한역사 (初等大韓歷史)	정인호 (鄭寅琥)	1908	고대~조선	신사체	사립초등용, 학부불인가	1책
14	대한력ᄉᆞ(상)	헐버트, 오성근 (吳聖根)	1908	단군~고려	편년 한글	선교계 대동역사번역 교회나 선교계학교용	1책
15	초등본국역사 (初等本國歷史)	유근	1908	상고~조선	신사체 국한문	사립초등용, 학부인가	1책
16	초등대한력ᄉᆞ	조종만	1908	상고~조선	신사체 한글	초등용	1책
17	초등본국역사 (初等本國歷史)	안종화 (安鍾和)	1909	상고~조선	신사체 국한문	사립초등용, 학부검정	1책
18	초등본국략사 (初等本國略史)	홍사단	1909	단군~조선	신사체 국한문	사립초등용, 학부검정	2권2책
19	초등대동역사 (初等大東歷史)	박정동 (朴晶東)	1909	단군~조선	신사체 국한문	사립초등용, 학부검정	1책
20	대동청사 (大東青史)	황의돈 (黃義敦)	1909	단군~	신사체 국한문	북간도 명동학교교재	1책
21	신찬초등역사 (新撰初等歷史)	유근	1910	단군~조선	편년 국한문	사립초등용, 학부검정	3권3책
22	국조사 (國朝史)	원영의	1910	조선	편년 국한문	해외민족학교 교재용, 『신정동국역사』의 속편인 듯, 의병, 구국운동, 일제침략 기술	1책

표2 1895년~1910년 간 편찬된 외국 역사 교과서

교과서명	편집자	연도	교과서명	편집자	연도
만국략사 (萬國略史) 상권	학부	1895	미국독립사 (美國獨立史)	황성신문사 서양서일역본 번역	1899
중일략사론 (中日略史論)	학부[輯譯]	1898	파란말년전사 (波蘭末年戰史)	어용선(漁瑢善)	1899
태서신사 (泰西新史)	학부	1897	만국사기 (萬國史記)	학부	1905
아국략사 (俄國略史)	학부	1897	중등동양사 (中等東洋史)	유옥겸(兪鈺兼)	1908
중국략사론 (中國略史編)	학부	1898	동양사교과서 (東洋史敎科書)	유옥겸	1908
중동전기 (中東戰記)	현채중역	1899	정선만국사 (精選萬國史)	김상인	1908
애급근대사 (埃及近代史)	황성신문사	1899	서양사교과서 (西洋史敎科書)	유옥겸	1910

2. 근대 역사 교과서의 특징과 양상

구한말 역사 교과서는 그 편찬정책과 구성방식에 따라 크게 3시기로 나눌 수 있다. 제1기는 1895년~1904년까지 제2기는 1905년~1907년까지 제3기는 1908년~1910년까지로 구분해 볼 수 있다. 각 시기구분은 일제의 조선에 대한 지배력강화의 정도를 기준으로 하여 1905년 을사조약체결과 통감정치시행, 그리고 1907년 차관정치실시를 각 시기 구분의 분기점으로 설정하였다.

우선 역사 교과서 저술에 참여한 사람들을 살피면, 김택영, 현채와

같은 학부관리, 보성중학교 교사 원영의, 대한매일신보의 유근, 관립 소학교 교원 박정동, 독립협회의 정교, 흥사단, 국민교육회 등 인텔리 중산층으로서 민중계몽의 전위적 지도자들이었고, 실재 교단에서 교수한 경험이 있는 사람들이 많았고 언론에 관여했던 인사들의 결사가 주축이 되고 있음을 알 수 있다. 그 외 정인호와 조종만은 옥호서림(玉虎書林)과 한양서관(漢陽書館)을 각각 운영하던 출판사경영인이었으며 외국 역사 교과서의 저자로 법률역사교수인 유옥겸과 일본유학파 김상인을 꼽을 수 있다. 그러나 이들은 전문적이고 근대적인 역사교육을 받지 못했지만 학부, 혹은 출판사의 번역원으로 종사하는 과정에서 교과서 편찬의 중요성에 대한 자각을 계기로 저사(著史)에 참여한 경우가 많다. 따라서 이들의 역사인식과 서술에는 일정한 한계가 있다. 즉 일제침략의 본질을 간과하고 무비판적으로 식민사학을 수용한 다든가 서술내용의 오류, 역사 서술 방법론상의 전근대성 등이 지적될 수 있을 것이다. 그 중 학부관리였던 김택영과 현채의 경우 저자의 학문적 기반에 따라 교과서의 성격이 결정되는 양상을 확인할 수 있다. 김택영은 전통적인 유학자의 입장에서 저술한 교과서 모두 한문본, 편년체로 정통론과 문헌고증을 중시한 역사인식에 입각해 중국연호를 고집하고 있어 전통적 역사 서술의 한계를 벗어나지 못하고 있다. 게다가 단군조선을 부인한 그가 근대적 역사방법론을 무리하게 도입하면서 일본학자의 식민사학을 수용해 한국사서술에 왜곡된 한국사상(韓國史像)을 덧입히는 전형(典型)이 되는 우를 범하고 말았다.

한편 현채는 역관출신으로 다양한 외국서적을 접할 수 있는 기회가 많아서인지 23종에 달하는 역, 저서를 출판하는 등 새로운 학문을 신속하게 받아들였다. 그 결과 김택영 보다는 앞서서 근대적 역사 서술 체제를 교과서편찬에 적용해 이후 역사 교과서편찬에 영향을 끼쳤던 인물이었다.

다음으로 각 시기별 교과서의 특징을 살펴보자. 제1기(1895~1904)의 국사교과서는 모두 6종으로 학부에서 만든 관찬사서였으며, 그 체제는 1종을 제외한 나머지 5종 모두가 편년체였다.(표1 참조) 교과서 모두가 단군에서 조선까지를 서술하였다. 물론 『보통교과 동국역사』는 고려까지 서술하였지만 원래 계획에서는 조선까지를 대상으로 하였던 것인데 고려까지 서술하고 중단되었다고 전해진다. 그 중 『조선역사』는 최초의 국한문 국사교과서였다는 점과 최초로 개국기원을 사용해 독립의식을 표현했으며 이후 교과서의 방향을 제시한 것에서 그 의의가 크다. 1899년에 간행된 『대한역대사략』에서 '대한'이라는 명칭이 처음 등장하였는데 이는 대한제국의 출범에 따른 변화라 보인다. 이후 제2기와 제3기에서 '대한'이 접두된 역사 교과서는 모두 이 책에서 그 제목을 취했다고 하겠다. 『보통교과 동국역사』에서는 단군조선의 위치를 격상시켜 단군조선에 대한 자주적 인식이 확대되는 서술로 변화하였다는 점이 주목된다.

이시기 외국 역사 교과서도 역시 다수가 학부에서 편찬되었으며 그 외 황성신문사가 출간한 책도 있었다. 최초의 책은 『만국략사 상권』 그 외 중국, 러시아, 이집트역사 및 미국의 독립을 다루고 있다. 대부분 약소국의 역사나 흥망사 및 제국주의 식민지가 된 나라의 역사를 다루고 있어, 당시 애국심을 기르고 국가를 지켜내야 한다는 정신을 고취시키려는 역사교육의 특성이 잘 드러나고 있다.

제2기(1905~1907)의 국사교과서는 제1기와 달리 사찬이 등장하였으며 1905년에 간행된 3종은 모두 한문본이었다. 전체 6종 중 현채의 『중등교과동국사략』은 일본의 하야시 다이스케[林泰輔]가 취한 시대구분법을 도입하여 통사를 태고(太古)—상고(上古)—중고(中古)—근세(近世)로 시대를 구분하여 기술하는 '신사체(新史體)'로 구성되었으며 나머지는 모두 편년체 서술이다. 서술대상 시기를 살피면 현채의 교과서를 제외한 5종은 단군—고려(신라)까지만 다룬 채 당대사를 제외시켜 당시 민족의 현실문제 해결을 외면했다고 비판받고 있다. 또한 『역사집략』은 일본의 식민사학을 무비판적으로 수용해 임나일본부설과 신공황후의 신라 침공설을 조선역사에 서술하여 식민사학의 전형이 되었다. 또한 현채의 『동국사략』은 일본국수주의 국학에 의해 서술한 하야시 다이스케의 『조선사』를 역술하였으니 제국주의적 식민사학의 역사인식으로 국사교과서를 구성한 모양새가 되었다. 뒤이은 제3기의 교과서 모두 이 『동국사략』의 체제를 따랐으니 그 영향을 짐작케 한다. 이 시기의 외국 역사 교과서는 학부에서 편찬된 『만국사기』로 동서양 만국의 고금역사를 국한문으로 편찬한 책으로 문명의 발달에 주안점을 두었다.

제3기(1908~1910)의 교과서는 일제의 교과서통제정책 하에서 편찬된 까닭에 민족적 의미나 자주성을 띤 내용을 담을 수 없다는 한계를 안고 간행된 것으로 대다수 사찬이었다. 초등용 교과서인 탓에 분량도 적고 간략하게 국한문으로 단군—조선까지 서술하면서도 대부분 강화도조약 이후의 역사적 사실은 다루지 않거나 소략하게 처리해 버려 역사 교과서의 역할을 소홀히 하고 있다. 이시기 교과서는 『동국사략』의 신사체인 태고—상고—중고—근세 등의 시기구분을 적용하는 경우가 일반적인 경향이다. 그중에서 정인호의 『초등대한역사』는 37종의 삽화와 2종의 역사지도를 삽입하여 학생들에게 시각자료를 제공한 특징적인 교과서였다. 또한 이 책은 다른 교과서와 달리 개항 이후의 시기에 대한 많은 분량을 할애하여 다양한 민족운동에 대한 기사와 반일조의 서술 등을 포함시켰으므로 이시기 유일하게 불인가판정을 받았던 국사교과서가 되었던 것이다.

제3기의 외국 역사 교과서는 앞선 시기와 달리 '동양사' 혹은 '서양사'교과서란 명칭을 채택하고 있어 일제의 교과서통제정책의 영향을 드러내고 그 내용에서도 역시 일본중심적인 성향이 강했다. 역사 서술 방식에서도 고대사—중세사—근세사라는 시대 구분을 채택하여 신사체를 도입했다는 점이 주목된다. 또한 중국 중심의 외국사에서 벗어나 인식의 대상을 확대하여 세계 각 지역의 여러나라를 대상으로 서술하였으며 문명사에 관한 내용이 많았다는 것은 근대문화에 대한 인식과 더불어 당대 지식인의 역사인식의 시야가 확대되고 있다는 것을 의미한다. 종래의 정치사, 제도사만이 아니라 대외관계사, 학술사, 종교사까지 서술하여 역사적 인식의 폭을 확대시킨 점은 특징적이다.

3 .이화여대 소장본 '근대 역사 교과서'의 가치와 번역의 의의

구한말의 역사인식을 대변하는 역사 교과서 중 이화여대 도서관에 소장된 책을 선별하여 각 시기의 대표적인 역사 교과서 9종을 번역 · 해제하였다. 제1기는 학부의 『보통교과 동국역사』, 제2기는 현채의 『중등교과동국사략』과 국민교육회의 『보통교과 대동역사략』을 선정하였다. 또한 제3기는 정인호의 『초등대한역사』, 조종만의 『초등대한력ᄉ』, 안종화의 『초등본국역사』 등 초등용 국사교과서와 유옥겸의 『동양사교과서』, 김상인의 『정선만국사』 등 외국 역사 교과서를 각각 선정하였다.

이화여자대학교 도서관에는 이번에 번역 · 해제되는 9권의 역사 교과서를 포함하여 다양한 종류의 구한말 근대교과서가 소장되어 있다. 개화기 이후 국민교육 체제가 확립되는 과정에서 기독교 선교사들이 설립한 사립선교학교와 민족학교가 차지하는 위치나 역할은 자못 컸다. 예컨대 기독교 선교사들이 중심이 되어 설립한 이화전문학교는 이화여자대학교로 발전하여 현재 우리나라 여성교육의 중심축 역할을 넘어서서 글로벌이화를 추구하며 세계 속의 여자교육의 메카로 발돋움하고 있다. 이같은 대학의 역할에 걸맞게 이화여대 도서관은 개화기와 대한제국기, 일제 식민지 통치기의 역사 교과서를 비롯해 각종 근대교과서 및 다양한 자료를 수집해서 장기간 소장하고 있어 좋은 자료의 보고로서의 역할을 평가받을 만하다.

이번에 번역되는 역사 교과서들은 물론 이화여대 도서관에만 소장되어 있는 것은 아니다. 그러나 이화여대 소장본은 보존 상태가 양호하여 이 분야 연구에 기초가 되는 양질의 자료로 활용될 충분한 가치가 있다고 판단된다. 그러므로 이번 번역대상으로 선정된 역사 교과서 이외에도 반드시 번역하고 연구해야 할 귀중한 자료들이 적지 않으므로 한국학 관련기관과 연구자들에게 문호를 개방하는 방안을 모색해 보는 것이 바람직하다.

근대 역사 교과서의 번역과 해제를 통하여 도서관에 소장된 중요한 역사 교과서 일부가 공개되어 이 분야에서의 연구와 역사교육분야에 교육 자료로 활용할 수 있게 되었다. 또한 이를 토대로 개화기와 근대의 교육에 관한 연구가 활성화되는 계기가 마련되었다는 점도 주목할 만한 성과다. 아울러 현재 우리가 해결해 나가야 할 난제들을 인식할 수 있는 준거는 물론 바람직한 대응방법을 찾아가는 데 좋은 참고 자료로서의 역할도 충실히 완수할 것이라 생각된다.

근대 역사 교과서 번역은 원문에 충실한 직역을 원칙으로 하면서도 현재 우리말 수준에서 이해할 수 있는 글로 다듬었다. 또한 현재의 관점에서 이해할 수 있도록 재해석하는 과정을 거쳤으므로 단순한 역사적 자료로서 과거 교과서를 확인하는 정도를 넘어서서 우리 역사교육의 좌표와 지향점을 찾는 과정에서도 중요한 시사점을 줄 것이다. 각 역사 교과서 번역자들의 문투를 존중하면서도 전문가들의 치밀한 감수 과정을 거쳤으므로 가독력이나 완성도 측면에서도 일정한 완결성을 갖추고 있는 점도 이번 번역본의 장점으로 꼽을 수 있다. 특히 교육현장의 역사 교사들이 적극적으로 수업자료로 활용하여 학생들이 이 교과서를 통해 구한말의 학생들과 혹시 당대의 지식인들과 대화하며 서로의 역사의식을 논할 수 있는 통로 역할을 해줄 수 있기를 기대한다.

참고문헌

손인수, 『韓國開化教育研究』, 일지사, 1981.

김홍수, 『韓國近代歷史教育研究』, 삼영사, 1990.

한기언, 『日帝의 教科書政策에 관한 研究』, 한국정신문화연구원, 1993.

조동걸 외, 『한국의 역사가와 역사학』, 창작과 비평사, 1994.

박걸순, 『韓國近代史學史研究』, 국학자료원, 1998.

김여칠, 「開化期 國史教科書의 歷史認識」, 단국대학교 박사학위논문, 1985.

홍영백, 「한말세계사 관계사서의 내용과 그 한계」, 『素軒南都泳博士華甲紀念史學論叢』, 1982.

조동걸, 「한말사서와 그의 계몽주의적 허실(상)」, 『한국독립운동사연구』 제1집, 독립기념관 한국독립운동사연구소, 1987.

조동걸, 「한말사서와 그의 계몽주의적 허실(하)」, 『한국학논총』 10, 국민대학교 한국학연구소, 1988.

정선만국사 해제

임이랑

1. 저자

『정선만국사』의 편찬자 김상연(金祥演)은 1873년 영천(永川)에서 태어났다. 1898년 관비유학생으로 선발되어 1899년부터 1902년까지 일본 와세다 대학에서 정치외교학을 전공하였다. 1903년 귀국하여 다음 해에는 농상공학교(農商工學校) 교관으로 부임하였다가 1906년에는 법관양성소의 교관으로 재직하는 한편 법학과 경제학 관련 책을 여러 권 펴냈다. 그렇다면 1906년 역술한 『정선만국사』는 저자 자신의 전문 영역을 벗어난 셈인데, 저자는 서문에서 이 책을 찬술한 이유에 대하여 국내의 외국사 교과서가 내용이 서로 다르고 정리가 되어 있지 않아 외국에 가 있는 동안에 열람하였던 내용을 추려 모아 펴낸 것이라 하였다.

김상연은 '대한구락부', '기호흥학회' 등 애국계몽단체에 가입하여 정치개혁과 교육진흥을 목표로 활동하였다. 그는 정치개혁과 교육을 통해서만이 자강을 이룰 수 있다고 생각했으며 근대화를 이루기 위해서는 문명화가 이루어져야 한다고 믿었다. 따라서 그는 당시 최고로 발달한 유럽 열강의 문명이 어떻게 만들어졌는지 그리고 그 과정에서 우리가 알아야 할 바가 무엇인지 배워야 한다고 생각했다. 이런 이유에서 김상연은 기존의 외국 역사서 대신 자신이 직접 『정선만국사』를 편술하여 문명화의 과정과 그 중요성을 보여주고자 한 것이다. 김상연은 이 책 이외에 『신찬보통교육학』·『상법총론』 등을 저술하기도 하였다.

2. 구성

이 책은 중등용 세계사 교과서로서 1906년 9월에 황성신문사(皇城新聞社)에서 인쇄, 간행되었다. 1권 190면으로 이루어진 국한문혼용 교과서이다. 김상연은 '만국사'라는 명칭을 '세계의 모든 일을 기록한 것이며, 여러 나라 국사(國史)의 집합체'라고 정의하였다. 그런데 책의 구성과 내용을 살펴보면 '만국사'라는 이름을 가지고 있지만 엄밀히 말하면 서양사 체제로 일관되어 있음을 알 수 있다. 동양사 관련 내용은 제1편 고대사 부분에서 이집트, 페니키아, 유태국, 앗시리아, 바빌로니아, 인도, 페르시아를 '동양제국(東洋諸國)'이라는 부분에 포함하여 서술한 정도가 전부이고 이외에는 서양사에 편중되어 있다.

내용 구성은 3편(編) 9부(部) 58장(章)으로 되어 있으며 각 편은 고대사·중세사·근세사의 3분법으로 편제되었다. 고대사는 이집트 건국에서 서로마의 멸망(기원전 2700~기원후 476)까지를 다루었는데 다시 동양과 유럽의 2부로 나뉜다. 중세사는 서로마의 멸망에서 동로마의 멸망(기원후 476~1453)까지인데 다시 2부로 나누어 각국의 공통적인 사건과 유럽 각국의 발달과정에 대해 다루었다. 근세사는 동로마의 멸망에서 19세기 중반까지를 다루면서 끝을 맺고 있다. 앞서 고대사와 중세사가 2부를 하부 항목으로 설정한 데 비해 근세사는 5개의 부를 설정하여 상세히 다루고 있다. 이러한 3분법의 시대구분과 목차구성은 1895년 학부에서 발행한 『만국략사(萬國略史)』가 대륙별로 장절(章節)을 나누고 있는 것에 비해 근대적 시기구분을 시도하였음을 보여준다. 또한 근세사가 다른 부분에 비해 월등히 많은 비중을 차지하는 점은 근세가 서구 각국이 열강으로서 면모를 갖추는 시기였다고 보고 주목하는 저자의 시각을 반영한 것이다. 특히 마지막에 '동양제국경황(東洋諸國景況)'이라는 장을 설정하여 유럽 열강이 경쟁적으로 아시아로 진출하는 상황과 청과 일본이 문호를 개방하는 과정을 서술하였다. 이러한 구성은 제국주의 열강 앞에 위기를 느꼈던 저자의 인식을 잘 보여주는 것이다. 각 편의 앞부분에는 총론을 두어 그 시대의 개관을 서술하였고 내용 중에 중요사실은 두주(頭註)로 표시하여 이해를 도왔다.

3. 내용

앞에서 설명하였듯이 이 책이 만국사라고 하면서도 사실상 서양사로 일관하고 있는 것은 문명 진보사관에 입각하여 세계를 바라보았기 때문이다. 김상연은 서유럽 국가들이 강국으로 등장한 시기를 근세라고 보았으며 이는 고대로부터 이어진 결과라고 보았다. 그는 오늘날의 유럽이 자신의 권리와 자유를 크게 신장시켜 입헌정치체제를 세우고 국내를 통일하여 국력을 크게 신장하였다고 보았다. 또한 유럽 각국은 국민교육의 보급과 학예상의 진보를 이루었을 뿐 아니라 상공업이 크게 발달하여 세력균형을 지향하고 자선사업이 발달하였음을 부각하였다.

이러한 유럽의 모습은 그 이전 유럽 역사의 필연적 결과물로 그려진다. 그리스, 로마 문명에 대한 서술을 보면 그리스인의 진취적 기상과 민권사상 때문에 유럽이 아시아, 아프리카와 달리 문명국으로 성장할 수 있었다고 보았다. 그리스 문명을 전수받은 로마는 본 바탕은 소박하나 법령을 만들어 정치에 적용함으로써 '로마법'을 완성하였는데 이것이 근대 만국 법률의 근원이 되었다고 소개한다.

또한 로마의 문명은 중세에 이르러 왕권주의와 민권주의의 바탕이 되는데, 중세 로마의 부흥은 왕권확립을 도왔고 도시의 자치는 민권을 신장시키는 토대가 되었다고 보았다. 중세 후기에서 근세에 이르기까지 각국의 역사적 사건은 당대 유럽과 연관이 있을 뿐 아니라 역사적 사건들이 유기적으로 얽혀서 오늘날의 유럽문명을 진보시켜왔다고 하였다.

또한 '발명 발견의 시대'는 중세의 끝이자 근세의 출발점으로 간주되었다. 아메리카와 인도로 가는 항해술의 발전은 유럽인들이 식민통상 사업을 경주하게 만들었으며 근세 초기에 이르러 유럽인들의 근거

지가 되었다고 보았다. 또 인쇄술의 발명은 출판업을 발달시켜 그 영향으로 인지가 발달하고 문학이 부흥하며 종교가 쇠퇴하였다고 보았다. 이후 30년 전쟁의 원인은 신교도들을 수반한 국력 평균론 때문이었으며 이때 체결한 베스트팔렌조약이 현재 유럽 각국의 경계의 표준이 되었음을 밝히고 있다. 또한 유럽인들의 동양진출은 아메리카 대륙에서 들어온 금 · 은이 넘치게 되자, 경제공황을 막기 위해서 시도된 것으로 그 의미를 축소, 미화하고 있다.

이후 유럽의 중산층이 크게 성장하고 유럽인들의 교육 · 문아(文雅)가 크게 진보하였으며, 유럽 각국의 군주들이 절대주의 왕권을 확립하는 과정에 주목하였다. 또 이 시기에는 왕위계승전쟁이 끊이지 않았는데, 결국 유럽의 대세는 영국, 오스트리아, 프랑스, 러시아, 독일 5개국에 의해 좌우되었다고 보았다. 이와 관련하여 각국의 왕들이 패권을 다투는 과정을 상세하게 서술하였다. 유럽의 문명이 바로 이때부터 서유럽 중심의 문명으로 굳어졌다고 보았기 때문이다.

그런데 김상연은 유럽의 동부와 서부가 서로 교류할 일이 극히 적었다고 서술하면서 서유럽의 변화상에만 주목할 뿐 동유럽에 대해서는 러시아의 세력이 확장되기 전까지 지면을 거의 할애하지 않았다. 또한 프랑스 혁명을 유럽 각국이 민권을 신장하고 입헌정치체제를 확립하게 된 일대 사건으로 강조하면서 미국에 대해서도 백성을 중시하여 부강하게 되었다고 설명하였다. 요컨대 저자가 제시한 근세의 특징들은 곧 유럽제국이 강대국으로 성장한 배경이 되었으며 여기서 유럽은 '서유럽'으로 제한되었다.

동유럽은 근세 마지막 부분인 '러시아—투르크의 전쟁' 부분에서 본격적으로 등장한다. 당시 서유럽은 이미 내치를 정리하고 국위를 선양한 상태였지만, 동부는 이제야 서부를 표방하고 국가 내부를 수습하기 시작했다는 것이 요지이다. 동유럽의 주요사건으로는 그리스 독립, 러시아–투르크의 전쟁, 폴란드의 멸망, 크림 전쟁 등으로 정리하고 있다.

한편 이 책에서 동양은 주변부로서 등장한다. 앞서 서술한 바와 같이 동양은 근세에 이르기까지 거의 배제되었다. 이렇듯 거의 모든 내용이 서양사 특히 서유럽사 중심으로 구성되어 있는데, 맨 마지막에 '동양제국 경황'이란 장의 내용이 주목된다. 이 절에서 아시아와 아프리카가 서양 열강의 식민지로 전락하게 된 상황을 설명하였다. 그러나 이것은 동양 각국의 독립된 역사로서가 아니라 서양 열강의 식민지 분할 대상으로서만 의미를 가질 뿐이다. 주목할 것은 일본에 대한 서술이다. 저자는 메이지유신을 일본의 큰 행운이라 하였는데, 이는 일본이 유럽과 같은 유혈 사태 없이 짧은 기간 동안 유럽 열강과 같은 외형을 갖추었기 때문이다. 이와 같이 이 책은 서유럽 중심의 역사로 일관하고 있으며 이는 서양=문명=강자 / 동양=야만=약자라는 이분법적 문명사관에 경도된 당시 지식인들의 인식 체계를 그대로 보여준다고 할 수 있다.

4. 가치

이 책은 고대사—중세사—근세사라는 시대 구분을 채택하여 근대적 서술방법론을 도입했다는 점에서 주목할 만하다. 당시 많은 역사서들이 여전히 전통적 왕조사관에 입각하여 시대구분을 했던 점을 미루어 살펴보면 이러한 시대구분의 특징은 더욱 부각된다.

또한 이 책은 종래 세계사를 중국 중심의 역사로 파악했던 역사관에서 벗어나 인식의 대상을 확대했다는 점에서도 중요한 의미를 갖는다. 물론 이 과정에서는 중국의 영향력을 배제하려는 일본의 정치적 의도가 맞물려 작용하기는 했지만, 역사 인식의 범주를 확장하고자 한 노력 자체를 간과해서는 안 될 것이다.

무엇보다 이 책의 사서로서의 가치는 당대 지식인들의 세계관과 현실인식을 잘 반영하였다는 점에 있다. 19세기 말 20세기 초의 한국은 사회진화론에 따른 문명론이 전개되면서, 유럽 중심의 세계인식이 수용되었다. 당시 외국 역사 저술들을 보면 대체로 유럽의 문명화에 초점을 맞추고 있으며 서술내용도 유럽 발달의 원인을 찾는 것이 큰 흐름을 차지한다. 즉 당시 역술서들은 세계를 동양과 서양으로 구분하여 치열한 약육강식과 생존경쟁의 현실을 받아들인다. 그리하여 사회진화론을 수용하고 약자인 한국이 강자가 되는 방법을 모색하였던 것이다. 『정선만국사』 또한 이러한 큰 흐름에서 크게 벗어나지 않는다. 따라서 이 책을 통해 당시 지식인들의 역사 인식 체계의 일부를 파악할 수 있을 것이다. 그런데 이때 중요한 것은 당시 사회진화론을 수용한 많은 지식인들이 그러했듯이, 문명=강자 / 야만=약자라는 도식 아래 일본의 한국 지배를 정당화하는 논리로 귀결될 수 있는 한계가 있었다는 점이다.

한편으로는 이 책의 국어학적 가치에 대해서도 주목해야 할 것이다. 인명이나 지명 등 많은 외래어가 일본이나 중국에서 사용하는 한자어를 이용해 표현하거나 혹은 당시 사용하던 한글자모로 쓰는 등 다양한 용례로 표기되고 있기 때문이다. 즉 이 책은 역사 인식이나 사상사적 접근 외에도 당시 외래어의 수용 실태를 연구하는 데에 중요한 자료로 활용될 수 있을 것이다.

차례

정선만국사

제2편 중(中) 중세사(中世史)

제3편 하(下) 근세사(近世史)

정선만국사

|근대 역사 교과서 일러두기|

1. 번역의 저본은 이화여자대학교 중앙도서관 소장 『精選萬國史』를 사용하였다.
2. 편차와 체제는 저본을 따랐다. 단 독자의 편의를 위하여 저본의 내용을 해치지 않는 범위에서 문장 길이를 조정하거나 문단을 나누었다.
3. 번역은 직역을 원칙으로 하되, 문맥이 통하는 자연스러운 현대역의 의의를 살리도록 하였다.
4. 맞춤법과 띄어쓰기는 '한글맞춤법통일안'을 따르는 것을 원칙으로 하였다.
5. 한글 표기를 원칙으로 하고, 고유명사나 이름, 관직, 지명, 기타 전문용어는 한자 또는 원어를 ( ) 안에 표기하였다. 반복되어 나올 경우에는 한글로만 표기하였다.
6. 연대는 원문에 있는 표기 방식을 살려 쓰되, '( )' 안에 서력 기년을 부기한다. 필요에 따라 한국 연호나 역조 임금의 즉위 기년을 환산하여 부기한다. 추정연도는 '[ ]'를 사용한다.
   예) 673년(문무왕 13)
7. 부호는 다음과 같이 구별하였다.
   ( ) : 음이 같은 한자 표기
   [ ] : 한글과 발음이 다른 한자 표기
   " " : 인용문, 대화
   ' ' : 재인용, 대화 안의 대화
   「 」: 항목명, 편명, 조명, 논문명
   『 』: 서명

|정선만국사 일러두기|

1. 본 교과서에 사용된 용어들은 현대 역사서에서 일반적으로 쓰는 용어들로 대체하였다. 그러나 필요하다고 생각되는 경우에는 원어를 함께 적었다. 이 경우 [ ] 또는 ( )로 표시했다.
   예) 로마[羅馬], 남북전쟁[米國事變], 조지 1세(찌욘지一世)
2. 고유명사는 원음(原音)원칙에 따라 표기하였으나, 필요에 따라 관례에 따른 표기 방식을 함께 사용하였다.
   예1) 베니스 → 베네치아, 알렉산더대왕 → 알렉산드로스대왕
   예2) 에스파냐 → 스페인
   다만 중국과 관련된 고유명사의 경우에는 한자음을 그대로 표기하고 바로 뒤에 한자를 ( )로 달았다. 일본과 관련된 경우에는 일본 발음으로 표기하고 원어를 [ ]로 표기하였다.
   예) 난징조약 → 남경조약(南京條約), 덕천막부 → 도쿠가와 막부[德川幕府]
3. 본문에 나오는 내용에 대하여 필요한 경우 각주로 보충설명을 하되, 가독성을 염두에 두어 그 양은 최소로 하였다. 또한 각주에 사용한 참고문헌은 일일이 밝히지 않았다.
4. 저자의 보충설명은 ※로 표시하였다.

정선만국사

수송(壽松) 김상연(金祥演) 찬술(撰述)

■ 서(序)

대개 고금(古今)과 사리(事理)에 통달하고 경세술(經世術)을 강구하여 얻는 것이 사학(史學)의 중요한 임무이다. 그러나 혹은 번거롭고 복잡하여 요령을 찾기 어렵고 사람들로 하여금 머리가 세도록 노력해도 어렵기만 하다는 탄식이 나오게 한다면 그 하는 일에 무슨 효과와 이익이 있겠는가? 더구나 오늘날 만국사(萬國史)의 많은 책들이 문사(文事)가 동일하지 않고 또한 번다하니, 배우는 자가 어찌 능히 지름길을 얻어서 들어갈 수 있겠는가?

내가 일찍이 외유하면서 굳센 기운을 호흡하고 맑은 바람을 마시며 여러 곳을 다니며 탐방하는 여가에 만국사를 두루 살폈는데 마치 페르시아[波斯]에 들어간 것 같아서 취할 바를 알지 못했다. 그 속에서 오대주(五大洲)의 주요 사실 중 세계 운명과 관계되는 것을 보고 채집하였다. 이로써 고대(古代)와 중고(中古)와 근대(近代)로 나누어 세 편으로 만들고 마지막에 동양의 경황(景況)을 첨부하여 『정선만국사(精選萬國史)』라 이름하였다.

아! 천하 고금의 치란(治亂)과 흥망(興亡)의 대부분이 여기에 다 적혀 있으니, 경세(經世)에 뜻을 둔 자가 혹 여기에서 취한다면 민지(民智)를 열고 국보(國步)를 진전시키는 데 있어서 조금쯤은 도움이 될 것이다. 이에 감히 사사로이 벽장 안에 갈무리하여 두지 않고 인쇄에 붙여서 사학(史學) 대가들이 공정하게 보기를 기다린다.

광무 10년(1906) 8월 하순에 영양(永陽) 김상연(金祥演)은 쓴다.

■ 서(敍)

수송(壽松) 김군이 『만국사(萬國史)』 한 권을 편찬하여 나에게 보여주었는데, 정밀하고 명확하며 간결하고도 요긴하여 동서고금의 큰 일들이 모두 모여 있었다. 이를 내가 읽고 한숨을 쉬며 말하기를, "군(君)의 뜻이 또한 고뇌로 차 있도다"라고 하였다. 군은 지난날 한 쌍의 혜안을 가지고 만 리 해외로 나가서 부강함을 두루 살폈다. 그리하여 술업(術業)이 오늘날 구구(區區)하게 붓과 종이의 사이에 있어, 어떤 나라는 어떻게 침체되었고 어떤 나라는 어떻게 흥(興)했으며, 또 어떤 나라는 어찌하여 강해지고 약해졌는지를 말하였다. 아! 이 책을 보는 자는 가히 군의 고심함을 헤아리지 않겠는가?

지금 산 속에서 문을 닫고 아직도 천황(天皇)을 말하고 태고(太古)를 설하며 천하의 대세를 자랑하는데, 나는 이미 모두 남김없이 다 헤아리고 있으니, 어찌 이 책을 얻어서 한번 깨달음만 같겠는가?

이 역사책을 비록 만국으로 명명했으나, 육주(六洲)에 현재 있는 나라를 두루 돌아보면 백에도 차지 않는다. 이로부터 몇 년이 지나면, 장차 열이 될지 다섯이 될지 또한 알 수가 없다. 우리나라도 또한 만국

중의 한 나라이니, 진실로 두려움이 일어나지 않는가? 그러니 우리나라를 부강으로 기약하고 문명으로 기약하여 일으킴으로써 우리나라가 오래도록 만국 중의 한 나라로 남기를 다짐해야 한다. 후일에 다시 만국사를 편집할 경우 우리나라가 그 사이에 그대로 있을지를 알지 못하겠노라! 지은이의 고심함이 정히 여기에 있으니, 아! 『만국사』를 읽어야 할 것이다.

광무 10년(1906) 8월 우연(友蓮) 윤정석(尹晶錫)은 삼가 쓴다.

정선만국사 목차

정선만국사 목차 끝

서언(緖言)

역사의 정의 무릇 역사가란 인류의 행위 경력을 정확히 기록하여 그 벌어진 일의 상태와 전후의 관계 인연을 명료하게 해야 한다. 그런 까닭에 역사의 연구는 태고(太古)가 너무 멀어 거슬러 올라가 살펴볼 수 없는 시대는 일단 두고, 인류가 정체(政體)의 조직을 갖추어 그 일의 흔적을 살필 수 있는 시대부터 적어서 어떻게 변하여 오늘날의 상태에 이르렀는가를 고찰하는 것이다. 이로써 그 장구한 세월 동안 일어났던 일들을 왕의 정략과 위인의 기적(奇蹟)에서 시작하여 국속(國俗), 인정(人情), 의식, 생업, 종교, 학문, 발명, 발견에 이르기까지 소위 사회 대국(大局)의 혼란을 다스리고 흥하고 쇠함에 관한 일을 남김없이 모두 망라하는 것이다. 오로지 그 사실로써 전기전지(傳記戰誌)와 같은 종류로 빠지지 않도록 깊이 주의해야 할 것이다.

역사의 종류 역사는 두 종류가 있으니 그 일국민의 사건을 기록한 것을 국사(國史)라 하고 만국 만대의 사건을 아울러 기록한 것을 만국사(萬國史)라 이르는 까닭으로 만국사는 국사의 집합체이다. 갑을(甲乙) 두 종류 이상의 국민이 비로소 서로 접하여 혹 화합을 나누고 혹은 전쟁을 선포하는 때로써 만국사의 발단으로 삼으며, 그 세계 전체를 아우르는 시대가 경과함에 따라 점차로 발달 · 변천하여 오늘날에 이른 개요를 연구하는 것이 곧 만국사의 주된 목표이다.

역사의 시기 구별 사적(史籍)이 처음 생겨나기 시작해서 오늘날에 이르기까지 모두 4500년인데 그 사이의 치란흥폐(治亂興廢)와 성쇠영고(盛衰榮枯)는 실로 일일이 들어서 말할 수 없다. 그러나 이는 흡사 하류의 수원(水源)과 같아서 세상에 사적이 있게 된 이래로 오늘날에 이르도록 면면히 이어져 그 사이에 별로 단절이 없었다. 그러나 사적을 연구하기 위해서는 편의에 의하여 사실의 이질과 시기의 특성으로 이를 분류하여 다음의 3대 시기로 정하고 이 순서로 연구하고자 한다.

고대 : 이집트[埃及]의 건국에서 서로마[西羅馬]의 멸망에 이르기까지, 즉 기원전 2700년에서 기원후 476년까지

중세 : 서로마의 멸망에서 동로마의 멸망에 이르기까지 기원후 476년부터 기원후 1453년까지

근세 : 동로마의 멸망에서 오늘에 이르기까지 기원후 1453년에서 지금까지

제1편 상(上) 고대사(古代史)

총론(總論)

고대사 부분 고대사는 나뉘어 2부가 되는데 하나는 동양 고대 여러 나라에 관한 것이요 또 하나는 유럽[歐洲] 고대 여러 나라에 관한 것이다. 동양 고대 여러 나라에 관한 부분이 또 나뉘어 여러 개의 작은 부분이 되는데, 하나는 중국[支那], 인도, 일본에 관한 것이요 또 하나는 이집트[埃及], 바빌로니아[巴比倫], 앗시리아[亞西利亞], 페르시아[波斯] 등의 나라들에 관한 것이다. 중국, 인도, 조선 등의 나라는 서로 관계가 있었으나 서유럽[西歐] 고대의 여러 나라들 사이에는 별로 관계가 없었다. 이 동양 고대의 여러 나라들 즉 이집트, 바빌로니아, 앗시리아, 페르시아 등의 나라들은 다만 서로 관계가 있었을 뿐 아니라 오늘날 서양[歐米]의 문명이 실로 여기에서 말미암아 일어났다 하겠다.

동서 문명 고대인 중 유럽인[歐羅巴人] 즉 그리스인[希臘人]과 로마인[羅馬人]은 진취의 기상이 풍부하고 민권사상이 발달한 자들이다. 동양의 인민 즉 아시아[亞細亞], 아프리카[亞非利加]에 나라를 세운 자들은 비록 문명의 경계에 크게 나아갔으나 모두 보수적 기상이 많고 오래도록 전제 아래에서 신음하였다. 이것이 동서의 문명이 그 풍취가 다른 이유이다.

제1부 동양제국(東洋諸國)

제1장 이집트[埃及國]

이집트 건국 고대 여러 나라 가운데 가장 오래된 것 중 하나는 이집트이다. 역사가가 혹 이르기를 그 건국이 기원전 2700년에 있었다고 하니 지금 계산하면 거의 4600년 전이다. 이렇듯 일찍 나라를 세운 원인을 보건대 오로지 풍토가 나라를 세우기에 적합하였다. 땅이 북위 31.5도와 24도 사이에 있어 기후가 따뜻하고 나라 안에 큰 강 하나가 있으니 곧 나일 강[拉因河]이라 하였다. 아프리카 내지 적도 바로 아래에 두 개의 큰 호수가 있는데 실은 나일 강의 수원(水源)이 이 두 호수에서 시작하여 북쪽으로 2천 리를 흘러 이집트를 통과하여 지중해에 도달한다. 그런데 이 강이 매년 장마를 만나면 물이 넘쳐 강가 토지가 한층 새롭게 더해져 항상 비옥하였다. 이렇듯 지층이 비옥하고 기후가 따뜻한 까닭에 여러 곡식류도 잘 자라고, 여러 곡식류가 잘 자라므로 사람들이 번성하며, 사람들이 번성함으로써 문명이 빠르게 일어난 것이다.

3제국(帝國) 이집트 역사에 크게 세 시기가 있었으니 첫 번째는 고제국(古帝國) 시대요 두 번째는 힉소스[牧王國] 시대요 세 번째는 신제국(新帝國) 시대라 하였다. 고제국 제1왕조의 시조는 메네스이니 즉위는 기원전 2700년으로 이때를 이집트가 건국된 해라 한다. 제3조왕이 피라미드[尖塔]를 세우고 제4조왕 또한 가장 큰 피라미드를 세웠는데 그 높고 광대함이 다른 나라의 것으로는 가히 비교할 수 없었다. 제5조왕이 또한 일대 피라미드를 세우기로 계획하다가 그 일이 반쯤에 이르러 죽었으니 이 제3, 제4, 제5의 3조 시대에는 이집트 건축학이 또한 종교상의 속박을 받지 않아 자유롭게 발달하던 시대였다. 제6조왕이 용감하고 싸움을 좋아하여 누비아(유비야) 흑노(黑奴)와 동방 사막의 유목인종을 공격하였다. 제6조에서 제10조에 이르기까지 나라 안이 크게 어지러워 정치와 법령이 이루어지지 않고 군현의 우두머리[令長]들이 그 소관지를 점거, 자립하였으니 시리아 지방의 유목인종이 이 기회를 틈타 자주 쳐들어왔다. 제11조 시기에 이르러 국내가 다시 통일되어 국왕이 테베[시쁘스府]에 도읍을 정하였다.

힉소스[牧王國] 그 후에 나라 안이 다시 크게 어지러워 시리아 지방의 유목인종이 쳐들어와 국내를 정복하고 그 추장이 스스로 왕으로 즉위하였으니, 당시 사람들이 칭하여 이르기를 힉소스[牧王]라 하였다. 힉소스의 자손이 뒤를 이어 왕이 된 것이 모두 합쳐 450년이었는데, 그 사이 이집트의 문화가 완전히 땅에 떨어졌던 까닭으로 역사가가 이 기간을 칭하여 이집트의 암흑시대라 하였다.

신제국 이 시대 말기에 이르러 고제국 왕의 후예 아모세(아메스)가 군사를 일으켜 반란을 일으키자 민심이 크게 돌아와 드디어 힉소스 일족을 나라 밖으로 쫓아냈다. 아모세가 즉위하여 왕이 되었으니 이를 신제국의 시조 제18조의 초대 왕이라 이른다. 이에 이집트 백성들의 성질이 아주 달라졌다. 이전부터 역대의 왕들은 모두 토목공사를 크게 일으켜 백성들을 고통스럽게 하였고 오랜 전쟁으로 땅을 개척하는 것에 힘쓰지 않았다. 그런데 이 신제국은 시조가 무력을 기반으로 일어났던 까닭으로 그 후예들이 모두 정복의 일을 중시하여 만국(萬國)의 통일을 계획하였다. 이로써 무사(武士)라는 자들이 일어나 오로지 군사(軍事)를 위주로 하여 전투를 시작하였는데, 신제국 여러 왕 중 무공이 가장 큰 자는 바로 람세스 2세[람셰스二世]였다. 당시 사람들이 존칭하여 람세스 대왕이라 하였는데 이후로 무공이 큰 군왕을 대왕이라 칭하는 효시가 되었다.

이집트 쇠망 제18, 제19, 제20의 3조, 즉 모두 합쳐 3백 년 동안 이집트의 문무(文武)가 크게 융성하여 에티오피아(에시오쎄야), 아라비아(아라쎄야), 시리아, 메소포타미아(메소색라미야)가 이집트 안에 속하였다. 제20조 이후로 이집트의 국력이 점점 약해지더니 제26조, 즉 기원전 525년에 이르러 페르시아[波斯] 왕에게 멸망당하였다. 기원전 332년에 이르러 마케도니아(마셰돈)의 알렉산드로스 대왕[歷山大王]에게 종속되었으나, 대왕이 죽자 그 장군 프톨레마이오스(도루미)가 이집트를 차지하여 왕이 되었다. 그의 자손이 300년을 계승하다가 여왕 클레오파트라(구네오빠도라)에 이르러 여왕이 로마[羅馬]인에게 패하여 자살하니 이는 기원전 30년의 일이었다.

제도 이집트의 국체(國體)는 세습왕정이니 왕은 정치상 전제(專制)라 하였으나 신교수신(信敎修身)에 대해서는 승려에게 제어당하는 바가 적지 않았다. 백성을 셋으로 나누어 승려, 무사, 서인이라 하였는데 승려가 가장 위엄과 권력이 있어 재산이 많고 학문과 관계되는 일을 전공하였다. 무사는 그 다음인데 승려, 무사는 모두 소유한 토지에 대하여 세금을 내지 않았고 이와 반대로 서인은 토지를 갖되 정치에 참여하지 못하였다. 서인을 넷으로 나누어 농(農), 공(工), 상(商), 목(牧)이라 하였으니 이 신분제[族制]는 백성들로 하여금 자식이 부모의 직업을 물려받고 또 감히 그 업을 바꾸지 못하도록 하였다. 이로써 그 폐단이 스스로 문벌을 귀하게 여기고 인재를 천시하며 구습을 중시하고 개진(改進)을 가볍게 하기에 이르렀다. 이것이 이집트의 문명이 중도에 시들고 약해져 단절된 이유이다. 그러나 이집트 기예 중 가장 유명한 것은 건축기술이니 신전 왕궁을 매우 엄장하게 하며 광대한 피라미드를 잘 만들었다. 이 피라미드는 역대 국왕이 생전에 미리 자기 무덤을 세우는 것이었는데, 그 중 가장 큰 것은 높이가 4백 8십 척(呎)이고 밑면 사방이 각 7백 6십 척이었다. 이러한 토목공사에 쓰인 큰 돌이 어떤 것은 한 개의 무게가 1천 6백 톤(噸)이 나갔는데, 이를 산 위의 공사 현장으로 운반하는 인부 2천 명이 3년 간을 노역했다고 하니, 역사가는 이 이집트 건축의 특색으로 그 구조의 광대함은 국속(國俗)을 따르는 것이라 하였다. 또 건축 다음으로 중시했던 미술은 바로 조각, 회화 등이었다. 승려는 귀신복장(鬼神服裝)의 제도를 정하여 화가와 조각가들에게 이를 성실하게 지키도록 하고, 그 화가와 조각가들이 자기의 의장(意匠)을 마음대로 행하여 솜씨를 시험하지 못하게 하였다. 이집트인이 일찍 문자를 발명하고 이를 크게 응용하여 피라미드 기념비 종류부터 미술품과 일용하는 기구에 이르기까지 모두 문자를 기입하였다. 이 문자를 기록할 때 파피루스(빠삐루스) 나뭇잎을 썼다. 이집트의 문자는 소위 상형문자[象字]라 하여 나라 사람들이 신성문자라 하였는데, 이는 신과 관련된 일에 쓰는 까닭이었다.

종교 이집트인이 또 종교를 매우 중시하여 종교가 두 파로 나뉘었으니 일파는 고상함을 주장하고 또 다른 일파는 통속적이었다. 이미 고상, 통속의 구별이 있었던 까닭으로 스스로 현밀(顯密)의 두 종교가 있었는데, 승려와 학자가 믿는 것은 일신교(一神教)였으나 백성 일반이 믿는 것은 다신교(多神教)였다. 백성 일반은 실로 우매하여 음사(淫祠)에 빠져 소, 양, 고양이, 개, 닭, 학, 매의 종류를 모두 숭배했던 까닭으로 그 나라법에 금수(禽獸)를 죽인 죄가 사람을 죽인 것보다 더욱 크다 하였다. 이와 같이 음사와 과도한 형벌에 빠진 것은 실로 사람들의 지혜가 아직 열리지 못한 까닭이었다. 또 이집트 종교와 관련된 일 중 가장 뛰어난 것은 약의 종류로서, 시체의 부패를 멈추게 하여 이를 영원히 보존하는 습관이 있었다.

학문 이집트인은 크게 학문의 이치를 익혔는데 산술, 기하, 천문, 의학 등이 가장 번창했던 학문이다.

제2장 페니키아[斐尼西亞國]

지리 지중해 동쪽 연안 작은 협지에 위치하여 북부는 1백 5십 리이고, 그 폭이 매우 좁아 산기슭과 해안가의 거리가 가까운 곳은 5리에 그치며 먼 곳 또한 14리에 미치지 못하였다. 이는 고대 최초의 통상국인이 된 페니키아인이 자리잡은 나라였다. 이 나라는 실로 토지가 좁고 땅이 척박하여 농사 짓기에 불편하였으나 레바논 산[빠론山]의 목재로 선박을 만들 수 있었고, 또 땅의 형세가 바다와 맞닿아 있었으므로 통상 항해의 업을 능히 크게 떨쳤다.

정체(政體) 페니키아는 원래 하나의 국가를 이루지 않았고 다수의 도시국가[都邑]들이 있었으며 그 도시국가마다 각각 정체를 세우고 군주(君主)를 두었다. 여러 도시국가들은 비상시의 일이 아니면 한마음으로 힘을 합쳐 일을 도모하지 않았다.

상공(商工) **경황** 그 여러 도시국가 중 가장 유명한 곳은 바로 시돈[시쏜府]과 티레[다이야府]였다. 이 나라 사람들이 명성을 떨친 제조품은 유리와 자색(紫色) 염료 두 가지 물품이었으며, 채광(採鑛), 야금(冶金), 직물, 건축의 기술이 가장 큰 장점이었다. 페니키아 인이 지중해 연안의 여러 섬들을 시장[互市]으로 삼았는데, 특히 이집트로 가서 농작물을 수입한 것은 그 상거래의 가장 유명한 일이다. 항로의 교통은 다만 지중해에 제한하지 않고 서쪽으로는 영국에 이르러 은을 채굴하였으며, 동쪽으로는 아라비아, 페르시아의 해만(海灣)을 경유하여 인도 실론[錫蘭]에까지 가서 시장을 열었다.

식민(殖民) 이 나라 사람들은 상업에 종사했을 뿐 아니라 먼 지방으로 이주민을 보내기도 했는데, 그 이주지 중 가장 유명한 곳이 카르타고(가세지)이다. 이 지역이 독립하여 공화정체(共和政體)를 세우고 세력이 크게 성장하여 로마와 전쟁[1]하였으니 그 전쟁에 얽힌 일은 로마사에서 자세히 기재하겠다.

쇠퇴 페니키아가 강성했던 시기는 기원전 11세기에서 기원전 6세기에 이르기까지 6백 년 간이었는데, 그리스[希臘]가 점차 카르타고까지 세력을 확장하자 마침내 페니키아가 해상의 상업이익을 잃게 되었다. 그러나 오히려 대상(大商)의 무리들을 보내어 바빌로니아[巴比倫]을 경유하여 아시아 내지에 들어가 무역을 행하였다. 이집트 알렉산드리아[歷山府]가 세워진 이후로는 페니키아의 상업이 더욱 쇠퇴하여 중세에 이르러는 그 번영이 대부분 사라지게 되었다.

문명 전파 이 나라 사람들이 세계 문명에 가장 크게 영향을 미친 것은 그 지식을 동서에 전파한 것과 표음문자[發音上文字]를 발명한 것이었다. 고대인 중 문명을 전파하여 유명한 것은 이들 외에 겨우 그리스인과 로마인 두 나라 사람뿐이다. 그리스 · 로마 두 나라 사람들은 모두 유럽[歐洲]에 나라를 세운 자들이로되, 고대 아시아에 건국한 자로서 문명을 전파한 것은 페키니아인들뿐이니 그 공로가 실로 크다 하겠다. 그런데 이것은 일부러 드러낸 것이 아니고 자연히 부지불식간(不知不識間)에 이에 이른 것이다. 어떻게 된 것인가 하면, 동서 여러 나라 사이에서 재화와 문물을 교역할 적에 지식이 또한 자연스럽게 통한 것이다. 그리스 · 로마인들이 문명을 전파한 방법은 결코 이와 같이 우연의 결과가 아니고, 실로 자지자식간(自知自識間)에 이루어진 것이니 이를 즉 고의(故意)의 문명이라 한다.

---

1 '포에니 전쟁'(기원전 264~기원전 146)을 뜻한다.

제3장 유태국(猶太國)

조상 유태인(猶太人)의 조상은 처음에 유프라테스 강[유후라데스河] 상류 바빌로니아의 한 도시[都會]에서 양을 목축하며 살았다. 일신교를 믿었는데, 다른 종교의 신자에게서 오염될까 우려하여 그 무리를 이끌고 서쪽 가나안 지역으로 들어갔다. 그 후 3대를 거쳐 자손이 모두 이집트로 들어가 오히려 양을 목축하던 옛 업을 그만두지 않았는데, 수백 년 후에 이르러 자손이 크게 번성하였다. 이집트 국왕이 그 세력이 점차 증가하는 것을 두려워하여 번성함을 방해하고자 이들을 학대하였다. 이에 대하여 유태인이 그 고통을 견디지 못하여 기원전 1320년에 모세(모셰스)를 지도자로 삼아 탈출을 꾀하였다. 모세가 그 무리를 이끌고 수에즈(스에스) 지협을 떠나 40여 년 간을 여행하다가 마침내 팔레스타인(빠네스다잉)으로 이주하였다.

번성기 이때에 유태인이 비로소 국가를 이루고 정체(政體)를 세웠다. 그 정체의 주된 뜻은 하느님[天帝]을 나라의 주인으로 삼고 제관에게 그 뜻을 전하게 하여 정사를 다스렸으니 역사가가 이를 신의정체(神意政體)라 하였다. 나라 사람들이 이 정체를 신봉한 지 모두 200년이 지나자 외부의 근심이 빈번하였다. 따라서 신의정체를 폐하고 왕정을 세울 필요에 이르렀으니 초대왕은 사울(소루)이라 하고, 2대 왕은 다윗(데찌쏘)이라 하고, 3대 왕은 솔로몬(소로몬)이라 하였다. 사울이 전사하자 나라 사람들이 다윗을 세워 왕으로 삼았는데, 왕의 천부적 자질이 영화로웠으므로 능히 여러 적을 항복시키고 국가의 규모를 확장하였다. 다윗이 죽고 그 아들 솔로몬이 뒤를 이었는데, 솔로몬이 역시 총명하였으나 일신교를 믿지 않고 이웃 나라의 종교를 믿으려 하였다. 이웃 나라들과 교류하며 당시 성대한 겉모습을 보였으나 이미 인심을 크게 잃어 나라의 쇠퇴를 재촉하였다.[2]

말로(末路) 솔로몬이 죽자 속국들이 반란을 일으키고 백성들이 서로 무리를 지어 북부 10주는 배성교(拜星教)를 신봉하고 남부 2주는 일신교를 믿어 싸움과 소란이 계속해서 일어났다. 기원전 975년에 나라가 둘로 나뉘었으니 하나는 이스라엘(이스라에루) 왕국이라 칭하고 하나는 유다[猶太] 왕국이라 칭하였다. 이로부터 두 나라가 서로 반목하여 싸움이 그치지 않았던 까닭으로 이스라엘은 기원전 721년[3]에 앗시리아에게 망하고 유다는 기원전 586년에 바빌로니아[4]에게 멸망하였다.

종교 유태인이 후세 문명에 미친 영향은 정치, 법률, 학예 등이 아니라 단지 종교뿐이었다. 그 믿는 종교는 일신교로서 소위 유대교[猶太教]라 하였는데, 교의(教義)는 예수교[耶蘇教] 구약전서 중에 상세히 나와 있다.

2 솔로몬은 외교와 무역 면에서 탁월한 성과를 보였으나 한편으로는 동방 전제군주의 화려함과 웅대함을 모방하는 데 열심이어서 많은 토목공사를 벌이기도 하였다. 이 과정에서 솔로몬의 낭비와 압제는 백성들의 원성을 샀다.

3 이스라엘의 멸망은 기원전 722년으로 보는 것이 일반적이다.

4 신바빌로니아(칼데아)의 네부카드네자르에 의해 멸망 당했다.

제4장 앗시리아[亞西里亞]와 바빌로니아[巴比倫國]

지리 앗시리아와 바빌로니아는 땅이 서로 접하였고 두 나라 백성은 원래 동일한 인종으로서 다년 간 하나의 정부 아래 있던 사람들이었다. 이 나라가 유프라테스 강과 티그리스 강 사이에 끼어 있어 북부는 산이 많고 남부는 평탄하며 두 강이 매년 넘쳤으므로 토지가 항상 비옥하였다. 대추야자(데도빠무)나무가 무성하여 그 과실과 즙을 나라 사람들이 아름다운 맛[美味]이라 하여 마시고 먹었다. 소맥(小麥)이 또한 잘 익었다. 이 두 강가에 일어난 큰 나라가 3개가 있었으니, 첫째는 구바빌로니아[5][前巴比倫] 왕국이고, 둘째는 앗시리아 제국이고, 셋째는 신바빌로니아[後巴比倫] 왕국이다.

구바빌로니아 구바빌로니아 왕국은 또 다른 이름이 칼데아(가루지야) 왕국[6]이라 하였는데, 지역이 낮고 비옥한 평야가 많았다. 나라 사람들이 천문의 이치를 연구하고 건축 조각과 그 외의 기예에 능하며 설형문자를 만들어 일을 기록하였다. 정교한 직물을 제작하여 이를 다른 나라에 수출하였으며 페르시아만 연안을 항해하면서 무역을 행하였다. 이 나라는 국초의 기록이 분명하지 않다. 국조(國祖)(니무론쏘)[7]가 창업

---

5 메소포타미아 문명의 개척자는 수메르인으로 알려져 있다. 그런데 기원전 2000년경 셈족의 또 다른 부족인 아모리인이 수메르인의 도시들을 정복하고 메소포타미아 지역에 새 제국을 건설하였다. 아모리인들은 바빌론을 제국의 수도로 정했기 때문에 훗날 티그리스-유프라테스 계곡을 점령한 또 다른 바빌로니아인(또는 칼데아인)과 구별하기 위해 전자를 구바빌로니아인, 후자를 신바빌로니아인이라고 부른다.

6 칼데아라고도 불렸던 것은 신바빌로니아 왕조이다. 여기서 구바빌로니아의 또 다른 이름이 칼데아였다는 서술은 원저자의 실수로 보인다.

한 이래로 수백 년 동안 융성하다가 점차 세력을 잃어 기원전 1250년 경에 앗시리아가 흥하여 일어나자 구바빌로니아가 드디어 독립하지 못하고 종속되었다.

앗시리아 앗시리아 또한 티그리스 강변에서 일어난 국가로 제국이라 칭하여 기원전 1500년경부터 기원전 60년까지 존재하였다. 그러나 앗시리아인들이 전쟁을 좋아하여 항상 다른 나라와 싸우고 외국의 재물을 약탈하여 자기의 필요한 곳에 공급하였으므로 농업, 제조, 통상 등의 일은 중시하지 않았다. 이 나라 태고의 역사는 아득하여 지금에 와서 알기가 매우 어렵고 겨우 기념비의 존재와 근래에 채굴한 유물로써 그 일단을 엿보아 알 뿐이다. 그 사실 중 명백한 것은 임금 티그라트 필레세르 3세[지쑤라도 쌔너셰루二世][8]가 기원전 8세기에 나타나 아르메니아(아루메니아), 시리아(시시리아), 페니키아(후히니시야), 유다(유데아), 이스라엘을 복종시켰다는 것이다. 또 기원전 722년에 사르곤 2세[싸루쏜王]가 이스라엘, 유다, 이집트의 동맹군을 격파하여 이스라엘을 멸하고 아라비아와 이집트의 조공을 받아 위세와 명성을 크게 확장하였다. 이로부터 이웃 나라들이 앗시리아의 강대함을 시기하여 군사를 내었으므로 앗시리아의 국정이 점차 약해져 내란이 잇따라 일어났다. 원래 앗시리아의 기마병이 용감하고 잘 싸웠으니, 싸우면 반드시 이

---

7 '니무론쏘'가 가리키는 정확한 인명을 알기 어렵다. 대체로 구바빌로니아의 초대왕은 '수무아붐'으로 알려져 있다.

8 원문에는 2세로 되어 있으나 내용으로 보아 티그라트 필레세르 3세에 대한 것으로 보인다. 이에 3세로 번역하고 원문의 표기내용을 병기하였다.

기고 이기면 얻는 것이 매우 많았으므로 강대한 국력을 보전할 수 있었다. 기원전 681년 에사르하돈(에네사루싸도) 왕이 즉위하여 구바빌로니아의 옛 영토를 차지하고 시리아, 페니키아, 유다를 정벌하고 이집트, 에티오피아를 복속하여 조공을 받았다. 그 판도의 광대함이 옛날에는 없던 미증유의 대국에 이르렀으니 이를 앗시리아 전성의 시대라 칭하였다.

앗시리아 멸망 대체로 만국을 병탄하고 온 세계의 주인이 되고자 하는 것은 단지 앗시리아의 욕심일 뿐 아니라 여러 나라 또한 열망하는 일이다. 또 여러 나라가 기회를 틈타 모두 반기를 들어 독립을 도모하는 것도 역시 일반적인 일이다. 종종 북아프리카인종[北亞人種]이 이들 여러 나라를 침략하였는데 앗시리아의 도움을 받아 일시적 편안함을 누렸다. 그러나 결국 바빌로니아와 메디아(메지아)가 반란하여 수도 니네베를 포위하고 625년에 니네베를 함락하였으니 앗시리아 제국이 망하여 광대한 영토가 사분오열에 이르렀다. 이때에 바빌로니아, 메디아, 리디아(리지아), 이집트, 유다, 페니키아 등의 나라들이 모두 독립을 얻었다.

신바빌로니아 신바빌로니아의 시조 나보폴라사르(나뽀뽀라사루)가 기원전 625년 니네베를 이미 함락하고 바빌로니아(빠비로니아)와 북방 메소포타미아를 점령하여 왕국의 기초를 열었다. 아들 네부카드네자르(네뿌가쏘네싸루) 왕이 이집트를 정벌하여 시리아를 복속하고 유다의 도성을 포위하여 일신교도들을 쫓아냈다. 왕이 다시 진격하여 티레를 평정하고 바빌론 도성을 재건하며 학예를 장려하고 상업을 진작하였다. 서쪽으로는 페니키아로부터 동쪽으로는 인도에 이르기까지 교류가 항상 끊이지 않았다. 후세 그리스인들이 이를 따라하여 문물 증대가 적지 않았다. 그러나 네부카드네자르가 죽자 신바빌로니아 왕국의 세력이 약해져 기원전 538년에 드디어 페르시아 왕 키루스 2세(기루스)에게 멸망 당하였다.

제5장 인도[印度國]

지리 아시아 남부에 3대 반도가 있는데, 그 중간에 있는 것이 바로 인도이다. 인도는 북으로 히말라야(히마라야) 산맥이 있고 그 아래에 비옥한 땅이 많으며 큰 하천과 큰 강이 그 안에 종횡하였다.

인종 기원전 3000년경에 아리아(아리안) 인종의 일부가 인도에 들어가 토인을 꾀어 그 땅을 취하였는데, 토인은 색이 검고 인종이 열등하며 아리아 인종은 색이 희고 인종이 우등하였다. 아리아 인종이 처음에 토인과 섞이는 것을 금지하여 그 좋은 성질을 보전하기에 힘썼으나 시간이 흐르자 그 금제가 점차 없어졌으니 스스로 토인과 서로 혼인하여 본래의 좋은 성질을 잃어버리게 되었다. 이 성질의 변화에는 바로 인도의 풍토가 그 힘이 적지 않았다. 이 인도의 사정을 유럽인[歐洲人]이 명백히 알게 된 것은 알렉산드로스 대왕[歷山大王]이 인도를 정벌한 이후였는데, 대왕의 정벌이 있었던 것은 기원전 326년이었다.

신분제[族制] 인도에 신분제가 있어 백성들을 4등급으로 나누니 첫째는 브라만[波羅門]이라 하고, 둘째는 크샤트리아[釋帝羅]라 하고, 셋째는 바이샤[吠奢]라 하고, 넷째는 수드라[戎陀]라 하였다. 브라만은 오로지 종교와 학문을 주로 하고, 크샤트리아는 정사(政事)와 군사를 업으로 하고, 바이샤는 농업과 상업을 경영하고, 수드라는 태반이 사람 대접을 받지 못하고 천업에 종사하였다. 이 제도의 처음 시작은 모두 아리아 인종이 스스로 토인의 흑노들과 구별하고자 한 데서 비롯되었다. 인도어에 신분제를 바르나(빠나)라 칭하는데, 바르나는 즉 색(色)을 말한다.[9] 이 제도가 한 왕조에 생겨난 이래로 오늘날에 이르기까지 수천 년 동안 한 번도 사라진 적이 없었다.

4대 종교 인도에 종교가 계속 흥기하여 네 종류가 있으니 첫째는 힌두교[韋陀教]이고, 둘째는 브라만교[波羅門教]이고, 셋째는 불교이고, 넷째는 인도교이다. 힌두교는 국초의 종교인데, 그 교의는 힌두경전에 상세히 나와 있다. 브라만교는 신분제가 이미 정해져 브라만이 세력을 차지한 후에 일어난 것이다. 불교는 석가(釋迦)가 그 기초를 시작하였고, 인도교는 브라만교와 불교가 서로 섞인 것이다.

힌두교 힌두교는 일종의 다신교이지만 일신교의 성질이 많다. 또 인도 후대의 여러 종교는 대개 염세주의를 주창하지 않고 불, 물, 천둥, 비 등 자연의 힘을 숭배하였다.

---

9 인도에서는 카스트를 산스크리트어로 색이라는 뜻에서 바르나(Varna)라고 부른다.

브라만교 브라만교는 힌두교로부터 나온 것인데, 힌두교의 다신주의를 바꾸어 만물개신(萬物皆神)의 주의를 주창한 것이다. 그 신봉하는 제일의 영물은 브라만(쓔라마)이라 한다. 이 브라만은 귀신만물이 사람에게서 나와 다시 돌아간다는 것, 즉 영혼유전의 설을 주장하였다. 영혼유전이라는 것은 사람이 죽을 때에 그 영혼이 생전 행위의 선악으로 말미암아 혹은 천한 자의 몸에 붙고 혹은 짐승의 몸에 붙는다 하는 것이다.

불교 불교는 브라만에서 나온 것이지만 그 주된 뜻이 이와 정반대이니 어찌된 것인가. 브라만교는 만물을 신으로 삼고 신을 만물로 삼는데, 불교는 신에 대해 말하는 것을 비난하였다. 불교에서 "만물에 나온 것이 바로 복귀하는 것이다"라고 하는 것은 이성으로 파악되는 사유의 대상이요, 귀신의 종류가 아니다. 불자(佛者)가 이 이성으로 파악되는 사유의 대상을 칭하여 진여(眞如)라 하고, 불자가 가장 원하는 행복 곧 안락은 열반(涅槃)이라 한다. 이 종교의 창시자 석가의 입멸(入滅)한 연대가 일정하지 않아 혹은 기원전 482년과 기원전 472년 사이라 하되, 그 입멸한 후 200년 간에 인도 북부가 모두 그 종교를 신봉하였다. 인도의 마우리아(쎄히루)[10] 국왕 아쇼카(아소가)가 불교의 전파에 힘을 다하여, 스리랑카[錫蘭島]가 이 왕에게서 불교를 전수받았다. 기원후 중국 후한(後漢) 명제(明帝)가 불교를 전하고 기원후 450년에 미얀마[緬甸]가 이를 전하고 기원후 638년에 태국[暹羅]이 이를 전하고 기원후 552년에 일본이 백제로부터 이를 전수받았다.

10 '쎄히루'가 가리키는 단어를 정확하게 알기가 어렵다. 다만 아쇼카는 마우리아 왕조에 속한 왕이었으므로, 이를 따라 번역하였다.

인도교 불교가 일어나고 브라만교가 크게 자리잡았으나 브라만교 승려의 성질이 교활하여 스스로 보존하는 방책에 능하였다. 능히 불교의 장점을 취하고 자기 종교의 단점을 보완하여 시기에 적합하도록 꾀하였으니 이에 브라만교가 불교에 밀려 망하지 않고 반대로 불교를 망하게 한 이유가 되었다. 그러나 불교는 비록 인도에서는 망하였으나 외국에 널리 퍼져 오래도록 존재하고, 브라만교는 능히 불교를 망하게 하였으나 그 성질을 복구하지 못하여 하나의 새로운 종파가 되는 것을 피하지 못하였다. 역사가가 이를 칭하여 인도교라 하였다.

인종의 변천 인도는 역사가 없는 나라인 까닭으로 옛날의 일들을 참고할 것이 없다. 토지가 아득하게 넓어 여러 부로 나뉘어 동시에 나라를 세운 것이 적지 않았다. 그러나 모두 일정한 기원과 정삭(正朔)이 있지 않으니 이것이 역사를 얻지 못한 하나의 원인이다. 지금 옛 인종상의 큰 변화를 말하자면, 첫째는 아리아인의 이동이고 둘째는 이슬람교도[回回教徒]의 이주이며, 셋째는 근세 유럽[歐洲]인들의 이주가 이것이다.

제6장 페르시아[波斯國]

국가의 기원 술라이만(스너만) 산맥과 메소포타미아 평야 사이에 있는 일대 고원을 이란고원(이란쏘)이라 하는데, 그 서부에 사는 자는 메디아(메지야)인이고, 남부 페르시아 만을 따라 사는 자는 페르시아인이었다. 두 나라 사람 모두 아리아 인종이다. 메디아와 페르시아가 초기에는 각각 하나의 독립국이었는데, 기원전 6세기경에 페르시아인이 병력을 많이 키우고 키루스 대왕이 이를 살펴 먼저 메디아를 도와 신바빌로니아(싸비론니아)를 정벌하고 기원전 550년에 메디아를 정복하였다. 나아가 리디아(리지야)를 항복시키고 그 강대한 위력으로 바빌론(싸비론府)을 핍박하여 공격한 지 2년 만에 함락하였다. 그리고 이곳에 유수된 유태인을 용서하여 본국으로 돌아가게 하였는데, 거의 사라졌던 일신교가 이로 인하여 겨우 남은 수명을 보존하였다. 이때에 앗시리아 영지가 대부분 페르시아 판도에 들어가고 그중 페르시아에 복종하지 않은 것은 홀로 이집트뿐이었다. 대왕이 죽자 캄비세스(가무쎄세스)가 즉위하여 친히 병사를 이끌고 이집트를 정벌하였으니 멤피스(멘후스) 도성을 함락하여 이집트를 항복시키고 귀국하던 도중에 죽었다. 다리우스(짜리우스)란 자가 페르시아의 내란을 틈타 왕위에 즉위하였다.

제도 정돈 다리우스가 현명하고 치체(治體)에 통달하여 크게 제도를 개량하였다. 전국을 나누어 20현으로 만들고 각 현에는 지사(知事), 장군(將軍), 녹사(錄事)의 3직을 두어 서로 권리를 제어하게 하였다.[11] 또 수세법(收稅法)을 고치며 역체제(驛遞制)를 정하고 국도(國道)를 크게 열었다. 나라의 넓이가 동서 3천 리에, 남북이 가까운 것은 5백 리이고 먼 것은 1천 5백 리이니 모두 합쳐 2백만 방리(方哩)였다. 이 광대한 면적은 오늘날 유럽을 양분한 그 하나보다 더 큰 것이다. 또 다리우스 때에 인구가 7, 8천만에 달하였으므로 나라 사람들이 왕을 칭하여 중흥군주라 하였다.

---

11 다리우스는 직할령을 제외한 전국을 사트라피라는 20개의 행정구역(속주)으로 나누고, 구역마다 사트라프라는 총독을 파견해 다스렸다. 하지만 사트라프는 행정과 사법을 맡을 뿐 징세와 병력 동원은 왕이 별도로 파견한 다른 관리들이 맡았다. 또한 총독 및 징세와 병력을 맡은 관리들에 대해서도 감찰관을 보내어 감시하게 하였다.

말로 다리우스와 함께 그 후계자 크세르크세스(구셰루셰스)가 그리스를 정벌하여 모두 이겼다.[12] 기원전 331년[13]에 페르시아가 마침내 알렉산드로스 대왕에게 망하여 그 고유한 문물의 자취가 끊기게 되었다.

종교 페르시아인이 애초에 하나의 신[一神]을 신봉하다가 후에 조로아스터(쏘로아스다)교를 신봉하였다. 조로아스터는 성인(聖人)인데 그 설에 이르기를, 우주에 무수한 선한 신과 악한 신이 서로 다투는 까닭으로 인생의 화복이 그 승패로 인하여 정해진다 하였다. 선한 신의 우두머리를 빛의 신[光神]이라 칭하고 악한 신의 우두머리를 어둠의 신[闇神]이라 칭하여 페르시아인이 이 종교를 믿었다. 수대 후에 마니교(마찌교) 즉 배화교(拜火敎)가 메디아(메찌야)로 전래되었는데 이 종교의 승려를 마니(마찌)라 칭하였다.

문명 페르시아인이 책을 읽었으나 학문을 장려하지 않아 아이들이 오로지 체조만 하며 근검을 길렀다. 건축 조각은 페르시아인이 앗시리아인과 바빌로니아인에게 배웠으나 실로 페르시아인은 상무적인 사람들로서 항상 자랑하여 말하기를, "여러 나라가 토산물을 바치게 만드는 것은 다만 이 3척의 칼로 인한 것이다" 하였다.

---

12 크세르크세스가 그리스를 여러 차례 공격하였으나 끝내 성공하지 못하였다. 이 책에서도 페르시아 전쟁에 대하여 자세히 기술하였고, 페르시아군의 패전도 명시하고 있으므로 이 문장은 원저자의 실수로 보는 것이 좋겠다.

13 페르시아 멸망은 기원전 330년 다리우스 3세의 죽음 이후로 보는 것이 일반적이다.

제2부 유럽제국[歐洲諸國]

제1장 그리스[希臘國]

지리 그리스는 유럽 남해 3대 반도의 하나로 가장 동쪽에 처한 곳이다. 북쪽 경계에는 높은 산과 험한 고개가 있어 유럽 대륙을 접하고 남쪽은 지중해를 마주하고 동쪽은 에게 해[이지얀海]에 맞닿고 서쪽은 아드리아 해[아쏘리야직구海]에 면하니 이 땅 남북의 연장이 모두 2백 5십 리이고 동서의 연장이 모두 1백 8십 리였다. 이 나라에는 장강광만(長江廣灣)이 풍부하고 해각고갑(海角高岬)이 많으며 해안과 거리가 멀지 않아 땅이 기름져 산물이 풍부한 섬들이 있었다. 또 바다의 바람과 파도가 없어 항해하기가 지극히 쉬우며, 내지의 형세는 산악이 종횡기복(縱橫起伏)하고 벌판과 들이 그 사이에 끼어 있어 수많은 소국들이 할거하기 편리하였다. 수륙의 관계가 편리했던 까닭으로 주민의 진취 활발한 기상이 빠르게 발현되어 현저한 문명을 일으키게 되었다.

4대 종족 그리스인에 4대 종족이 있었는데 첫째는 도리아인(쏘리안)이고, 둘째는 이오니아인(이오니얀)이고, 셋째는 아이기아인(아기안)이고, 넷째는 에우올리아인(에오리안)이었다. 그중 도리아인과 이오니아인이 가장 중요한데, 그리스가 융성할 때를 맞아 도리아인은 남부에 살면서 무(武)를 숭상하였다. 아테네인[14]은 이오니아인 가운데 살며 문

14 원문의 '스빠루다'는 스파르타인을 뜻하는데, 이는 잘못되었으므로 바로 잡고 번역하였다.

(文)을 귀하게 여기니 그리스 역사를 살피면 이 두 종족이 서로 권력을 다투는 일이 있었다.

제2장 아테네[雅典國]

특성 아테네인은 학예를 힘쓰고 사업을 경영하며 민권을 중시하였다. 그리스의 문명이 실로 이 나라의 힘에 의지하여 발전하였다 하여도 과언이 아니다.

정체(政體) 변천 이 나라가 초기에는 다른 나라와 마찬가지로 왕을 세웠다. 이후 왕정을 영구히 폐지하고 공화정체를 행하였는데, 옛 왕족 중 명망이 있는 자 한 명을 선발하여 아르콘[統領]으로 삼고 종신토록 그 직에 있게 하였다. 그 후에 아르콘을 옛 왕족 중에서만 선정하는 제도를 없애고, 이를 귀족 중에서 선발하게 하였으므로 정권이 일시 귀족에게 모두 돌아갔다. 귀족이 그 권력을 남용하여 서민[下民]들을 학대하였다. 서민들이 가난하여 금전을 귀족에게 빌렸으나 금전 대차(貸借)의 법이 매우 엄했으므로 서민들이 매우 곤란해하다가 드디어 난을 일으키게 되었다. 이때 이 나라에는 또한 성문법(成文法)이 있지 않고 귀족이 마음대로 권력을 행사했던 까닭으로 서민들은 성문법률의 기초를 간절히 바랐다. 기원전 629년경에 아르콘 드라콘(쏘라고)이 서민들의 이 간절한 바람을 받아들여 법전을 편집하였으나, 서민들이 그 법전의 준엄함에 경악하여 점차 크게 혼란해졌다.

제도 개혁 이때에 귀족들이 현명한 정치가 솔론(소론)을 아르콘으로 선발하여 신법제를 설립하게 하니 이는 기원전 594년의 일이었다. 솔론이 정치 폐단을 뿌리부터 다스리고자 하여 구제도를 바꾸고 신제도를 만들었다. 종래에는 아테네 백성을 3등급으로 나누어 귀족, 농부, 장공(匠工)이라 하고 귀족이 홀로 정권을 독차지하였다. 그러나 신제도는 새롭게 사람들을 4등분하고 그 등급을 재산의 많고 적음에 따라 정하였다. 중의원(衆議院), 원로원(元老院), 고등원(高等院)을 설치하여 1등에서 4등에 이르는 인민들이 모두 중의원에 임할 수 있도록 하였다. 또 1등, 2등, 3등의 인민들로 하여금 원로원에 들어갈 수 있도록 하고 아르콘의 직에 있는 자는 고등원에 들어가게 하며 고등원의 권력이 중대하여 중의원의 의결을 깨뜨릴 수 있도록 하였다. 솔론의 신법의 요지는 일반인들도 참정권을 갖게 하는 데 있었으나 오히려 그것은 부유층의 권리를 존중했다.[15]

정당 쟁권 솔론의 개혁이 여러 정당들의 알력을 우려하여 조정을 꾀하였다. 그러나 여러 정당들은 모두 뜻이 맞지 않았던 까닭으로 오래지 않아 정당 간의 다툼이 크게 일어났다. 당파가 3개로 나뉘었는데 바로 진보당, 보수당, 온화당이었다. 진보당 수령 페이시스트라토스(쎄시스

15 솔론의 개혁에 대한 주요 내용을 정리하면 다음과 같다. 그는 시민을 재산 소유에 따라 대지주귀족, 중소귀족, 농민, 빈민의 4계급으로 나누고 정치참여의 차이를 두었다. 그의 정치적 개혁의 내용은 각 부족별로 100명씩 뽑아 400인회를 만들고 그 안에 중산계급을 참여시킬 것과 하층민들에게도 민회에 참석케 할 것, 최고법정에 일반시민도 참석하여 재판의 과정을 볼 수 있게 할 것 등이었다. 솔론의 개혁은 아테네 시민에게 자유를 주어 실추된 국력을 신장시키려는 것이었으나 결과적으로 계층 간의 반목을 빚어 사회혼란을 초래하였다. 이러한 정치 형태를 '금권정치'라고도 한다.

도랏스)라는 사람이 완력으로 정부를 뒤엎고 새롭게 전제정체를 세워 스스로 그 실권을 장악하고자 하더니 드디어 뜻을 이루었는데, 그 정치는 극히 관대하고 온후하였다.[16]

제3장 페르시아[波斯] 전쟁

페르시아 잠식 기원전 5세기 초에 페르시아인이 그리스를 세 차례 공격하였는데, 매번 공을 세우지 못하였다.

소아시아 반란 초에 페르시아 창업 군주 키루스 대왕이 소아시아 리디아 왕국과 함께 그 영지를 정복하였는데, 소아시아의 그리스 식민지가 또한 리디아 왕국의 속국이었으므로 일의 형세가 자연히 페르시아에 예속되게 되었다. 그러나 그리스 식민지는 페르시아의 관할 아래에 있는 것을 싫어하여 항상 괴로움을 호소하였다. 기원전 500년에 이르러 드디어 반란을 일으키자 아테네가 군함을 보내어 이를 도왔다. 페르시아의 영주(英主) 다리우스가 능히 이 난을 진정하였으나 아테네가 원병을 보낸 것을 매우 증오하였다. 드디어 군사를 보내어 그리스를 공격하니 이는 페르시아 전쟁의 원인이 되었다.

제1차 정벌 기원전 492년에 페르시아 왕 다리우스가 군사를 파견하여 그리스를 공격하였으니 이를 제1차 정벌이라 한다. 페르시아의 해군

16 그리스의 '참주정치'에 대한 내용이다.

이 에게 해안을 따라 아토스(아쏘스) 곶 아래에 이르러 폭풍을 만나 뒤집히고 부서졌다. 육군은 또 (스너스) 토착민[17]에게 패하여 전군(全軍)이 그리스에 도달하지 못하고 돌아왔다.

제2차 정벌 이때 다리우스가 온화한 수단으로 그리스 여러 나라들을 복종시키고자 하여 사신을 그리스 여러 나라에 보내어 물과 흙을 요구하였다. 당시에 적에게 물과 흙을 내어주는 것은 곧 항복의 증거였다. 여러 나라들이 모두 따라 복종하였으나 스파르타와 아테네 두 나라가 듣지 않고 사신을 잡아 죽였다. 다리우스가 더욱 크게 노하여 10만의 병사를 보내어 그리스를 공격하니 이를 제2차 정벌이라 한다. 정벌군이 에게 해를 횡단하여 그리스 동쪽 연안의 마라톤(마라쏘) 평원에 상륙하자 아테네의 장군 밀티아데스(미리지야데스)가 아테네 병사 1만 명과 플라타이아이(쁘라지야) 병사 1천 명을 인솔하고 10배의 적을 맞아 싸워 크게 이겼다.

아테네의 함선 제조 이때 그리스인이 모두 이르기를 이후 다시는 페르시아의 침범이 없으리라 하였다. 그러나 홀로 아테네의 대정치가 테미스토클레스(데미스도구네스)가 그렇지 않다 하였다. 만약 전쟁이 다시 일어날 경우에는 반드시 해군의 힘을 빌리지 않으면 안 된다 하고 미리 해군을 준비하여 후환을 방지하자 주장하였다. 그러나 정적(政敵) 아리스티데스(아리스지데스)는 육군의 정비를 주장하여 국론이 둘로 갈라지

17 '스너스'가 지칭하는 단어를 정확히 알기 어렵다. 다만, 헤로도토스의 『역사』에 당시 육군은 트라키아 부족의 일파인 브뤼고이족에게 패했다는 기록이 있다.

다가 결국 투표법에 의하여 테미스토클레스의 주장이 채용되었다.

제3차 정벌 그 후에 과연 페르시아인이 다시 그리스를 공격하니 이를 제3차의 정벌이라 하였다. 초에 페르시아 왕이 수차례의 실패에도 얽매이지 않고 하루도 그리스의 멸망을 잊지 못하여 제3차 정벌의 준비로 군사를 정비하다가 결국 그 뜻을 미처 이루지 못하고 죽었다. 뒤를 이은 왕 크세르크세스가 또한 그 뜻을 계승하여 친히 군사를 이끌고 그리스를 공격하였는데, 그 전사와 수군이 2백 5십만 명이요, 군함이 천 2백 척이며 운송하는 작은 배가 그 수를 헤아릴 수 없었다. 그리스 여러 나라들이 위급함을 당하여 크게 놀라 어찌할 바를 모르고 적장에게 항복하는 자가 적지 않았다. 테미스토클레스가 지변(智辯)으로 겨우 아테네와 스파르타 및 그 외 여러 나라의 병사를 합하여 적을 막았다. 이들 여러 나라가 스파르타를 동맹군의 총독으로 삼았으므로 스파르타의 왕이 나라 사람 3백 명과 동맹군 수천 명을 이끌고 테르모필레(데루모삐리)에서 적을 맞아 싸웠다. 적이 능히 험조(險阻)를 빼앗지 못하고 여러 날을 지체하던 중 적에게 고하는 배신자가 있어 그리스 군의 배후로 몰래 잠입해가니 지키고 있던 전사들이 앞뒤로 적을 맞아 진퇴유곡이었다. 화살이 떨어지고 칼이 부러져 죽었으니 후세 만대로 그 의로움과 용기를 칭송하였다.

대전투 페르시아인이 멀리까지 쫓아 아테네에 이르러 불을 지르자 아테네인이 군함을 타고 다른 섬들과 가까운 지역으로 도피하였다. 테미스토클레스가 지략으로 동맹국의 장사(將士)들로 하여금 살라미스

(사라미스) 만에 멈추고 크게 적과 접전케 하였는데, 그리스의 군함은 3백 6십 6척이고 페르시아의 군함은 1천 척이었다. 적은 수가 많은 수를 대적할 수 없어 그리스 여러 장수들이 모두 두려워하여 맞아 싸우지 않았는데 테미스토클레스가 기묘한 계획을 내어 페르시아인이 먼저 싸움을 시작하도록 하였다.[18] 이때에 그리스 여러 장수들이 부득이 하여 분투결전하여 페르시아군을 대파하였으니 페르시아 왕 크세르크세스가 군대를 내버려두고 도주하였다. 이는 기원전 480년이었다.

전쟁 결말 다음 해 즉 기원전 479년 9월 25일에 페르시아의 남은 병사 3만 명이 다시 그리스인에게 대패하였고, 같은 날에 페르시아 군함이 모두 그리스인에게 뒤집혀 가라앉았다. 기원전 466년에 페르시아의 해륙 양군이 에우리메돈 강(유리미돈 川)에서 모두 그리스인에게 크게 패하니 이때에 페르시아 전쟁이 완전히 끝을 맺었다. 그리스가 능히 페르시아를 이겨 영구히 독립을 차지했을 뿐 아니라 소아시아의 여러 도시들이 페르시아의 멍에를 벗도록 하였으니 만약 이때에 그리스가 패망하였으면 후세 사람들이 그리스의 문명 즉 오늘날 서양의 문명을 볼 수 없었을 것이다.

---

18 이때의 기발한 계획이란 테미스토클레스가 후퇴하는 척하며 페르시아 함대를 살라미스 해협으로 유인한 것을 말한다. 페르시아 군은 이 작전에 넘어가 살라미스에서 그리스 갤리선에 공격을 받고 엄청난 피해를 입었다.

제4장 알렉산드로스 대왕[歷山大王]

알렉산드로스 대왕 기원전 336년에 필리포스[非理普]가 죽고 그 아들 알렉산드로스가 뒤를 이었으니 바로 알렉산드로스 대왕이다. 대왕이 왕위를 계승한 지 수년 뒤에 그리스 여러 나라들이 그 나이가 어린 것을 업신여겨 반란을 일으키자 대왕이 토벌하여 평정하였다. 아버지의 유업을 이어받아 친히 군사를 이끌고 이집트와 페르시아를 정벌하여 대전투 3차례 만에 페르시아 제국을 멸망시켰다. 제1차 전투는 기원전 334년 그라니코스강 전투[쓰라니가스河畔合戰]이고, 제2차 전투는 기원전 333년 이수스 전투[잇사스合戰]이고, 제3차 전투는 기원전 331년 아르벨라 전투[아베라合戰][19]이다. 대왕이 페르시아를 취하는 것만으로는 부족하다 하여 다시 인도로 진격하였는데, 인도 히다스페스 강[히다스베스河]에 이르러 군사들이 서쪽으로 진로를 돌릴 것을 요구하였다. 이때 대왕이 군사를 돌려 수사[스사府]에 이르러 마케도니아(마셰쓴), 그리스, 페르시아와 그외 여러 나라를 아울러 일대 제국을 선언하였다. 페르시아 선왕의 딸을 왕비로 삼고 여러 장군들로 하여금 페르시아의 여자를 처로 삼도록 하니 장교 8천 명과 병사 1만 명이 그 명을 받들었다. 기원전 324년에 마케도니아인과 그리스인이 대왕이 심히 동양의 기풍을 숭상하는 것을 싫어하여 모반하였으나 대왕이 이를 잘 진정시켰다. 기원전 323년에 대왕이 열병으로 죽었다.

19 가우가멜라 전투라고도 한다.

최대 업적 대왕이 죽자 여러 장군들이 할거하여 대국을 나누어 여러 나라를 이루었으나 대왕의 큰 포부는 온전히 그 공을 후세에 남겼다. 대왕이 능히 그리스의 문명을 페르시아 기타 동방 여러 나라에 전하여 일종의 신문명을 일으켰고 이 문명이 영구히 후세에 전하였으니, 로마 제국과 같은 것은 오로지 이를 따라한 것이라 이른다.

대국 분열 알렉산드로스의 제국이 나뉘어 3대국, 3소국, 3동맹을 이루었는데, 3대국은 마케도니아 왕국과 페르시아 왕국과 이집트 왕국이었다. 마케도니아 왕국은 알렉산드로스 대왕의 장군 카산드로스(가산다)가 차지하였고, 페르시아 왕국은 장군 셀레우코스(셰릿구스)가 가졌으며, 이집트 왕국은 장군 프톨레마이오스(도루미)가 차지하였다. 마케도니아 왕국은 기원전 168년에 로마인에게 망하였고, 페르시아 왕국은 기원전 65년에 로마인에게 망하였고 이집트 왕국은 기원전 30년에 역시 로마인에게 망하였다. 그 외 소국 동맹이 모두 앞뒤를 이어서 로마인에게 망하니 그리스 본부의 여러 나라가 로마 판도에 처음 들어간 연대는 기원전 146년이었다.

제5장 그리스[希臘] 문명

문명의 특성 그리스인이 국초에 문물을 이집트와 페니키아와 바빌로니아를 따라하더니 그 후에는 능히 참신한 문명을 창시하였다. 그 문명이 단지 참신한 데에만 그치지 않고 그 고상함과 우아함이 고대 나라들 중에 으뜸이었다. 이는 모두 그리스의 지세가 상공업에 적합하여 일대 경쟁의 장을 형성하고 사람들로 하여금 그 자웅을 겨루게 함으로써 지식이 점점 발달하고 민권이 역시 이를 따라 점차 발달하여 일찍이 없던 문명을 일으킨 것이다.

종교 그리스의 종교는 다신교인데, 그 교지(敎旨)는 헤아리기 어려울 만큼 심오한 것이 아니었다. 모두 인간 사회에 일어난 사실을 그 기초로 삼았으므로 그 성질이 동방과 같은 공포주의가 아니라 자애우미(慈愛優美)한 사상이 풍부하였다. 경전은 엄정한 경문이 아니라 시성(詩聖) 호메로스(호마)와 헤시오도스(혜시옷도)의 시집이었다. 신(神)은 대소(大小)의 두 종류가 있으니 제우스[天神]를 신들의 우두머리와 아버지로 삼으며 포세이돈[海神], 아폴론[日神], 아르테미스[月神], 헤파이스토스[火神], 헤르메스[使神], 아레스[軍神], 헤라[天后], 아테네[智神], 헤스티아[竈神], 데메테르[農神], 아프로디테[戀神] 등 남녀의 신을 세워 일종족의 혈통을 조직하였으며, 신의 행위를 대체로 인간의 행위와 같은 것이라 하였다. 이와 같이 그리스인이 신과 인간의 거리가 멀지 않다고 한 까닭은 무녀(巫女)는 신과 인간 사이를 오갈 수 있으며 또 무녀의 말은 신들이 빙의한 것이라 믿었기 때문이다. 또 무녀의 말은 신탁(神託)이라 하여 길흉화복을 점쳤는데, 위로는 국가의 큰 일과 아래로는 백성들 일상의 행위에 이르기까지 모두 신탁에 의지하여 판정을 내리는 일이 적지 않았다.

제전[大祭] 그리스의 종교로 가장 왕성했던 것은 바로 정기적으로 시행하는 제전이었으니 이 제전에는 그리스 여러 나라 사람들이 참가하여 일치 협동하여 경기를 벌였다.[20] 경기는 달리기[步], 말타기[騎], 전차 경주[車], 음악, 시짓기[詩作], 조각 등의 경쟁으로 이루어졌다. 이 경쟁에 이긴 자는 올리브 나무의 월계관을 받았는데 그리스인은 이 월계관을 얻는 것을 커다란 명예로 여겼다. 이와 같은 제전은 여러 나라 사람들의 합동으로 이루어졌으므로 평소에 서로 반목하던 나라 사람들로 하여금 동일한 종교를 신봉하고 동일한 언어를 사용하여 동일의 인종임을 알도록 하였다. 또 이들 제전으로 여러 나라 사람들에게 그 기예를 경쟁하게 함으로써 문명 진보의 일대 성과를 얻은 것도 실로 의심할 수 있는 바가 아니다.

시학(詩學) 그리스의 시는 역사 이전 시대에 이미 있었고 산문이 후에 시작되었다. 시에는 네 종류가 있었으니 서사시(敍事詩), 술감시(述感詩), 주악시(壽樂詩), 연희시(演戲詩)였다. 역사 이전 즉 왕정이 시행되던 시대에는 서사시가 성행하더니, 왕정이 사라지고 공화주의 시대에는 술감시가 일어나고 또 주악시가 잇따라 일어나며 연희시는 아테네가 융성하던 시대에 발달하였다.

미술 그리스는 또한 건축 조각으로 유명하였다. 그리스의 건축은 그 규모가 광대할 뿐 아니라 장엄하고 화려한 아름다움이 미술학의 정신을 표출하였다. 정교한 건축술은 서양 고대 여러 나라에 볼 수 없던 것으로 후세에서 모두 모방하였다. 그리스인이 가장 마음을 다한 것은

20 고대 올림픽에 대한 설명이다.

신전[社殿]의 건축인데, 파르테논 신전[빠데론殿堂]과 같은 것은 오늘날의 사람이 모두 칭찬을 그치지 않는 것이다. 그리스인이 또 조각에 뛰어나고 회화, 음악 등이 역시 그리스인이 즐겨 좋아했던 것이다. 그러나 건축 조각에 비하면 이것들 또한 완전히 발달하였다고는 말하지 못할 것이다.

풍속 그리스인의 복장이 검소하고 남녀의 복식이 서로 차이가 매우 적었다. 의복은 보통 양모, 마포, 면포로 만들고 부녀자는 모자를 쓰지 않고 남자도 여행하는 자나 직공이 아니면 머리를 싸매지 않았다. 집안에 있을 때에는 신발류를 신지 않았다. 식사는 하루 세 번 했는데, 와상(臥床)에 앉아 먹고 손가락으로 음식물을 집으며 손가락을 쓰지 않을 때에는 숟가락을 사용하였다. 즐겨 먹는 음식물은 어류, 대맥(大麥)으로 만든 빵, 대추 야자 등이었다. 손님이 있을 때에는 식후에 주인과 손님이 함께 술을 마시고 흥미가 더하면 곧 주악 가무와 기예를 즐겼다. 또 그리스에는 관립학교가 없었으나, 사립학교의 설치가 적지 않았고 학교에는 남자만 입학하도록 제한하였다. 학과가 세 과로 나뉘어 문법, 음악, 체조 등이 있었는데, 문법은 교육과 여러 과목의 초보를 함축하며 음악은 모두 지식상의 예능을 함축하였다. 여자는 역사 이전 시대에는 남자의 존경과 예를 받았으나 역사 시대에 이르러는 남자에게 업신여김을 당하게 되어 결혼하기 전과 이미 결혼한 후라도 깊은 규중(閨中)에 있는 것이 일반적인 일이 되었다. 그 까닭에 남자는 시를 짓고 읊는 풍류로써 어머니와 아내 여자 형제들을 교화하는 일이 거의 없었으니 이것이 그리스 사회의 하나의 결점이라 하겠다.

제6장 로마[羅馬國]

일대 교량 역사가가 칭하되 로마는 고대와 근대를 나누는 동시에 또 이를 잇는 일대 교량이라 하였다. 로마가 초에 일개 작은 도시[都會]였다가 점차 세력을 얻어 이탈리아[伊太利]를 통일하고 드디어 지중해에 연한 여러 나라를 병탄하였다. 고대 여러 나라의 종교, 법률, 관습, 언어, 시문, 미술, 학문이 당시에 모두 로마의 관할 아래에 들어와 그 문명을 크게 이루었으니 실은 고대의 만국이 다하여 로마의 대국이 일어났고 로마의 대국이 다하여 근대 유럽의 여러 나라들이 일어난 것이다. 근대 유럽의 여러 나라들이 그 실상이 서로 비슷하고 유사한 것은 모두 로마로부터 문물제도를 전수한 까닭이다.

로마 풍속 그리스인과 로마인이 대체로 인종, 언어, 종교가 동일하지만 그 특질에 이르러는 다른 점이 많았다. 그리스인은 재주와 지혜가 풍부하고 로마인은 굳센 기상이 많았는데 미술, 시문은 로마인이 스스로 발현한 것이 아니라 대부분 그리스인을 모방하였다. 풍속상으로는 우아하지 못하되 심히 질박하여 경박치 아니하며 실로 질서를 고수하는 사람들이었다. 질서를 고수함이 능히 만국을 정복한 원인이 되었고 또 만국을 능히 통제한 바탕이었다. 로마인 중에 뛰어난 인물이 많이 나오지는 않았으나 선비의 기질이 풍부했던 국민으로, 능히 정의를 따르며 공도를 밟고 법령을 만들어 따르고 정치를 시행함에 뛰어났다. 그 까닭으로 광대무변한 로마법을 만들어 냈으니 근대 만국의 법률 연원이 모두 여기에서 나왔다 하여도 과언이 아니다. 그러나 로마인의 성질이 각박 잔인하여 인정이 어떠한가를 알지 못한 것은 일대 결함이라 이른다.

제7장 로마7왕 사략(事略)

로마의 건국은 기원전 753년의 일이니 로마의 왕정이 이 해로부터 시작하여 기원전 509년에 이르기까지 모두 250년 동안 계속되었다. 왕이 된 자가 7명인데, 왕을 세우는 것은 공적인 선출에 의거하는 것이 일반적이었다. 그러나 로마 7왕의 사적이 매우 모호하게 전해졌다.

초대 초대의 왕국을 세우고 법을 정하였다. 사비니족[사삐니人]을 로마에 불러 로마인과 함께 살게 하고 사비니 왕 타티우스(다주스)와 함께 이를 다스렸다.

2대 제2대 왕은 현명하여 평화를 중시하고 국교(國敎)를 일으켰으며 제사의 방식을 정하였다.

3대 제3대 왕은 용감하고 전쟁을 좋아하여 알바롱가[아루싸론까府]를 정복하고 그 유민을 로마에 이주하도록 하였다.

4대 제4대 왕은 라티움[라주무州]의 4개 도시를 멸하고 그 유민을 모두 로마에 옮겨 성구(城邱)를 쌓았다.

5대 제5대 왕은 가까운 나라와 자주 전쟁을 하였고 크게 법률을 고치며 토목 공사를 자주 일으켰다.

6대 제6대 왕은 로마의 일곱 언덕을 둘러싸 성벽을 쌓고 헌법을 고쳐 귀족과 평민의 공동의회를 열었다.

7대 제7대 왕은 국법을 어겨 백성들을 학대하였다. 그 아들이 한 귀족의 아내를 협박하여 정조를 깨도록 하니 나라 사람들이 노하여 왕의 일족을 내쫓고 영구히 왕정을 폐하였다.

믿을만한 사건들 7왕의 사적이 전하는 바가 이와 같으나 또한 믿을 수 있을 만한 것이 있다. 알바롱가가 일찍이 라티움 여러 도시 동맹의 우두머리가 된 일, 사비니인들이 라티움을 공격하고 로마로 옮겨와 살면서 로마인과 함께 하나의 동맹국을 이룬 일, 로마 초에는 왕이 오로지 제사만을 힘쓰더니 후에 군사(軍事)에 힘쓴 일, 에트루리아[에도루리아州] 사람들이 문물상에 크게 진보하여 능히 라티움의 여러 도시들을 통제한 일, 로마의 여러 왕이 왕위를 존숭함은 로마의 고유한 일이 아니라 에트루리아로부터 전래한 것이라는 일, 에트루리아의 여러 왕이 혹 로마의 왕이 되었으되 드디어 쫓겨난 일, 그들이 로마 왕이 된 사이에 로마의 문물제도가 크게 일어난 일 등이 이것이다.

제8장 로마 제도 변천

신분제 초기 로마의 로마인들은 두 계급으로 나뉘었는데 바로 상계급과 하계급이었다. 상계급은 귀족으로서 정권을 차지하고 하계급은 평민으로서 정권을 갖지 못하였다. 상계급을 또 나누어 쿠리아(기리) 즉 성(姓)이라 하였는데 그 수가 초에 10개였다가 후에 증가하여 30개가 되었다. 또 성을 나누어 겐스 즉 씨족[氏]이라 하였는데 그 수가 10개였고, 다시 씨를 나누어 파밀리아[家]라고 하였으니 그 수가 10개였다.[21] 귀족이 서로 모여 국사를 의논하고 국왕을 뽑고 그 모임을 칭하여 쿠리아회[姓會]라 하였는데, 각 성이 한 개씩 투표하는 까닭으로 이 이름이 붙여졌다. 원로원의 의원은 겐스의 대표자로 그 총 수가 3백 명이고 귀족의 파밀리아는 총수가 3천이며 군대는 기병 3백과 보병 3천으로 이루어졌다.

원로원 원로원의 의원은 왕을 선거하는 자격이 있을 뿐 아니라 항상 왕에 준하는 자격이 있어 왕위에 사고가 있어 비었을 때에는 교대로 왕의 일을 섭정하였으므로 윤왕(潤王)이라 자칭하였다.

대개혁 6대 왕[22]이 국초의 제도를 크게 고치고 토지를 소유한 자는 귀

21 전설에 따르면 로마의 건국자인 로물루스가 시민들을 3개의 부족(tribes)과 30개의 쿠리아로 나누었고 1개의 쿠리아는 각각 10개의 겐스(씨족, gens)들로 이루어졌다고 한다. 그리고 겐스는 다시 가족[家, families]으로 나뉘어지며 가족의 절대 권력은 가부장(paterfamilies)에게 부여되었다.

22 제6대 왕 세르비우스 툴리우스를 말한다.

족 평민의 구별을 하지 않고 납세액에 따라 그 등급과 병역 복무의 종류를 정하였다. 나라 사람들을 나누어 1백 9십 3인대(隊)라 하였는데 그 안에 18대는 기병이고 나머지 1백 7십 5대는 보병이었다. 여러 대(隊)를 모아 국사를 의논하게 하고 각 대(隊)는 하나의 투표권이 있으니 이 모임을 칭하여 켄투리아회[隊會]라 하였다. 이 회가 흥기한 후로 평민이 비로소 국정에 참여할 수 있게 되었으되[23] 귀족이 이 회에서 정사를 의논하는 외에 또 쿠리아회에서 정사를 의논하는 것은 오히려 종전과 같았다.

제9장 로마 공화시대

로마인이 왕정을 폐하고 공화의 정체를 세워 원로원, 쿠리아회, 켄투리아회를 조직하고 집정관[統領] 2명을 새로 두어 행정의 사무를 맡게 하였다. 집정관 2명 중 한 명은 문관의 우두머리였고 또 한 사람은 관대(官隊)의 우두머리였다. 임기를 1년으로 하여 귀족 중에서 선출하였으나 집정관의 권한이 매우 가벼워 비상 업무를 능히 처리하지 못하였다. 만약 비상사태가 발생한 경우에는 임시로 독재관[大元帥]을 두었는데, 독재관은 권한이 막중하여 옛날의 왕과 다름없었다. 그러나 그 임기는 6개월 이상을 넘기지 못했고 평상시에는 그 주된 권한이 원로원에 있었다. 원로원이 집정관과 그 외 고등 관리를 종을 부리는 것

23 엄밀히 말하면 켄투리아회는 평민들이 형식적으로만 참여할 수 있었을 뿐 실질적인 사안은 기병 켄투리아와 상층 보병 켄투리아가 결정했다. 로마 공화정사에서 민권의 신장은 기원전 287년 트리부스 평민회의 결정이 원로원의 승인 없이 입법화될 수 있었을 때를 정점으로 본다.

과 같이 대했던 까닭에 당시 다른 나라 사람들이 로마의 원로원을 존칭하여 군왕의회라 하였다.

3대 곤란[24] 왕정을 폐지한 후 로마는 안팎으로 무척 사건이 많았는데 귀족과 평민이 권력을 다툰 일이 첫째이고, 로마가 이웃 나라들과 전쟁을 한 일이 둘째이며, 평민이 귀족과 서로 다투는 일이 셋째였다. 첫번째 일은 행정권을 평등하게 나누고자 한 것이고, 두번째 일은 공공토지[公田] 차경의 이익을 함께 하고자 한 것이었으며, 세번째 일은 금전대차의 법을 너그럽게 한 것이다.

평민 곤폐(困弊) 귀족이 왕족을 쫓아낸 후로 권력에 기대어 평민을 학대하였다. 평민에는 두 종류가 있었는데 부자와 가난한 자가 그것이었다. 가난한 자는 전쟁과 그 외의 재앙을 당하면 금전을 귀족에게 빌렸다. 그러나 이를 상환하지 못하면 귀족은 대차의 법을 엄하게 하여 파산한 자를 노예로 삼고 그 처자를 팔아 상환금에 충당하였으니 가난한 자들의 상태는 실로 참담하였다. 또 귀족이 공공 토지의 차경(借耕)을 독점하였는데 로마인이 적과 싸워 쟁취한 토지를 국가 공유의 토지로 삼고 귀족이 이를 차용하면서 지극히 적은 지대를 내거나 혹은 그 지대도 내지 않았다. 부호한 평민은 혹 능히 귀족과 그 이익을 함께 하는 일이 있었으나 평민 일반은 이 이익에 참여하지 못했다. 평민이 이와 같이 불공평한 처우를 받았음에도 불구하고 전쟁이 있으면 병역

24 원문에는 '2대 곤란'으로 되어있으나, 내용상 바로잡고 번역하였다.

에 복역할 뿐만 아니라 무기를 스스로 갖추었으나 감히 그 고통을 호소하지 못하였다.

평민의 초기 반란 로마시[羅馬府] 동북 3리에 작은 언덕 하나가 있었는데 이를 성산[靈邱]이라 칭하였다. 평민이 여기에 집결하자 세력이 흡사 하나의 새로운 도시를 세운 것과 같았다. 귀족이 크게 놀라 사신을 보내어 화의를 꾀하자 평민들이 그들의 권리를 보호하는 관리를 둘 것을 요구하였다. 귀족이 이를 받아들여 이때에 평민이 로마로 돌아왔다.

호민관(護民官) 이 평민의 권리를 보호하는 관리를 칭하여 호민관이라 하였다. 호민관의 신체는 신성하여 침범할 수 없었고, 입법상 · 행정상의 법령이 평민의 권리를 침해할 때에는 이를 부결할 수 있도록 하였다. 임기는 1년이었고 평민이 이를 선임하였다. 인원은 초에 2명이었다가 후에 증가하여 10명으로 정하였다. 그 권한은 초에 소극적이다가 후에 점차 적극적으로 확장하여 능히 집정관의 권한을 능가하였다.

평민의 2차 반란 항상 평민과 귀족의 다툼이 그치지 않아 이르기를, "귀족이 권력을 독점하는 것은 국가의 법전이 정비되지 않은 까닭"이라 하였다. 당시 로마의 문자로 이루어지지 않은 법률을 성문법으로 편집할 것을 정부에 청하였으나 귀족이 불허하여 평민과 크게 맞섰다. 그러나 평민의 세력이 매우 성하였으므로 감당하지 못하여 귀족이 결국 이를 허락하였다. 기원전 451년에 법전 편집위원 10명을 두고 이들에게 법전을 편집케 하였다. 또 법전을 편집하는 기간에는 집정관, 호민관과 그 외 높은 관직을 모두 폐지하고 이 법전 편집위원 10명에게 정사를 행하게 하니 이 위원들이 그 유명한 12표법을 완성하였다. 이 법률은 로마 역대의 법률 중에서 나온 것인데 12표 중의 10표는 위원을 설치하던 그 해에 만들었고 다른 2표는 다음 해에 만들었다. 위원은 귀족 평민이 함께 뽑고 임기는 1년마다 반드시 다시 뽑는 것이 상례가 되었다.

평민 3차 반란 두 번째 해에 위원들이 이미 그 사업을 완성하였으나 오히려 그 직을 떠나지 않을 뿐 아니라 그 직에 머물며 폭정을 행하였다. 이때에 평민이 다시 반란하여 성산을 점거하였으므로 귀족이 다시 평민이 요구하는 바를 받아들이고 화의하였다. 이에 평민회의 권리를 켄투리아회의 권리와 동일하게 하라는 요구를 허하였다.

민권이 날로 신장하다 이후 즉 기원전 445년에 군대장으로 하여금 집정관의 일을 섭행하게 하였다. 애초에 평민이 귀족과 함께 집정관으로 선출될 것을 간절히 원하였으나 귀족이 그 요청을 받아들이지 않아 격론이 벌어졌는데 평민이 그 요구를 고집하였다. 이때에 귀족 집정관을 없애고 군대장 3명이 그 집정관의 일을 대신 하도록 하고 평민도 귀족과 함께 선출되는 자격을 얻게 했다. 후에 군대장으로서 집정관의 일을 대신 하는 자가 늘어나 6명이 되자 평민도 선출될 수 있는 권리를 얻었다. 그러나 실제로는 쉽게 선출되지 못하다가 처음으로 선출될 수 있었던 것은 그 설치 후 40년 즉 기원전 400년의 일이었다.

제10장 이탈리아[伊太利] 정복

2대 사건 로마 공화시대의 제2기 즉 이탈리아[伊國] 정복의 시기에는 2대 사건이 있었는데 하나는 로마 국정의 개혁이고, 둘째는 이탈리아 정복 전쟁이었다. 로마가 재건된 후로 평민은 더욱 빈곤하고 귀족은 더욱 전횡하여 정치상의 다툼이 한층 격렬해졌으니 기원전 376년에 이르러는 나라의 일이 더욱 위급하였다.

3대 정책 호민관 리키니우스(리시니우스)가 그 위급함을 타개하기 위하여 3대 정책을 발표하였다. 첫째, 집정관의 직을 부흥하여 귀족, 평민으로 하여금 서로 선임하게 함이었고, 둘째, 평민이 빌린 돈에 대하여 이미 낸 이자는 원금에서 제하고 잔금은 3년 부세로 상환하게 하였다. 셋째, 귀족들의 토지소유 상한선을 정하여 그 여분은 모두 평민에게 돌아가도록 하였다. 이 3가지 방책의 격론이 10년을 거친 후 즉 기원전 367년에 이르러 드디어 귀족의 승인을 거쳤다.[25]

귀족과 평민의 친화 다음 해 즉 기원전 366년에 집정관 중 1명을 평민 중에서 선출하였다. 이때에 귀족과 평민이 서로 친화하여 나라일에 힘을 다하였으니 이는 로마가 이탈리아를 통일할 수 있었던 까닭이었다.

4대 전쟁 이즈음에 로마는 평범한 소국으로 인구가 겨우 30만에 불과

---

25 '리키니우스-섹스티우스 법'의 내용에 대한 설명이다.

하고 또 사방에 있는 나라들이 거동을 제한하였으므로 곤란함이 적지 않았다. 그러나 귀족과 평민이 화목하게 된 후로부터 능히 힘을 모아 여러 나라를 정복하게 되었는데 이 정복은 4차례의 큰 전쟁으로 이루어졌다. 첫째는 라티움[라지우무州] 사람들과 싸운 일이고 둘째는 이웃의 다른 여러 주(州)의 사람들과 싸운 일이고 셋째는 이탈리아 남부의 그리스 식민지와 싸운 일이고 넷째는 이탈리아 북부의 갈리아(꼬루)인들과 싸운 일이다.

용맹한 왕의 침략 이들 전쟁 중 그리스 식민지와의 전쟁이 가장 중요하다. 새로 부흥한 로마가 문명한 그리스와 서로 접촉하게 된 효시로서 두 나라가 서로를 엿보는 단서가 되었기 때문이다. 로마에서 귀족이 이미 평민과 친화 일치하여 그리스 식민지를 정벌하자 그리스 이민은 본국의 에피루스(에삐라스) 국왕 피루스(삐루라스)에게 도움을 청하였다. 왕은 당시의 호걸로 스스로 알렉산드로스 대왕에게 비견하던 자였다. 왕이 친히 병사 2만 5천 명과 코끼리 20마리를 거느리고 오니 코끼리는 로마인이 한 번도 보지 못하던 것이었다. 로마인이 이르되 "이는 소가 큰 것이라" 하여 가까이 가지 못하는 까닭으로 접전할 때에 싸우지 못하고 도망하였다. 후에 코끼리가 가히 두려워할 것이 아닌 줄을 알고 용감하게 싸웠다. 피루스(비루라스) 왕이 모두 승리하였으나 그 무리를 많이 잃었다. 왕이 일찍이 대승한 후에 탄식하여 말하기를, "이와 같은 전승이 다시 있으면 우리 백성들이 전멸하겠다" 하였다. 그 후에 왕이 로마인에게 크게 패하여 실망하고 귀국하였으니 이때는 기원전 275년이었다. 왕이 떠난 후로 이탈리아 남부는 모두 로마인이 쉽게 정복하여 이탈리아 통일의 시기가 왔다. 이탈리아 반도 여러 주 중에서 갈리아를 제외하고 나머지는 모두 로마의 판도에 들어갔고 갈리아가 로마 판도에 들어간 것은 다음 시기였다.

세 민족 로마인이 이탈리아인을 통일하고 이탈리아인을 3등급으로 나누었으니 첫째는 로마인이고 둘째는 라틴인[拉丁人]이고 셋째는 이탈리아인이었다. 로마인이 가장 귀하여 이탈리아의 주권을 갖고 라틴인과 이탈리아인은 자국의 자치권을 갖게 되었다. 라틴인은 이탈리아인에 비하여 점차 귀해짐으로 태반이 로마인이 되어 그 권리를 가지게 되었다.

3대 정권 로마가 이탈리아 반도 전체의 으뜸임을 나타낸 것은 3대 정권을 독점한 일이었다. 이 3대 정권이라 함은 첫째는 전쟁을 선포하고 강화하는 권리이고, 둘째는 사신을 통하는 권리이고, 셋째는 화폐 제조의 권리였다.

제11장 로마의 초대 황제

옥타비우스의 정략(政略) 초대 황제 옥타비우스[26](오구짜쎄우스)가 이미 군사의 권력을 장악하고 군주의 실권을 가졌다. 그러나 제왕이라는 칭호와 위엄 있는 자세를 경계하여 공화정체의 제도를 없애지 않았다.

---

26 원래 이름은 옥타비우스였으나 카이사르의 양자가 된 뒤 옥타비아누스로 개명하고, 다시 기원전 27년 원로원으로부터 아우구스투스(존엄자)라는 존칭을 받았다.

따라서 집정관, 호민관, 의회, 원로원 등이 여전히 존재하였다. 그러나 이름만 있고 실권이 없어 다만 옥타비우스의 뜻을 받들어 행할 뿐이었다. 또 천하가 통일되어 만국의 부가 모두 로마로 돌아왔으나 옥타비우스가 그 이익을 마음대로 하지 않고 로마 시민[府民]과 함께 향유하였다. 즉 로마의 시구(市區)를 개축하여 지극히 장엄하게 하고 또 원형극장과 목욕탕을 많이 지었으며 곡물과 유류를 하사하였다. 이때 로마의 시민들이 배부르고 편안하여 태평을 노래하였다.

옥타비우스 때에 이르러 로마 제국의 판도가 극히 광대하여 옛날에는 이와 같은 적이 없었다. 4면의 국경이 북으로는 브리튼 해협[27][不利顚海峽], 북해 라인 강[拉因河], 다뉴브 강[짜우쌰河], 흑해(黑海)가 있고 동으로는 유프라테스 강, 아라비아 사막[亞利亞沙漠]이 있으며 남으로는 아프리카의 대사막과 서로는 대서양이 있었으니 그 연장이 동서가 2천 7백 리요 남북이 1천 리였다. 인구가 1억만 명이었는데 그 반은 노예였다.

병제(兵制) 이탈리아의 여러 지방을 나누어 속주[領]라 하고 총독[太守]을 보내어 이를 다스리게 하였는데 총독은 문무겸비의 관리였다. 로마시와 이탈리아의 치안을 꾀하여 근위병을 두고 각 속주의 치안을 계획하여 근위대[鎭臺兵]를 두었다. 후에 근위대가 교만 방자하여 황제를 폐위함에 이르렀다.

예수[耶蘇] **탄생** 초대 황제의 재위 중에 가장 중대한 사건은 바로 예수의 출현이었다. 예수는 기원전 4년에 유태국 베들레헴[베스너헤무村]에

---

27 영국 해협이라고도 한다.

서 탄생하였다.

※ 예수 기원의 용법은 532년부터 시행하였는데 천 년 후에 그 계산법의 오산으로 상용하는 기원은 실제 기원에 비하여 4년이 뒤떨어지는 것을 발견했다.

옥타비우스가 죽다 14년에 초대 황제 옥타비우스가 죽자 원로원이 초대 황제의 양자인 티베리우스(지베리우스)를 세워 그 뒤를 잇게 하였다. 로마를 후세에서는 제국이라 칭하지만 당시 사람들은 법률상 이를 공화국의 계속이라 하였다. 그것은 로마의 여러 황제가 원로원의 선거를 기다리지 않으면 즉위할 수 없었던 까닭이다.

제12장 예수[耶蘇] 포교

예수교 시조 로마의 초대 황제 옥타비우스 때에 그 치하의 여러 나라 중 유태국을 제외한 다른 모두가 다신교를 신봉하였으나 유독 유태국이 일신교를 믿었다. 예수가 그 종교에 의하여 새로운 종교를 시작하고 항상 말하기를, "나는 새롭게 눈에 보이지 않는 세계의 왕국을 세운다" 하였다.

교도들이 형을 당하다 이 말이 드디어 모반의 명분이 되어 예수가 사형에 처해지게 되었다. 예수가 죽은 후 그 설이 점점 전파되어 네로 황제가 비로소 예수교를 엄격히 금지하고 그 교도를 가혹한 형벌에 처하였다. 그러나 그 교도가 사라지지 않고 점점 늘어났다. 콘스탄티누스대제[곤스단진大帝]가 예수교도의 힘을 빌려 즉위할 수 있었으므로, 즉위한 후로 크게 예수교를 보호하며 324년의 칙령[28]으로써 이를 국교로 정하였다. 361년에 율리아누스[지리안帝]가 즉위하였는데 이 황제는 로마와 그리스의 신학을 좋아하여 힘써 예수교도의 박멸을 꾀하였으나 효과가 없었다. 그 후로는 다시 예수교를 탄압하는 자가 없어 4세기 말에 이르러는 다신교를 신봉하는 자를 어느 곳에서도 볼 수 없게 되었다.

교형지의(敎刑旨意) 무릇 로마의 여러 황제가 예수교의 박멸을 꾀한 것은 예수교가 치안에 방해가 되기 때문이며 결코 종교의 자유를 속박하고자 함이 아니라 하였다. 어떻게 된 것인가 하면, 예수교 이외는 어떠한 종교든지 모두 허가를 얻게 된 원인이 되었다.

예수교의 장점 예수교가 여러 차례의 큰 난리에도 불구하고 결국 능히 다신교를 넘어뜨리고 그 자리를 대신하게 된 데에는 많은 원인이 있다. 그러나 그 중 가장 중요한 것은 첫째, 로마가 천하를 통일한 후로 로마인의 덕의가 부패하고 그 속국 인민이 로마의 학정과 여러 차례의 천재지변으로 고통을 겪었기 때문이다. 둘째, 당시 일반의 학자가 회의주의(懷疑主義)를 취하고 다신교는 근거가 약한 동시에 그 믿는 신이 많은 까닭으로 몸과 마음을 견고하게 하기가 어려웠던 까닭이다. 셋째, 예수교는 교지가 간명하여 입문하기가 쉽고 소신이 유일하여 마음을 어지럽지 않게 하며 죽은 후의 구제를 약속하고 생전의 불행을 위로했기 때문이다.

---

28 '밀라노 칙령'(313)을 뜻하는 듯하다.

제13장 로마 문명

로마의 문명은 그 문물제도의 영향이 넓고 큰 것으로 유명하지만, 처음에는 그 정교함이 그리스 문명에 비해 크게 뒤떨어졌으며 문명이 발달한 것은 제국이 설립된 이후였다. 로마인이 세계의 문명을 이루어 영향을 미친 것은 이탈리아 북부와 프랑스[佛蘭西], 스페인[西班牙]에 살고 있는 게르만인[蠻民]을 정복한 동시에 또 능히 이를 교화한 것이다.

라틴어 시문 라틴어의 시문은 곧 로마의 시문으로 오늘날 서양인[歐米人]들이 애독하고 완송하는 것인데 기원전 2세기 이후에 일어난 것이다. 이때를 맞이하여 로마인이 점점 그리스 문학에 자극을 받아 자국의 문학을 연구하였으니 시문의 대가가 배출된 것은 옥타비우스의 치세로 천하가 통일하여 태평을 얻은 후였다.

토목 옥타비우스 때에 토목이 크게 일어나 그 광대함은 고금에 두드러지게 훌륭하였다. 경마장으로는 관람인 20만 명을 수용할 수 있는 것이 있고 원형극장으로는 10만 명이 들어갈 수 있었다. 그 외 목욕탕, 경마장, 극장 등을 모두 그 관비로 만들었고 신전, 관사, 저택, 별장의 종류가 모두 장엄하고 아름답기가 극에 달하였다. 수도(水道)의 공사 또한 로마 건축 중에 유명한 것이다.

법률 로마인이 후세에 가장 큰 이익을 남긴 것은 바로 법률이다. 로마 역대의 법률을 수집하여 기원후 6세기 동로마 왕[王] 유스티니아누스[짜스지니안帝]가 이를 편찬하여 하나의 법전을 이루었다. 후세에 이를 유스티니아누스 법전이라 하였으니 유럽[歐洲] 나라들 중 영국을 제외하고는 모두 이를 참고하여 법전을 편찬하였다.

제2편 중(中) 중세사(中世史)

총론

2대 사건 중세 유럽에 가장 유명한 사건이 2개 있으니 첫째는 튜튼족[주돈人種]이 로마 제국의 유민과 섞여 로마의 문명에 감화된 일이고, 또 하나는 예수교가 새로 일어나 국민을 좌우한 일이다.

인종 혼화(混化) 로마 제국의 유민은 라틴족과 켈트족[게루도人種]이 섞여 있었다. 튜튼족이 능히 이를 따랐으나 그 수가 적었던 까닭으로 언어와 풍속에서 자연 이에 감화되어 로마의 문명을 사용하였다.

로마 교황 로마 제국이 무너지자 천하의 민심을 얻은 자는 로마의 교황[法王]이었다. 교황이 여러 나라의 논쟁에 대하여 중재 노력에 힘쓰며 여러 나라 공통의 사건에 대하여 지도자가 되었으니 실로 교황의 권력이 극에 달한 것은 중세의 일이었다.

3대 사원(史元) 그러나 중세 유럽 역사에는 세 가지의 근원적 요소가 있었으니, 이르기를 게르만인[蠻民]의 기상이요, 이르기를 로마의 문명이요 이르기를 예수교가 이것이었다. 게르만인의 기상은 귀족주의가 일어난 원인이요. 로마의 문명은 한편으로는 민권주의가 일어나며 또

한편으로는 왕권주의가 일어난 원인이요, 예수교는 교황의 일통주의가 일어난 원인이었다.

중세연한 중세사는 서로마의 멸망, 즉 기원후 476년에 시작하여 동로마의 멸망 즉 기원후 1453년에 이른다. 또 서로마의 멸망에서 10세기 말에 이르는 5백여 년 간은 역사가가 이를 칭하여 암흑시대라 하였다. 이 연간에는 볼만한 문물이 없는 까닭으로 이러한 이름을 붙였으나, 그 안에 이미 새로운 문명의 징후가 확실히 발현되었다.

제3부 열국(列國) 공동사건

9세기 이후 13세기에 이르는 사이에 일어난 열국의 공동사건은 다음과 같다.

1. 봉건제도(封建制度)
2. 기사제도[義騎制度]
3. 로마 부흥
4. 교황[法王] 전횡
5. 십자군전쟁
6. 자치도시[都邑]

사건 영향 위의 사건은 유럽[歐洲] 열국이 공동으로 그 영향을 받은 것으로 중세사의 사건 중 가장 중요한 것이었다. 로마 부흥은 제왕의 권력을 확장하게 된 원인이고, 봉건제도는 귀족의 권력을 확장하게 된 원인이며, 도시 자치는 평민의 권력을 확장하게 된 원인이다. 기사제도와 십자군전쟁은 인지(人智)의 진보와 풍속의 개량에 미친 영향이 매우 컸다. 교황은 당시 사람의 미신을 틈타 왕들 위에 군림하고자 하여 여러 왕들과 권세를 다투었다.

제1장 봉건제도(封建制度)

봉건제도의 기원 프랑크족[후란구人種]이 갈리아를 취하여 이에 머무를 때에 그 추장 즉 왕이 크게 토지를 차지하여 영(領)이라 하고 그 여분을 휘하의 종신[士]에게 하사하였다. 이때 종신이 얻은 땅을 사유지라 하였다. 그 후에 왕이 토지를 좌우 가까운 신하들에게 주고자 할 때는 자기의 영지를 나누어 주고 이로 하여금 약속하기를 신하의 직분을 다하지 않으면 이를 몰수한다 하였다. 이 약속에 의하여 얻은 토지를 봉토(封土)라 칭하였다. 귀족들이 역시 왕을 따라하여 그 토지를 나누어 좌우의 신하에게 주고 동일한 약속을 행하니 이때 천하의 토지가 모두 봉토가 되었다. 샤를마뉴[재루스大帝]가 죽은 후 오래지 않아 프랑스[佛國], 이탈리아, 독일[獨乙] 3국이 노르만족[노루스만人]과 이슬람 세력[사라센人]과 마자르족[항가리人]들의 침략을 당하자 3국의 군주는 이를 막지 못하였으나 귀족들이 이를 막았다. 이것이 귀족이 실권을 장악한 원인이 되었다.

군신 분한 무릇 봉건국에는 국왕이 귀족에 대하여 군(君)이라 칭하고 귀족은 이에 대하여 신(臣)이라 칭하며, 귀족의 신은 국왕에 대하여 배신(陪臣)이라 칭하였다. 갑국(甲國) 왕의 땅이 을국(乙國)에 있을 때는 을국 왕에 대하여 신이라 칭하였다. 귀족 한 명이 여러 나라에 땅이 있을 때는 여러 나라 왕에 대하여 신이라 칭하였다. 승려가 또한 귀족이 되어 봉토를 소유할 수 있었으니 이 제도는 실로 분잡하기가 이를 데 없었다.

3대 의무 그러나 무릇 종신이 주군에 대하여 충실히 해야 하는 의무가 3가지 있었으니 첫째는 전쟁이 있을 때 주군을 따라 출진하는 것이고, 둘째는 주군이 참정(叅政)하도록 소환했을 때에는 언제나 이에 응하는 것이고, 셋째는 주군이 적에게 잡혔을 때에는 몸값을 지불하며 주군의 장남이 성년이 되어 기사(나이도) 즉 무인이 되거나 주군의 장녀가 결혼을 하는 때에는 그 비용의 일부를 부담한다는 것이었다. 이 3대 의무는 근세에 이르러 조세를 내는 원인이 되었다.

인민의 종류 봉건제도가 12세기에 이르러 크게 성행하였다. 이때 한 나라의 인민들이 둘로 나뉘어 하나는 봉토를 가진 자, 또 하나는 봉토를 갖지 못한 자였다. 봉토를 가진 자는 귀족, 왕신(王臣), 배신(陪臣)이었고, 봉토를 갖지 못한 자는 두 부류가 있었는데 하나는 자유농(쎄넌)이라 하였고 또 하나는 농노(사후) 즉 농복(農僕)이라 하였다. 자유농은 원래 촌민인데 지대를 내어 경전하던 사람들이었고, 농노 즉 농복은 노예와 유사하였으나 노예처럼 사고 팔지 않는 점이 달랐다. 농노는 주인을 위하여 토지를 경작하며 기명(器皿)을 만들고 또 주인집의 잡일을 맡았다.

봉건제도의 득실 봉건제도는 1천 1백의 크고 작은 귀족들이 빈민을 학대하게 하였다. 그러나 로마시대의 호족 수십 가(家)들이 세민을 노예로 사역하던 일에 비하면 크게 나은 것이었다. 귀족들은 용기와 독립심이 있어 군신 간에 분한을 지켜 서로 문란하지 않았다. 이 제도는 노르만족과 이슬람족과 마자르족의 침격을 능히 막아내었으니 그 공이 가장 큰 것이라 하였다.

쇠망 원인 봉건제도가 사라진 것은 15, 16 두 세기 때부터의 일인데 그 원인은 다음과 같다.

1. 왕권이 점차 강화된 일
2. 자치도시가 세력을 얻어 귀족에게 대항한 일
3. 사제가 왕과 더불어 귀족을 적대시한 일
4. 십자군전쟁이 소귀족을 파산하게 한 일
5. 화약 발명으로 인하여 군법전략을 일변케 한 일
6. 상공업이 점차 발달하자 이에 따라 백성들의 힘이 커지게 된 일
7. 학문이 점차 세상에 보급하여 민지(民智)를 연 일

제2장 기사제도[義騎制度]

기사제도는 영어로 chivalry(시빠루리)라 한다. 11세기에 봉건제도가 크게 성하자 귀족이 전횡하고 교만 방자하여 세민과 부녀자가 모욕을 받는 일이 가히 말로 다 할 수 없었다. 기사[義勇의 士]가 이를 가엾게 여겨 구제의 방책을 강구하면서 서로 맹세하여 말하기를, "예수의 가르

침에 의하여 천하의 세민과 부녀자를 구제코자 한다" 하였다. 기사들이 이 맹세를 실행하기 위하여 말을 타고 천하를 돌아다니며 몸의 고단함을 돌보지 않고 세민과 부녀자의 위급함을 앞장서 돌보았다. 드디어 여러 나라의 왕공 귀인부터 서민에 이르기까지 모두 이 의거에 찬성하여 가맹(加盟)하게 되었다.

우아하고 아름다운 무인(武人) 이와 같이 기사제도는 시대의 폐단을 없애기 위해 일어난 것이었으나, 그것이 성행하자 목적이 변하였다. 바로 우아하고 아름다운 무인을 양성하는 것을 주요 목적으로 삼게된 것이다. 여러 나라의 왕자, 귀족이 성안에 강무교사(講武校舍)를 세우고 신하의 자제를 들여보내 무예 · 예의 · 종교 등을 배우게 하였다. 또 신하의 자제 중 7세 이상 14세 이하인 자는 군주의 부인과 딸을 호위하며 예절을 학습하게 하였는데 이를 칭하여 시종(侍從)이라 하였다. 14세 이상인 자는 평상시에는 주군 좌우에서 집사(執事)하고 전쟁시에는 주군을 따라 출진하다가 나이가 21세가 되면 나이트(나이도) 즉 기사[士]가 되었다.

서임식 기사 서임식의 예가 극히 장엄하였는데 예식은 군주가 친히 교회 예배당에서 행하였다. 후보자는 목욕재계하고 목사에 향하여 맹세하기를 기사도를 완전히 행하고 불쌍하고 외로운 사람들을 도우며 특히 예수교와 귀부인을 위하여 신명을 바쳐 싸우겠노라 하였다. 군주가 이에 후보자의 차고 있던 칼을 뽑아 칼등으로 후보자의 목덜미를 부딪쳐 예를 마쳤다.

토너먼트[僞戰] 당시 왕공 사대부가 가장 즐기던 놀이는 바로 토너먼트였는데 국왕의 즉위, 결혼과 그 외 큰 예식에는 반드시 이를 행하여 일반적인 일이 되었다. 대체로 토너먼트에서는 귀부인이 상품을 승자에게 수여하였으니 이것이 오늘날 서양에서 경기를 행하는 것이 모두 귀부인의 재산에서 비롯된 까닭이다.

기사제도의 득과 실 기사제도의 좋은 결과가 두 가지 있으니 무골살벌한 사람들로 하여금 예양(禮讓)을 지키고 신의의 중요함을 알게 한 일이 첫째이고, 사교상 여자의 지위를 높여 남자와 동등케 한 일이 두 번째이다. 또 기사제도는 나쁜 결과를 낳았는데 여자를 존중하여 음일(淫逸)에 빠지게 한 일, 헛되이 무공을 동경하여 쉽게 싸우게 된 일, 작은 일은 조심하면서 큰일을 잊는 일, 명예를 탐하여 신명(身命)의 해로움을 돌아보지 않는 일이었다. 이들 악폐 중에 오늘날에도 존재하는 것은 결투가 있다.

기사도 쇠퇴 기사제도는 봉건제도로 말미암아 생겨난 것이므로 이와 함께 쇠망하였다. 그 쇠망한 가장 큰 원인은 화약의 발명이니, 무사 한 명의 일개 튼튼한 갑옷과 날카로운 무기와 용기와 무예는 접전에는 편하되 거리를 두고 싸울 때에는 불리하였다. 또 귀족의 성보(城堡)가 대포의 공격을 감당하지 못하였으니 이것이 그 쇠망한 까닭이다.

제3장 로마 부흥

샤를마뉴[剌婁須大帝] 프랑크(후랑구) 국왕 페팽(베빙) 3세가 죽고 아들 샤를(재루스)이 즉위하였으니 이를 샤를마뉴라 하였다. 그가 현명하고 뛰어나 큰 포부가 있었으므로 항상 여러 나라들을 정복하여 천하를 다스리고자 하였다. 당시에 롬바르디아(로루빠루도) 국왕이 교황과 사이가 좋지 않아 병사를 거느리고 로마를 압박하자 샤를마뉴가 교황의 청으로 롬바르디아 국왕과 싸워 대파하여 그 나라를 멸하였다. 이로 인하여 이탈리아 북부를 점령하고 스스로 이탈리아 국왕이라 칭했다. 또 작센(사기소니)을 정복하고 스페인의 북부를 약취하며 독일 동방의 게르만인[蠻民]을 토벌하여 재차 이탈리아의 반란을 진압하고 교황의 위급함을 구원하였다. 800년 12월 25일에 로마에서 교황으로부터 제관(帝冠)을 받아 황제의 자리에 즉위하고 서로마 황제라 칭하였다. 이로부터 서로마가 부활하여 황제와 교황의 화친이 지극히 밀접하였다.

그 후 샤를마뉴가 북구의 게르만인과 싸워 그 땅을 다스리게 되었는데 이에 이르러 판도의 광대함이 로마 멸망 이후 없던 바였다. 서쪽은 대서양에서 시작하여 동으로 독일 동쪽 국경에 이르고 북쪽은 북해에서 시작하여 남으로 발칸(빠루간)반도 북단과 이탈리아 중앙과 스페인 북부에 이르렀다. 국내 중앙 아헨(아헌)에 수도를 열어 통일의 업에 편리하게 하고, 변경에는 수변(戍邊)의 장수들을 두어 게르만인의 침입을 방어하며 각 주(州)에는 지사를 두어 다스리게 하였다. 중앙 정부에는 귀족을 소집하여 중앙 정치에 참여하게 하고 국내 일반에는 관리를 파견하여 법에 어긋나는 일을 감독하였다. 수도원에는 학교를 세워 문학을 진흥하여 엄연한 일대 제국의 기초를 열었다.

제국분열 814년에 샤를마뉴가 죽고 아들 루이[留易]가 즉위하였다. 루이에게는 세 아들이 있었는데 이르기를 로타르(로다루), 페팽(페펜), 루이라 하였다. 루이 왕이 프랑크족[훈구人種]의 상속법에 의하여 제국을 세 아들에게 나누어 주니, 로타르에게는 중앙부를 주고 페팽에게는 서부 프랑스 지방을 주고 루이에게는 동부 독일 지방을 주었다. 그런데 루이가 이 세 아들을 낳은 후에 또 후처에게서 넷째 아들 샤를(재루스)을 얻게 되자 이미 세 아들에게 나누어준 토지를 떼어 샤를에게 주었다. 그러자 세 아들이 반란하여 전란이 끊이지 않다가 페팽은 전사하고 다른 세 아들은 843년에 이르러 베르됭 조약[베루쏜平和條約]을 체결하였다. 이 조약으로 로타르는 제국 중앙과 이탈리아를 취하고 루이는 동부 독일 지방 즉 라인 강[拉因河] 이하 동쪽을 취하고 샤를은 서부 프랑스와 스페인 북부를 취하였다. 또 로타르는 장남인 까닭으로 황제의 자리에 올랐다.

이 조약은 오직 왕가의 사적인 일과 다름없었으나 그 결과가 미친 영향은 매우 컸다. 루이 영내에는 독일의 문화가 있고 샤를의 영내에는 로마의 유풍이 있어 두 가지가 각각의 특색을 갖고 발달 진보하며 언어 풍속이 또 점차 달라져 드디어 두 나라의 통합을 바라지 못할 지경에 이르렀다. 이는 실로 샤를마뉴의 제국이 사라지고 근세에 이른바 프랑스와 독일의 두 나라가 흥기한 원인이 되었다.

프랑스 프랑스에는 843년에 베르됭 조약[벨쏜條約] 이후로 샤를의 자손이 계속해서 왕이 된 지 1백 4십여 년 만에 후사가 끊어졌으니 987년의 일이었다. 이 연간에 군주가 어리석고 무기력하여 나라의 세가 떨치지 못하고 국경이 항상 이민족[蠻民]의 침략을 당하였다.

독일 독일에서도 루이의 자손이 역시 어리석고 미약하다가 911년에 이르러 후사가 끊어졌다. 이에 독일의 5대 제후[29]가 모여 프랑켄(후란고니야)의 콘라트(곤랏쓰)를 왕으로 선출하였고, 독일은 선립왕국(選立王國)이 되었다. 콘라트가 죽은 후에 작센 제후 하인리히 1세[헨리一世]를 왕으로 선출하였고, 아들 오토(옷도)가 뒤를 이었다. 후에 오토가 신성로마 황제의 자리에 즉위하여 이를 오토 대제라 칭하였다.

신성로마 제국 오토 대제가 현명하고 큰 포부가 있어 아버지 하인리히(헤리)의 유업을 이어 도시[都邑]의 특권을 확대하고 이로 하여금 귀족의 전횡을 방어하였다. 성을 쌓고 군사를 훈련하여 이민족의 침략을 방비하며 바이에른족[빠빠리아人]의 반란을 평정하였다. 또 이탈리아의 난을 진압하고 이탈리아 옛 왕의 과부를 왕후로 맞아 이탈리아의 난을 재차 진압하였다. 962년에 샤를마뉴의 옛 일에 의거하여 교황 요한 12세[지욘十二世]로부터 제관을 받아 신성로마 황제의 자리에 즉위하고 또 독일, 이탈리아 두 나라의 왕위에도 즉위하였다. 샤를마뉴가 부흥한 로마 제국이 일시 단절되었다가 이때에 이르러 다시 일어났던 것이다.

29 작센, 바이에른, 프랑켄, 슈바벤, 로렌의 5공국 제후들을 말한다.

황제의 위엄 이와 같이 신성로마 황제가 원래 독일로부터 일어나 로마 제국을 다시 일으키고 모든 왕공의 우두머리라 하여 여러 나라의 군주들을 휩쓸었으며 또 종교의 수장인 로마 교황과 자웅을 겨루었으니 이에 이르러 황제의 위엄을 가히 가늠하지 못하게 되었다.

제4장 교황[法王] 전횡

교황의 위엄 서로마는 망하였으나 예수교는 망하지 않았을 뿐 아니라 로마의 사제[僧正]가 종교상 또 정치상 이탈리아인을 능히 지휘하였으며 로마가 무너진 이후로는 천하의 인심을 거두어 자기에게 돌아오게 하였다. 동로마의 왕 유스티니아누스 황제[재스니안帝]가 군사를 이탈리아에 보내어 연해 지방을 정복한 후로는 지사(知事)를 로마에 두지 않고 라벤나[라벤나府]에 두었으므로 로마의 사제가 점점 세력을 키울 수 있었다. 그러나 그 세력은 지금까지 온전히 종교적, 도덕적이었고 정치적이 아니었으며, 정치적이 된 것은 사제가 영지 소유권과 생살여탈의 권력을 갖게 된 이후 즉 8세기였음을 알아야 한다.

승정의 명칭 승정의 명칭을 파파(빠빠)라 칭하였으니 파파란 말은 아버지라는 뜻이다. 영국인이 이를 와전하여 포프(쏘쁘)라 했다. 처음에는 로마의 사제뿐 아니라 모두가 파파라 칭하더니 1076년 이후로는 로마 사제 이외에는 누구도 파파라 칭할 수 없었다.

신성로마 황제와 교황의 다툼 샤를마뉴가 죽은 후 200년 간 교황은 독일, 프랑스, 이탈리아 3국의 군주가 어리석고 미약하여 국력이 부진한 틈을 타 점점 세력을 키워 여러 나라들의 정치를 적지 않게 좌우했다. 10세기 중반 무렵에 신성로마 황제[獨帝][30]가 이탈리아의 왕을 겸하게 되자 신성로마 황제가 이때부터 교황과 서로 다투어 그 싸움이 여러 세대에 걸쳤다.

교황 선거 문제 교황은 항상 이탈리아인을 도와 신성로마 황제의 통제를 벗어나게 하기로 계획하였으니, 다툼의 처음 시작은 교황 선거의 문제였다. 신성로마 황제는 여러 추기경들이 교황을 선출하여 정하고 그 허가를 자기에게 구하게 하였으나 교황은 이를 반대하여 여러 추기경들의 선출이면 만족한다 하였다. 이것이 교황과 신성로마 황제가 서로 다투게 된 점이었다. 신성로마 황제가 처음 뜻과 같이 그 선거의 일을 좌우하게 되었으나 교황 그레고리우스 7세[쑤너꼬리七世]를 선출할 때에 이르러 그 세력이 크게 꺾였다.

교황 그레고리우스 7세의 초명은 힐데브란트(히루데쌰란도)이고 이탈리아 토스카나[다스가니州] 사람이었다. 소아나 수도원[소나僧庵]에 있다가 1049년에 비로소 교황의 부름을 받아 내각의 장이 되어 그 후 20년간 다섯 명의 교황을 섬겼다. 이 사이에 이미 교황으로서 모든 왕의 위에 군림하고자 하더니 1073년에 이르러 자신이 스스로 교황이 되어 오

30 1871년 이전의 '독일'은 정치적 단위가 아닌 언어, 문화를 지칭하는 형용사로만 존재하였다. 비록 원문에는 '독제(獨帝)'로 표기되어 있기는 하지만, '독일 황제'로 번역할 경우 당시의 상황과 맞지 않을 뿐 아니라 오스트리아 왕 또는 황제, 훗날 독일제국의 황제를 겸하게 되는 프로이센 왕 등과 혼동될 여지가 있다. 따라서 이하에서는 '독제'를 '신성로마 황제'로 번역하도록 한다.

래된 계획을 실행하고자 하여 먼저 내각으로 하여금 의결하게 하였다.

신성로마 황제 파문 신성로마 황제 하인리히 4세[헌리四世]가 교황의 이 뜻을 받들지 않자 교황이 신성로마 황제의 파문을 천하에 포고하였다. 신성로마 황제가 크게 노하여 군사를 일으키고자 하였으나 뜻하지 않게 독일 자국의 율승(律僧)과 탁발승(托鉢僧)들이 일어나 무리를 모으고 황제의 죄를 선언하였다. 사람들이 이 말을 믿어 난을 일으키고자 하였으므로 황제가 어쩔 수 없이 군사를 해산하고 단신으로 가 교황에게 용서를 청하였다. 이때는 1077년 1월 21일이라 날씨가 매우 추웠으나 황제는 수도사들이 입는 거친 옷을 입고 신발을 벗은 채 교황의 외정(外廷)에 선 지 사흘 낮 사흘 밤에 이르러서야 교황의 사면을 받을 수 있었다.[31] 황제의 원한이 뼈에 사무쳐 다시 군사를 일으켰으니 교황이 살레르노(사라로)로 도망가다가 죽었다. 이때가 1085년의 일이었다.

여러 나라의 군주들이 교황의 신노(臣奴)를 자칭하다 그레고리우스 7세 이후로 역대의 교황이 모두 유법을 지켜 스스로 모든 왕의 우위에 군림하고자 하였다. 이에 포르투갈[葡萄牙], 영국[英吉利], 스코틀랜드[蘇格蘭], 사르데냐(사자니야)와 그 외 여러 나라의 군주가 모두 교황의 신노라 자칭하게 되었다. 1122년에 하인리히 5세[헌리五世]가 공연히 스스로 신성로마 황제의 교황서임권을 버렸다. 1198년에 교황 인노켄티우스 3세[인로센도三世]가 즉위한 후로 권세가 막강하여 능히 제왕의 위엄을 능가

31 이를 '카노사의 굴욕' 사건이라 한다.

하다가 12세기 중반 무렵 이후에 이르러 교황의 세력이 점차 약해지기 시작하였다.

제5장 십자군전쟁

2대 종교 7세기 이래 천하는 예수교도와 이슬람교도로 나뉘어 유럽[歐洲] 여러 나라들 중 독일, 스페인을 제외하고는 모두 예수교도가 살았고 스페인 북경 피레네 산맥[삐리니스山脈]에서 인도 갠지스 강[싼지스河]에 이르는 땅은 모두 이슬람교도가 살았다. 11세기 말에 이르러 두 교도가 200년 간 큰 전쟁을 벌였으니 이를 십자군전쟁이라 한다.

투르크인[土耳其人] 11세기에 아시아 방면에 일대 인종이 흥기하였으니 이를 투르크인이라 하였다. 11세기 중반 무렵에 이르러 투르크인이 이슬람교 나라의 동부를 태반이나 빼앗아 취하였는데 이슬람 교주가 왕권을 모두 투르크인의 추장에게 주고 그 몸은 겨우 교주라는 이름으로만 존재하였다. 투르크인이 다만 이슬람교 나라의 동부를 취할 뿐 아니라 더욱 나아가 동로마의 땅을 빈번하게 침범하였다.

성지 침범 4세기 이후로 유럽인이 항상 팔레스타인(빠너스다잉)의 성지[靈跡]를 순례하였는데, 이슬람교가 일어난 이래로 순례자들이 혹 모욕을 받으며 혹 관용을 받았다. 투르크인이 이슬람의 주인이 되자 예수 성지의 순례자들이 죽고 모욕과 학대를 심하게 당하였다. 1064년 유럽인 순례자와 승속(僧俗) 7천 명 가운데 귀국한 사람이 겨우 3분의 1이었고, 그 외는 모두 투르크인에게 죽임을 당하는 일이 있었다. 이즈음에 동로마가 투르크인의 침입을 당하여 서유럽 여러 나라에 도움을 요청했으나 들어주지 않았다. 이는 서유럽의 나라들이 상하를 막론하고 복수를 원치 아니하는 자가 없었으나 적절한 때가 무르익지 않았던 까닭이었다.

대의창도 교황 우르반 2세[아루빤二世]가 드디어 은둔자 피에르[律僧삐다]에게 명하여 여러 나라에 가 소견을 말하고 그 참혹한 상황을 알려 예수 성지를 회복할 뜻을 설득하게 하였다. 1095년에 고승, 귀족, 서인이 클레르몽[구라몬도府]에 모이자 교황이 친히 대중들에게 말하기를 무릇 이 원정에 참여하는 것은 모두 그 죄를 소멸하는 길이라 하였다. 사람들이 모두 감격하여 앞다투어 그 원정에 참가할 것을 청하였다. 적색의 천으로 십자의 모양을 만들어 이를 옷 오른쪽 어깨에 붙이게 하여 정벌군의 표식을 만들었다. 이것이 십자군의 명칭이 생기게 된 까닭이다. 교황이 사람들과 약속하기를 다음 해 가을에 대군을 파견하기로 정하였다.

제1군 선봉 다음 해 즉 1096년 봄에 원정을 원하던 군중들이 정규군 파견을 기다리지 않고 진군하였다. 이 무리는 모두 농부와 목자로, 부녀와 늙은이와 어린아이들을 데리고 갔으며 군대 안에는 규율이 부족하고 양식이 모자랐다. 은둔자 피에르가 군사(軍師)가 되고 프랑스의 무전거사 고티어[貧賤의 武士 우오루대]가 장군이 되어 이를 지휘하니 모든 군인의 수가 25만 명이었다. 콘스탄티노플[곤스단지로쁘루府]을 경유하여 소아시아에 들어갔으나 콘스탄티노플[同府]에 도착할 수 있었던 사람은 겨우 7천 명이었다. 이 7천 명이 모두 소아시아에서 죽었으니 이 군을 제1차 십자군의 선봉이라 하였다.

제1군 전군(殿軍)[32] 전군은 무사들로 이루어져 그 수가 모두 60만이었다. 당시 유명한 여섯 귀족이 이를 거느리고 프랑스 귀족 한 명이 맹주가 되었다. 이 군대가 아시아에 이르자 투르크인의 추장이 친히 30만의 기병을 거느리고 이를 맞아 싸웠으나 십자군이 대파하였다. 그 추장이 이에 그 밭과 들을 깨끗이 없애 십자군이 식량을 구하기 어렵게 하였다. 군사의 피로와 기갈이 심하여 스스로 죽은 자를 셀 수 없었고, 죽은 말이 매우 많아 말을 잃은 기병이 3만 명에 달하였다. 이로부터 십자군이 누누이 적에게 어려움을 당하였으나 능히 예루살렘[센루사너무府]을 공격하고 항복을 받았다. 예루살렘에는 이슬람교도가 7만 명 있었는데 십자군이 이를 모두 학살하고 또 교회당에 숨어 있던 유태인을 십자군이 방화하여 모두 태우니 그 잔혹함은 비할 바 없었다. 십자군이 예루살렘을 예수교 왕국이라 하고 십자군의 맹주인 부용의 고드프루아(굣쏘후너)를 국왕으로 삼았다. 그러나 고드프루아가 왕위에 오르는 것을 받아들이지 않고 자칭 성지의 수호자라 이르니 때는 1099년이었다. 다음 해에 고드프루아가 죽자 동생이 즉위하여 예루살렘 국왕[센루사너무國王]이라 칭하였다.

32 가장 뒤에서 따라가는 군대를 말한다.

제2차 십자군 그 후 5년 즉 1144[33]년에 투르크인이 예수교도가 세운 에데사 공국[에뎃사公國]을 점령하였다. 이때에 제2차 십자군전쟁이 일어나 신성로마 황제 콘라트 3세[곤랏쏘三世]와 프랑스 왕 루이 7세[루이七世]가 친히 군사를 이끌었으되 모두 군공을 세우지 못하고 돌아왔다.

제3차 십자군 그 후 40년 즉 1187년에 [가짓시유人種]의 추장[34]이 병사를 일으켜 예루살렘을 공격하여 항복시켰다. 이에 제3차 십자군전쟁이 일어나 당시의 3대 군왕이 친히 원정하였으니 첫째는 영국 왕이고, 둘째는 프랑스 왕이고, 셋째는 독일 신성로마 황제였다.[35] 신성로마 황제는 소아시아의 작은 강에서 익사하고 프랑스 왕과 영국 왕이 서로 전쟁의 공을 다투다가 프랑스 왕이 크게 화가 나 귀국하였으므로 영국 왕이 홀로 머물러 전쟁하였다. 영국 왕이 용감하고 또 용병을 잘하였으므로 당시 사람들이 칭하여 사자왕이라 하였다. 적의 추장이 역시 잘 싸웠으므로 승패를 결정짓지 못하다가 드디어 영국 왕이 휴전을 약속하고 귀국하였다.

십자군 원정 전후 8회 그 후로 모두 5차례에 걸쳐 십자군을 파견하였으나, 대개 공을 이루지 못하고 돌아왔으며 1291년에 비로소 전쟁이 완전히 종식되었다.

---

33 이슬람의 이마드 앗 딘 장기가 에데사를 점령한 것은 1144년이다. 따라서 원문의 '1145년'은 잘못이므로 바로잡고 번역하였다.

34 '가짓시유'가 뜻하는 바를 정확히 알기는 어려우나, 문맥상 '가짓시유인종의 추장'이란 술탄 살라딘을 뜻하는 듯하다.

35 영국 왕은 리처드를, 프랑스 왕은 필리프 2세를, 독일 신성로마 황제는 프리드리히 1세를 말한다.

전쟁의 영향 이 십자군전쟁이 목적한 예수 성지의 회복을 이루지는 못하였으나 이로 인하여 유럽[歐洲]의 문명이 받은 영향이 크니 그 영향을 말하자면 다음과 같다.

1. 여러 나라의 사람들이 비로소 서로 교통하고 알게 된 일
2. 항해와 통상의 업이 크게 열린 일
3. 동방의 산물이 점차 유럽으로 수입된 일
4. 소귀족이 원정의 경비를 감당하기 위하여 저당 잡혔던 토지를 회복치 못함으로써 그 세력이 점차 약해진 일
5. 작명(綽名), 문기(紋旗), 문의(紋衣)가 점차 행해진 일
6. 인심이 점점 종교상의 너그러움에 기울어진 일
7. 인지(人智)가 점차 지리 풍속상의 범위를 확장한 일

제6장 자치도시[都邑]

로마 멸망 후 경황 자치도시는 오늘날 유럽 여러 나라의 민권이 일어난 곳이다. 애초에 로마 제국이 많은 자치도시들로 이루어졌다가 로마 제국이 멸망하자 무수한 자치도시가 통일을 잃고 나누어지게 되었다. 튜튼족이 여러 나라를 차지하자 자치도시들이 점점 쇠퇴하게 되었다. 튜튼족 즉 만족(蠻族)이 원래 촌락을 만들어 살았으나 능히 도시를 이루어 살지는 못하였다.

독일과 이탈리아 그러나 8세기 말부터 자치도시가 황제와 귀족의 도움에 힘입어 점차 일어났으니 그 성세한 나라는 독일과 이탈리아였다.

13세기에 이르러 독일의 대도시 80개가 서로 합하여 동맹을 맺었는데 이를 한자동맹[한스同盟]이라 한다. 그 발생 원인은 당시에 도적이 횡행하고 귀족이 발호하여 상업이 심하게 방해를 받았기 때문이다. 이탈리아에서는 특히 북부 롬바르디아(론빠루찌)가 성대한 도시를 이루어 1167년에 롬바르디아 동맹[론빠루찌同盟]이 생겨나 독일의 신성로마 황제에게 대항하였다. 이때 신성로마 황제는 이탈리아의 주인이라 자임하였으므로, 도시가 자치를 완전히 이루고자 빈번히 반란을 일으켰다. 이에 신성로마 황제가 할 수 없이 자치권을 부여하였다.

상업 현황 무릇 도시의 성쇠는 상업의 성쇠에 수반하는 것이다. 중세의 도시가 여러 나라에 무리지어 일어난 것은 바로 상업이 왕성해진 것에서 기인한 것이다. 십자군전쟁 이전의 남유럽[南歐] 상업은 이슬람교도의 손을 거쳤으나 그 후에는 남유럽의 여러 도시가 이를 대신하여 상업에 종사하였으니 이탈리아 베네치아[쎄니스府]와 제노아[뻐로아府] 등이 가장 많은 이익을 차지하였다.

제4부 열국 발달

3대 대륙 8세기 말에 이르러 서유럽[西歐]이 샤를마뉴의 치하에 들어가 통일되었으나 그 중 영국, 스페인, 이탈리아의 남부는 그 치하에 들어가지 않았다. 동유럽[東歐]에는 동로마 제국과 압바스왕조[아빠스人種國][36]와 불가리아(빠루까리아) 왕국과 세르비아(셰루쎄아) 왕국이 있었다. 소아시아 서부는 오히려 동로마 제국에 속하였고 아시아 대륙의 서부와 아프리카 대륙의 북쪽 연안과 함께 스페인은 이슬람교도가 거주하였다.

중요한 나라들 그러나 동유럽 나라들은 국사의 기록할 만한 내용이 적으므로 지금은 8세기 이후에 발달 진보한 서유럽 여러 나라의 일을 논술하고자 한다. 서유럽 나라들 중 문명에 있어 가장 중요한 국가는 다음과 같다.

1. 독일
2. 프랑스
3. 이탈리아
4. 영국

제1장 독일(獨逸)

962년에 오토 대제가 신성로마 황제의 자리에 올라 귀족 반란의 진압과 이탈리아 여러 도시의 정벌에 힘써 전쟁이 그치지 않았다. 오토 3세[옷도三世]와 하인리히 2세[헨리二世]가 역시 현군이었으되 외적의 침입과 이탈리아의 정벌을 제외하면 별로 유명한 사적이 없었다.

여러 왕가의 교체 1250년부터 23년 동안 국가가 분란하여 일정한 바가 없었으니 즉 황제도 없고 정치도 없게 되었다. 1273년에 합스부르크

36 '아빠스人種國'이란 이슬람 압바스 왕조를 뜻하는 것으로 보이는데, 저자가 압바스 왕국을 동유럽의 국가로 착각한 듯하다.

[하쌰스쌰루家] 왕가가 성립된 이후로 제실(帝室)의 교체가 더욱 빈번하여 국가의 분란과 소요가 끊이지 않았다. 또 1415년에 뵈멘[쏘혜미아州]의 이교론자 얀 후스(쫀핫스)가 사형을 당하자 이에 뵈멘인들이 비로소 유럽에 로마 교황의 비리를 논하여 17년 간의 큰 난을 일으켰다. 이때 철포(鐵砲), 화약을 이용하여 관군을 격파하여 여러 나라의 주목을 받았다. 이로 말미암아 신성로마 제국의 쇠퇴하는 운이 점차 기울었음을 볼 수 있을 것이다.

제2장 프랑스[佛蘭西]

987년에 위그 카페(유가베)가 왕위에 즉위하여 차차 나라의 형세를 만회하였으나 죽은 후에는 제후들이 강성하여 왕권을 압박하여 또다시 통제하지 못하게 되었다.

프랑스 왕권의 강화 1154년 영국에 헨리 2세가 즉위하자 루이 7세의 폐비를 맞이하여 왕비로 삼았다. 이 왕비는 프랑스의 대 영지 아키텐[앗구이덴州]을 소유하고 있었다. 따라서 영국 왕이 이 결혼으로 인하여 아키텐을 영지로 얻게 되자 영국 왕이 프랑스에서 소유한 영지가 프랑스 왕의 영지보다 컸다. 프랑스 왕 필리프 2세[후릿쌰二世]가 현군으로 프랑스의 토지 상당수를 영국에게 빼앗겼음을 분히 여겨 기회를 틈타 이를 회복코자 하였다. 마침 영국 왕 존(지욘)이 즉위하였는데 존이 어리석어 영국의 귀족이 모두 다른 마음을 품자 필리프가 이를 보고 내심 기뻐하였다. 존 왕 형의 유자(遺子) 아더(아사)가 죽자 필리프는 존이 아더를 암살한 것이라 하였다. 아더는 존과 왕위를 다투던 사이였기 때문이다. 이에 봉건상 군신의 직분에 의하여 존을 불러 재결하고자 하였으나 존이 오지 않았으므로 필리프가 프랑스에 있던 영국령을 몰수하였다. 이후로 영국과 프랑스가 상호 적대시하였으나 전쟁에는 이르지 않고 1백 2십년이 경과하였다.

명군현주(明君賢主) 필리프 2세가 이미 노르망디(로루만지)를 소유하였고 여러 지방에 십자군을 내어 이교도를 정벌하여 크게 프랑스의 위명을 빛냈다. 또 종교상으로는 로마 교황과 연합하여 왕권의 확장을 도모하였다. 필리프 2세가 루이 9세의 손자로서 왕위에 즉위하였으니 현명하고 인후하여 법령을 명확히 하고 소송과 옥사를 살피며 귀족의 발호를 억눌러 국가의 통일을 꾀하였다. 당시 사람들이 왕을 칭하여 성왕이라 하였다.

프랑스 왕과 교황의 권력다툼 이와 같이 프랑스의 왕권이 종교에 의하여 확장된 것과 마찬가지였으나, 모든 것이 교황의 교권과 일치하지는 않았다. 필리프 4세[후릿쓰四世]가 왕위에 오르자 법령을 고쳐 속인(俗人)의 재판관으로 하여금 승려사회의 재판에 간섭하게 하였다. 또 교황 보니파키우스 8세(뽀니후에스)의 뜻에 반하여 사원 영지에 조세를 부과하자 보니파키우스가 말하기를, "모든 국왕은 교황의 허가를 얻지 못하면 사원의 영지에 조세를 부과하지 못한다" 하였다. 필리프 왕이 이를 반대하여 말하기를 "모든 프랑스의 재산은 금전 물품을 불문하고 왕의 칙허를 거치지 않으면 외국에 내보내지 못한다" 하였다. 이에 양쪽이 서로의 말을 받아들이지 못하여 크게 불화의 틈이 생겼다. 교황이 선언하여 말하기를, "교황은 그 위에 더할 수 없이 높은 특권이 있어 이를 여러 나라 군왕의 신상에 시행할 수 있다" 하고 1302년 프랑스 왕 필리프 4세를 제적하였다. 프랑스 왕이 제적의 칙서를 불태우고 군인들을 보내어 교황을 사로잡고자 하였는데, 교황이 요행하게도 인민의 봉기를 틈타 겨우 탈출하였다. 로마는 이미 프랑스인이 점거하여 다시 어찌하기 어려웠으므로 교황이 점점 즐거움이 없어 결국 병으로 죽었다. 이에 프랑스 왕이 가까운 사제를 교황으로 삼고 교황청을 로마에서 아비뇽(아뻬쑤논)으로 옮겼다. 또 종교 보호의 무사단체[37]를 폐하고 정치와 종교 두 권력을 장악하여 왕권을 크게 확장하였다. 이에 이르러 교황의 무한한 권력이 이전에 독일 얀 후스(존핫스) 변란으로 인하여 일대 좌절을 당하였고 지금에 또 일대 재액을 만났으니 그 종교적 권력의 부진함이 실로 여기에서 기인하였다.

백년전쟁 1328년에 카페 왕조[가베王家]의 남자 혈통이 끊어지고 발루아 왕조[빠로아王家]가 이를 대신하였으니 이 왕조 초대의 왕을 필리프 6세[후릿쁘六世]라 하였다. 1337년에 영국 왕 에드워드 3세[에쏘와루도三世]가 필리프의 즉위에 대하여 이의를 제기하자 영국, 프랑스 두 나라가 다시 크게 갈등을 일으켜 서로 전쟁을 한 것이 모두 100년이었던 까닭으로 그 전쟁을 백년전쟁이라 하였다. 프랑스 왕 필리프 6세는 선왕 필리프 5세[후릿쁘五世]의 종제(從弟)요, 또 영국 왕 에드워드 3세의 어머니는

37 '성전기사단'을 뜻한다.

필리프 5세의 누이였다. 프랑스 법에 의하면 왕위의 상속은 오로지 남자 혈통만이 할 수 있었고 여자 혈통은 제외되었는데, 영국 왕이 일찍이 말하기를, "나의 어머니가 프랑스 법에 의하면 왕위를 이을 수 없지만 그 상속의 권리를 나에게 물려줄 수는 있다" 하였다. 프랑스 왕이 처음부터 이 말에 불복하였다. 이에 영국 왕이 군사를 크게 일으켜 직접 이끌고 프랑스를 공격하니, 프랑스인이 누차 패배하여 땅을 나누어주고 화친을 청하였다. 1413년에 영국 왕 헨리 5세가 즉위하였다. 당시에 프랑스 왕 샤를 6세[재루스六世]가 발광하여 국정이 문란해지자 영국 왕이 이 기회를 틈타 프랑스를 공격하였다. 프랑스가 화의를 청하여 약속하기를 왕이 죽은 후에는 영국 왕으로 하여금 뒤를 잇게 하겠다 하였다. 그러나 1422년에 영국 왕과 프랑스 왕이 함께 죽었는데 프랑스인이 약속을 어기고 선왕의 아들을 샤를 7세[재루스七世]로 삼았다. 이 왕이 현명하고 잘 싸워 드디어 영국인을 프랑스에서 축출하였다.

전쟁 결과 1453년에 백년전쟁이 비로소 끝이 났다. 이 전쟁의 결과는 프랑스의 귀족들이 국가를 위하여 힘을 모아 외적과 싸우는 일을 알도록 한 것이다. 프랑스가 이로써 강대하게 되었다.

제3장 이탈리아

2개 정당 843년에 샤를마뉴의 대국이 3개의 나라로 나뉘었는데, 그 하나가 이탈리아 왕국이었다. 962년에 독일 왕 오토 대제가 신성로마 제국을 부흥할 때 이탈리아가 다시 그 판도에 들어간 이후로 교황과 독일 신성로마 황제 사이에 항상 다툼의 실마리가 있어 나라가 편안할 때가 없었다. 당시에 2대 정당이 있었으니 하나는 교황파[게루후黨][38] 요 또 하나는 황제파[게베루린黨][39]였는데, 전자는 교황의 편이요 후자는 신성로마 황제의 편이었다. 이 당쟁의 목적은 하나는 이탈리아가 신성로마 황제의 관할에서 벗어나도록 하는 것이요 또 하나는 이 일이 성립하지 못하게 막는 것이었다.

부자 도시[大富府都] 12세기 후반기에 신성로마 황제 프리드리히 1세[후너데릿기一世]가 이탈리아 도시의 자치권을 박탈하고자 하였다. 이에 롬바르디아(론빠루지) 지방 도시들이 연합하여 동맹을 맺고 신성로마 황제와 싸운 것이 9년에 이르렀다. 이후 7년이 지나 신성로마 황제가 이들과 화친하여 자치권을 인정하였다.

피렌체[普羅連府] 피렌체[후로런스府]는 은행의 영업으로 이름을 알려 피렌체의 금화인 플로린(후로링)은 유럽의 기준 화폐로 쓰였다. 이 도시에 정치상의 갈등이 끊이지 않았으나 상업이 날로 융성하여 큰 부를 이루었으니 호상(豪商) 메디치 가[매씨자家]라는 가문이 정치적으로 큰 세력을 차지하였다. 이 가문의 한 사람인 로렌초(로넌쏘)가 드디어 국정을 잡고 문학과 기술을 크게 장려하여 가산을 털어 학자와 기사의 비용을 공급하였다. 15세기 말에 프랑스 왕 샤를 8세[재루스八世]가 이탈리아를 침공하여 피렌체를 치고 메디치 가의 일족을 쫓아냈다.

---

38 교황파를 구엘프(Guelfs)라고 하는 데서 비롯된 표현이다.

39 황제파를 기벨린(Ghibelines)라고 하는 데서 비롯된 표현이다.

1537년에 피렌체가 독립의 자치권을 잃었다.

쇠망 원인 이탈리아 도시가 부유하고 세력이 성대하였음에도 불구하고 쇠망하게 된 것에는 많은 원인이 있었다. 가장 중요한 것은 첫째, 여러 도시가 한뜻으로 힘을 합치는 마음이 부족하여 서로 돕지 않은 것이다. 둘째, 여러 도시 사람들이 적과 싸울 때에 군사를 고용하여 대신 싸우게 하고 스스로 죽고자 하는 각오가 없었던 까닭이었으니 당시 정치가 마키아벨리(마기아베루리)가 길게 탄식하던 바가 이것이었을 것이다.

제4장 영국[英吉利]

영국은 9세기에 처음 에그버트(애구빠도) 왕이 통일한 후로 항상 데인족[덴시]의 침입을 당하여 매우 고통스러워하였다. 872년에 알프레드 대왕[아루후넛도大王]이 즉위하였는데 대왕이 현명하여 학사를 장려하고 법률을 제정하며 사법행정의 대권을 구획하고 군함을 만들며 병력을 양성하여 부국강병의 기초를 정하였다. 데인족과 싸워 드디어 이를 대파하고 자기에게 복종케 하였으나 완전히 국외로 추방하지는 못하였다. 그 후에 데인족이 다시 반란을 일으켜 영국을 차지하고 그 추장 크누트(가니유도)가 즉위하여 영국 왕이 되었다. 크누트 사후에는 알프레드 대왕의 후예가 왕위를 회복하였다.

1066년에 프랑스 노르망디(로루만찌) 제후 윌리엄(윌리아무)이 영국을 공격하자 영국인이 이를 맞아 싸우다가 대패하였다. 윌리엄이 앵

글로색슨족[앙구로삭손人種]을 서쪽 변방으로 내쫓고 영국 땅을 점령하였다. 신하를 봉하고 관작을 주어 봉건제도를 확립하고 국내의 토지를 측량하여 과세의 법칙을 일정하게 하였다. 이후로 영국에는 노르만(로루만)과 앵글로색슨(앙쑤로삭손)의 두 왕통이 있어 일이 있을 때마다 분분한 이론이 생기게 되었다. 헨리 2세가 즉위하자 나라가 비로소 안정되었는데, 왕의 아버지는 프랑스의 제후였고 어머니는 영국 왕의 딸이었으므로 모계로는 앵글로색슨 혈통과 노르만 혈통을 겸하는 것이었다. 왕의 사람됨이 곧고 용감하여 큰 뜻을 품고 아울러 프랑스의 많은 영지를 소유하였으므로 그 판도가 광대하였다. 국력이 강하여 능히 프랑스를 능가하는 형세를 보이자 프랑스와의 경쟁이 점차 심해지게 되었다. 이에 왕이 군사제도를 바꾸고 법률을 고치며 사법의 권한을 완전히 하고 인민의 힘을 길러 크게 내치에 힘써 영국의 명성이 빛나게 되었다.

대헌장(大憲章) 발포 왕의 차남 리처드 1세(잇재루쏘)와 존이 이어서 즉위하였다. 존의 사람됨이 지극히 어리석고 미약하여 쓸데없이 무거운 세금을 귀족과 평민에게 부과하고 또 이들을 학살하였다. 이에 귀족과 평민이 왕을 압박하여 대헌장을 공포하도록 하였으니 이는 1215년이었다. 이 대헌장으로 인하여 영국 헌법이 발달하였고 영국 민권이 이로 인하여 신장하였다.

영국 의회의 기원 존이 대헌장을 발포하였으나 이를 실행하지 않고 안으로는 내란을 부르며 밖으로는 프랑스 내의 영지를 빼앗겨 나라의 위세가 크게 위축되었다. 존(존)이 죽고 아들 헨리 3세가 즉위하였는데, 역시 우매하여 실정을 하였다. 이에 귀족들이 반란을 일으켜 왕의 군사를 대파하고 왕을 잡아 가두며 국내 각 도성에 명하여 대의원을 내도록 하였다. 여기에서 영국 상·하 2원의 국회가 기원하였다. 이는 세계의 대의국회가 생긴 효시로서, 바로 1264년의 일이었다.

백년전쟁(百年戰爭) 이미 대헌장이 실시되고 대의정체가 확립된 까닭으로 영국인들이 능히 국운을 만회하였다고 하였다. 1327년 에드워드 3세가 즉위하여 이미 양성한 국력을 바탕으로 프랑스 왕 필리프 6세의 즉위를 거부하고 모후의 권한에 의거하여 이를 겸병하고자 하다가 분의(紛議)의 결과로 드디어 소위 백년전쟁의 실마리를 표출하였다. 이 전쟁은 결국 영국인이 패하였으나 영국인이 이로써 하나의 국민이라는 관념이 크게 생기게 되었다.

장미전쟁(薔薇戰爭) 백년전쟁 종결 이전 즉 1399년에 플랜태저넷(쁘란다찌넷도) 왕가의 후사가 끊어져 랭커스터 가문[란가스다家]이 대신하였다. 1422년 왕가의 제3대 헨리 6세가 즉위하여 1455년에 왕위계승의 난이 일어나니 이를 장미전쟁이라 하였다. 관군 랭커스터 가는 붉은 장미로 기호를 삼고 적군 요크 가는 백장미로 기호를 삼은 까닭으로 이 명칭이 붙었다. 전쟁한 지 6년 만에 적장 요크(요구) 제후가 왕위에 즉위하였으나 전란이 끊이지 않다가 요크 왕가가 3대에 망하였다. 랭커스터 당이 튜더(지쏘루) 제후를 영입하고 옛 왕가의 딸을 세워 왕비로 삼자 이에 이르러 두 왕가가 서로 규합할 수 있었다. 이 사실은

1486년의 일이었다. 이 전쟁에서 귀족이 많이 전사하여 세력이 점차 약화되고 왕실의 권한은 커졌다. 근세사에 이르러 영국 왕이 강대한 군사력으로 유럽 중원에서 자웅을 겨루게 된 것은 실로 여기에서 기인하였다.

제3편 하(下) 근세사(近世史)

총론

근세사와 중세사의 같은 점과 다른 점 동로마 제국이 멸망한 이후 오늘날에 이르는 연간을 칭하여 근세사의 시대라 이른다. 근세사는 중세사를 이어가는 것과 다름없으나, 그 특질상으로는 중세사와 큰 차이가 있다.

근세의 특질 근세사와 중세사가 다른 이유는 다음과 같다.

1. 유럽의 일반적 경향이 작은 나라를 합하여 큰 나라를 조성한 것
2. 유럽의 정치가 점차 성직자의 손을 벗어나 일반인의 손에 돌아온 것
3. 유럽이 일치공동으로 점점 종교적 성질을 벗고 정치적인 성질을 갖춘 것
4. 유럽이 일치공동으로 국력의 평균을 일대주의(一大主義)로 삼은 것
5. 유럽인이 육지 발견과 식민 무역의 수단으로 다른 여러 대륙의 명맥을 좌우한 것
6. 유럽의 상업과 공업이 점차 발달하여 중등사회로 하여금 점점 세력을 얻게 한 것
7. 유럽의 생업과 학예가 그 범위와 종류를 크게 늘린 것
8. 유럽에 예수교가 자선을 장려하여 큰 공을 세운 것

근세사 시기 근세사를 나누면 크게 다섯 시기가 있으니 첫째 발명 발견

의 시기, 둘째 종교개혁의 시기, 셋째 패왕 배출의 시기, 넷째 유럽대란의 시기, 다섯째 각국 통일의 시기이다. 또 역사상 중세와 근세의 성격을 서로 다르게 한 것은 바로 첫째의 발명 발견이라 한다.

제5부 발명 발견

중세와 근세의 서로 다른 사건 발명 발견의 시기는 1453년에서 16세기 초를 넘어 중세가 근세로 이동하는 시기였다. 근세와 중세가 서로 다른 이유는 이 시기에 일어난 사실에서 분명해지는데, 이 시기에 일어난 중요한 일들은 다음과 같다.

1. 동로마의 멸망
2. 화약 발명과 왕권의 강대
3. 지리상의 발견[海上發見]
4. 인쇄 발명과 르네상스[古文復興]

제1장 동로마 멸망

동로마 멸망 동로마 제국이 멸망한 것은 1453년의 일이었다. 제국은 8세기 이후로 아라비아[亞拉比亞] 인이 침입하고 11세기 이후로 투르크 인이 쳐들어와 날로 침범을 당했다. 15세기에 이르러는 겨우 황제의 도시 콘스탄티노플[곤스단지로쑤루府]과 그 주위 수 리의 땅이 존재할 뿐이었으니 그 쇠망함이 또한 매우 빨랐다. 역대의 군주가 모두 어리석고 승려가 교지를 논함에 서로 사양함을 알지 못하며 인민 일반의 풍의(風儀)가 무너져 국사를 돌보지 않았다. 따라서 강적의 일격을 당하여 무너져 패배함은 자연의 이치였다. 14세기에 이르러 투르크인이 이미 헬레스폰트(허루너스쏜도) 해협을 건너 유럽에 들어가 여러 나라들을 압박하였으므로 1453년 콘스탄티노플이 포위 당한 지 53일 만에 항복하였다.

제2장 지리상의 발견[海上發見]

아메리카 대륙[美洲] 발견 중세사 말기에 유럽 여러 나라의 도시들이 융성하여 상공업을 크게 경영하였다. 운수를 편리하게 하여 이탈리아 반도의 여러 도시들은 육로로부터 동방 인도까지 시장[互市]을 만들고 교역하여 복리를 증진하였다. 그러나 인도까지 도달하기에 육로는 너무 멀고 상품 운반이 어려웠다. 또한 귀족 해적과 투르크인 이슬람교도에게 상품을 약탈당하는 일이 있었으므로 유럽 여러 나라들이 이를 매우 근심하였다. 그러다가 비로소 나침반[磁器]의 편리함을 빌어 아프리카[亞非加] 대륙을 돌아 인도에 도달하는 신항로를 발견하였다. 혹은 서방으로 직행하여 인도에 가려는 자도 있었다. 이탈리아인 콜럼버스(고롬뿌스)가 수년 간 연구하여 인도에 도달하는 방법으로는 서방으로 직행하는 것이 가장 좋다고 확신하여 친히 포르투갈에 가 왕을 설득하고 동생으로 하여금 영국에 가 왕을 설득하도록 하였으나 모두 듣지 않았다. 콜럼버스가 이에 스페인 여왕 이사벨라(이사베루라)를 설득하자 여왕이 받아들여 겨우 3척의 작은 배를 얻어 서방 아득한 대서양을 건너 간신히 아메리카[亞米利加] 대륙의 군도(羣島)에 도달하였다. 콜럼버스가 이로써 인도에 가는 길이라 하여 크게 기뻐하여 돌아왔다. 이는 1492년이니 아메리카 대륙 발견의 단서라 하였다.

인도 항로의 발견 이에 앞서 포르투갈인이 이미 아프리카의 서쪽 연안으로 남항하여 아프리카를 돌아 인도에 도달한 적이 있었다. 1486년에 바르톨로뮤 디아스(빠루도로메우 띠아스)란 자가 아프리카의 최남단인 희망봉(喜望峰)에 갔다. 또 1489년에는 바스코 다 가마(빠스고데가마)란 자가 희망봉을 회항하여 인도에 갔고, 16세기 초에는 포르투갈인 마젤란(마찌에루)이라는 자가 해상으로 세계를 일주하여 세계가 둥근 모양임을 증명하며 아메리카의 신대륙과 인도의 신항로를 발견하였다. 이에 유럽 여러 나라들이 그 마음을 점점 항해와 식민 통상의 사업에 쓰게 되었다. 스페인인은 아프리카로 가 토착민을 내쫓고 땅을 빼앗아 광산을 발견하여 금은을 채굴하였다. 포르투갈인은 인도에 거류지를 많이 설치하여 상업의 편리를 열었다. 영국, 독일 그 외 여러 나라 사람들이 또 왕성하게 탐험을 시도하였으니 근세 초에 이르러 유럽 사람들이 서식하는 세계가 크게 그 범위를 확장하였다 하는 것이 옳겠다.

제3장 화약 발명과 왕권 강대

화약 발명 화약 발명의 연대와 또 그 발명자의 인명이 또한 자세하지 않아 혹은 독일 제약자 베르톨트 슈바르츠(베루도보루쉬루쓰)[40]가 이를

40 원문에는 '베루도보루쉬와 루쓰'라고 하여 두 사람인 것처럼 되어 있으나, 사실은 한 사람의 이름이다. 이에 바로잡아 표기하고 번역하였다.

발명하였다 하고 혹은 중국[支那], 인도, 아라비아의 여러 나라로부터 유럽으로 수입한 것이라 하였다. 이 화약을 군사용으로 공급한 것은 14세기 중반 무렵의 일인데, 처음에는 총기가 조악하여 화약이 충분한 효과를 내지 못하였다. 점차로 개량을 더하여 비로소 그 효과를 충분히 내게 되었다.

왕권 강대 화약의 발명은 전투 방법과 군사 전략의 변화를 촉발하여 상비군의 설치에 힘쓰고 성루와 갑주의 쓸모가 사라져 봉건제도의 쇠퇴를 빠르게 하였다. 상비군을 두자 귀족의 세력이 점차 줄어들었으나 평민의 권한이 또한 아직 이루어지지 못한 까닭으로 군주의 권력이 전횡하게 되었으므로, 군주의 전권이 실로 이에서 비롯하였다. 군주가 권력을 차지하여 천하를 자기의 뜻과 같이 생각함으로 신하와 백성들의 고통을 돌보지 않고 누누이 전쟁을 벌여 외국을 정벌하였다. 이에 강자가 약자를 통합하고 큰 것이 작은 것을 병탄하는 지경에 이르렀다. 작은 나라들이 동맹하여 큰 나라들에 대적하여 각자의 멸망을 피하고자 하였는데, 이것이 국력 평균의 시작이며 봉건제가 힘을 잃고 기사도가 역시 사라지게 된 까닭이었다.

제4장 인쇄 발명과 르네상스[古文復興]

인쇄 발명 화약의 발명과 함께 사회를 변동시키고 왕권의 확장을 도우며 인문의 진보를 빠르게 한 것은 바로 인쇄의 발명이었다. 이 인쇄의 발명 연대도 역시 자세하지 않으나 가장 빠른 인쇄물이라고 알려진 것은 1423년의 인쇄라 한다. 1450년에 독일 마인츠[마인쓰府]인 구텐베르크(쑤덴베루쓰)가 활자를 발명하고 같은 시대 같은 나라 사람인 쇠퍼(셋쓰루)가 동판을 발명하였다고 한다. 이 인쇄를 발명한 이후로 저술과 출판의 사업이 점차 열려 사람들이 쉽게 책을 만들어 민지(民智)가 점점 발달하였다.

고대학술 부흥 또 특히 민지의 진보에 영향을 미친 것으로 가장 알려진 것은 문학의 부흥과 종교의 쇠퇴 두 가지였다. 동로마 제국이 말기에 유럽에 도움을 청하던 당시, 유럽에서는 그리스 · 로마의 고문(古文)을 익힌 자의 명맥이 끊어져 홀로 동로마에서 이를 익히고 있었다. 동로마가 도움을 청해오자, 그 여가에 고문을 강구하고 이에 이탈리아와 동로마가 고문의 학자를 우대하며 고문의 부흥을 크게 꾀하였다. 이 고문은 정치 종교 철학상으로 언론과 사상이 자유로웠으므로 그 부흥이 학예의 독립을 크게 도왔다. 이로써 종교상의 굴레에서 벗어나게 하며 시문과 음악과 조각과 건축에 대하여 일대 새로운 활로를 부여하였다. 또 사람들의 미몽을 깨뜨려 망신(妄信)을 벗었다. 이에 종교의 세력이 크게 줄고 교황이 존엄을 크게 잃게 되었다.

제6부 종교개혁[宗教改良]

종교개혁 시기의 연수(年數) 종교개혁의 시기는 1517년에 시작하여 30년 전쟁의 종결 즉 1648년까지 이르니 그 기간이 모두 1백 3십 년이다. 이 종교개혁 시기동안에 유럽에서 일어난 사건 중 가장 중대한 것은 다음과 같다.

1. 신교 창도(新教唱道)
2. 위그노 전쟁[佛國內亂]
3. 영국(英國) 사변
4. 30년 전쟁
5. 미국(米國) 식민

이들 5대 사건은 모두 어느 정도는 종교개혁과 관련된 것이다. 종교개혁은 독일에서 시작되어 다른 나라로 확산되었고 여러 나라가 이로써 크게 어지러웠다. 위그노 전쟁은 정당의 경쟁과 종교 파당의 경쟁으로 일어났고, 30년 전쟁은 독일 종교개혁으로 인한 종교상의 옛 원한이 재발하여 일어났다. 영국의 내란은 신교 박해를 미숙하게 하고 국왕의 압제가 끝없이 심하여 일어났으니 종교개혁은 실로 민권의 발달을 재촉하였다.

제1장 신교 창도(新敎唱道)

신교의 기원 1517년에 독일의 신부 루터(루데루)가 신교를 주창하였다. 중세 중반 무렵 지식인들은 이미 교황 전횡의 교의(教義)를 비난하였으니, 12세기에 프랑스 남부의 예수교도가 교황의 교권과 로마교의 의식(儀式)을 불법불리(不法不理)라 논하였다. 또 14세기에는 영국 신부 위클리프(우잇구릿후)가 로마교를 크게 비난하였다. 15세기에는 독일 신부 후스(핫쓰)가 신교의를 크게 주창하였으니 이들이 모두 엄한 형벌을 당하였다. 그러나 은밀히 종교의 개혁을 원하는 자의 수가 날로 늘어났다. 교황이 예수가 남긴 계명을 파하여 정권을 장악하고 승려는 덕행 지식을 빠뜨린 채 오로지 명리만을 꾀하였다. 의식은 번잡함이 극에 달하여 허례를 중시하고 음사사제(淫祀邪祭)의 일이 많았다. 고문이 부흥한 이래로 세상 사람들의 지식이 점차 발전하면서 교황의 압제를 싫어하게 되었으니 이를 이상한 일이라 하지 못할 것이다.

교황의 면죄부 판매[賣赦] 16세기 초에 교황 레오 10세[너오+世]가 즉위하였다. 이때 재정이 매우 부족하였으므로 교황이 백방으로 궁리하여 면죄부 판매를 수단으로 재정의 충실을 꾀하였다. 면죄부란 예수교 신도가 종교상의 범죄가 있는 때에는 교황이 죄를 보상하는 돈을 받고 그 죄를 용서하는 것이었다. 따라서 사람이 돈을 내면 다만 이미 범한 죄를 용서할 뿐 아니라 아직 저지르지 않은 죄도 역시 미리 용서받을 수 있고 또 돌아가신 부모를 위하여 영혼 세계의 번뇌를 없앨 수 있다 하였다. 이에 진정한 예수교도는 이들 악습을 매우 싫어하였다. 1517년에 루터가 비텐베르크[우잇덴베루삭府] 교회 문짝에 95개조의 논문을 게시하여 교황의 면죄부 판매를 통론하였다. 이를 계기로 인심이 격앙되고 세간의 논의가 심히 소란스러웠다. 교황이 사자(使者)를 보내어 루터에게 명하기를, 그 설을 주창하지 말도록 하였으나 루터가 듣지 않고 자기의 설을 고집하였다. 이에 교황이 루터를 예수교도의 명적에서 파문하였으므로 루터가 반발하여 군중들 사이에서 교황의 칙서를 태워 없애니 위기가 이미 긴박하였다. 작센 선제후가 루터의 편을 들어 힘써 루터를 비호하였으니 형세가 점점 떠들썩하였다.

독일인의 상황 독일의 인심이 종래로 서로 화합하지 못하여 제후와 무사가 권력을 다투고 제후와 승려가 이익을 다투었다. 도시에서는 세금의 과중함을 괴로워하고 농부는 기갈의 고통을 면치 못하였다. 이에 더하여 신성로마 황제 막시밀리안 1세(마기시미리안)는 교황과 이해를 달리 하여 교황의 권한을 꺾고자 하였으니 상하가 모두 나라 안에 일이 일어나기를 바랐다. 이때 루터의 종교개혁론이 일어나자 사람들의 논의가 분분하였는데 모두가 종교를 명분으로 내세워 무력으로 일대 쟁란을 일으키고자 하였다.

카를 5세 1519년에 신성로마 황제가 죽고 손자 카를 5세[재루스五世]가 즉위하자 보름스[우솔무스府]에서 제국의회를 개최하고 루터에게 명하기를, 직접 의회에 나와 공개적으로 그 설을 번복하라 하였다. 루터가 의회에 나아가 대중에게 말하되 자기의 설을 결코 바꾸지 못하겠다 하였으므로, 루터가 나간 후에 황제가 칙령을 내려 루터의 유죄를 선포하였다. 이때 루터의 신상이 매우 위급하였으나 작센 선제후의 비호를 받아 재정 지원을 얻었고, 그의 주장은 점점 세간에 성행하게 되었다. 1529년에 슈파이어[스빠이에루府]에서 제국의회를 열어 독일내 개혁을 주장하는 제후의 영지를 제외하고는 모두 루터의 개혁론을 엄하게 금지하기로 의결하였다. 이 결정에 대하여 신교도가 격렬히 저항하자 구교의 제후들이 신교의 제후들을 크게 해하고자 하였다. 이에 신교의 제후들이 우려하여 서로 동맹[41]을 맺어 맞섰다. 이때에 황

41 '슈말칼덴 동맹'을 뜻한다.

제가 투르크, 프랑스, 덴마크[璉馬]의 3국이 침범할까 염려하여 급히 군사를 동원하였으므로 신교주의를 박멸하지 못한 채 1532년에 신구 양교의 제후가 일단 화의를 이루었다. 1546년에 루터가 죽자 신구양교의 제후가 화의를 깨뜨리고 싸우다가 1555년에 이르러 제국의회를 아우크스부르크[으쑤스쑤루쑤府]에서 개최하고 영구히 양교를 함께 허락하기로 다시 화의하였다.[42]

스위스[瑞西] 신교 루터와 동시에 스위스에서 종교개혁을 주창했던 사람은 츠빙글리(쓰잉쑤리)였다. 츠빙글리의 설이 루터의 설에 비하여 좀 더 과격했던 까닭으로 그 신도가 루터의 신도와 함께 일을 행하지 못하였다. 1531년에 츠빙글리가 구교도와 싸우다가 죽자 프랑스의 신교론자 칼뱅(가루빈)이 스위스로 와 신교도의 수령이 되었다. 이로부터 칼뱅의 신교가 다시 세간에 퍼졌다.

여러 나라의 신교 덴마크, 스웨덴[瑞典], 노르웨이[那威] 3국은 국왕이 종교개혁을 크게 장려하여 귀족, 승려에 대하여 그 권력을 추대하는 일이 매우 편하였다. 영국은 국왕 헨리 8세(헌리)가 왕비 폐위와 관련하여 교황과 틈이 생겨 신교를 신봉하였는데, 스스로 국교의 수장이 되었다. 그러나 영국의 신교도 중에는 왕을 국교의 수장으로 삼지 않으려는 자가 매우 많았다.

42 '아우크스부르크 종교화의'에 대한 설명이다.

신교 특징 무릇 신교는 사람 개개의 지식으로 경전의 의의를 자세히 해석하고 허례허식을 배척하며 오로지 진실된 신앙만을 추구하겠다는 뜻을 가졌다. 루터는 귀족에 의지하여 일을 일으켰던 까닭으로 그 설이 모두 귀족적이었고, 츠빙글리는 평민에 의지하여 일을 일으켰던 까닭으로 그 설이 모두 민권적이었다. 칼뱅의 설도 역시 주로 민권적이었다.

제2장 위그노 전쟁[佛國內亂]

위그노[盟誓徒] 독일에서는 루터가 종교개혁론을 주창하여 천하가 시끄럽더니, 또 프랑스에서는 칼뱅이란 자의 일파가 일어나 구교에 대항하였다. 칼뱅의 설을 신봉하는 자는 모두 맹세로써 결합했던 까닭으로 당시 사람들이 이를 칭하여 맹세도, 즉 위그노라 하였다. 이 무리들이 단지 종교의 개혁을 말할 뿐 아니라 종교를 명분으로 하여 국가의 정권을 다투었다. 이와 같은 나라의 정세는 16세기 후반 50년 동안 프랑스에 대란이 잇따라 일어나 하루도 편할 날이 없는 원인이 되었다.

제후 대란 프랑스 왕 프랑수아 2세[후랑시스二世]에 이르러 모후(母后)의 측근 기즈(끼스) 공 형제가 정권을 장악하고 신교를 엄히 금하였다. 이에 수많은 신교 제후들이 동맹하여 기즈 형제를 없애고자 하였다. 제후들은 이미 신교를 신봉하여 정치적으로 항상 기즈 공 형제를 원망할 뿐 아니라 종교적으로도 원수와 같이 질시하였다. 이에 두 당이 서로 싸운 것이 모두 9년에 이르렀다. 이때 신교 제후들의 동맹 수장은 나바르(나빠루) 국왕이었는데 왕은 프랑스 왕족의 한 사람이었다. 나바르 왕이 신구 양교 제후의 사이를 가깝게 하고자 프랑스 왕의 누이와 결혼할 것을 청하자 프랑스 왕이 허락하였다. 1572년 8월 18일에 결혼식을 행하였는데 이때 프랑스 왕은 샤를 9세[재루스九世]였다. 샤를이 신구 양교의 제후 모두에게 명하여 결혼식에 참석하도록 하였다.

성 바르톨로뮤의 학살[祭夜의 屠殺] 샤를의 모후가 은험(隱險)하고 모략이 많았으니, 이때 신교 제후들이 이 결혼식에 참석했다가 파리[王都]를 출발하기 직전을 틈타 일격에 죽이고자 계획하였다. 8월 23일 밤에 모후가 측근들과 함께 왕의 침실에 들어가 왕을 압박하여 신교도를 모두 죽이라는 칙령을 내리게 하였다. 왕이 어리석고 유약하여 결단을 내리지 못하다가 결국 허락하였다. 다음날 아침 오전 2시에 경종(警鐘)이 여러 번 울리자 자객들이 무리지어 일어나 신교도를 잡아 죽였으니 그 도륙이 3일 동안 이어졌다. 파리에서 피살당한 신교도가 1만 명이었고 지방에서는 4만 5천 명에 이르렀다. 당시 사람들이 이 도살을 칭하여 성 바르톨로뮤의 학살이라 하였다.

국란이 처음 진정되다 이 학살 이후로 신교 제후들이 왕실을 크게 원망하여 군사를 내어 난을 일으켰으니 이 난이 1년을 거쳐 진정되었다. 1574년에 왕 샤를이 죽고 동생 앙리 3세[헌리三世]가 즉위하였다. 앙리의 재위 15년 동안 나라 안이 분란하여 편안한 날이 거의 없었다. 결국 앙리가 자객의 손에 죽고 신교도의 수령 나바르 국왕이 즉위하여 프랑스의 대통을 잇고 앙리 4세[헌리四世]라 칭하였다.

종교의 자유 앙리 4세가 현명하고 큰 뜻이 있어 자기는 신교를 믿었으나 나라 사람들의 대다수가 구교를 믿었으므로 친히 솔선하여 구교도로 개종하여 백성들의 희망에 부합하고자 하였다. 또 신교도에 대하여는 종교 자유의 권리를 주어 영원한 안도를 얻게 하였다. 신교도가 이 종교 자유의 권리를 얻은 칙령을 낭트 칙령[난데 勅令]이라 하고, 그 발포는 1598년의 일이니 이 칙령은 실로 프랑스 50년 간의 내란을 진정시킨 것이라 하였다.

명재상이 나랏일을 맡다 이때 명재상이 있었으니 이르기를 쉴리(사루리)라 하였다. 쉴리가 농업을 부흥하고 상업을 장려하며 공예를 새로 열고 가혹한 정치는 모두 없애며 세법을 일변하고 내치를 정리하며 재정을 충실하게 하였다. 이후 프랑스가 강대하게 되는 원인은 실로 이 낭트 칙령과 쉴리의 선정에 의한 것이었다. 1610년에 프랑스 왕 앙리가 자객에게 죽으니 초에 왕이 이웃 나라들을 병탄할 포부가 있다가 이에 이르러 해를 당하여 그 뜻을 이루지 못하였다. 사람들이 크게 왕을 사랑하여 존경하고 그 공을 찬송하기를 그치지 않아 왕을 대왕이라 칭하였다.

제3장 영국(英國) 사변

헨리 8세[顯利八世] 영국 왕 헨리 8세[헌리八世]는 원래 구교도로서 여러번 병사를 내어 교황을 보호하였다. 그런데 헨리 8세가 왕비 캐서린(가싸린)과의 결혼이 무효라고 주장하며 캐서린을 폐위하고 앤 불린(안 뿌넌)을 왕비로 삼았다. 교황이 캐서린과의 결혼을 정당한 것으로 인정하여 이혼을 불허하고자 하였으나 만약 이를 불허하면 헨리의 분노를 사게 될 것이었다. 그러나 이를 허락하면 교황의 위엄이 깎이고 또 왕비의 친척인 신성로마 황제 카를 5세의 분노를 사게 될 터였으므로 우물쭈물하다가 결국 부결하였다. 왕이 승정(僧正)을 교황에게 보내어 확답을 구하였으나 얻지 못하자 드디어 크게 노하여 말하기를, "영국의 국교(國教)는 교황의 관할을 받지 않는다" 하고 캐서린을 폐한 후 켄터베리 대주교[간다베리 大僧正]로 하여금 새 결혼의 예식을 행하게 하였다. 교황이 역시 노하여 헨리의 이름을 제적하고 이혼의 무효를 선언하였다. 그러나 헨리는 이에 아랑곳하지 않고 스스로 국교의 수장이 되는 령을 발포하였다. 만약 이에 따르지 않는 자는 대역형에 처한다하고 6개 조규를 내어 정교(正教)와 이교(異教)의 구분을 명확하게 하였다.

국교가 수차례 변하다 헨리 8세가 로마 교황의 관리를 벗어났으나 완전히 그 신교의 주의에 의한 것은 아니었다. 에드워드 6세[에쏘와루쏘六世]는 신교도를 도와 구교도를 학대하였고 메리 여왕은 구교도를 이용하여 신교도를 내쳤다. 이와 같이 종교가 매 세대 군주와 함께 바뀌어 사람들이 그 돌아가는 바를 알지 못하게 되었다. 엘리자베스(에리싸베스)가 이를 깊이 우려하여 서둘러 국교를 일으키고 스스로 국교의 수장이 되어 신·구 양교로 하여금 자기에게 복종하지 않는 자는 대역죄로 다스렸다. 스페인 국왕이 엘리자베스의 아름다움을 보고 구혼하였다. 그러나 엘리자베스는 결혼이 나라를 다스리는 데에 방해가 된다 하여 이를 사절하고 독신으로 세상을 마감하였으니 세상 사람들이 이를 칭하여 처녀왕이라 하였다.

스코틀랜드[蘇國] 여왕 피살 여왕 엘리자베스가 즉위할 때에 그 왕위를 서로 다투던 자가 있었으니 바로 스코틀랜드[蘇格蘭]의 여왕 메리였다. 메리는 엘리자베스의 먼 친척이요, 구교를 신봉했던 까닭으로 영국의 구교도 세력이 메리를 왕으로 삼고자 하였다. 그러나 결국 엘리자베스가 신교도를 후대하여 즉위하게 되었는데 항상 은밀히 메리를 제거하고자 꾀하였다. 초에 메리가 프랑스 왕 프랑수아 2세[후랑시스二世]에게 시집을 갔다가 프랑스 왕이 죽은 후에 스코틀랜드로 귀국하였는데, 미색과 재지가 있어 행위가 매우 음란하고 권세를 탐하였다. 이에 나라 사람들이 드디어 반란하자 메리가 영국으로 도주하여 엘리자베스에게 보호를 구했으나, 엘리자베스가 이를 잡아 감옥에 넣었다. 이때 메리의 이름을 빌어 모반하는 자가 있었는데, 엘리자베스가 이를 요행이라 하고 메리를 처형하였다.[43] 메리가 옥중에서 신음한 지 18년 만에 참수되었다.

스페인 함대가 영국을 공격하다 스페인 왕 펠리페 2세[후릿새二世]가 메리의 횡사(橫死) 소식을 듣고 크게 노하여 무적함대라는 군함을 대대적으로 파견하여 영국을 공격하였다. 이때 군함이 1백2십9척이고, 대포가 3천 문에, 군사가 2만 명이었다. 1588년에 대함대가 하늘을 덮어 영국해협에 들어서니 영국이 이를 맞아 싸웠는데 그 군함이 겨우 30척에 불과하였다. 영국인이 결사적으로 분투하여 스페인 함대에 불을 지르자 스페인 함대가 크게 동요하여 전투를 중지하고 달아나려고 하였

43 1586년 잉글랜드의 가톨릭교도들이 엘리자베스를 암살하려다 발각된 사건에 대한 내용이다.

다. 때마침 큰 바람이 불어 스페인 함대가 적지 않게 침몰했다. 스페인군의 이 패배는 단지 스페인의 굴욕일 뿐 아니라 구교도 일반의 세력이 점차 꺾이게 되는 것이었다. 영국이 이로부터 위세가 더욱 더해져 천하를 내려다보게 되었고 후에 학예상공의 성대함도 모두 여기에서 기인하였다.

제4장 30년 전쟁

전쟁 원인 독일의 종교개혁론은 1555년 아우크스부르크 회의로 종결되었고, 네덜란드(너싸란쓰)의 개혁론은 1609년 네덜란드[和蘭]의 분리로 종료되었으며 프랑스의 분요는 1598년 낭트 칙령으로 끝이 났다. 그러나 신구 양파의 알력 경쟁은 오히려 왕성하여 내부에 만연하였고 신교 자유의 범위론(範圍論)이 일어나 1618년에 재차 독일에서 일대 활극이 벌어졌다. 이것이 유럽 전체의 대분요를 이루어 전쟁이 30년의 세월을 거치니 이를 30년 전쟁이라 하였다. 30년 전쟁의 중요한 원인은 바로 신구 두 교의 경쟁을 수반한 국력 평균론에 다름 아니었다.

17세기 초 뵈멘(쌔헤미야) 국왕 페르디난트 2세(후에루씨난쏘)가 국내의 신교도를 학대하자 신교도가 병사를 일으켜 반란하였다. 다음 해에 신성로마 황제 마티아스(맛재스)가 죽자 페르디난트가 그 뒤를 이었다. 그러나 뵈멘인들은 페르디난트에 반발하여 당시 팔츠 선제후였던 프리드리히 5세(후너뎃릿기)를 왕으로 추대하였다. 프리드리히는 영국왕의 사위였다. 신성로마 황제 페르디난트가 노하여 뵈멘을 공격하고 크게 승리하였다.

독일 대란 신성로마 황제가 이 형세를 틈타 다른 신교 제후들의 영지를 침공하고자 하였다. 신교 제후들이 크게 두려워하여 동맹을 맺어 황제군에 대항하였는데 덴마크[丁抹國] 왕이 신교 세력의 맹주가 되어 병사를 이끌고 독일을 침입하였다. 독일의 명사 발렌슈타인(와넌스다잉)이 병사를 모집하여 독일의 장군과 협력하여 슐레스비히[시유너스웃구州]와 홀슈타인[호루스다잉州] 등을 공격하였다. 1629년에는 뤼베크 조약[리유벳구條約]을 맺어 덴마크 왕이 다시는 독일에 간섭치 못하게 하였다. 이때에 명사 발렌슈타인의 명성이 높았으나 또 그 명성을 질투하는 자가 매우 많았는데 드디어 구교도들이 동맹을 맺고 발렌슈타인이 중세(重稅)를 부과했다는 명목으로 그를 축출하였다.

스웨덴 왕[瑞王]의 친원(親援) 덴마크 왕 크리스티안 4세[구리스지안四世]가 독일에서 퇴각하자 스웨덴[瑞典] 왕 구스타프(구스다뿌스)를 신교도의 맹주로 삼았다. 왕이 현명하고 무략이 있어 독일의 신교도들이 박멸되는 것을 탄식하고, 뤼베크 조약의 중재를 사절한 것에 노하여 독일의 신교도를 크게 도왔다. 프로이센[뿌루시아州]과 폼머른[뽀무메라니아州]을 공격하여 취하고, 발틱해[뽀루짓구海]를 스웨덴의 점유지로 삼았다. 1630년에 병사를 거느리고 폼머른에 상륙하여 독일의 대장 틸리(지루리)를 엘베 강[에루베河]에서 물리쳤다. 작센 선제후가 틸리의 핍박을 두려워하여 구스타프와 연합하여 틸리와 싸웠다. 구스타프는 프랑켄[후란고니아州]으로부터 라인 강으로 진출하여 마인츠로 진입하고, 작센군은 뵈멘으로 진입하여 프라하(쁘라구)를 점령하였다. 이에 신성로마 황제 페르디난트가 다시 발렌슈타인을 기용하여 무사의 특권을 주고 군사를 내어 위급함을 구원하도록 하였다. 발렌슈타인이 재차 군사를 일으켜 뵈멘을 회복하고 천하의 의병을 모집하니, 구스타프가 동쪽에서 틸리와 싸우다가 패하고 이로 인하여 패망하였다. 군사들이 뤼첸(리유쓰엔)에 모여 싸웠는데 스웨덴군이 크게 이겼으나 구스타프 왕은 전사하였다. 이에 신교도의 세력이 크게 약해지고, 독일 발렌슈타인의 이름이 빛나게 되었다. 독일의 대신 대장과 제후 중에 혹 발렌슈타인을 질시하는 자가 있었으나, 발렌슈타인이 이를 신경쓰지 않고 은밀히 작센, 스웨덴, 프랑스와 서로 약속하고 그 응원에 의하여 국외 중립의 위치를 지켜 신성로마 황제로 하여금 스페인의 간섭을 끊게 하였다. 이러한 발렌슈타인의 조치는 점점 반대파의 의심을 받게 되었다. 1634년에 신성로마 황제가 드디어 신하들의 뜻을 받아들여 발렌슈타인을 축출하니 말기에 발렌슈타인이 암살을 당하였다.

이때에 이르러 황제가 승리의 기쁨을 자제하고 1635년에 프라하에서 반역의 무리들과 화의하여 국제 정세는 점차 진정되었다. 그런데 스웨덴의 재상 옥센 셰르나(오구셴 스지루시)와 프랑스의 두 재상 리슐리외(리셰리웃)와 마자랭(마싸린) 등이 오히려 군사를 파견하여 독일의 세력을 꺾고자 하였다. 독일군과 연달아 싸워 이기니 신성로마 황제가 힘이 부족하여 강화를 의논하였다. 1648년에 베스트팔렌[우에스도후히리아府]에서 각국 사절이 회동하여 화의를 맺고 다음의 조항을 약속하였다.

1. 독일의 각 제후는 그 영내에서 정치와 종교의 자유를 얻을 것
2. 네덜란드, 스위스[瑞西] 두 나라의 독립을 공인할 것
3. 스웨덴은 폼머른, 브레멘(쁘너먼) 등의 땅을 얻고 6백만 불의 군비와 독일의회에서 3표의 투표권을 얻을 것

4. 프랑스는 메츠(메쓰), 베르됭(베루단), 알자스(아루사스) 등의 땅을 얻을 것

이 조약은 만국사상의 중대한 조약으로 후에 유럽 여러 나라의 경계가 대략 이를 기준으로 하였다. 독일이 이와 같이 불행한 조약을 체결한 까닭은 내홍과 외환이 30년이라는 오랜 세월 동안 이어져, 인구가 감소하고 재정이 줄었으며 토지가 황폐하고 상공이 부진하여 독일의 피폐가 실로 극심하였기 때문이다. 또 문학, 미술과 상공 정치가 모두 쇠퇴하고 국가가 통일되지 못하여 황제는 유명무실하고, 제후는 서로 고립하여 사적인 이익을 도모하며, 국가로 하여금 쇠락의 지경에 빠지게 한 것이 모두 2백여 년에 달하였다.

제5장 미국(米國) 식민

중대 사건 각국 나라들이 유럽에서만 정치 종교상으로 서로 경쟁한 것이 아니라, 신세계 즉 미 대륙에도 역시 이러한 일이 있었다. 즉 서로 앞다투어 탐험과 식민의 업에 종사하게 된 것은 모두 정치 종교상의 경쟁에서 유래한 까닭이었다.

부수 사건 이 탐험과 식민을 따라 일어난 중대사건이 있으니 첫째는 금은산의 발견이고, 둘째는 흑노의 매매이고, 셋째는 배교자(背教者)의 이주가 이것이다. 당시 스페인은 미국의 금은산을 발견하는 일에 주력하였고 그 금은광의 채굴 작업은 아프리카의 흑노를 시켰으므로, 이에 대하여 흑노매매가 성행하였다. 유럽인들이 모두 아프리카 서안

으로 가 토착민[蠻民]의 추장을 설득하여 흑노를 사들였는데, 스페인은 이를 금은 채굴에 부리고, 그 밖의 나라는 이를 농경에 부렸다. 그 까닭으로 미 대륙의 땅이 점점 개간되어 부의 원천이 늘어난 것은 실로 그 노예의 힘이 컸다 하겠다.

여러 나라의 배교자(背教者) 영국, 프랑스의 국교 위배자[44]가 형벌을 피하고자 미대륙으로 이주하는 자가 적지 않았다. 이 무리들은 종교의 자유를 얻고자 먼 이역의 땅으로 이주한 까닭에 능히 수많은 어려움을 참아낼 수 있었는데, 그 중 가장 큰 어려움은 추위와 토인의 공격이었다. 식민 사업이 그 효과를 볼 수 있었던 것은 이 무리의 인내 지성에 의한 것이며, 그 후 영국령 13주가 덕의가 풍부하여 독립의 대업을 세울 수 있었던 것도 또한 이들의 인내와 지성에 의한 것이라 하지 않을 수 없다.

미대륙의 금은 미대륙 금은산의 발견으로 갑자기 유럽의 금은이 증가하여 물화가 크게 비싸진 까닭으로 스페인 사람들이 일시에 큰 부를 얻었다. 유럽에서 그 금은이 넘쳐났으면서도 상업상의 공황을 면할 수 있었던 까닭은 당시 유럽인이 동양 여러 나라들과 통상하여 포교에 힘쓰며 일본, 중국, 인도에 왕래하던 포르투갈인이 인도, 중국에서 아연(鴉烟)[45]을 무역하며, 일본과 중국에 포교하기를 오로지 힘써 능히 그 남는 금은을 이용할 수 있었기 때문이다.

---

44 영국의 청교도, 프랑스의 위그노를 뜻한다.
45 아편을 넣어 만든 담배를 뜻한다.

제7부 패왕(霸王) 배출

6대 특성 근세사 제7부는 30년 전쟁이 끝나던 해 즉 1648년에 시작하여, 프랑스 대혁명이 처음 발발하던 해 즉 1789년에 이르기까지 모두 140년이다. 이 시기의 특성은 첫째, 여러 나라의 인민 가운데 특히 중등의 인민이 가산을 늘이고 품위를 높인 것이요, 둘째, 여러 나라의 인민이 교육, 문아(文雅)상에 크게 진보한 것이요, 셋째, 여러 나라의 군주가 상비군에 의하여 그 권세를 극도까지 미치게 한 것이요, 넷째, 전쟁의 다수는 모두 왕위계승의 경쟁에 그친 것이요, 다섯째, 유럽의 대세가 프랑스, 오스트리아[奧國], 영국, 러시아[魯國], 프로이센[普國] 다섯 나라의 교섭으로 인하여 좌우된 것이요, 여섯째, 프랑스 왕 루이 대왕[留易大王]과 러시아 황제[魯帝] 표르트 대제[彼得大帝]와 프로이센 왕[普王] 프리드리히 대왕[후너쏘릿기大王]이 서로 이어 패왕이 된 것이다.

전반부 지금의 이 부분을 나누어 전반부와 후반부라 하고 전반부에 유럽을 동서 양부로 나누었는데 동서 양쪽이 서로 교류한 일은 극히 적었다. 서부에는 프랑스가 항상 독일과 오스트리아를 업신여겨 스페인 왕위계승전쟁이 발생하였는데 영국이 능히 프랑스, 오스트리아 양국 사이에서 국력의 평균을 복구하였다. 동부에는 스웨덴이 그 외 나라들의 우위에 있었으나, 러시아가 흥하자 갑자기 그 세력이 꺾이게 되었다.

후반부 후반부에 프로이센이 유럽 중부에서 갑자기 세력을 차지하자

유럽 동서의 양부가 합일하였으니, 이 시기에 유명한 사건은 다음과 같다.

유명한 사건들 1. 영국 혁명[政變]

2. 프랑스, 스웨덴 두 나라 간의 전쟁

3. 프랑스, 네덜란드 두 나라 간의 전쟁

4. 스페인 왕위계승의 전쟁

5. 북방전쟁

6. 오스트리아 왕위 계승 전쟁

7. 7년 전쟁

8. 폴란드[波蘭國]의 분할

9. 미국 독립전쟁

사변 효과 이 사건들 중 제1은 영국 왕이 권력을 장악하고자 사람들을 압박하다가 반대로 그 화를 초래한 것이 원인이고, 제2, 제3, 제4는 프랑스가 패권을 노린 것이 원인이고, 제5는 스웨덴이 쇠퇴하고 러시아가 발흥한 것이 원인이고, 제6, 제7은 프로이센이 발흥한 것이 원인이고, 제8은 오스트리아, 프로이센, 러시아 3국이 영토를 늘린 것이 원인이고, 제9는 미국이 영국의 관할을 벗어나 독립한 것이 원인이었다.

제1장 영국 혁명[政變]

1603년 엘리자베스(에리사베스)가 죽은 후 스코틀랜드 왕 제임스 6세

[셰무스六世]가 왕위를 계승하니 이를 제임스 1세[셰무스一世]라 칭하였다.

왕가 특질 이 왕가의 처음 4대는 모두 왕권을 신에게서 받은 것이라 하여 이를 신성왕권이라 칭하고, 전제 정치로 백성들을 학대하였으므로 2차례 변란이 발생하였다. 이때 영국인들은 튜더 왕조[주쏘루王家] 치세의 혜택을 받아 민권을 확장하고 상공이 융성하여 부를 이루며 인지가 점진하여 원기가 크게 진작되었다. 따라서 스튜어트 왕조[스주아도王家]의 압제를 당하자 나라 사람들이 모두 전제의 치하에 있으려 하지 않았다. 이것이 2대 변란이 일어난 배경이다.

제임스 1세가 학정으로 사람들을 심하게 괴롭혔으나, 변란의 기회가 아직 무르익지 않아 종신토록 무사할 수 있었다. 왕의 성품이 미약하여 전쟁을 피하고 독서와 글짓기 등을 하며 지식인이라 자칭하였으니, 프랑스 명재상 쉴리(사루리)가 이를 평하여 말하기를, "유럽인 중 가장 현명한 바보"라 하였다.

1625년 찰스 1세[재루스一世]가 즉위하자 왕이 전제주의를 주장하는 것이 그 부왕에 비하여 한층 심할 뿐 아니라 모든 일의 신뢰를 잃고 약속을 깨뜨림을 주저하지 않았다. 이는 백성들의 신망을 실추시킨 원인이 되었다. 즉위할 때에 영국이 이미 스페인과 갈등이 생겨 왕이 국회에 군비를 청구하였으나 국회가 듣지 않았으므로, 왕이 국법을 깨고 사사로이 세금을 부과하였다. 이에 사람들이 노하여 국회에서 왕의 폭정과 학대를 억제코자 하여 고래의 권의(權義)를 연구하여 책 한 권을 저술하였다. 여기에서 중요한 것은 생명재산의 안전과 법률제정의 협찬권과 예산의 의정권 등을 이르는 것이었다. 이를 왕에게 봉정하고 재가를 청하니, 이것이 소위 유명한 권리청원서(權利請願書)이다. 왕이 매우 싫어하였으나 어쩔 수 없이 이를 재가하였다. 바로 1628년의 일이었다. 그 후 오래 지나지 않아 왕이 또 국회와 틈이 생겨 국회를 해산하고 이후 왕이 다시 국회를 소집하지 않은 채 국정을 전횡한 것이 모두 11년 간이었다. 그 사이 왕이 사사로운 세금을 백성들에게 부과하고 그것을 비판하는 자들을 모두 잡아 감옥에 가두었다. 이즈음에 왕이 영국 국교를 스코틀랜드에 강행하고자 하다가 반발을 불러 1640년에 스코틀랜드인이 영국을 침입하였다. 이에 왕이 스스로 재결하지 못하고 국회를 소집하여 논의하도록 하였는데, 이 국회는 영국 국회 중 가장 유명한 장기의회[長國會]이다. 14년 동안 존립했던 까닭으로 이 이름이 붙었다.

장기의회 장기의회가 왕의 요구를 듣지 않고 반대로 왕에 대하여 11년 간의 학정을 책망하였다. 또 왕을 그르쳤다는 죄목으로 재상과 승정들을 사형에 처하였다. 그 악당의 우두머리는 이미 죽었으나, 국회가 오히려 왕의 과실을 책망하고, 그 직권을 크게 제한하고자 하였다. 왕이 결국 그 분노를 이기지 못하여 친히 군사를 이끌고 국회에 들어가 주모자 5명을 잡고자 하였으나 그 의원들이 먼저 알고 피하였다. 왕이 잡지를 못하였으니 왕의 이와 같은 행위는 실로 국법을 파괴한 것이었으므로 나라 사람들이 모두 왕의 비리를 규탄하였다. 왕이 스스로 불안하여 도성을 떠나 요크에 이르러 군사를 일으키자 국회 또한 병사를 모집하니 때는 1642년이었다.[46]

군민상쟁 왕의 군대는 귀족과 국교 신도로 이루어지고, 의회의 군대는 평민과 청교도로 이루어진 까닭으로, 이 전란은 그 성질이 다만 정치적일 뿐 아니라 또한 종교적인 것이었다. 왕에 속한 자는 화사함을 숭상하고 국회에 속한 자는 질박함을 주로 하며, 긴 머리를 허식이라 하여 자르니 당시 사람들이 국회의 당파를 칭하여 단발파[圓顱黨][47]라 하고, 왕당을 칭하여 기사파[騎武者黨]라 하였다. 의회의 당파가 항상 질박함을 위주로 할 뿐 아니라 신을 독실하게 믿어 전쟁에 나갈 때에 반드시 재계와 기도로써 신의 가호를 바랐다.

철기군[鐵側軍] 처음에는 왕당군이 계속 승리하였으나, 철기군이 등장하면서부터 번번이 패배하였다. 철기군이란 의회의 장군 크롬웰(구로무우엘)이 편성한 군대인데, 그 군사의 지조가 견고하여 신을 독실하게 믿으며 무용이 무쌍하여 죽음을 두려워하지 않았다. 이 군대가 드디어 왕군을 격파하자 왕이 스코틀랜드로 도망하였으니 때는 1646년이었다.

민당 2파 이때 의회군이 두 파로 나뉘어 하나는 장로파[議員派]요 또 다른 하나는 독립파[軍人派]이니, 크롬웰의 독립파가 수령이 되었다. 장로파는 단지 왕권을 제한하고자 하였고 독립파는 왕정을 폐하여 민정(民政)을 세우고자 하였으므로 두 파의 의견이 합의를 이루지 못하고 점점 갈등이 생겼다.

---

46 청교도혁명 발발(1642)에 대한 설명이다.

47 왕당파들의 머리가 가발을 쓴 것에 비해 이들의 머리가 비교적 짧은 것을 빗대어 표현한 말이다.

잔여의회[尻骨國會] 스코틀랜드인이 왕을 잡아 영국에 넘기자 크롬웰이 왕을 감옥에 가두었다. 장로파가 비밀리에 왕과 약속한 것을 크롬웰이 알고는 크게 분노하여 군인들을 의회로 보내어 의원 1백여 명의 입장을 금하였다. 이것이 독립파가 잘못한 행위였다. 의원 중 입장한 자가 겨우 5, 60명이었는데 스스로 국회라 칭하고 독립파의 의견에 의하여 업무를 처리하였으니 당시 사람들이 이 국회를 칭하여 the Rump (람쁘) 즉 잔여의회라 하였다. 때는 1648년이었다.

왕의 죄 심판 다음 해 1월에 잔여의회가 고등법원을 열고 왕의 죄를 심판하도록 하였다. 고등법원이 왕이 사람을 죽이고 백성을 학대하며 나라를 판 죄가 있다 하여 사형을 선고하였다. 1649년 1월 30일에 왕이 드디어 단두대의 혼이 되었다.

베어본 의회[露骨국회] 이에 왕정을 폐하고 공화정을 세웠다. 신정부의 이름을 공화라 하였으나 실제로는 무단이었다. 잔여의회가 점점 크롬웰의 전횡을 싫어하여 이를 제거코자 하였으나 크롬웰의 마음에 계획이 이미 섰으므로 그 술수에 빠지지 않았다. 1653년 4월에 친히 의회에 나아가 의원들을 축출하고 의장을 폐쇄하여 빗장을 걸었다. 그리고 신국회를 세우고는 이를 베어본 의회[베야쁜國會]라 하였는데, 이는 의원들 중에서 가장 유력한 자의 이름을 취하여 지칭한 것이었다. 이 베어본 의회가 성립된 지 오래지 않아 스스로 해산하고 그 권력을 모두 크롬웰에게 수여하면서 공화정체의 보호자 전하[48]라 존칭하였다. 크롬웰이 왕은 아니었으나 실제로는 왕과 다름없었다.

무단정치 크롬웰이 국내를 11개의 군사구역으로 나누고 각 구역에는 태수(太守)를 두어 다스리게 하였는데, 태수는 권력이 무한하여 중장(中將)으로 임명하였다. 이때 군사의 세력이 강하고 법이 엄하여 불평의 무리가 능히 일어나지 못하고 무릇 국사범(國事犯)의 혐의가 있는 자는 모두 잡아 먼 섬에 유배하였다. 크롬웰이 강경책을 외교의 기조로 삼아 영국군이 능히 스코틀랜드, 네덜란드, 스페인 등을 공격하여 승리하였다. 신교국들을 합하여 동맹을 이루고는 영국이 맹주가 되어 구교국들을 억누르고 엄격한 청교주의 정책을 시행하였으니 이 모두 크롬웰의 생각에서 나온 것이었다.

왕정복고 1658년 크롬웰이 60세의 나이로 죽자 아들 리처드(릿재루쏘)가 그 자리를 계승하였다. 리처드가 스스로 임무를 감당하지 못할 것을 알고 재직 5개월 만에 사임하였다. 이를 수습할 마땅한 인물이 나타나지 않아 나라가 다시 어지러웠고 이 틈을 타 외국이 내침하고자 하였다. 이에 왕당과 민당이 서로 연합하여 선왕의 아들 찰스 2세[재루스二世]를 영입하니 이때는 1660년이요, 이를 왕정의 복고라 칭하였다.

2당 흥기 찰스 2세가 유약하고 음란한 즐거움을 일삼으니 조정과 민간이 모두 왕을 따라하여 풍의(風儀)가 부패하고 방탕함에 빠졌다. 왕이 항상 프랑스 왕 루이 대왕[路易大王]의 뇌물을 탐하여 그 뜻을 들어 정치를 하니 이로써 영국의 위엄이 땅에 떨어졌다. 이에 더하여 왕정

---

48 '호국경(護國卿)'이라고도 한다.

의 복고는 영국민들에게 충성심을 불러 일으켰음에도 불구하고 왕이 즉위할 때 서약한 것을 실행치 아니하였다. 또 프랑스 · 네덜란드와 전쟁을 벌여 왕권의 확장을 도모하고 구교 승정의 영지를 회복하고 여러 차례 의회를 해산하며 민권의 억압을 꾀하였다. 이에 토리당[도리의 保守王黨]과 휘그당[호잇学의 民權黨]이 일어나 심히 경쟁하였다.

왕이 프랑스로 달아나다 찰스 2세가 죽자 동생 제임스 2세[세무스二世]가 즉위하였는데, 잔혹한 전제군주였다. 구교를 부흥하고 민권의 박멸을 꾀하니, 나라 사람들이 크게 두려워하여 은밀히 네덜란드의 지배자인 윌리엄(우이리아무)을 영입코자 하였다. 제임스 2세가 어리석어 신변에 재난이 닥친 줄을 모르고 아무런 방비도 행하지 않았는데, 윌리엄이 군사를 이끌고 이미 영국에 도착하자 사람들이 앞다투어 복종하였다. 제임스가 방법이 다하여 프랑스로 도망하여 루이 대왕에게 의탁하였으니, 때는 1688년의 일이었다. 왕위가 빈 까닭에 영국 의회가 윌리엄과 그 부인 메리를 아울러 영입하였는데, 윌리엄은 선왕의 사위요 메리는 선왕의 딸이었다.

권리장전[權利宣告書] 윌리엄이 즉위할 때에 영국 의회가 권리장전을 발포하여 영국 국민이 옛날부터 누려오던 권리를 명백히 하였다. 또 국법은 군민이 함께 세운 것이라 하고, 왕은 국법에 의하여 서는 것이라 하였다. 이것으로 영국 국민의 민권이 크게 이루어졌다. 그런 까닭에 영국인이 이 혁명을 1688년의 명예혁명이라 칭하였다.

윌리엄 대공[威利嚴大功] 윌리엄이 영국 왕이 된 후로 더욱 분발하여 프랑스 루이 대왕의 패권을 위협하자 루이 대왕이 윌리엄을 왕위찬탈자라 비난하며 정통성을 이은 왕은 선왕 제임스라 하였다. 영국인이 노하여 윌리엄으로 하여금 국력을 다하여 프랑스 왕과 겨루게 하였으니 윌리엄이 국력평균을 위하여 힘을 다한 공이 컸다. 이때 만약 윌리엄이 없었다면 네덜란드와 영국 그 외 나라들의 명맥이 어떠한 지경에 임박하였을지 가히 알 수 없었을 것이다.

앤[安]**의 치세** 1702년에 윌리엄 3세가 죽고 왕비 메리는 이미 죽었으므로 메리의 여동생 앤(안)이 즉위하였다. 당시에 휘그당이 세력을 얻어 그 수령 말보로(마루쌰로)가 정권을 장악하였다. 스페인 왕위계승의 전쟁에 대하여 군사를 이끌고 대동맹에 가입하여 지브롤터 해협[찌쁘라루다루海峽]과 프랑스령 미주 식민지를 빼앗아 프랑스 왕 루이 14세의 패업을 크게 꺾었다. 이로 인하여 포르투갈과 조약을 맺고 산물의 수출을 왕성히 하였다. 또한 영국의 위명을 높이고자 1707년에 영국과 스코틀랜드를 합병하여 그레이트 브리튼 연합왕국[大不利顚國]을 창립하였다. 양국의 의회를 합하여 하나로 하고, 영국과 스코틀랜드 두 나라로 하여금 각기 소신하는 종교를 믿게 하여 국가의 안녕부강을 꾀하였다. 휘그당이 실각하자 토리당이 대신 정권을 잡았는데, 두 수령이 심하게 다투어 여왕 앤이 마음의 고통을 이기지 못하여 빨리 죽었다.

1714년에 앤이 죽고 후사가 없었으므로 제임스 1세[세무스一世]의 증손자 조지 1세[찌욘지一世]를 맞아 세웠다. 이는 하노버 왕가[하로빠家]의 시조이자 독일 하노버 주(州)의 영주였다. 조지 1세는 54세에 즉위하였고 아들 조지 2세[찌욘지二世]는 45세에 즉위하였는데, 부자(父子)가 모두 순전한 독일인으로서 항상 고향 하노버를 생각하고 영국의 이익은 생각하지 않았다. 조지 2세 때에 오스트리아 왕위계승전쟁이 또 일어나 제2차 슐레지엔(시너시야) 전쟁이 일어나자, 조지(지욘지)가 오스트리아를 도와 프랑스 · 프로이센을 공격하였다. 제3차 슐레지엔 전쟁 즉 7년 전쟁 때에는 프로이센과 약속하여 서로의 이익을 꾀하였다. 러시아, 프랑스 두 나라와 틈이 생겨 북미와 유럽에서 전쟁을 개시하여 각국의 강한 군대를 꺾었다. 뛰어난 인물 피트(쎗도)를 기용하여 나랏일을 맡기니 피트의 사람됨이 결백하고 지략과 재능이 풍부하여 영국의 형세를 크게 넓혔다.

1760년에 조지 3세[찌욘지三世]가 즉위했다. 왕은 할아버지나 아버지와는 다르게 영국에서 출생하고 영국의 교육을 받고 자란 까닭에 민심이 왕에게 크게 돌아왔다. 그러나 왕이 지략이 적고 어리석어 나라를 다스리는 법을 알지 못했고 의회가 또 부패하여 국내의 소란이 많았으며, 미국 식민지가 이미 독립하며 여러 나라가 군사를 영국에 증가시킴에 이르렀다. 그러나 클라이브(구라이쌔), 헤이스팅스(헤스진쑤스) 등이 능히 동인도를 정복하고 피트[49] 등이 유럽의 나라들로 하여금 프랑스 황제 나폴레옹 1세[那翁一世]를 막도록 하여 병탄을 면한 것은 당시 영국의 위대한 공적이자, 만국사상의 가장 긴요한 사실이다.

49 앞에 나온 피트의 아들이다. '대피트', '소피트'로 구분하여 부르기도 한다.

제2장 프랑스 강대

1610년 프랑스 왕 앙리 4세가 죽고 아들 루이 13세[留易十三世]가 즉위하였는데 이때 루이의 나이가 겨우 9살이었다. 모후가 섭정하다가 루이가 성인이 되자 어리석은 까닭으로 모후가 추기경 리슐리외(리셰리유)를 등용하여 나랏일을 맡게 하였다. 리슐리외가 추기경의 신분으로 재상의 임무를 맡아 국정을 주무른 것이 20년 간에 달하였다. 안으로는 신교도의 세력을 꺾고, 귀족의 권한을 거두어들이며 왕실의 위엄을 지극히 하였다. 밖으로는 30년 전쟁에 간섭하여 오스트리아를 억누르고 프랑스로 하여금 패업을 이루게 하였다.

1642년에 리슐리외가 죽고 루이 13세가 이어 죽자 아들 루이 14세[留易十四世]가 즉위하였는데 이때 나이가 겨우 5살이었다. 모후가 섭정함에 리슐리외의 제자 마자랭으로 하여금 보좌하도록 하여 항상 왕권의 확장과 프랑스의 강대를 도모하였다. 모후의 총애를 받고 정권을 주무른 지가 18년에 달하자 귀족들이 그 하는 바를 싫어하여 평민과 함께 반란하였다. 1661년에 마자랭이 죽고 루이 14세가 친정하였다.

루이 대왕 이 루이 14세는 소위 루이 대왕이라 하니 대왕이 영리하고 뛰어나 공업을 진작하고 능력 있는 관리들을 등용하며, 권세를 탐하여 친히 정사를 결정하였다. 화려한 아름다움을 좋아하여 토목을 크게 일으키고 명성을 널리 날리고자 문학을 장려하였으니 프랑스의 위세가 이로부터 크게 떨쳤다.

프랑스-스페인전쟁[佛西戰爭] 1665년에 스페인 왕 펠리페 4세[후릿쌔四世]가 죽었는데, 루이는 왕비가 펠리페의 딸이라는 이유로 스페인령 네덜란드를 요구하며 출병하였다. 프랑스군이 북쪽에 도착하자 네덜란드는 두려워하며 영국·스웨덴과 3국동맹을 조직하고 프랑스에 대항하였다. 스페인이 땅을 나누어 프랑스와 강화하였다.[50]

프랑스-네덜란드전쟁[佛蘭戰爭] 루이 대왕이 네덜란드가 3국동맹을 조직한 것에 분노하여 이를 보복할 계획으로 우선 궤변과 뇌물을 영국 왕, 스웨덴 왕에게 보내 원조를 약속받았다. 그 후 네덜란드에 파병하여 공격하니, 프랑스군이 연전연승하여 네덜란드를 크게 유린하였다. 이때 네덜란드의 군사를 전적으로 관리한 자가 오렌지 공[오넌지公] 윌리엄이었다. 오렌지 공 윌리엄이 네덜란드를 설득하여 제방을 무너뜨려 국내를 바다로 삼아 프랑스군에 항거하였다. 또 스페인, 독일, 영국 등을 설득하여 지원병을 내게 하니, 이들 나라가 루이 대왕의 세력 확대를 두려워하여 모두 네덜란드를 도왔다. 루이가 이들 여러 나라의 합한 힘에 능히 맞서지 못하여 화친을 맺었으나, 이 화친 조약에 의하여 땅을 얻은 바가 적지 않았다.[51]

스페인 왕위계승전쟁[西班牙王位相續亂] 루이 14세가 만족하지 못하고 기회를 보면 바로 크게 프랑스를 부강케 하고자 하였다. 마침 스페인 왕 카를로스 2세[재루스二世]가 죽고 자식이 없자, 루이는 왕비가 카를로스의

50 '네이메헨 조약'(1678)을 뜻한다.
51 '라이스바이크 조약'(1697)에 대한 설명이다.

누이가 되는 인연으로 손자 앙주(안지유) 공을 태어나자마자 후사로 세우고자 하였다. 신성로마 황제 레오폴트 1세[너오썬루쏘一世] 또한 왕비가 카를로스의 누이였으므로 자신의 둘째 아들 카를을 후계자로 세우고자 하여 논의가 분분하였다. 혹은 프랑스의 편을 들고, 혹은 독일의 편을 들며 또 혹은 스페인을 분할하고자 하여 논의가 결정되지 못하다가 카를로스 2세가 죽었으니 이는 1700년의 일이었다. 루이는 강경하게 카를로스의 유조에 의하여 손자 앙주 공을 세우고자 하였으나 당시 유럽 여러 나라들이 모두 말하기를 "앙주 공을 스페인 왕으로 삼으면 결국 스페인과 프랑스 양국의 합병을 보게 되리니, 차라리 독일 황제의 요구를 받아들이는 것이 낫다" 하였다. 이에 독일, 영국, 네덜란드 기타 여러 나라들이 동맹하여 루이에 항거하였다. 이것이 소위 대동맹(大同盟)이다. 양군이 싸운 지 13년에 독일 장군, 영국 장군이 대동맹군을 이끌고 프랑스군과 연전연승하여 프랑스군이 퇴각했다. 루이가 힘이 다하여 전쟁을 끝내고자 하였는데, 적 신성로마 황제가 죽고 카를이 제위를 이었다. 이에 대하여 동맹국들이 이르되, "이제 카를이 스페인 왕이 되어 스페인, 독일 두 나라를 합병할 것인데, 그 폐해가 앙주 공을 스페인 왕으로 삼는 것보다 더욱 심하리라" 하였다. 이에 앙주 공 필리프를 스페인 왕으로 삼게 하였다. 이때 영국의 말보로 당이 실각하고 평화당이 일어나 화의를 이루고자 하였고, 루이는 강국이었던 영국이 동맹에서 빠지기를 원하여, 1713년에 영국 그 외와 화의하였다. 다음 해에는 독일 그 외와 화의하였다.[52]

---

52 '라슈타트 조약(1714)에 대한 설명이다.

화의 조약 무릇 이 전쟁은 유럽 각국을 두 파로 나누었으니, 이는 다만 유럽의 전쟁이었을 뿐 아니라 그 전쟁의 영향이 아메리카와 영국, 프랑스의 식민지와 인도의 영국, 프랑스 식민지까지 격렬하게 파급되었으므로 실로 역사상 일대의 사건이었다. 그런 까닭에 그 결과가 역시 크니 지금 화의 조약[53]의 대요를 열거하면 다음과 같다.

1. 전쟁의 요인이 된 스페인의 왕위는 앙주 공 필리프로 하여금 계승하게 할 것 단, 스페인, 프랑스 두 나라가 현재 그리고 장래에 있어 결코 합병치 못할 것

2. 영국은 신교도인 윌리엄의 즉위를 공인하고, 뉴펀들랜드(유후호쏘란쏘), 노바스코시아(로빠스고지아), 허드슨 만[하쏘손灣] 연안의 토지를 프랑스로부터 양도받으며, 지브롤터 해협과 미노르카 섬[미로루가島]을 스페인으로부터 받을 것

3. 네덜란드는 프랑스령 2, 3개의 성채를 받을 것

4. 오스트리아는 스페인령 네덜란드(네싸란쏘)[54]를 양도받을 것

프랑스 난조 이에 전쟁이 그치자 천하가 일시의 태평을 얻었다. 프랑스 왕 루이 14세가 스페인 왕위계승전쟁에 대하여 그 목적을 이루었으나, 많은 영지를 잃었다. 그러나 프랑스의 위명이 또한 실추되지 않았으니 천하가 오히려 프랑스의 위광을 우러르며 프랑스의 문명을 사모하였다. 프랑스에는 시문이 성흥하고, 미술이 크게 발전하며 풍속이

53 '위트레히트 조약'(1713)을 뜻한다.

54 오늘날의 벨기에 지역을 말한다.

화려하고 아름답기가 실로 유럽 여러 나라들 중에서 으뜸이었다. 여러 나라들이 모두 문명의 중심을 프랑스라 하여 언어, 풍속을 대체로 프랑스 풍속에 의거하였고, 프랑스인이 역시 스스로 자랑하여 이 시대를 황금시대라 하였다. 그러나 그 황금이 된 원인은 다만 그 외부 표면에 있었고, 그 내실의 정황은 무너지는 요인들이 있었으니 대왕이 전쟁을 자주 일으켜 장정들이 많이 죽었고 재물이 소진되었으며 문물의 미려함은 백성의 고혈을 짜서 얻은 것이요, 왕실의 융성함은 민권을 망치고 얻은 것이었다. 이와 같은 사정이 어찌 후일의 큰 우환을 남기지 않았겠는가.

제3장 러시아[俄國] 발전

러시아 기록의 대략 러시아의 인민은 슬라브족[스라쏘니안人種]이니 성질이 비굴하여 스스로 하는 일이 없고 항상 군주의 압제를 당하였다. 9세기에 북인 즉 스칸디나비아족[스간지나뻬야人種] 추장 류리크(루릿구)가 무리를 이끌고 러시아에 들어와 토착민과 함께 하나의 나라를 이루었다. 13세기에 몽고인이 침입하자 그 세를 당하지 못하여 러시아 군주가 재물을 바치고 신하를 칭한 것이 모두 200년에 달하였다. 14세기에 러시아가 둘로 나뉘어 동서가 되었으니 서부는 리투아니아[리스와니야國]와 폴란드[波蘭國]의 영지요, 동부는 즉 오늘날 러시아의 기원이다. 이때 러시아 왕은 이반 1세라 하여 모스크바[莫斯科府]를 수도[王都]로 정하였다.

러시아가 동로마를 계승하다 15세기 말에 이반 2세가 왕이 되었다. 왕이 능히 러시아를 온전히 몽고인의 굴레에서 벗어나게 하고, 동로마 마지막 황제 콘스탄티누스 12세[곤스단진十二世]의 조카를 맞아 왕비로 삼았다. 동로마 멸망 후에는 스스로 로마 황제의 후예이자 예수교의 보호자라 하여 그 유민들을 불러 후하게 대접하였다. 왕의 손자를 이반 4세라 하였는데, 이반 4세가 비로소 차르(싸)의 존호를 사용하였다. 차르는 황제라는 뜻이다. 이반 4세가 죽은 후 나라의 혼란이 30년에 달하여 로마노프(로마롯후) 가문이 드디어 교체하여 즉위했다. 이 가문의 5대 황제가 바로 표트르 1세[彼得一世]인데, 이른바 표트르 대제이다. 대제는 1689년에 즉위하였다.

표트르 대제[彼得大帝] 표트르에게 두 사람의 형이 있었으니 이르기를, 표도르(셰오쏘루)요, 또 이르기를 이반 5세라 하였는데 모두 뒤를 이어 즉위하였다. 1682년에 표도르가 죽고 표트르가 즉위하자 이복 누이 소피아(소후아)가 이반을 함께 정치에 참여하게 하였다. 소피아는 지략이 풍부하고 음험한 자였다. 1696년에 이반이 죽은 후 표트르를 없애고자 하였으나, 표트르의 나이가 17세였으므로 능히 소피아를 잡아 수녀원에 가두고 그 무리들을 모두 제거하였다. 이는 1689년의 일이었다. 표트르가 어릴 적에 학습한 바가 매우 박식하여 라틴어, 독어, 네덜란드어에 능통하고, 자신이 친히 독일, 네덜란드, 영국 등 여러 나라를 여행하여 스스로 공기(工器)를 잡고 직공과 섞여 조선(造船)의 기술을 익혔다. 귀국할 때에는 학자, 사관, 수부, 장공 등을 초빙하여 해군을 크게 양성하기로 계획하였다. 또 제도 문물과 민정과 풍속을 극히 개량코자 하며, 땅을 개척하여 영토가 늘어났으니 그 경계가 유럽과 접하게 되었다. 수도 모스크바(모스고)가 먼 변두리에 있어 서구 나라들과 교류가 불편하다 하여 수도를 상트 페테르부르크[聖彼得堡]에 새로 열었다.

대제 침략 초에 러시아가 비록 땅이 넓으나 바다가 적어 군함을 비치하기 심히 불편했던 까닭으로, 표트르 대제가 해만(海灣)을 취하고자 이웃 나라들과의 전쟁에 힘썼다. 1696년에 대제가 투르크로부터 아조프해[아쏘후海]를 획득하여 흑해에 진출할 수 있게 되었는데 오히려 서쪽으로 발트해[波羅的海]를 취하고자 계획하였다. 이로써 북방전쟁[北歐戰爭]이 일어났다.

북방전쟁[北歐大戰] 북방전쟁은 러시아, 덴마크, 폴란드[波國]가 연합하여 스웨덴을 공격한 것이다. 1697년에 스웨덴 왕이 죽고 아들 칼 12세[재루스十二世]가 뒤를 이으니 나이가 15세였다. 표트르 대제가 칼의 나이가 어린 것을 업신여겨 덴마크, 폴란드 두 나라와 함께 스웨덴을 공격하여 그 땅을 분할코자 하였으나 칼은 당시의 호걸이었다. 적의 내침을 기다리지 않고 먼저 공격하자, 영국 왕 윌리엄 3세가 칼을 원조하여 영국, 네덜란드 연합의 군함을 보내니 1699년에 큰 전쟁이 시작되었다.[55]

스웨덴 왕의 선전 칼이 먼저 덴마크를 공격하여 정복하고, 다음으로는

55 북방전쟁은 1700년에 발발했다고 보는 것이 일반적이다.

폴란드를 쳐 정복하였다. 다음에 러시아군 8만 명을 나르바(나루빠) 성 아래에서 이겨 연전하여 모두 승리하였다. 모두 4년 간의 파죽지세를 틈타 러시아 국경에 들어서자 표트르가 크게 두려워하여 화친을 청하니 칼이 답하여 말하기를, "모스크바성 아래에서 맹세하자" 하였다. 이에 표트르가 여러 장수들에게 명하여 들판을 깨끗이 하고, 벽을 단단히 하여 지키고 접전치 아니하며 교량을 헐어 적의 진행을 불편하게 하였다. 칼이 표트르를 그로드노[쑤로쏘로府]에서 크게 압박하자 표트르가 겨우 위기를 면하였고 칼이 또 표트르를 스몰렌스크[스모넌스구府]에서 이겼다. 칼이 잘못 계획하여 모스크바에서 계속 멀리 쫓지 않고 남쪽으로 방향을 돌려 우크라이나(유구넌) 지방으로 들어갔다. 이것은 투르크인들이 러시아 왕조를 배반하고 자기에게 복종하기를 희망한 까닭이었다.

스웨덴 왕 대패 1709년에 칼이 표트르와 폴타바[썬루쏘와原]에서 싸워 패하고 겨우 러시아에서 달아나 3년 동안 투르크에서 지냈다. 이 기간 동안 간절히 투르크를 설득하여 러시아를 치도록 하였으나 그 뜻을 미처 이루지 못하였을 뿐 아니라 투르크인들이 전쟁을 싫어하게 되자 몰래 귀국하여 표트르에게 땅을 나누어주고 강화하였다. 1718년에 칼이 노르웨이를 공격하여 그 도성 하나를 포위하다가 불행히 총을 맞고 죽었다.

스웨덴이 많은 땅을 잃다 표트르가 스웨덴으로부터 획득한 땅이 많고 커서 리보니아(리썬니아)와 그 외 발트해[波羅的海] 동쪽에 있던 스웨덴의 영지가 모두 러시아령이 되었다. 이에 러시아함이 발트해를 마음대로 다닐 수 있게 되었다. 표트르가 열이 나서 죽었으니 표트르가 능히 인민을 교화하였으나 자신은 교화되지 못하여 결국 만민의 풍속으로 죽었다.

대제 후사 표트르 대제가 죽고 왕비 예카테리나 1세[가싸린一世]가 즉위하였다. 예카테리나 1세가 아름답고 재주가 있어 표트르의 업을 보좌함이 적지 않았으나 재위 2년 만에 죽었다.[56] 표트르 대제의 손자 표트르 2세[쎄다二世]의 질녀 옐리자베타(에리싸베스)가 뒤를 이어 즉위하였다. 옐리자베타 재위시에 독일에서 오스트리아 왕위계승전쟁이 일어나자 마리아 테레지아(마리아 데너사)를 도와 프로이센 왕 프리드리히 대왕[우너쪠릿기大王]을 공격하였다. 옐리자베타가 자리를 내놓고 조카 표트르 3세[쎄다三世]가 즉위하니 크게 프로이센 왕의 편을 들었다. 이로써 오스트리아의 세력을 꺾게 했으나 재위한 해 7월에 죽고 왕비 예카테리나 2세[가싸린二世]가 즉위하였다.

대여제 예카테리나 2세가 재략이 있어 항상 이웃나라들의 세를 꺾고 자국의 부강을 도모하여 정인 포니아토프스키(쏘니아도스기)를 폴란드[波國]의 왕으로 삼았다. 또한 프로이센 왕 프리드리히 대왕과 함께 폴란드를 압박하여 그리스도교에게 신교도 및 로마교도와 동일한 권한을 부여하게 하였다. 폴란드, 투르크의 반군을 격파하였으나 반대로 프로이센, 오스트리아의 질투를 초래하였다. 프로이센 왕 프리드리히 대왕

56 예카테리나 1세의 재위 기간은 1725~1727년으로 2년 간이다. 따라서 원문의 '6년'은 잘못이므로 바로잡았다.

의 계획으로 폴란드를 3개로 분할하여 동북부를 점령하니 이는 1772년 폴란드 제1차 분할이었다. 예카테리나 2세가 또 진군하여 투르크를 정벌하여 그 땅을 빼앗고 1793년에 또 폴란드회복당을 공격하여 프로이센 왕과 함께 그 땅을 빼앗았다. 1795년에 다시 프로이센, 오스트리아 양국과 동맹하여 폴란드를 멸망시키고 완전히 그 영지를 나누어 가졌다. 이에 러시아[魯西亞]의 국운이 나날이 성대하여 유럽 동부를 내려다보고 모든 유럽의 나라들은 러시아의 위세를 두려워하게 되었다.

제4장 프로이센[普國] 발전

프로이센 기원 중세에는 폴란드의 제후령으로 프로이센[普魯西亞]이라는 곳이 있었고, 또 독일의 제후령으로 브란덴부르크(색란썬색루삭)라는 곳이 있었다. 1618년[57]에 이 두 영지가 합하여 제후 한 명의 소유가 되고 17세기 중반 경에 이르러는 드디어 폴란드 왕에 대한 군신의 직분을 끊고 순연한 독일 제후가 되었다. 1701년에 영주가 신성로마 황제 레오폴트 1세(너오쏘루쏘)와 특별히 약속하여 왕위에 오르고 프로이센 왕이라 칭하였는데, 이 사람이 프리드리히 1세[후너쩌릿기一世]이다. 왕이 초에 베를린[伯林]에 수도를 열었다. 왕이 죽자 아들 프리드리히 빌헬름 1세가 즉위하였는데 왕이 잔혹하고 재물을 좋아하여 늘 저축을 하였다. 병관(兵觀)의 아름다움을 좋아하며 장대한 장정을 사모하였다. 왕이 죽고 아들 프리드리히 2세가 즉위하였는데 이 사람이 프리드

57 브란덴부르크와 프로이센이 합병되어 브란덴부르크 선제후인 지기스문트가 소유하게 된 때는 1618년이다. 따라서 원문의 '1611년'은 잘못이므로 바로잡았다.

리히 대왕이다. 대왕이 뛰어나고 도량이 있어 부왕이 남긴 금전과 군대로 패업을 이루었다.

오스트리아 왕의 남계가 끊어지다 1740년에 대왕이 즉위하였다. 같은 해에 오스트리아의 왕 즉 신성로마 황제 카를 6세[재루스六世]가 죽자 남자 중에는 상속할 자가 없어 이에 소위 오스트리아 왕위계승전쟁이 일어났다. 카를 6세는 딸 마리아 테레지아에게 제위를 물려주겠다는 뜻을 여러 나라 군주들에게 설득하여 이의가 없게 하였으니, 대개 황제의 뜻에 찬성하여 이의를 내지 않기로 약속하였다. 카를 6세가 죽자 마리아 테레지아가 아버지의 영지 오스트리아, 헝가리[항까리國]와 뵈멘 등을 이어 받아 왕이 되었다. 그러나 독일 신성로마 황제의 자리는 선제후들의 선거를 필요로 하였으므로 마리아 테레지아가 아버지의 유언만으로는 계승할 수 없었다.

오스트리아 왕위계승전쟁[墺國君位相續戰爭] 마리아 테레지아가 아버지의 여러 영지를 다스려 왕이 되고자 하였으나 여러 나라의 군주가 예전의 약속을 깨고 혹은 그 영지의 전부를 취하고자 하고 혹은 그 일부를 취하고자 하였다. 그 중 앞장 선 자는 프로이센 왕 프리드리히 대왕이었다. 대왕이 오스트리아의 영지 슐레지엔(시너샤)을 프로이센의 옛 영지라 하여 친히 병사를 이끌고 가 이를 취하였다. 마리아 테레지아가 다른 적과 싸우기 위해 이 땅을 나누어 대왕과 화친하였다. 이에 소위 제1차 슐레지엔 전쟁이 끝나고, 1744년에 제2차 슐레지엔 전쟁이 일어나 영국은 오스트리아를 돕고 프랑스는 러시아를 도왔다. 1748년에 아헨 조약으로 이 전쟁이 끝을 맺었다.

전쟁 아헨 조약 후 오래 지나지 않아 마리아 테레지아가 프리드리히 대왕의 적인 러시아 여제 엘리자베타(에리사베스)와 동맹하여 슐레지엔(시너사)을 회복코자 하였다. 엘리자베타(에리싸베스)는 대왕에게 개인적 원한이 있어 발트해 연안의 프로이센령을 빼앗고자 하였고 프랑스가 역시 사신을 보내어 오스트리아와 연합할 것을 약속하였다. 때마침 북아메리카 대륙과 하노버에 7년 전쟁[英佛戰爭]이 일어나 영국은 프로이센과 국외중립의 약속을 행하고 프랑스와 서로 싸우는 터였다. 이에 1756년에 오스트리아와 프랑스 양국의 연합이 더욱 강고하였다. 프리드리히 대왕이 그 사정을 탐지하고 러시아, 프랑스 두 나라가 쉽게 자기 나라를 공격하지 못하는 것을 보자 진격하여 오스트리아령을 침공하였다. 6만 7천의 병사를 인솔하고 작센에 들어가니 독일 여러 주가 독일제국(獨逸帝國)의 이름으로 프로이센을 공격하였는데 헤센카젤[헷세갓세루州]과 브룬스비크[쑤룬스우잇구州] 등이 프로이센에 복종하였다.

프로이센의 큰 이익 이에 오스트리아, 프랑스, 러시아 및 스웨덴이 프로이센을 분할할 목적으로 동맹하여 프로이센을 공격하였다. 프로이센 왕 프리드리히는 영국과 연합하여 강대한 동맹군에 맞섰다. 1757년에 로스바흐(로스빠하), 로이텐(로이던) 등 여러 평원에서 크게 싸워 능히 적군을 격파하였으나 1759년 쿠네르스도르프(구네루스쏘루후) 대전에서 프리드리히가 오스트리아, 러시아 동맹군에게 대패하여 프로이센군의 위세가 점점 위축되었다. 이에 더하여 1760년에 영국 왕 조지 3

세[찌욘찌三世]가 즉위하여 재정지원을 중지하자 프로이센의 곤란이 극에 달하여 프로이센의 멸망이 눈앞에 닥쳤다. 그러나 다음 해에 러시아 여제 엘리자베타가 죽자 표트르 3세[쎄다三世]가 즉위하여 프리드리히를 크게 도왔다. 이에 프로이센이 상트 페테르부르크 조약[聖彼得堡府條約]으로 러시아와 화약을 맺고 함부르크 조약[쌔무쌰루구府條約]으로 스웨덴과 화친하여 침략지를 돌려주었다. 러시아 황제 표트르 3세가 퇴위하고 예카테리나가 즉위하자 프로이센을 돕던 군사가 떠났으나, 프로이센군이 크게 오스트리아군을 격파하였다. 1763년에 프로이센, 오스트리아가 화의를 의논하였으니 프로이센은 실로 일개 작은 나라로 시작하여 유럽의 5대 강국에 들게 되었다.

대왕의 정의(精義)가 정치를 구하다 프리드리히 대왕이 용병술에 뛰어나고, 또한 치국술에 치밀하여 전쟁한 후에는 창고를 개방하여 굶주린 농민을 돌보고, 은행을 일으켜 상업을 진흥하고, 전쟁으로 전사한 군인의 유족들을 풍족하게 진휼하였다. 병마를 잃은 주군(州郡)에 대하여는 조세를 오랫동안 면제하였다. 대왕이 권세를 매우 탐하였으나 사람들의 언로를 감시하지 않으며, 대군(大軍)을 양성하여 국비를 소비하면서도 그 자신의 급료는 지극히 적었다. 종교 학문상으로는 자유주의를 채용하여 오로지 사람들의 지식이 발달하도록 하고, 농공상의 업을 힘써 장려하여 국가의 부를 이루었다. 대왕이 즉위할 때에는 인구가 겨우 2백만이었고, 국고금이 6백만 탈러(다너루)에 불과하더니 그가 죽을 때에는 6백만의 인구와 7천 2백만 탈러의 금이 있었다. 요컨대 대왕의 큰 업적은 독일인으로 하여금 점차 프랑스를 사모하는 정을 끊고 자국을 생각하는 마음이 생기게 한 것이라 하겠다.

제5장 미국 독립

영국, 프랑스 두 나라의 식민지 1607년에 영국이 비로소 미대륙에 식민지를 개척하고 그 전후로 각국이 경쟁적으로 식민지를 두었다. 영국이 취한 식민지는 13개였는데, 대체로 북위 48도부터 31도에 걸쳐 자못 광대하였다. 또 프랑스의 식민지는 그 수가 4개지만 영국령 식민지에 비하여 면적의 광대함은 여러 배가 되었다. 영국과 프랑스가 서로 땅을 다투어 싸운 결과로 프랑스령 식민지가 상당 부분 영국령이 되었으므로 18세기에 이르러는 영국령 식민지의 광대함이 다른 나라 식민지 가운데 으뜸이었다.

미국인 반란 7년 전쟁이 끝나자 영국이 프로이센을 도와 유럽 각국과 전쟁을 치러 점차 재정이 곤란하였다. 1765년에 영국 정부가 무너지고 영국 의회가 부패하여 대의(代議)에 의하지 않은 조세를 미국 식민지에 부과하였다. 이 대의에 의하지 않는 조세란 것은 미국 식민이 또한 대의원[代議士]을 영국 의회에 내지 않을 터였으므로 영국 정부가 그 조세를 미국 식민지에 부과함을 말하는 것이다. 영국 헌법에 의하면 조세의 부과는 국왕 독단으로 집행할 수 없고 반드시 의회의 협찬을 필요로 하였다. 헌법의 이러한 정신에 의거했다면, 영국 정부가 아직 대의원도 내지 못한 미국 식민지를 향하여 조세를 부과하지는 않았을 것이다. 그러나 영국 정부가 재정이 여의치 못했던 까닭으로 이미 여러 차례 미국[新英]의 상업을 구속하여 그 이익을 차지하더니, 이 역시 부족하여 조세를 부과한 것이다. 1765년에 영국 정부가 인지조례(印紙條例)를 발포하여 인지를 소송계약 그 외 서류에 붙여 쓰도록 하였다. 미국인[新英人]들이 이것은 조세의 일종이라 하여 더욱 분노하자 영국 정부가 이를 폐하고, 그 대신에 차(茶)와 그 외 화물수입에 대하여 세금을 부과하였다. 이에 미국인들이 더욱 격노하여 새로 도착하는 차를 바다에 투척하기에 이르렀다.[58] 영국 정부가 군사를 동원하여 미국을 진압하려고 하자 미국인이 드디어 군사를 일으켜 반란하였다. 워싱턴[華盛頓]을 선발하여 장군으로 삼았는데 이때가 1775년이었다. 다음 해 즉 1776년 7월 4일에 미국인이 독립을 선언하고 1777년에 미국인이 각 식민지를 칭하여 나라로 삼아 13국의 북미합중국이라 칭하였다. 프랭클린(후란구린)을 합중국 공사로 삼아 프랑스에 가 도움을 청하도록 하였다. 이때에 많은 유럽인이 바다를 건너가 합중국인을 도왔는데, 그 중 가장 유명한 자는 프랑스 귀족 라파예트(라후아엣도)와 프로이센 군인 슈토이빈(스도이빈)이었다. 합중국의 군인들이 식량과 무기가 부족했음에도 불구하고 분전하여 죽음을 불사하니 고전의 상태는 가히 말로 하지 못할 정도였다. 그러나 각 나라의 지원군이 가세하여 영국군에 연전연승하였다. 영국이 또한 힘이 다하여 1783년에 합중국과 화의를 이루어 그 독립을 허락하였다. 이에 워싱턴이 대장을 사임하고 고향으로 돌아갔다.

공화정체 합중국인이 헌법을 제정하고 대통령 1명을 두어 행정권을 맡

58 '보스턴 차 사건'에 대한 설명이다.

기고, 원로원, 중의원을 세워 입법권을 부여하고 인민은 종교의 자유를 허락하고 여러 연방주에 자치권을 주었다. 1789년 3월 4일에 합중국 제1기 국회를 뉴욕[紐育府]에서 개회하고 워싱턴이 한 명의 이의도 없이 대통령에 선출되어 합중국이 드디어 완전한 민권공화국이 되었다.

제8부 유럽 대란(大亂)

2대 사건 근세사의 제8부는 프랑스 대혁명의 발단 즉 1789년에 시작하여 나폴레옹 1세[那翁一世] 최후의 실패 즉 1815년을 끝으로 하는데, 그 기간이 모두 27년이다. 프랑스의 대혁명이 발발한 때에는 유럽 나라들이 이미 서로 통하여 일대 나라끼리의 연결을 이루었다. 이미 서로 통하여 일대 나라의 연결이 이루어진 때에는 한 나라에서 일어난 큰 사건은 반드시 그 영향이 다른 여러 나라에 파급하게 되었다. 프랑스 대혁명은 군주정치를 폐하고, 민주정치를 세우는 것을 목적으로 한 까닭으로 여러 나라의 군주가 모두 자신의 백성들이 프랑스 난민을 따라할까 두려워하여 서로 연합하여 프랑스의 난민을 진압하기로 계획하였다. 이것이 프랑스 일국의 사건이 자연히 그 범위를 넓히어 유럽 일반의 대사건이 된 까닭이다. 나폴레옹 1세가 이 대란을 틈타 유럽을 통일코자 계획하자 유럽의 국면이 크게 변하여 공격하던 자가 물러나 수비하고, 수비하던 자가 나아가 공격하였다. 나폴레옹의 제업(帝業)이 아직 끝나지 않았다 이르되 유럽의 명맥을 좌우함이 십여 년에 미쳤다. 프랑스 대혁명이 유럽 여러 나라의 인민으로 하여금 민권의 사상을 품게 하고, 나폴레옹의 패업이 유럽제국의 인민으로 하여금 크게 국수(國粹)의 염려를 발하게 하였다. 요컨대 이 2대 사건은 중세적 국가를 멸하고 근세적 국가를 일으킨 것이니, 중세적 국가는 귀천의 구별을 세운 것이요, 근세적 국가는 귀천의 구별을 없앤 것이다.

전반기 프랑스[佛國] 혁명

제1장 프랑스 혁명의 원인

혁명 원인 프랑스 대혁명이 유래한 원인이 멀고도 크니, 그 중요한 것을 열거하면 다음과 같다.

1. 프랑스 재정의 곤란
2. 귀천 빈부의 격차
3. 공업, 상업의 구속
4. 문무관작의 공매(公賣)
5. 압제전횡의 정치
6. 미국 독립의 영향
7. 계몽사상[破壞學說]의 유행

재정 곤란 루이 14세의 치세는 화려함과 음란함, 교만하고 사치스러움, 그리고 볼 만한 것이 많은 것으로 유명하였다. 루이가 전쟁을 자주 하여 위엄을 외국에 신장하고, 장관(壯觀)을 숭상하여 모든 일에 그 아름다움을 다하였다. 그러한 까닭으로 당시 유럽 각국이 프랑스를 문명의 중심이라 하고 정치의 요추가 되어 모든 일을 프랑스 풍속을 따라 모방하게 되었다. 그러나 화려함과 아름다움을 숭상하고 장엄함과 미려함을 중시하는 것에 그치지 않았으니 그 국비를 어찌하겠는가. 국고가 비어 세출이 세입을 초과하여 정부의 부채가 3억만 원의 큰 액수에 달하였으니 루이 15세, 16세가 누누이 유명한 재상을 기용하여 정리의 임무를 맡겼으나 모두 반대당이 방해하여 그 뜻을 이루지 못하였다.

빈부 귀천의 격차 이때 귀족들의 신분이 호주와 자제들을 구분하지 않고 모두 귀족의 반열에 있도록 하였다. 이는 영국이 호주의 자제들은 서민의 반열에 있도록 한 것과는 달랐다. 따라서 귀족과 평민의 거리가 매우 멀고 귀족 승려의 신분이 함께 귀하여, 특권을 많이 갖고 관직과 작위를 전횡하였다. 평민은 신분이 천하여 홀로 정비(政費)의 부담을 맡을 뿐이었다. 그런 까닭에 귀족은 평민의 원망을 크게 당하게 되었는데 국가를 정리하기가 곤란한 것은 승려귀족이 있기 때문이라고 하였다. 이에 더하여 귀족 승려는 국내의 땅을 3개로 나누어 그 둘을 갖고 평민은 혹 땅을 갖되 그 땅이 모두 작아 가족을 부양하기 부족하였다. 농부가 주인을 위하여 소작하는 참혹한 상황을 가히 말로 할 수 없었는데, 주인의 성과 요새를 쳐다볼 때에는 저 성과 요새와 그 안에 소장된 부채 장부를 함께 태우고싶다는 생각이 가장 먼저 떠올랐으니 이로써 빈민의 곤궁함을 가히 알 수 있다.

악정과 가혹한 법 무릇 국왕은 털끝만큼도 사회의 곤란을 신경 쓰지 않았으므로 교만하고 사치스러운 구습을 바꾸어 근검의 선정을 베풀지 않은 채 오직 세입의 증가만을 이루고자 하였다. 먼저 공업, 상업에 부정한 전매 면허를 주어 그 이익을 탐하며, 엄중한 회사조례를 발포하여 수입(收入)의 길을 열었다. 문무의 관직과 지방의회[府縣會] 의원의 자리를 팔아 국비의 보조에 충당하였다. 지방의회의 결의 같은 것은 조금도 실행치 아니하고 1614년 이후로는 삼부회[國會]를 소집하지 않고 국왕이 자기 마음대로 법령을 발하여 조세를 부과하며 싫어하는 자는 옥에 가두었다. 이에 왕실의 위엄이 땅에 떨어져 사람들이 귀족 승려를 증오한 동시에 또 왕실을 받들기를 좋아하지 않게 되었다.

왕실과 정부가 함께 신용을 잃다 정부와 왕실이 민심을 잃은 것은 재정의 문란과 법령의 가혹과 세금의 과중함과 국왕의 음탕함으로 인한 것이니, 왕의 행위가 이와 같고서야 민심이 떠나지 않기를 어찌 바라겠는가.

미국 독립의 영향 이때에 이르러 미국 독립 전쟁이 일어나 미대륙의 영국령 식민지 13주가 병사를 일으켜 영국을 배반하고 프랑스에 구원을 청하였다. 프랑스는 영국을 옛 원수라 하여 기뻐하며 미국인을 도왔는데, 프랑스의 많은 지사(志士)들이 전쟁에 참여하여 미국인이 드디어 독립하였다. 프랑스인이 미국의 실정을 보고 돌아와 자국 정치의 가혹함을 보고 마음속으로 크게 개탄하며 미국의 불패 자유를 부러워하지 않는 자가 없었다.

계몽사상[破壞學說] 유행 나라의 일이 점점 급박해지자 이를 따라 계몽사상[破壞의 論]이 일어나 정치와 종교를 함께 비판하였다. 몽테스키외(몬데스규)는 영국 헌법의 선미함을 칭찬하고, 볼테르(쏘루데루)는 인권의 소중함을 창도하고 루소(루소)는 인민의 다수가 주권을 가져 인민의 소수를 억누를 것을 주장하였다. 그 외에 당시의 정부사회를 공격하여 치안을 방해하지 않는 자가 없었는데, 프랑스의 민심이 어지러워 이들의 감언 미사에 현혹된 자가 매우 많아 드디어 일대의 소란과 난리를 일으키게 되었다.

제2장 국민의회[第一國會]

루이 16세 1774년 즉 미국의 혁명전쟁이 일어나기 전년에 루이 15세가 죽고 그 손자 루이 16세가 즉위하였는데, 나이가 20세요 왕비는 오스트리아의 여제[59] 마리아 테레지아의 딸이었다. 왕이 순하고 어질었으나 기력이 부족하고 정치에는 능통하지 못하여 결국 국가의 큰 분란과 소요를 빚게 되었다.

재정이 정리되지 못하다 이때에 프랑스 재정이 날마다 더욱 급박하였으니 왕이 유명한 경제가 튀르고(주루꼬)를 명하여 재정을 정리하게 하였다. 튀르고가 누대의 정치 폐단을 제거하고자 하였으니 귀족 승려가 크게 두려워하여 왕에게 모함하여 파면하였다. 그 후에 대장 대신 2명이 잇따랐으나 모두 개혁에 실패하고 스위스의 은행장[頭取] 네케르(넷가)를 초빙하여 재정을 정리케 하였다. 네케르가 능히 일을 처리하였

59 원문에는 '독일 여제'로 되어 있으나 문맥상 '오스트리아의 여제'로 번역하였다.

으나 역시 승려와 귀족에게 축출되었다. 그 축출하는 사유는 바로 세입세출의 대조표를 공포하여 귀족 승려는 조금도 정비(政費)를 부담하지 않는다는 사실을 인민들에게 알린 까닭으로 귀족 승려의 분노를 샀기 때문이었다. 때는 1781년이었다.

왕이 어찌할 바를 모르다 이즈음에 미국인을 도와 영국과 싸우고 돌아온 프랑스인이 모두 민권주의를 보고 와 귀족 15만 명이 농복 2천 5백만 명을 학대하는 부조리를 말하였다. 이에 더하여 영국과 프랑스의 전쟁으로 점점 재정이 곤란하게 되었다. 1787년에 왕이 귀족을 회합[60]하고 그들의 토지에 세금을 부과할 것을 논하였으나 귀족이 듣지 않았다. 왕이 어찌할 수단 능력이 없어 네케르를 불러 문책하자 네케르가 답하되 삼부회[國會]를 소집하여 협의에 부침이 옳다 하였다. 왕이 그 말을 따라 삼부회를 소집하였다.

삼부회 개설 무릇 프랑스의 삼부회가 1614년 이래 175년 동안 소집된 일이 없었던 까닭으로 나라 사람들이 그 부흥을 크게 기뻐하였다. 의원의 선거는 보통선거로 평민 3백만 명이 선거자가 되어 의원 6백 명을 선출하니 승려의 의원과 귀족의 의원이 각 3백 명이었다. 1789년 5월 5일에 국회를 베르사유 궁전[베루셰루스王宮]에서 개회하였다.

원수(院數)의 문제 이에 삼부회를 열자 일대 논의가 발생하였다. 평민의

60 '명사회(名士會)'를 뜻한다.

원은 1원의회(一院議會)의 채용을 주장하였으나, 귀족과 승려는 2원의회가 프랑스의 옛 제도라 하여 반대하였다. 이에 평민의원이 독립하여 스스로 의회라 칭하고 천문학자 바이이(베이유)를 의장으로 추대하여 헌법을 제정하지 않으면 해산하지 않기로 서약[61]하였다. 또 크게 정치의 개혁을 행하여 임시로 빌리지 않기로 약정하였다. 왕이 집회를 금하였으나 그 명령이 행해지지 않았다.

파리 시민[巴里府民] **폭동** 귀족이 평민의원의 폭행에 크게 노하고 또 두려워하여 독일과 스위스의 병사를 고용하여 스스로를 호위하였다. 파리 시민들이 대노하여 폭동을 일으키고 바스티유 감옥[빠스지루獄]을 공격하였으니, 이는 7월 14일의 일이었다. 감옥의 관리들이 능히 막지 못하여 굴복하자 폭도가 감옥 관리의 머리를 창끝에 꽂고 시가로 행진했는데, 모두 적 · 백 · 청 3색의 끈을 모자에 붙여 혁명의 기장(紀章)으로 삼았다. 왕이 놀라 네케르를 다시 등용하고 파리 시민병을 두었는데 이를 호국병이라 칭하여 라파예트(라후엣도)를 장군으로 임명하였다. 호국병이 적 · 백 · 청 3색의 기를 대기(隊旗)로 삼았다. 왕이 파리에 친히 행차하여 대중들을 위로하고 타일렀다. 이때에 외국으로 달아나는 귀족이 많았으니 지방 군촌에는 농복들이 군기하여 그 주인의 성과 요새를 공격하고 각 도회에서는 파리를 모방하여 민병을 배치하여 스스로를 지켰다.

61 '테니스코트의 선서'(1789)에 대한 내용이다.

폭민이 왕궁을 핍박하다 왕이 매우 위험하여 병사를 불러 궁중을 호위했다. 10월 1일에 새로 부른 군인이 성대히 잔치를 베풀었는데, 칼을 뽑고 잔을 들어 왕의 장수를 기원하며 3색기를 밟고 평민의 난폭함을 욕하였다. 파리 시민이 이를 전해 듣고 수천 명이 들고 일어나 성문을 지나 왕궁을 향해 행진하였다. 그 중 다수는 여자였는데, 얼굴 모양새가 초췌하여 굶주림의 실상을 나타내었다. 길 위에서 서로 소리치며 말하기를, "빵을 달라"고 하며 의회와 왕궁을 침입하였다. 근위병이 싸워 패하자 왕족의 위급함은 가히 말로 하지 못할 지경이었다. 때마침 라파예트가 호국병을 이끌고 와 폭민을 궁성에서 축출하자 폭민이 왕과 그 일족을 데리고 파리에 돌아오니, 이는 10월 6일의 일이었다. 의회가 또한 회의장을 파리로 옮겼다.

묵은 폐단을 고치다 이때 의회는 성직자와 일반인을 구별하는 구제도를 폐하고 고등법원을 폐지하며, 교회의 재산을 몰수하였다. 모든 성직자는 선출제로 하고, 전국을 83현으로 나누었다. 전국의 도량형, 금전 법률을 하나로 정하고 귀족 평민의 분별을 없애 평등주의를 채용하였다. 이러한 개혁을 행할 때에 파리 시민은 점점 과격한 변사(辯士)들에게 선동되었다. 여러 정당이 각기 클럽을 조직하여 당세를 확장하였으니, 클럽 중 가장 유명한 것은 자코뱅 클럽[짜고빈 俱樂部]과 코르들리에 클럽[고루데리에 俱樂部]과 푀이얀 클럽[히이얀 俱樂部]이었다. 자코뱅 클럽과 코르들리에 클럽은 민주정치를 주장하고, 푀이양 클럽은 입헌왕정을 바랐다. 또 파리를 84구(區)로 나누고 각 구에 의원을 두어 시사(時事)를 대의(大議)하게 하였다.

왕의 무리가 달아나다 왕의 신변상의 위급함이 날로 더욱 심하였으니 1791년 6월 20일 밤에 왕이 비밀리에 그 일족과 함께 행재소(行在所)를 탈출하여 파리 외곽으로 달아났다. 그러나 바렌느(빠란네) 역에서 사람들에게 발각되어 호국병이 왕을 체포하여 파리로 귀송하였다. 의회와 여러 클럽에서 왕을 폐하고 왕정을 폐지하자는 논의가 시끄러워 잠시 왕의 직을 파하였다. 그러나 시민들이 이것으로는 부족하다 하여 다시 폭동을 일으켜 왕정의 전복을 꾀하였으므로, 라파예트가 호국병을 거느리고 이를 진정시켰다. 9월에 헌법이 이루어지고 왕이 다시 그 직을 취하여 헌법을 재가하니, 이에 국민공회가 해산되었다. 이는 1791년 9월 29일의 일이었다.

제3장 입법의회[第二國會]

3정당 1791년 10월 1일에 제2차 국회인 입법의회가 처음 열리니 의원이 7백4십5명인데, 다수는 모두 청년이었다. 불행하도다. 국민공회의 의원은 해산하기 전에 입법의회의 의원이 되지 않겠다고 서약하며 명예와 이익을 탐하지 않겠노라 공포했던 까닭으로, 입법의회는 그 지식과 경력을 가히 이용하지 못하였다.[62] 입법의회 의원은 3당으로 이루어졌는데, 첫째는 입헌왕정당이고, 둘째는 온화공화당이고, 셋째는 과격공화당이었다. 온화공화당은 수령이 대개 지롱드(씨론쏘) 출신인 까닭으로 지롱드 당이라 칭하고, 과격공화당은 자코뱅 클럽원과

62 국민의회 의원들은 공정을 기하기 위해 입법의회에서 모두 빠지기로 하였고 입법의회 의원들은 대부분 30대 미만의 정치적 경험이 없는 사람들이었다.

코르들리에 클럽원으로 성립되었다. 3명의 간사한 인물 로베스피에르(로뿌스삐에루), 당통(싼돈), 마라를 수령으로 삼았다. 이때 3정당 중 온화공화당이 가장 큰 세력을 차지하였는데 이들은 외국과 갈등을 일으켜 나라 사람들의 원기(元氣)를 일으키는 것을 최상의 정략으로 삼았다.

오스트리아와 프로이센이 함께 프랑스 정벌을 도모하다 유럽 여러 나라의 왕들이 프랑스의 경우를 보고 안타까움을 감추지 못하였다. 또 프랑스에서 도망한 자들이 그 실상의 참혹함을 알리니, 왕들의 마음이 더욱 흔들렸는데, 신성로마 황제와 프로이센 왕이 가장 심하였다. 신성로마 황제는 오스트리아의 왕이자 프랑스 왕비 앙트와네트(안도아녯도)의 오빠였다. 프로이센 왕과 동맹하고 프랑스를 공격하여 왕권 회복을 꾀하니, 1792년 4월에 지롱드 당이 이를 기회로 삼아 왕을 핍박하여 선전포고를 하게 하고 병사를 국경에 파견하여 방어하게 하였다.

왕정당이 세력을 잃다 이때 지롱드당원이 내각을 조직하였으나 그 행위가 너무 과격하여 왕이 이를 물리치고 왕정당원으로 바꾸어 대신하였다. 그러자 파리 시민이 매우 격분하여 6월 20일에 폭도 1만 명이 왕궁에 들어와 왕을 협박하니 국회의 의원이 달려와 이를 물러나게 하였다. 라파예트가 폭도들을 벌하고자 하였으나 할 수 없었으니 이에 입헌왕정당의 세력이 땅에 떨어지게 되었다.

왕이 감금되다 7월 25일에 오스트리아군·프로이센군의 총독 브룬스비크(쌰란쓰우잇구)가 프랑스를 공격하여 공화당의 수령을 죽일 것을 선언하였다. 공화당 수령 당통 등이 크게 노하여 폭민을 선동하여 난을 일으키니 8월 10일에 난민이 왕궁을 습격하여 근위병을 학살하였다. 왕이 겨우 몸만 빠져나와 국회로 도주하였는데, 이때의 국회는 폭도가 좌우하였다. 동월 13일에 국회가 왕을 감옥에 가두자 라파예트가 그 부하 군인을 설득하여 왕을 구출코자 하였으나 그 설득이 이루어지지 못하였다. 외국으로 도주하여 난을 피하고자 하였으나 오스트리아인[奧人]이 이를 잡아 감옥에 가두었다.

9월 학살 8월 10일부터 9월 20일에 이르는 사이에 프랑스의 주권은 당통, 로베스피에르, 마라 등이 장악하였다. 마라가 동료에게 항상 말하기를, "귀족 출신자와 귀족주의자를 한꺼번에 죽이지 않으면 이 혁명의 대업을 얻지 못한다" 하였다. 동료가 그 말을 받아들여 혐의자들을 대대적으로 잡아들였다. 9월 1일의 소식에 이르기를 프로이센군이 프랑스군을 격파하였다 하므로 마라 등이 이를 보복한다 하여 감옥에 가두었던 무리들을 모두 죽였는데, 그 희생자가 2천 명이었다.

프랑스군이 용감히 싸우다 당시 적군은 오스트리아군 6만 5천 명과 프로이센군 5만 명과 프랑스에서 도망간 자 7천 명으로 이루어지고, 이를 맞아 싸우는 프랑스군은 겨우 2만 명에 불과하였다. 프랑스군이 적은 수로 많은 수를 당할 수 없었으나 매우 용맹하고 잘 싸웠으므로 능히 국경을 방어할 수 있었다.

입법의회 해산 1792년 9월에 입법의회가 1년이 만기되어 해산하니 이는 21일의 일이었다.

제4장 국민공회[第三國會]

2정당 1792년 9월 21일에 국민공회가 시작되었는데 이 의회는 점점 혁명의 살기를 갖게 되었다. 의원이 7백 45명인데, 그 중 2백 명은 입법의회의 재선자였고 60명은 국민의회의 재선자였으며, 비록 외국인이라도 혁명에 찬성하는 자는 의원으로 선출되었다. 이 의원은 모두 온화공화당과 과격공화당으로 이루어지고 왕정당은 한명도 보이지 않았다. 그 중 가장 세력이 있는 것은 과격공화당원이었다.

왕이 사형을 당하다 국민공회가 처음 열려 헌법을 헐고 왕정을 폐하여 공화정체의 설립을 선언하였다. 또 얼마 지나지 않아 왕의 죄를 심판하게 되자 의회가 스스로 법정이 되어 왕의 죄를 심리하였다. 지롱드 당이 왕의 목숨을 구하고자 하였으나 이루지 못하고 투표의 다수로 드디어 왕에게 사형을 선고하였다. 잔인하도다, 루이 왕이 단두대 위에서 죽음을 당하니 이는 1793년 1월 21일이었다.

프랑스가 적으로 둘러싸이다 프랑스 인들이 이 사형을 단행한 것은 유럽 일반에 대하여 선전포고한 것과 같았다. 영국, 독일, 스페인, 러시아, 스웨덴 등이 모두 군대를 파견하여 프랑스로 향하고 또 프랑스의 보수적인 방데[라반뗴州] 지방이 반혁명 반란을 일으키자 프랑스의 위급함이 불타는 눈썹처럼 급박하였다. 여러 나라의 군대가 모두 35만 명이라 하니, 프랑스가 이에 대하여 급히 30만 명의 병사를 모집하였다. 프랑스군이 방어하던 위치에서 공격하는 위치로 전환하여 적지에 들어가 싸우니 패가 적고 승이 많았다.

공안위원회[保安局] 프랑스 의회는 군대가 내외에서 공을 세우자 자만하여 점점 거만하게 과격한 처치를 행하였다. 가장 난폭한 것은 종교의 신앙을 없애고 인간의 이성을 여신에 비유하여 이를 숭배하고, 역법을 고쳐 1792년을 기원으로 정한 것이다. 가장 잔혹한 것은 왕후의 누이와 기타 귀현(貴顯) 수백 명과 온화주의자 20만 명을 학살한 것이었다.[63] 이즈음 국회는 위원회를 하나 두고 이를 공안위원회라 칭하여 국가의 주권을 일임하였다. 그 구성원 중 최고 유력자는 마라, 당통, 로베스피에르 세 사람이었는데, 모두 자코뱅 클럽의 수령이었다. 사람들이 점차 그 잔인함을 증오하게 되었으나 사람을 죽이는 일이 거의 마라의 병이 되었다. 한 처녀가 스스로 만인을 위하고 하늘을 대신하여 이 악의 우두머리를 죽였다.[64] 당통이 말하기를 "혁명의 걸음이 과도하면 이에 그 질서와 치안을 회복해야 하는 것이다" 하였다. 로베스피에르가 듣고 노하여 당통을 죽였다. 1794년 6월 10일부터 7월 17일에 이르기까지 로베스피에르가 죽인 사람이 모두 1천 3백 명이었으므로 의회 의원들이 점차 그 신상의 위박함을 깨달아 로베스피에르와 그 당원을 잡아 죽였다. 이에 온화당이 정권을 장악하고 과격당이 세운 제도를 모두 폐하였다.[65]

---

63 '혁명력(革命歷)' 및 '공포정치'에 대한 설명이다.

64 1793년 7월 지롱드 당 지지자였던 젊은 여성 샤를로트 코르데가 마라를 암살한 사건이다.

총재 정부[理事政府] 1795년[66]에 의회가 새롭게 헌법[67]을 정하였으니 이 헌법에는 행정의 권한을 총재위원회 5명에게 부여하고 입법의 권한은 상원[元老院]과 하원[衆議院]에게 주었다. 총재 정부는 하원이 선정하고 상원이 허락을 얻어 각 3개월의 교체로 총재가 되었다. 상원은 의원이 2백 5십 명이요 하원 의원이 5백 명[68]이니 이를 소위 총재 정부라 하였다.

나폴레옹이 폭도를 진압하다 신헌법은 나라 사람 일반이 기뻐하였으나 왕당은 이를 싫어하여 1795년 10월 3일에 파리에서 난을 일으켰다. 자코뱅 클럽원과 호국병 3만 명이 응원하였으므로, 의회에서는 청년장교 나폴레옹[那破崙]에게 명하여 이를 진정하도록 하였다. 다음날에 나폴레옹[那翁]이 병사 6천 명과 대포 50문을 이끌고 폭도를 맞아 싸우니 탄환이 비와 같아 폭도가 맞서지 못하고 사방으로 흩어졌다. 이후로 프랑스의 정치가 점점 무단으로 돌아가 그 체제의 국면을 새로 고치니, 이 달에 국민공회가 해산되고 총재 정부가 이를 대신하였다.

프랑스군이 빈번히 승리하다 나라 안의 어지러움은 일단 두고 외국의 강적을 능히 방어하여 모두 싸워 이기는 이익을 보게 되니, 기쁘고도 드문 일이었다. 독일, 스페인 경계의 성과 요새를 공격하여 항복을 받아 내는 일이 적지 않고 네덜란드와 플랑드르(후란싸)는 드디어 프랑스의 속국이 되고 프로이센, 스페인은 화친을 요청하게 되었다.

---

65 '테르미도르의 반동'에 대한 내용이다.

66 원문에는 '179년'으로 잘못 나와 있으나 내용상 '1795년'으로 표기하였다.

67 '제3년의 헌법'이라고 한다.

68 따라서 하원을 '500인회'라고 부르기도 하였다.

제5장 총재정부[理事政府]

3대군 1795년 10월 28일에 총재 정부가 성립되고 다음 해 봄에 총재 정부가 3대군과 더불어 외적을 공격하였는데, 1군이 이탈리아로 향하니 바로 나폴레옹이 이를 인솔하였다.

나폴레옹이 큰 공을 세우다 1796년에 3군 중 홀로 나폴레옹의 부하가 크게 전공을 세우고, 그 외는 모두 패하였다. 다음 해에 나폴레옹이 이탈리아를 진정시키고 독일로 진격하니 신성로마 황제 즉 오스트리아 왕이 땅을 나누어 화의하였다.[69]

나폴레옹이 이집트를 정벌하다 1798년[70]에 나폴레옹의 인망이 날로 두터워지자 정부가 시기하였다. 나폴레옹이 그 화를 당할까 염려하여 자기 보전의 방책으로 정부에 청하여 이집트를 공격하여 영국의 상업을 방해하고자 하였다. 정부가 기뻐하여 허락하니 이는 나폴레옹을 멀리 보내고자 계획한 까닭이었다. 나폴레옹이 이집트에 도착하여 크게 투르크, 이집트인과 3개의 피라미드 근처에서 싸워 이겼으나, 영국함대 사령관 넬슨(네루손)이 프랑스 함대를 추격하여 아부키르(아쌰가)에서 격파하였다.[71] 나폴레옹이 스스로 돌아갈 수 없어 군사를 동쪽으로 진격하여 아시아 서부를 정벌하였으나 또 불리하여 이집트로 돌아갔다.

---

69 나폴레옹이 이탈리아에서 오스트리아군을 격퇴시킴으로써 캄포 포르미오 조약을 체결하고 그 결과 오스트리아는 벨기에와 롬바르디아를 프랑스에 넘겨주었다.

70 원문에는 '178년'으로 나와 있으나 내용상 1798년으로 바로 잡고 표기하였다.

71 '나일 해전'(1798)에 대한 내용이다.

프랑스 정부가 내외에 적이 있어 매우 괴로워하는 것을 알게 되어 정부의 명을 기다리지 않고 밀행하여 귀국하니, 이는 1799년 10월의 일이었다.

나폴레옹이 정부를 쓰러뜨리다 11월 10일에 나폴레옹이 병사를 거느리고 상원을 만나 그들이 만든 헌법을 질책하자 의원이 놀라고 두려워 행동할 바를 알지 못하였다. 나폴레옹이 발길을 돌려 하원으로 가 그 무능함을 책망하니 의원들이 노하여 나라의 적을 살려둘 수 없다 하였다. 나폴레옹의 안색이 조금 변하여 의장을 나가 말을 타면서 병사들을 돌아보며 말하기를, "내가 오늘 경들의 힘을 빌릴 수 있겠는가" 하니 병사들이 이구동성으로 대답하기를 그렇다 하였다. 병사들이 이에 북을 울리고 의장에 들어가니 의원이 모두 두려워하여 도주하였다.[72]

통령 정부[新共和政府] **수립** 이에 총재 정부를 무너뜨리고 신정부를 세웠는데 신정부의 명목은 공화제였으나 실제로는 무단정체였다. 통령 1명, 부통령 2명을 두고 원로원, 중의원을 갖추어 통령은 행정의 일을 집행하고 병권을 전임하였는데, 나폴레옹이 선출되어 그 통령이 되었다.

72 '브뤼메르정변'(1799)에 대한 내용이다.

후반기 나폴레옹[那翁]의 패업(覇業)

제1장 통령 정치(統領政治)

나폴레옹의 출신 나폴레옹의 성은 보나파르트(쏘나빠도)라 하는데, 그 조상은 대대로 이탈리아령 코르시카섬[고시가島] 사람이었다. 나폴레옹은 1769년에 태어났는데, 태어나기 2개월 전에 프랑스가 그 섬을 취하여 프랑스령이 되었다. 나폴레옹이 10살 때 프랑스 브리엔[쑤리안府] 사관학교에 입학하여 수학, 지리, 역사 등에 몰두하였다. 1785년에 나폴레옹이 포병 소위가 되었는데, 이때 나이가 17살이었다. 1793년에 나폴레옹이 능히 툴롱[쓰론府]의 난을 진압하고, 1795년에 나폴레옹이 또 파리의 민란을 진정하고, 1796년 이후로 외적을 쳐 큰 공을 세웠다. 1799년에 나폴레옹이 총재 정부를 무너뜨리고 통령 정부를 일으켜 스스로 통령의 직에 올랐다. 나폴레옹이 정부의 권한을 강화하고자 하여 신문의 검열을 엄하게 하고 정담집회를 금하며 탐정을 국내에 풀어 정치가의 음모를 폭로하게 하였다. 또 재원을 풍요롭게 하고자 국립은행을 새롭게 일으키고 상업을 크게 장려하며 또 외적을 방비하기 위하여 급히 25만의 병사를 모집하였다.

동맹균함 1800년에 나폴레옹이 친히 병사를 이끌고 이탈리아로 가 오스트리아군과 싸워 이를 격파하고 이탈리아의 토지를 회복하며, 또 나아가 오스트리아 수도를 압박하니 다음 해에 오스트리아가 영토를 나누어 화친을 구하였다.[73] 나폴레옹이 영국을 정벌하여 아부키르(뻐

아쁘가)의 원수를 갚고자 러시아, 스웨덴, 덴마크, 프로이센을 설득하여 해군을 합병 동맹하였다. 동맹한 해군 중 덴마크의 해군이 가장 강력하였다. 1801년 4월 2일에 영국 명장 넬슨이 덴마크 코펜하겐(고벤헤겐)항에 들어가 항구에 정박한 군함을 격침하였다. 이 일이 있기 여러 날 전에 러시아 황제 파벨 1세(쏘루)가 죽었다. 파벨 1세가 생전에 나폴레옹을 매우 숭배하더니 파벨의 죽음과 덴마크 군함의 침몰은 여러 나라들이 그 동맹에서 탈퇴하게 한 원인이 되었다. 1802년에 나폴레옹이 드디어 영국과 화친하였다.[74]

나폴레옹이 무기한의 대통령이 되다 1802년 8월에 상원에서 나폴레옹을 무기한의 통령으로 삼는 논의를 정하자 사람들이 투표하여 이를 가결하였다. 나폴레옹이 프랑스인의 기대에 부응하고자 크게 프랑스의 이익을 꾀하였으니 행정의 각 부를 정리하고 국민의 교육을 장려하며 상업과 공업을 왕성하게 하였다. 도로를 일으키며 예수교를 회복하고 나폴레옹 법전[那翁法典][75]을 편찬하였으니, 사람들이 크게 기뻐하여 나폴레옹을 깊이 숭배하고 믿었다.

나폴레옹이 황제가 되다 1802년에 영국과 프랑스가 다시 틈이 생겨 전쟁을 하게 되자 러시아, 오스트리아 양국이 함께 영국을 도왔으므로 프

---

73 '뤼네빌 조약'(1801)을 뜻한다.

74 '아미앵 조약'(1802)을 뜻한다.

75 1804년 편찬되었다. 2881조로 구성되어 있는데 1810년 국민공회 때 이루어진 것들을 기초로 민법과 형법이 개정되었다. 도적에게 사형을 적용하거나 부모 살해범에게 처형 전 손을 절단하는 등의 가혹한 조항을 포함하고 있기는 하지만 제2의 유스티니아누스법전으로 평가되고 있다.

랑스가 장차 위험하였다. 나폴레옹이 오히려 이를 다행이라 하여 상원을 종용하여 통령의 정치를 폐하고 황제의 정치를 일으키고자 하였다. 원로원이 이를 먼저 논의하고 사람들이 투표하여 이를 가결하니 1804년 12월 2일에 나폴레옹이 즉위식을 거행하고 로마 교황의 대관을 받아 황제의 자리에 즉위하였다.

제2장 황제 정치(皇帝政治)

오스트리아와 러시아의 대패 1805년에 오스트리아 · 러시아가 연합하여 프랑스로 향하니 나폴레옹이 친히 병사를 이끌고 출전하여 먼저 오스트리아를 격파하고 나아가 오스트리아 수도 빈[維也納]에 들어섰다. 이때 오스트리아와 러시아 두 나라의 병사가 아우스테를리츠(아우스데루릿쓰)에 진을 쳤으므로 나폴레옹이 진격하여 격전 수차례에 적군이 패하였다. 죽은 자가 1만 5천 명이고, 사로잡힌 자가 2만 명이고 대기(隊旗) 40개와 대포 2백 문을 빼앗으니 오스트리아 왕 즉 신성로마 황제가 친히 나폴레옹군 앞에 와 인민 2백 5십만 명과 토지 20만 방리(方哩)를 바치고 화친을 구하였다.

프랑스함 침몰 이즈음에 나폴레옹이 영국을 공격하고자 하여 해군을 대비하자 영국 장군 넬슨이 항상 프랑스함을 추적하였다. 프랑스함이 두려워하여 스페인군함과 함께 카디스 만[가찌쓰灣]에 들어서니, 넬슨이 이를 봉쇄하였으므로 프랑스와 스페인 양 함대가 감히 만을 나가지 못하였다. 넬슨이 이를 트라팔가(쓰라후아루까) 곶 아래에서 격침하니, 이는 1805년 10월 21일의 일이었다. 이에 이르러 나폴레옹이 영구히 영국 침략의 뜻을 접었다.

라인 강 동맹 1806년에 나폴레옹이 독일의 선제후들을 설득하여 신성로마 황제에 반대하여 독립하고 서로 결합하여 동맹을 이루게 하였다. 이것이 소위 라인 강 동맹[76]이다. 나폴레옹을 동맹장으로 삼으니 이에 신성로마 황제 프란츠 2세[후란시스二世]가 황제의 존호를 잃고 다만 오스트리아 왕으로 격하되었다. 이 해에 나폴레옹의 동생 조제프(죠소)를 나폴리(네쌰루스)의 국왕으로 삼고 또 그 동생 루이를 네덜란드[蘭國]의 왕으로 삼았다. 나폴레옹이 또 프로이센군과 싸워 대파하고 나아가 프로이센 수도 베를린에 입성하였다.

나폴레옹이 여러 나라들을 복속하다 1807년에 러시아군이 프로이센군의 잔병을 합하여 프랑스군과 싸웠다. 그러나 전세가 불리해지자 러시아와 프로이센이 프랑스와 화친을 맺었는데, 이로 인해 프로이센이 영지를 크게 잃었다. 이 해에 나폴레옹이 포르투갈 왕가의 알력을 틈타 그 왕가를 폐하고 포르투갈을 프랑스에 합하였다. 다음 해에 다시 진군하여 스페인을 정벌하고 그 땅을 아울러 조제프를 왕으로 삼았다. 영국 장군 웰링턴(우에린돈)이 스페인을 도와 프랑스인을 축출하려 하였으나 나폴레옹이 친히 와 싸웠으므로 그 세력을 다시 회복하였다.

---

76 '라인동맹', 혹은 '라인연맹'이라고도 한다.

후궁 폐위 1809년에 오스트리아 황제가 나폴레옹이 스페인을 정벌하는 틈을 타 반란을 일으켰다. 나폴레옹이 급히 군사를 돌려 이를 격파하니, 오스트리아 황제가 화친을 구하며 그 딸을 바쳐 나폴레옹의 왕비로 삼게 하였다. 애초에 나폴레옹이 권력을 아직 얻지 못하던 때에 한 장관의 미망인이었던 죠세핀(죠소힌)을 맞아 아내로 삼았는데 황제의 자리에 즉위하게 되자 죠세핀을 왕비로 세웠으나 자식이 없었다. 나폴레옹이 말하기를, "만약 후사가 없으면, 국가를 편안히 하고 황실을 지키기 불가능하다" 하였다. 이에 왕비를 폐하고자 하여 먼저 러시아 황제에게 그의 딸을 요구하였으나 듣지 않았으므로 다시 오스트리아 황제에게 딸을 구하니 오스트리아 황제가 허락하였다. 이로써 오스트리아, 프랑스의 연합이 성립하였다.

나폴레옹 전성 1811년에 나폴레옹의 권력이 극에 달하여 네덜란드, 스페인, 나폴리, 베스트팔렌(우에스도하리아) 등의 나라들은 그의 형제장교가 모두 왕이 되었다. 스위스의 여러 주와 독일의 제후들은 그의 지휘를 받았으며 오스트리아, 프로이센, 러시아가 모두 프랑스에 복종하였다. 나폴레옹의 명을 듣지 않는 것은 오직 하나 영국이었다.

러시아 정벌 이에 나폴레옹이 영국을 정복하고자 하는 뜻을 멈추지 않았다. 그러나 영국의 해군이 강대하여 능히 싸우지 못하는 까닭으로 여러 나라에 엄히 칙령[77]을 내려 영국과 무역을 하지 못하도록 하여

---

77 '베를린 칙령'이라고 하며, 이 상업제재를 '대륙봉쇄체제'라고 한다.

영국을 크게 곤란하게 하고 영국으로 하여금 싸우지 않고 스스로 복종하게끔 하였다. 그러나 러시아가 명령을 어기고 영국과 무역을 예전과 같이 하니, 나폴레옹이 크게 노하여 1812년 6월에 친히 50만 군사를 이끌고 러시아를 공격하였다. 프로이센, 오스트리아 그 외 여러 나라가 모두 원군을 내었다. 러시아가 나폴레옹을 유인하여 내지에 깊이 들어오게 하고, 그 배후의 군량미를 나르는 길을 단절하고자 하였다. 9월 14일에 나폴레옹이 러시아의 옛 수도 모스크바에 들어서니 도시 안이 적막하고 사람이 없어 프랑스군이 매우 의아하고 당혹하였다. 밤이 되어 사방에서 불이 크게 일어났으나 프랑스군이 진화하지 못하였는데 불이 4일 만에야 멈추니 대도(大都)가 완전히 초토화되었다. 프랑스군이 묵을 곳이 없고 식량이 부족하여 크게 고통스러워하던 중에 또한 겨울날씨에 눈이 내렸다. 10월 9일에 나폴레옹이 퇴군의 명을 내리니, 러시아군이 추격하여 죽은 자가 12만 5천 명이고, 얼고 굶고 피로하여 죽은 자가 13만 명이고, 포로로 잡힌 자가 19만 명이었다. 12월 5일에 나폴레옹이 그 군대를 스모르고니에(스모루꼬로이)에서 위임하고 썰매를 타고 도주하여 동 18일에 파리에 도착하니 프로이센군이 또한 돌연 반란을 일으켰다.

나폴레옹 실패 1813년 나폴레옹이 그 기세가 아직 꺾이지 않아 새롭게 병사를 모집하고 프로이센, 러시아와 연이어 싸웠으나 이익이 없었다. 오스트리아가 친척의 인연으로 강화를 권하였으나 나폴레옹이 듣지 않자, 오스트리아가 방법이 없어 프로이센과 연합하였다. 동맹군이 프랑스 국경에 진입하니, 나폴레옹이 말하기를 "적의 맨 뒤에 따르는 군대를 공격하면 선봉이 필연 그 군대를 돌보아 서로 구하리라" 하고 이에 뒤에서 따르는 군대를 공격하였다. 그러나 선봉은 점점 진입하여 파리에 이르니 파리가 맞서지 못하고 항복하였다. 이는 1814년 3월 31일의 일이었다. 나폴레옹이 파리를 구원코자 급히 왔으나 때가 이미 늦었으니 4월 4일에 나폴레옹이 제위를 사임하였다. 각국이 나폴레옹을 엘바 섬[에루바島]에 유배하고, 루이 16세의 동생 루이를 세워 왕으로 삼아 루이 18세[留易十八世]라 하였다. 이에 앞서 루이 16세가 죽음을 당할 때에 여러 나라가 그 태자를 프랑스의 왕통이라 하여 루이 17세[留易十七世]라 칭하였는데 루이 17세가 금방 죽은 까닭으로 이에 이르러 루이 18세를 영입한 것이다.

나폴레옹이 다시 실패하다 나폴레옹이 엘바 섬에 있은 지 10개월 만에 섬을 탈출하자 오랜 지인들이 모두 모여들었다. 탄환 한 발의 수고도 없이 파리에 바로 입성하였으니, 국왕 루이가 겨우 빠져나왔다. 나폴레옹이 복위하여 다시 병사를 크게 모으자 여러 나라가 나폴레옹을 천하의 적이라 하여 영국 장군 웰링턴을 총독으로 삼고 병력을 다하여 프랑스로 향하였다. 나폴레옹이 친히 병사를 거느리고 영국·프로이센 연합군과 벨기에[白耳義]의 워털루(우오다루)에서 전투하여 대패하였다. 이는 1815년 6월 18일의 일이었다. 같은 달 22일에 나폴레옹이 다시 황제의 자리를 떠나자 7월 7일에 각국의 병사들이 파리에 들어와 루이 18세의 왕위를 복위하였다. 나폴레옹이 미국으로 도피하고자 하였으나 이루지 못하고 드디어 대서양의 고도(孤島) 세인트 헬레나 섬[션도헤너나島]에 유배되었다. 1821년 5월 5일에 나폴레옹이 죽었는데, 이때 나이가

52세였다. 국민의회 개회일로부터 이에 이르기까지 만 32년 간이었다.

빈 회의[維也納會議] 1815년에 유럽 국가의 대표들이 오스트리아 수도 빈에서 회동하여 나폴레옹이 유린한 각국의 경계를 정하였다. 오스트리아, 프로이센은 옛 땅을 회복하고 네덜란드와 벨기에는 합하여 하나의 나라가 되었다. 라인 강 동맹이 일변하여 독일동맹이 되고 오스트리아가 그 맹주가 되었다. 스웨덴은 노르웨이를 합하고 덴마크는 라우엔부르크(라우엔뿌루쑤)를 취하며 러시아는 바르샤바(와루소)의 대부분을 점하였다. 영국은 식민지를 크게 늘리고, 스페인과 그 외 소국은 모두 옛 왕가를 회복하였다. 이 회의에서 각국의 공사들이 땅을 나누고 영지를 양보하며 성을 회복하고 국경을 정하는 일을 다만 군주의 의견에 의하고 국민의 의견은 털끝만큼도 묻지 않았다. 여러 나라의 군주들이 그 국토를 보는 것이 마치 일가의 사유와 같았다.

제9부 각국 통일

5대륙 사건 근세사 제9부는 나폴레옹 최후의 실패 즉 1815년부터 오늘날에 이르기까지이다. 이 연간에 유럽에서 가장 유명한 사건은 각국의 인민이 입헌정체를 세워 권리자유를 확장하며 국내를 통일하여 국력을 강대하게 한 것이다. 미 대륙에서는 미국이 태평무사하여 빠르게 인구를 늘리고 부를 이루었다. 멕시코[墨西哥]와 남미 여러 나라, 스페인, 포르투갈에 속한 식민지들은 스페인, 포르투갈의 내란을 기회로 하여 반란을 일으켜 독립하였다. 아프리카에서는 이집트가 투르크의 굴레를 벗어났으나 유럽인의 견제를 면하지 못하였다. 흑노는 혹 미국인의 장려에 의하여 공화의 정체를 세우고 유럽의 식민지는 혹 세력을 얻어 독립하였다. 아시아에서는 일본과 중국 두 나라가 동양에서 문명이 발달한 나라로 자임하였는데 러시아와 영국 두 나라가 크게 영지를 차지하여 서로 웅시하였다. 남양(南洋)에는 유럽인 특히 영국인의 식민지가 나날이 강성하여 5대륙의 형세를 꿰뚫어 보았다. 만국이 서로 통하여 일대의 국계를 이루었으되 홀로 백색의 인종이 그 사이에 발호한 형세를 이루었다.

유럽 사변 나폴레옹 1세가 실패한 이후의 사건들을 나열하여 서술하겠다. 그 후 15년 간은 여러 대국의 군주가 힘을 합쳐 민권을 억누르고 그 후 18년 간은 각국의 인민이 세력을 얻어 사회주의와 공산주의가 점차 출현하였다. 이 사회주의와 공산주의의 발생을 프랑스 중산층이 두려워하여 나폴레옹 3세[那翁三世]가 제업(帝業)을 이루는 원인이 되었다. 나폴레옹 3세가 독일의 불화를 틈타 패왕을 칭한 것이 20년에 미쳤다. 독일의 통일은 오스트리아를 독일에서 제거하고, 프로이센을 독일의 패주로 삼은 데서 유래한 것이었다. 또 독일의 통일과 프랑스-프로이센 전쟁[普佛戰爭]은 나폴레옹 3세가 실패한 원인이 되었다. 나폴레옹 3세의 정략과 7주 전쟁[奧普戰爭]은 이탈리아가 통일을 얻게 된 원인이 되었다.

유럽의 2가지 근심과 4가지 다행 유럽이 근심하는 바가 두 가지 있었는데,

하나는 각 나라가 서로 질시하여 크게 군비를 비축함으로써 소모되는 경비가 과대하여 인문의 발달진보를 방해하는 것이었다. 또 하나는 사회주의와 공산주의와 허무주의와 과격주의가 세간에 점차 행해져 사회의 질서안녕을 방해하는 것이었다. 그러나 또 이에 반하여 유럽의 다행한 일이 네 가지 있었는데, 첫째는 국민교육이 보급된 일이고, 둘째는 학예가 크게 발전한 것이고, 셋째는 상업이 만국 간에 크게 행해져 유럽의 대국이 서로 친화하는 장점을 알게 된 것이고, 넷째는 인문의 진보와 전쟁의 참혹함이 자선하는 사람들로 하여금 더욱 자선의 업에 힘쓰게 한 것이다.

제1장 프랑스 정변

프랑스가 겨우 분할을 면하다 1815년에 연합군이 파리를 공격하자 나폴레옹이 결국 항복하였다. 이에 몇몇 나라는 프랑스를 분할 통치하고자 하였다. 그러나 영국과 러시아가 배상금 2억 6천만 원을 거두고 루이 18세의 복위를 주창하니 다른 나라가 모두 받아들였다. 이때 러시아, 프로이센, 오스트리아의 왕들이 혁명의 재발을 두려워하여 이를 막기 위하여 하나의 동맹을 조직하고, 예수교의 원칙에 의하여 정책을 정하기로 하고, 또한 각기 국내의 민란이 있는 때는 서로 돕기로 서약하였다. 이것이 소위 신성동맹(神聖同盟)이다. 각국이 이 동맹에 가입했는데, 이 동맹에 가입하지 않은 것은 오로지 영국, 투르크, 교황이었다.

무사 연간 루이 18세의 치세 중에는 큰 사건이 없었으되, 전제 왕정당과 입헌 왕정당의 알력이 끊이지 않아 왕의 동생 샤를(재루스)이 전제 왕정당의 수령이 되고 기조(찌쏘)는 입헌 왕정당의 수령이 되어 서로 경쟁하였다. 1824년에 왕이 죽고 동생 샤를(재루스)이 즉위하였으니 이를 샤를 10세[재루스+世]라 하였다.

7월 혁명 1830년 7월에 샤를이 입헌 왕정을 폐하고 전제 왕정을 복원하고자 6대 칙령을 발포하였는데 출판의 자유를 금하고 의회의 조직을 개선하고 개선 후에는 미개한 의회를 해산하였으며 법에 어긋나는 정령을 시행하였다. 신문기자 티에르(지에)가 동지들과 함께 도모하여 샤를 10세를 비난하는 기사를 언론에 게재하였다. 파리 시민이 이를 읽고 분개하여 난을 일으켰다. 의회가 라파예트(라후엣도)로 하여금 국병을 이끌고 난민을 진정하게 하니, 티에르와 라파예트 등이 서로 도모하여 왕을 폐하고, 왕의 종제(從弟) 루이 필리프(루이 후히릿뿌)를 왕으로 세웠다. 프랑스인이 신왕을 프랑스의 왕이라 칭하지 않고 프랑스 민(民)의 왕이라 칭하였는데, 나라는 인민의 소유이고 왕은 인민에 의하여 서는 것임을 의미하였다. 이것을 프랑스의 7월 혁명이라 한다.

프랑스인 실망 루이 필리프가 즉위하였는데, 나이가 57세였다. 여러 나라를 돌아다니며 많은 일을 겪었으므로 능히 민간의 사정을 통달하는 까닭으로 프랑스민이 이르되, 왕의 치세에는 반드시 창대하고 평안하리라 하였다. 그러나 왕이 전제 왕정당과 민주 왕정당 간에 끼어있어 진퇴의 자유를 얻지 못하니, 불평의 무리가 혹 왕을 죽이고자 하였다. 이에 왕이 형벌을 준엄하게 하여 신문을 단속하자 입헌 왕정당이 이를 통렬히 비난하였다. 1836년에 나폴레옹 1세의 조카 루이 나폴레옹(루이 나뽀레온)이 기회를 틈타 난을 일으키고자 하였으나 실패하였다. 이때에 투르크와 그 속국 이집트 간에 갈등이 생기자 프랑스가 이 갈등에 간섭하였는데 그 정략에 명분이 없었으니 프랑스인이 정부를 매우 질책하였다. 루이 나폴레옹이 다시 이 기회를 틈타 나폴레옹당의 힘을 빌려 난을 일으키고자 하다가 또다시 실패하였다. 그 후에 왕과 일반 관리가 패덕의 일이 많아 세론이 시끄럽다가 개혁을 바라는 자들이 여러 곳에서 집회[宴會]를 개최하니 이를 개혁연회(改革宴會)라 자칭하였다.

1848년에 이 무리가 미국 초대의 대통령 워싱턴의 탄생일 즉 2월 22일[78]에 대중집회를 계획하였으나, 재상 기조가 치안에 방해된다 하여 이를 금지하였다. 또 언론 출판 집회의 자유를 견제하였으므로, 파리 시민이 크게 노하여 항거하자 왕이 버티지 못하여 기조와 함께 영국으로 망명하였다. 시인 라마르틴(라마진) 등이 임시정부를 조직하고 공화당, 공산당, 사회당의 폭동을 진정하니, 이를 2월혁명이라 한다.

제2공화정부 프랑스가 동년 11월에 공화정부를 설립하고 대통령을 두어 임기를 4년으로 정하였다. 12월에 루이 나폴레옹이 프랑스인 5백 5십만 명의 투표로 대통령이 되었다. 당시에 중산층이 사회주의를 우려하여 이를 억압할 수 있는 강력한 정부를 원했다. 이로 인해 루이 나폴레옹이 이 인사들과 의기투합하여 전제 정치를 계획하였다.

---

78 원문의 '2월 2일'은 잘못이므로 바로잡았다.

나폴레옹 3세가 황제가 되다 1851년 12월 루이 나폴레옹이 폭력으로 국회를 해산하고 헌법을 훼손하며 무단의 정치를 행하였다. 다음 해 12월에 7백만의 투표로 황제가 되어 나폴레옹 3세라 자칭하였다. 나폴레옹 1세의 아들을 나폴레옹 2세라 하였으나 어려서 죽었다. 나폴레옹 3세가 유럽의 패왕이 되고자 하였고 또 프랑스인의 환심을 사고자 각 나라들이 전쟁을 하면 반드시 간섭하였다. 크림 전쟁[구리미아戰爭]에서는 투르크를 도와 러시아를 치고, 이탈리아 통일전쟁에서는 이탈리아를 도와 오스트리아를 공격하였으니, 그 간섭한 전쟁 중 가장 중요한 것은 바로 프랑스-프로이센전쟁[普佛戰爭]이었다.

프랑스-프로이센전쟁 1868년에 스페인이 크게 어지러워 왕실이 무너지자 스페인 사람들이 프로이센 왕실과 먼 친척관계에 있던 레오폴트(너오쏘루소)를 왕으로 맞았다. 이에 대하여 나폴레옹 3세가 국력의 평균을 깨뜨리는 것이라 하여 크게 비난하였다. 레오폴트가 혼란의 요인을 없애고자 스스로 즉위를 사양하였으나, 나폴레옹 3세가 그것으로는 부족하다 하여 프로이센 왕을 압박하여 레오폴트의 왕위포기에 대한 공식적 다짐을 받고자 하였다. 그러나 프로이센 왕이 수긍하지 않았으므로 나폴레옹 3세가 무례하다 하여 친히 병사를 이끌고 프로이센을 공격하였다. 초에 나폴레옹 3세가 말하기를, "독일 남부의 여러 나라는 분명 프로이센에 반대하고 자기에 복종하리라" 하였다. 그러나 막상 전쟁이 시작되자 남부의 나라들이 북부의 여러 나라들과 함께 프로이센을 응원하였다. 프랑스군은 황제 나폴레옹이 친히 인솔하였는데, 총 수가 5십 6만 7천이었다. 프로이센군의 총수는 1백 1십 8만인데, 전투에 투입된 자가 53만이고 그 나머지는 모두 후방에 충당되었다. 프로이센군이 이를 3군으로 나누어 제1군은 트리어(도리에루), 제2군은 메츠(미잇쓰), 제3군은 바덴(빠덴)에 배치하고 알자스(아루사스)를 향하여 진격하였다. 1870년 7월 28일에 나폴레옹이 메츠(멋쓰)로 진격하자, 프로이센 왕이 또한 재상 비스마르크[比斯麥]와 대장 몰트케(모루도게)를 거느리고 베를린을 출발하였다. 8월 2일에 프랑스군이 자르브뤼켄(싸루쌰룻구)을 습격함으로써 이 전쟁이 개시되었는데, 프로이센군이 버티지 못하고 퇴각하였다. 그러나 프랑스 장군 마크마옹(마구마홍)이 지키던 뵈르트(우에루도)는 이미 프로이센군이 3방향으로 공격·포위하였으니, 프랑스군이 맞서지 못하여 샬롱(섀론)의 견성(堅城)을 점거하였다. 프로이센의 제3군은 이미 프랑스 국경을 넘어 스트라스부르(스도라스쌰루삭)를 둘러싸고 장차 진군하여 프랑스군의 배후로 나가고자 하였으므로, 프랑스군이 불리하여 사기가 떨어지고 군기가 크게 흔들렸다. 나폴레옹이 드디어 바젠(빠싸잉)에게 자기 대신 총독의 일을 맡도록 하였다. 바젠이 20만의 병사로 메츠를 점거하자 프로이센군이 결집하여 사방을 포위하고 힘을 다하여 공격하니 파리의 응원이 끊기게 되었다. 샬롱(섀론)에 있던 마크마옹이 메츠의 급박함을 듣고 이를 구원코자 동북으로 진군하자, 프로이센군의 공격대가 이를 추격하여 보몽(쓰몬)에서 대파하였다. 프랑스군이 스당(셰싼)에 입성하자 프로이센 왕이 칙서를 내려 이를 급습하도록 하였으므로 9월 2일에 스당(셰싼)이 함락되어 나폴레옹과 그 병사 8만 6천 명이 모두 포로가 되었다. 나폴레옹이 황제의 자리를 내놓으니 이에 파리는 9월 4일 공화정부를 회복하고 티에르(도로수)를 통령으로 임명하였다.

파리성 항복 스당 전투 이후로 프로이센 왕이 파리에 들어가려고 노력하였는데, 프로이센군이 스트라스부르를 뺏고 메츠를 함락하자, 그 병사 18만이 모두 항복하여 파리로 향하였다. 프랑스의 성들이 모두 항복을 하자 파리가 드디어 겹겹이 포위를 받았다. 프랑스 장군 강베타(감뻬다)가 경기구(輕氣球)를 훔쳐 타고 포위를 벗어나 트루(쓰루)에 이르러 국민병을 모집하였다. 이에 프랑스의 의용병이 각처에서 일어나 그 기세가 점차 성하였다. 그러나 프로이센군이 강대하여 트루를 함락하고 프랑스 북부의 의용병을 박멸하며 프랑스 동남의 대군을 스위스에 추격하여 파리성 밖의 원조를 차단하였다. 파리가 포위를 받은 지 1백 30일에 이르자 식량이 떨어지고 도움이 끊어져 어찌할 수가 없었으니 이에 항복의 깃발을 내걸고 1871년 1월 28일에 휴전조약을 이루었다.

전쟁 종결 보르도(쏘룻도)에 소집된 프랑스 국민의회는 티에르를 행정수반으로 선출하여 프로이센과 평화조약을 체결할 권한을 부여하였다. 2월 26일에 프로이센, 프랑스 양국이 베르사유(베루셰유) 궁에서 화의를 맺었는데, 프랑스가 알자스와 로렌(로네잉) 두 주와 메츠를 프로이센에 주고, 3년 동안 50억 프랑크의 배상금을 내게 하였다. 또 배상금을 완불할 때까지 프로이센군이 프랑스의 요지를 점거한다는 것이 조건이었다. 이것으로 소위 프랑스–프로이센 전쟁이 끝을 맺었다.[79]

---

79 '프랑크푸르트 조약'(1871)의 내용이다.

제3공화정부 1871년에 파리가 항복한 후로 티에르가 행정부의 장이 되었다가 오래 지나지 않아 임기 3년의 대통령이 되었는데 그 재직 중에 능히 재정을 정리하여 프로이센이 요구한 보상금을 쉽게 갚았다. 1873년에 티에르가 사직하자 그 후에 장군 마크마옹과 법률가 그레비(쑤네쎄) 등이 이어서 대통령이 되었다.

제2장 영국 정변

민권이 더욱 증진하다 프랑스인이 누누이 혁명을 일으키는 동안에 영국인은 평안무사하여 권리를 증진하고 정치적 폐단을 개혁하였다. 프랑스 인민은 권리와 평등을 동일하게 보았고 영국인은 능히 그 다른 점을 알았다. 그 까닭으로 프랑스인은 평등을 얻되 권리를 얻지 못하여 전제정부에 압박되었고, 영국인은 항상 귀족과 평민의 구별을 세워 위로는 군주를 두었으되 능히 그 정치의 실권을 장악하여 군주를 억제할 수 있었다.

정치 개혁 중 가장 중요한 것은 조지 4세[찌욘찌四世] 때에 구교도가 비로소 관리 의원과 그 외 명예로운 위치에 있을 수 있도록 한 것이었다. 그 전에는 국법이 엄격하게 구교도의 취직을 금하였는데, 아일랜드[愛蘭]의 변호사 오코넬(오곤네루)이 이 금지를 통론하였다. 아일랜드인이 오코넬을 의원으로 선출하자 오코넬이 말을 잘하여 다른 의원의 찬성을 크게 얻었다. 총리대신 웰링턴 공이 아일랜드인들의 봉기를 우려하며 귀족원을 설득하여 그 금지를 폐지하는 의안(議案)을 통과하게 하였다.

윌리엄 4세[維廉四世] 조지 4세가 죽고 윌리엄 4세[우이리야무四世]가 즉위하였다. 윌리엄 때의 영국은 이미 의원의 선거법을 개혁하고, 노예 고역의 금제(禁制) 발포하였다. 이 선거법 개혁에 의하여 56개의 선거구가 없어지고 신흥 공업도시들이 새롭게 선거권을 얻었다. 또 선거 자격을 완화하여 선거권을 얻은 자가 증가하였다. 요컨대 이 개혁은 참정권의 확대를 꾀한 것이다. 노예 고역의 금제는 1833년에 윌버포스(우이루빠호스)의 주장으로 영국령 식민지의 아프리카 흑인을 매매하고 이를 고역하는 일을 금지한 것이다. 이로써 해방된 노예의 수가 80만 명에 미치고, 영국 정부가 주인에게 준 보상금이 2천만 파운드[磅]에 달했다고 하니, 이로써 근세 도덕이 발달한 증거를 알 수 있을 것이다.

곡물조례 폐지 빅토리아(쎄기도리아) 여왕이 즉위할 때에 영국 제도 중 개정을 요하는 것이 적지 않았는데, 당시 빈민이 고통에 시달려 크게 개혁을 열망하는 것은 바로 곡물조례의 폐지였다. 곡물조례는 자국 지주의 이익을 꾀하여 곡물에 과중한 세금을 부과하는 규정이었는데, 이때문에 곡물의 가격이 비싸져 빈민의 고통이 심하였다. 코브덴(고썁덴)이란 사람이 동지들과 도모하여 하나의 정당을 조직하고 반곡물법동맹[非穀物條例同盟]이라 하였다. 이 조례의 폐지를 열심히 주장하여 1846년에 정부로 하여금 이 조례를 없애도록 하였다.

6대 개혁 청원 곡물조례가 이미 폐지된 후로 서민의 희망이 한 가지 더 있었는데 바로 선거법의 개혁이었다. 직공 등이 동맹을 조직하고 정부에 청원한 바 6대 개혁이 있었으니, 첫째 보통선거, 둘째 비밀투표,

셋째 매년국회, 넷째 선거구역, 다섯째 피선거자의 재산자격 폐지, 여섯째 대의원의 봉급이었다.[80] 1848년 2월에 프랑스에 혁명이 일어나자 이 무리들이 그 위세를 빌려 크게 힘을 보이고자 하였으므로 정부가 계엄하여 런던[倫敦] 시민들에게 호소하였다. 부민과 경관이 서로 뒤섞여 이 무리를 진정시켰으나 의원선거법이 수회의 개정을 거쳐 보통선거에 점차 가까워진 것은 실로 사람들이 만족하도록 한 것이었다.

아일랜드 자치론 영국 내부의 정치는 자못 정리되었으나, 유독 아일랜드의 정치가 크게 곤란하였다. 무릇 영국과 아일랜드는 인종이 서로 다르고 민족의 정서가 또한 같지 않은 까닭으로 의회를 하나로 하고 법률을 동일케 함은 이치에 맞지 않았다. 이것이 아일랜드 자치론이 발생한 원인이었다. 이때 아일랜드인이 가장 고통을 호소하는 것은 토지 차경법의 폐해였는데, 당시 아일랜드의 토지는 귀족 수 명이 겸병하고 농민은 땅을 귀족에게 빌려 경작하였다. 귀족은 집안의 시종에게 전지대차의 일을 맡기고 자신은 영국 수도 런던에 놀러가곤 했으므로, 귀족의 시종은 땅의 개량은 계획하지 않고 단지 농민에게 징수하여 학대가 심하였다. 농부가 빈곤하여 감자도 포식할 수 없었고 수확이 좋지 못하면 일가가 굶주림에 쪼들렸다. 영국 정부가 이를 교정하고자 하였으나 그 효과를 아직 보지 못하였다. 재상 글래드스턴(쑤랏쏘스돈)이 힘을 다하여 이들을 구하기를 꾀하고 명사 파넬(빠네루)이 분연히 자치를 창도하였다.

80 '인민헌장'(1837)에 대한 내용이다. 이를 기초로 '차티스트 운동'(1838~1848)이 일어났다.

외국병탄책 양국이 그 내치를 점차 정리하면서 그 위세를 외국에 보이고자 했는데, 마침 1854년에 러시아가 투르크의 영지를 빼앗아 동방의 위기가 급박하였다. 프랑스가 샤르데냐[사씨니야國]와 연합하여 투르크를 도와 1856년에 크림에서 러시아군을 격파하였다. 또 군사를 인도에 파견하여 인도 제국(帝國)을 조직하고 중국과 싸워 홍콩[香港]을 빼앗았다. 이에 영국의 위세가 천하에 떨치고 동시에 상권을 동양에 확장하여 그 멈출 바를 알지 못하였다.

제3장 이탈리아 통일[伊國一統]

오스트리아 압제 1815년 빈 회의 이후 30년 동안 오스트리아는 항상 이탈리아를 견제하였는데, 오스트리아 재상 메테르니히(멧데루니히)는 자유주의를 억압하였다. 이탈리아 각 주의 군주는 언제나 오스트리아의 뜻에 의해 폐하거나 즉위하게 되었으므로 이탈리아인들이 폭력적이고 가혹한 정치에 분노하여 장차 큰일을 행하고자 하였다.

독립전쟁 1846년 교황 피우스 9세[빠이아스九世]가 즉위하여 교황령 내의 정치 폐단을 교지하고자 하자 오스트리아가 반란의 징후라 하여 이를 무력으로 억압코자 하였다. 1847년에 이탈리아 중부의 여러 나라가 연계하여 오스트리아에 반란하고, 다음 해에는 롬바르디아(몬빠씨), 사르데냐[사씨니아國]가 또한 병사를 일으켜 반란하였다. 1849년에 사르데냐가 오스트리아와 싸워 대패하고 왕이 그 지위를 사양하여 이를 아들 에마누엘레 2세(에무마니에루)에게 양도하였다. 에마누엘레가

명재상 카부르(가쌰루)와 용장 가리발디(짜리빠루찌)의 힘에 의하여 크게 국정을 고치고 오스트리아와 수차례 싸웠다. 프랑스의 나폴레옹 3세가 오스트리아의 세력을 꺾고자 사르데냐와 조약을 맺고 정예군을 이끌고 이탈리아를 도우니 오스트리아군이 누차 패하였다. 오스트리아 황제가 거짓으로 프랑스 황제와 화의를 맺어 롬바르디아(론빠찌)를 프랑스에 주기로 약속하였다. 프랑스는 이를 이탈리아에 주고 이탈리아는 그 도움의 대가로 사보이(사쌰이)와 니스를 프랑스에 주어 화의를 맺었다. 그 후 이탈리아의 인심이 오히려 평온치 못하여 여러 소국의 인민이 군주를 배반하고 사르데냐에 의탁하는 자가 매우 많았다. 시칠리아[시시리國]와 나폴리[네쌰루國] 역시 사르데냐에 항복하였다. 1861년에 비토리오 에마누엘레 2세[삐구도루 에무마니에루 二世]가 드디어 이탈리아를 통일하여 국왕이 되고 토리노[주린府]에서 이탈리아국 창건을 공포하였다.

이탈리아 왕이 오스트리아 영지를 빼앗다 이때에 이탈리아 왕을 따르지 않는 자는 베네치아와 교황령뿐이었다. 베네치아는 오스트리아에 예속되어 있었고 교황령은 교황의 관할에 속하여 프랑스군이 옹호하였다. 이탈리아 왕이 프로이센과 서로 약속하고 베네치아를 침입하니 오스트리아군이 역전 대패하고 오스트리아군이 또한 프로이센군에게 패하였다. 오스트리아가 베네치아를 프랑스 황제 나폴레옹 3세에게 양보하여 이탈리아와 화의조정을 구하니, 프로이센, 이탈리아 양국이 모두 나폴레옹의 중재를 받아들였다. 이에 이탈리아 왕이 베네치아를 겸병하게 되었다.

이탈리아 왕이 로마를 빼앗다 이탈리아 왕이 베네치아를 이미 취하였으나 또 로마를 간절히 원하였다. 1870년 프랑스-프로이센 전쟁이 일어나자 프랑스 황제가 로마에 주둔시켰던 병사를 철수하였다. 이탈리아 왕이 이를 호기라 하여 급히 로마를 침략하여 1100년 동안 독립이었던 교황령을 병합하고 1871년에 로마를 나라의 수도로 정하였다. 이에 이탈리아 통일의 업이 온전히 완성되니 즉 현재 존립하는 이탈리아 왕국이다.

제4장 독일 통일[獨國一統]

독일 연방 1815년의 빈 회의는 유럽제국의 정체와 경계를 회복하였으나 독일이 그렇지 못한 것은 오스트리아, 프로이센 두 나라가 서로 시기하여 패권을 양보하지 않은 까닭이었다. 빈 회의의 논의로 독일의 39국이 서로 합하여 하나의 연방을 조직하여 이를 독일 연방이라 칭하고, 일대 의회를 설립하여 독일 연방의회라 하였다. 각국 영내에는 독립자치를 획득하고 39국 안에 11국은 1등국이라 칭하여 연방의회에 각각 하나의 투표권을 얻고, 그 외는 2등국이라 하여 혹은 두 나라가 서로 합하여 하나의 투표권을 갖고 혹은 네 나라가 서로 합하여 하나의 투표권을 가졌다.

관세동맹 1834년[81]에 프로이센이 연방 내 다른 나라들과 합하여 하나

81 원문의 '1828년'은 잘못이므로 바로잡고 번역하였다.

의 상업적 동맹을 이루었는데 이를 관세동맹이라 하였다. 동맹한 나라들이 약속하기를, 상인들이 국경을 왕래할 때에는 관세를 부과하지 않기로 하였으니 여러 나라 군주가 한 일 중에 이 한 가지는 독일인의 일반적 희망에 부합한 것이라 하였다. 그러나 그 외는 대체로 독일인들의 원망과 분노를 샀다.

민권 대진 1848년의 프랑스 혁명이 독일 여러 나라의 인민을 심히 자극하였다. 여러 소국의 군주들은 난이 일어날까 두려워하여 인민의 요구를 들었으나 여러 대국은 그러지 않았다. 오스트리아에서는 빈 대학교 학생이 시민을 선동하여 난을 일으키자, 재상 메테르니히는 영국으로 도망가고 황제 페르디난트 1세[후에루찌난쏘 一世]는 보통선거의 국회를 소집하였다. 프로이센에서는 베를린 시민이 관군과 싸워 왕을 압박하여 국회를 개설케 하고 여러 나라의 인민이 대의원을 배출하여 의회를 조직하고, 이로 하여금 임시 중앙정부를 조직케 하였다.

연방의회 해산 이때 프랑크푸르트 의회[후랑구후오루도의聯邦議會]는 신헌법을 심의하고 오스트리아를 연방의 장으로 삼고자 하였다. 그러나 그 공화당과 파괴당이 연방의회를 공격하여 바덴(빠던)에서 공화당의 폭동이 매우 심한 까닭으로 연방의회가 결국 해산하였다.

신연방정부 설립계획 프로이센은 오스트리아의 통일책이 이루어지지 못하고 프랑크푸르트의 연방의회가 해산된 것을 보고 작센, 하노버와 함께 연방헌법을 세웠다. 이에 오스트리아를 뺀 나머지 나라들을 합하여 신연방을 만들고 스스로 수장이 되고자 하였는데, 가입하는 나라가 매우 많았다. 오스트리아가 이를 보고 비밀리에 작센과 하노버를 부추겨 신연방에서 탈퇴하게 하고 프로이센을 압박하여 구연방의 회의 부흥과 신연방의 해산을 요구하였다.

오스트리아, 이탈리아 교전 1859년에 사르데냐 국왕이 오스트리아의 굴레에서 벗어나고자 난을 일으키자 나폴레옹 3세가 이를 원조하였다. 이에 오스트리아가 독일 여러 나라를 설득하여 자기를 응원하도록 하니, 프로이센이 이와 반대로 각국이 그 전쟁에 관계하지 않도록 하였다. 그 뜻은 모두 오스트리아가 이탈리아 내의 속령을 잃게 하여 독일 통일을 쉽게 이루고자 함이었다.

7주 전쟁[六週間戰爭][82] 1861년에 프로이센 왕 프리드리히 빌헬름 4세[후네떼릿기우이리아무四世]가 죽고 아우 빌헬름 1세[우이리아무一世]가 즉위하여 비스마르크를 재상으로 삼고 몰트케(모루도게)를 장군으로 삼았다. 때마침 덴마크 왕 프레데릭 7세[후아지난쏘七世]가 슐레스비히[수네스잇구州]와 홀슈타인[호루스다잉州]을 점령하니 프로이센, 오스트리아 두 나라가 연합하여 덴마크를 공격하여 이 두 주를 공유하였다. 그 후 프로이센은 이를 일개의 소유로 귀속하고자 하고, 오스트리아는 이를 독립시키고자 하여 의론이 분분하였다. 오스트리아 황제가 홀슈타인의 군사가 적은 것을 우려하여 작센 등의 나라들에게 명하여 병사를

---

82 원문에는 '6주간전쟁'으로 나와 있으므로 이에 바로잡고 병기하였다.

내어 지키도록 하였다. 프로이센이 이에 노하여 작센을 공격하자, 작센이 심히 위태로웠으므로 오스트리아군과 연합하여 총병 27만으로 뵈멘을 의거하여 프로이센군과 맞섰다. 프로이센 왕이 친히 28만 명을 이끌고 재상 비스마르크와 대장 몰트케로 하여금 3면으로 나누어 오스트리아군을 공격하였는데, 연달아 싸워 모두 이겼다. 프로이센군이 빈에 머무니 8월 2일에 프랑스와 오스트리아가 프라하에서 화의를 정하고 옛 독일 연방을 해산하였다. 오스트리아가 독일에서 물러나고, 슐레스비히와 홀슈타인을 프로이센에 양여하여 전쟁을 끝맺으니 이 전쟁을 소위 7주 전쟁이라 하였다.

북부연방이 일어나다 이에 독일의 북부 여러 나라가 프로이센과 함께 신연방을 조직하여 연방의회를 세우고 연방헌법을 정하여 1867년 7월 1일부터 신헌법을 실시하였다. 연방의회는 2원으로 이루어지니 1원은 22국의 정부를 대표하여 프로이센 왕이 그 수장이 되고, 다른 1원은 제국인민의 대표자로서 이루어지고 또 독일 연방군대를 설치하여 이를 프로이센의 통솔에 들어가도록 하였다.

프랑스–프로이센전쟁[普佛戰爭] 1870년[83]에 프랑스 황제 나폴레옹 3세가 스페인 왕위계승의 문제를 구실로 삼아 군사를 파견하였다. 독일인이 그 난폭함에 크게 분노하여 프랑스의 기세를 꺾고자 하였으므로 독일 남부의 나라들이 북부의 나라들과 동맹하고 프로이센 왕의 깃발을 기

83 원문의 '1780년'은 잘못이므로 바로잡고 번역하였다.

쁘게 따랐다. 이에 남북의 연합이 더욱 견고하여 1871년에 프로이센 군이 승리하고 프랑스 수도 파리를 포위하였다. 이때 프로이센 왕이 여러 군주들의 권유에 의하여 독일 황제의 자리에 즉위하고 제국의회(帝國議會)를 설립하여 순연한 입헌제국을 창시하였다. 이로부터 독일이 학술, 공예, 군사, 정치와 그 외 모든 일에 대하여 더욱 융성함을 연구하여 천하를 내려다보았다.

제5장 스페인과 포르투갈의 내란[西葡兩國內亂]

양국 변란 1814년에 스페인 왕 페르난도 7세[후에루지난쏘七世]가 오랫동안 프랑스의 포로로 있다가 귀국하여 왕위에 오르니 그의 귀국과 복위는 온전히 나라 사람들과 영국의 힘에 의한 것이었다. 그러나 왕이 은혜를 갚아야 함을 알지 못하고 자기가 없는 동안 정해진 헌법을 폐하고 그들이 배제한 정치 폐단을 복원하여 인민을 학대하고 압제를 일삼았다. 1820년에 사람들이 노하여 반란하였는데, 관군이 이를 진정시키지 않았을 뿐 아니라 반대로 이를 원조하였으므로 왕이 어찌할 수 없어 입헌의 정체를 세웠다. 그러나 승려와 왕당이 신성동맹과 프랑스군의 원조에 힘입어 민당을 억누르고 다시 전제 정치를 일으키고자 하였다. 1833년에 왕이 죽자 유언으로 딸 이사벨(이사베루라)에게 뒤를 이으라 한 까닭으로 이사벨이 즉위하였으나 나이가 어려 모후가 섭정하였다. 선왕의 동생 돈 카를로스(돈가로스)가 왕이 되고자 하여 반란하였다. 돈 카를로스는 비입헌당의 수장으로서 선왕의 폭정을 부추기던 자로, 인민의 신망을 얻지 못하여 그 반란이 7년이 지나서야

비로소 진정되었다. 이사벨이 점차 자라 친정을 하게 되자 또 실정하였으니, 사람들이 학정을 감당하지 못하여 반란하였다. 1868년에 여왕이 외국으로 도주하자 사람들은 이탈리아 왕의 어린 아들을 맞이하여 왕으로 삼았다가 그 후에 왕정을 폐하고 공화정체를 세웠다. 1874년에 나라 사람들이 다시 왕정을 복원하고 폐위한 여왕의 아들 알폰소 12세[아루후온쏘十二世]를 맞아 세웠다. 스페인이 이와 같은 분요로 국력이 쇠약해지자 드디어 아메리카 대륙에 있는 속령과 그 외 속한 나라들이 모두 반란하여 독립하였다. 오직 쿠바[규빠國]와 푸에르토리코[쎄유에도리고國]가 스페인에 속하였다.

포르투갈 변란 포르투갈이 프랑스 황제 나폴레옹 1세의 침입을 당하자 포르투갈 왕 주앙 6세[지욘六世]는 그 일족을 거느리고 아메리카에 소유한 속령 브라질(쁘라지루)로 달아났다. 나폴레옹이 유배된 후로 포르투갈인이 헌법을 정하고 1820년에 그 왕가를 브라질로 맞아 받들었으나 주앙 6세가 그 왕당 승려와 신성동맹에 의거하여 민권을 인멸하고자 하였다. 이에 다시 변란이 발하여 포르투갈의 속국이 모두 반란하여 독립하였다. 포르투갈왕 주앙 6세가 죽고 손녀 마리아 2세가 즉위하자 이에 왕위를 다투는 자가 매우 많았으나 모두 실패하고 마리아의 자손이 그 제위를 계승하여 오늘에 이르렀다.

제6장 벨기에[白耳義國] 독립

벨기에와 네덜란드의 차이와 동일함 1815년 빈 회의에서 벨기에와 네덜란드를 합병하고 이를 칭하기를 네덜란드왕국[네싸란ᄯᅳ合倂王國]이라 하였다. 이때 네덜란드의 인구가 합병 왕국의 3분의 1에 불과하였으나 의원을 선출하는 것은 벨기에와 같았으므로 벨기에인들이 크게 불평하였다. 또한 이 두 나라는 역사, 민속, 산업, 종교 등이 서로 달랐던 까닭으로 벨기에인은 네덜란드와 국군, 법률을 달리 할 것을 주장하였다.

벨기에인[白人] **반란** 당시에 국왕이 네덜란드의 책무를 벨기에도 부담하게 하자 벨기에인이 점점 격앙되어 1830년 7월의 프랑스 혁명에 자극받아 3색기를 세우고 반란하여 정치상의 분란을 꾀하였는데, 프랑스와 스페인 두 나라가 은밀히 원조하였다. 이때 신성동맹은 네덜란드를 돕고자 하였으나 동방 폴란드의 반란과 이탈리아의 반란으로 인하여 그 뜻을 미처 이루지 못하였다. 영국은 자유당이 득세한 때였고, 프랑스는 혁명 후의 일이었던 즉, 양국이 모두 드러내어 이 전쟁에 관여하지 않았으므로 네덜란드가 다른 나라의 도움을 얻지 못해 완전히 대파되었다.

벨기에 독립 1831년에 각국 공사가 런던에서 회동하여 벨기에를 독립입헌왕국으로 인정하였다. 동년 6월 4일에 벨기에인이 영국 여왕의 숙부인 작센의 코부르크 공[사구셰고ᄲᅮ루ᄭᅮ公] 레오폴트(너오ᄲᅩ루ᄯᅩ)를 국왕으로 선출하였다. 1839년에 네덜란드가 벨기에의 독립을 승인하였다.

제7장 러시아―투르크 전쟁[俄土兩國事變]

4대 사건 서유럽 각국이 내치를 정리하고 국위를 선양하며 동부의 나라들도 역시 같은 주의를 채용하여 경쟁적으로 국가의 번영을 기도하였다. 오늘날 중요한 활극을 열거하면 첫째는 그리스의 독립이고, 둘째는 러시아―투르크 간의 전쟁이고, 셋째는 폴란드의 난이고, 넷째는 크림 전쟁이다. 이는 모두 러시아가 강대한 실력을 떨치고 투르크의 쇠퇴를 틈타 겸병의 사심을 채우고자 함이었다.

그리스 독립 이에 앞서 그리스인이 투르크 치하에 있어 그 압제에 오랫동안 신음하였다. 항상 고대 그리스의 융성을 떠올리고 이민족 투르크인에게 학대 당하는 것을 깊이 통한하여 호시기의 도래를 기대하였다. 나폴레옹 1세가 유럽을 유린하자 독립의 희망을 품은 자가 나타나 클럽을 조직하고 헤타이리아(헤데네아)라 하였다. 1821년에 알렉산더 입실란티(아레기산짜 이쌰시라지)란 자가 그리스, 남러시아, 투르크의 예수교도를 선동하여 몰다비아(모루싸쎄아)에서 군사를 일으키니 투르크군이 이를 학살하였다. 그리스인이 이를 보고 격분하여 서로 맹세하여 말하기를, "죽을힘을 다하여 투르크군을 막자" 하였다. 그러나 자력의 부족함을 알고 유럽에 도움을 구하였다. 영국, 독일, 이탈리아 등이 그리스가 고국(古國)임을 상기하고 예수교도가 학정을 당하는 것에 분개하여 동맹을 조직하고 그리스를 응원하였다. 그러나 이집트 국왕과 그 아들이 투르크군을 도와 그리스의 남부 모레아(모네아)를 약탈하여 취하였으므로, 그리스군이 크게 곤란하였다. 영국 장군 커드링턴

(고도린쑤돈)이 러시아에 원병을 요청하니, 러시아 황제 알렉산드르 1세(아레기산짜)가 크게 기뻐하여 도왔다. 1827년에 영국 · 프랑스 · 러시아 · 이탈리아 등의 동맹함대가 나바리노 만(나쌔리)에서 투르크 · 이집트의 함대를 대파하고 투르크로 하여금 그리스의 독립을 승인하게 하였다.[84] 1832년에 그리스인이 바이에른(쌔쌔리아) 공 오토(옷도)를 맞이하여 왕으로 삼았다.

러시아-투르크 전쟁 러시아가 그리스 독립전쟁을 기회로 삼아 투르크의 세력을 크게 꺾고자 하였다. 러시아 황제 알렉산드르 1세가 죽자 아우 니콜라이 1세(니고라스)가 뒤를 이었다. 니콜라이가 페르시아와 투르크를 침공하자 투르크가 이를 막아내지 못하여 1829년에 러시아와 강화를 맺었다.[85] 이로써 러시아에 흑해 연안의 아조프(아사쌔)를 양여하고 또 흑해 항행의 자유와 아울러 다르다넬스 해협[짜루싸네루스海峽] 통과의 자유를 허락하였다.

투르크 내란 1875년에 투르크의 두 영지 헤르체고비나[헤루세쇼쎄나州]와 보스니아[쏘스니아州]가 투르크의 학정을 참지 못해 반란하자, 이웃의 여러 소국이 이를 도왔으므로 투르크가 능히 이 난을 진압하지 못하였다. 러시아, 독일, 오스트리아, 프랑스 등 여러 나라가 투르크로 하여금 정치적 폐단을 없애고 난을 진압하도록 하였는데 만약 투르크가 이를 듣지 않을 때에는 과격한 수단을 쓰고자 하였다. 영국도 그 뜻

---

84 '나바리노해전'(1827)에 대한 설명이다.
85 '아드리아노플 화약(和約)'을 뜻한다.

에 찬성하게 하였으나 영국이 이를 듣지 않았다. 이것은 모두 투르크를 보전하여 영국 영지인 인도의 울타리로 삼아 러시아의 잠식을 막고자 함이었다. 러시아 등이 누차 투르크에 대하여 인민을 위하여 헌법의 제정을 충고하였으나 매번 듣지 않았다. 러시아가 투르크 난민을 원조하는 것을 금하지 않으니 영국이 이에 노하여 열의로 투르크를 도왔다. 러시아는 자신들의 충언이 투르크에 의해 매번 배척되는 것에 노하여 드디어 전쟁을 선언하였는데 이는 1877년의 일이었다. 투르크가 오스만파샤(오스만빠새)를 명하여 병사를 이끌고 러시아군과 싸우도록 하였으니 오스만파샤가 용감하게 잘 싸웠으나 결국은 대패하여 4만 4천의 병사로 항복하였다. 러시아군이 승리를 자만하여 또 아드리아노플[아쏘리야로쑈루府]을 취하였으니 이에 투르크의 수도 콘스탄티노플(곤스단지로쑈루)이 장차 러시아군의 침략을 당하게 되었다.

베를린 회의[伯林會同] 투르크가 크게 두려워하여 영국에 중재를 요청하였으나 러시아가 영국의 중재를 거절하고 직접 투르크와 화의를 맺어 많은 이익을 얻었다. 영국과 오스트리아 양국이 함께 러시아의 새로 획득한 이익을 박탈하려 하자 러시아가 크게 노하여 다시 전쟁을 일으키고자 하였는데, 이 전쟁을 발생 직전에 겨우 막은 것이 바로 베를린 회의였다. 이 회의에서 의결한 것은 첫째 세르비아[셰루삐아州]와 루마니아[루마니아州]와 몬테네그로[몬데네삭로州]를 독립국으로 삼을 것, 둘째 불가리아[빠루까리아州]를 동서로 나누고 동불가리아를 투르크 황제의 직할에 귀속케 하여 그 행정을 투르크 정부와 별도로 할 것, 또한 예수교 신도로 하여금 국수(國守)하게 할 것, 셋째는 오스트리아군을 헤르체고비나와 보스니아에 주둔하게 할 것 등이었다. 이 회의가 있었던 것은 1878년이었다.

투르크 쇠퇴 투르크의 속국 영지로서 반란하는 것이 다만 유럽 내의 나라들뿐 아니라 유럽 밖에 있는 나라들도 역시 마찬가지였는데, 이집트가 가장 심하였다. 투르크가 누누이 이집트와 싸워 불리하였으므로 시리아를 이집트에 할양하였다. 유럽 각국이 투르크의 쇠퇴가 날로 심하고 러시아가 유독 강대함을 이루어 국력의 평균이 깨질까 염려하여 먼저 런던에서 회의한 후에 지원병을 투르크에 보내었다. 영국과 오스트리아 두 나라가 드디어 이집트를 압박하여 시리아를 투르크에 돌려주도록 하였다.

폴란드 반란 러시아가 그 위세를 외국에서 왕성히 하였으나 부족하다 하여 다시 이를 국내에 보여 인민을 학대함이 매우 심하였다. 러시아령 폴란드인이 항상 러시아를 원망하여 오랫동안 모반을 계획하였다. 1830년 10월 1일에 폴란드인이 드디어 동년 7월의 프랑스 혁명에 자극받아 반란하였다. 러시아가 이를 진압하고 폴란드인 8만 명을 시베리아[西比利亞]로 쫓아내니 러시아 인민의 비분과 아울러 폴란드 유민의 원한이 허무당(虛無黨)[86]이 흥기한 원인이 되었다. 허무당의 형세가 날로 더하여 황제가 그 참혹함을 두려워하여 폐위함에 이르렀다.

---

86 1860년대 제정 러시아에서 체르니셰프스키를 지도자로 하여 결성된 혁명적 민주주의자의 당파 또는 암살 따위의 수단에 의하여 사회 변혁을 꾀하던 1870~1880년대의 혁명가를 이르는 말. 허무주의를 신봉하여 일체의 권위를 인정하지 않고 사회의 기성 도덕과 제도를 파괴하여 자유로운 사회를 이룩하려고 시도하였다.

크림 전쟁 러시아 황제 니콜라이 1세가 이러한 나라의 우환을 돌아보지 않고 투르크의 쇠퇴를 틈타 번번이 동방병탄의 방책을 강구하고, 투르크에게 예수교도를 보호할 것을 요구하였다. 그러나 투르크는 원래 이슬람교를 믿는 까닭으로 러시아의 이 요구를 극렬히 거절하였다. 니콜라이가 크게 노하여 병사를 몰다비아에 파견하니 투르크가 맞서 싸웠다. 이때 영국과 프랑스가 투르크의 성쇠가 유럽의 대세를 좌우할 것이라 하여 투르크를 도와 연합함대를 흑해에 파견하였는데, 러시아해군의 공격을 피하여 세바스토폴[셰빠스도뽀루港灣]로 진입하였다. 러시아군이 두려워하여 국경으로 퇴각하자 오스트리아가 또한 러시아의 행동을 우려하여 다뉴브 강[짜유쑤河]변에 출병하였다. 1854년 9월에 영 · 프 2국의 군함이 사르데냐 군과 연합하여 크림(구리미아) 반도에 이르러 격전한 지 12개월 후에 흑해의 요처와 러시아의 울타리 세바스토폴의 포대를 함락하였다. 그 때에 니콜라이가 죽고 아들 알렉산드르 2세[아레기산짜二世]가 즉위하였는데, 알렉산드르는 러시아군이 수차례 패하자 크게 두려워하여 여러 나라들과 화의를 이루었다. 또 파리에서 회동하여 투르크로 하여금 흑해를 공개하게 하고 몰다비아 등으로 루마니아공국을 창건하고 천주교도와 이슬람교도에 동일한 권리를 부여하도록 하였다.

농노[農僕] 해방 알렉산드르 2세가 정치에 크게 힘써 1862년에 농노 해방령을 공포하였다. 그러나 1881년에 황제가 허무주의자에게 암살되고, 아들 알렉산드르 3세[아레기산쑤三世]가 즉위하였는데 역시 동방병탄책에 뜻을 두어 러시아의 세력이 천하를 압도하기에 이르렀다.

제8장 남북전쟁[米國事變]

유럽대란 여파 프랑스 혁명과 나폴레옹 전쟁 당시에 미국은 유럽의 전쟁에 관여하지 않고자 하였다. 그러나 프랑스는 프랑스 혁명 당시 미국이 영국을 응원한다는 이유로 미국의 상선을 나포한 적이 있었다. 나폴레옹 전쟁을 할 때에는 나폴레옹의 영국봉쇄령과 영국의 유럽봉쇄령으로 미국의 상선을 누누이 압송하였는데, 모두 그 사건과 관계없는 미국의 상리(商利)를 방해하여 끼친 손해가 적지 않았다. 그러나 미국은 날로 융성함을 이루었고, 다만 개량하지 못한 것은 노예제도 한 가지였다. 이때 미국의 북부는 상공을 업으로 하고, 남부는 농작을 경영하는 까닭에 남북의 이해득실이 서로 달랐다. 19세기 중반 무렵 북부는 인권천부(人權天賦)의 대의에 의거하여 노예의 해방을 주장하였고, 남부는 자기에게 불리함으로 이를 거부하였다. 1860년에 북부에서 애브라함 링컨(아뱌라하무 린고룬)을 대통령으로 선출하자 남부 11주가 이에 반발하여 리치먼드(리지몬ᄯᅩ)에 공화정부를 열고 독립을 선언하였다. 대통령으로는 제퍼슨 데이비스(쎗후하손ᄯᅡᆫ쎄스)를 추대하였다. 이때 북부가 그랜트(ᄭᅮ란도)를 대장으로 삼아 남부를 자주 공격하자 남군의 대장 리가 맞서 싸웠으나 대패하였다. 1865년에 남부 여러 주가 항복하여 다시 합중국에 합병되었다. 1865년에 합중국이 공공연히 노예의 사역과 매매를 금지하고 대통령 링컨이 명망이 있어 만기에 재선되었다가 그 다음 달에 흉인의 손에 암살당했다. 1869년에 그랜트가 전쟁의 공로로 대통령으로 선출되어 임기 만기에 재선되고 임기가 다시 다 되자 세계를 유람하여 일본에 건너갔다가 유람한 지 2년 만에 귀국하여 1885년에 죽었다.

제9장 동양제국(東洋諸國) 경황(景況)

총설 유럽인이 아프리카와 아시아에서 위세를 떨치고 세력을 확장하여 소유한 토지가 많고 컸다. 아프리카 여러 나라 중 가장 중요한 것은 이집트였는데, 그 명맥을 영국과 프랑스 두 나라에 제어당하였다. 유럽 국가들 중 아시아에서 가장 많은 영토를 소유한 것은 영국과 러시아였다. 영국은 인도와 미얀마[緬甸香] 등을 소유하였고 러시아는 시베리아의 광원을 갖고 남양(南洋)으로는 호주(濠洲)가 영국의 영유가 되고 여러 군도는 다른 나라들이 점유하였다.

이집트 나폴레옹 3세 때에 이집트에 군림한 자는 이스마일(이스메루)이라 하는데, 이스마일이 나폴레옹 3세를 매우 흠모하였다. 초에 이집트가 투르크 제국의 일부였으나 이스마일이 점차 득세하여 투르크를 압박하여 주권을 할양하도록 하였다. 그리하여 이집트는 매년 약간의 재물을 바치는 외에는 투르크에 대하여 속국의 예를 행하지 않았다. 이스마일이 누누이 전쟁을 벌이고 토목을 일으켜 외국에 빚을 많이 내었으므로 외국 부채가 이집트의 재정을 곤란하게 한 원인이 되었다. 이스마일이 영국 정부에 대하여 수에즈운하[스에쓰運河] 회사의 주권(株券)을 팔고, 또 재정의 정리를 영국과 프랑스 두 나라에 위임하니 이로부터 두 나라가 이집트 국사에 심히 간섭하여 무거운 세금을 이집트 인민에게 부과하였다. 이스마일과 이집트인들이 영국과 프랑스의 가혹한 정치를 참지 못하여 반란을 도모하니 두 나라가 노하여 투르크 황제로 하여금 이스마일을 폐하고 그의 아들 타우피크(지유후힛구)를 세우게 하였다. 이에 이집트인이 크게 분개하여 난을 일으켰는데, 장군 아라비 파샤(아라삐빠샤)가 난민의 거두가 되었다. 영국과 프랑스가 병사를 보내어 이를 진정하였는데 영국이 그 진정하는 일에 가장 힘을 쓴 까닭으로 민란을 진정한 후로는 이집트가 완전히 영국 손 안에 들어오고, 프랑스는 그 간섭의 권한을 잃게 되었다. 그 후에 가짜 성인(聖人) 알 마디(마띠)가 대중을 모으고 수단(스쑨) 지방에서 난을 일으키니, 영국이 고든(꼬루돈)장군을 보내어 토벌하였다. 그러나 장군이 하르툼[가루쓰무府]에서 수단 반란군에게 포위당하였다가 하르툼이 함락될 때에 부민들과 함께 반란군에게 학살당하였다. 영국 정부가 다시 군대를 보내어 반란군을 토평하였다.

인도 인도는 이미 영국의 동인도회사[東印度商會]에서 전쟁상 약취한 것이었으나, 많은 토착민들이 따르지 않고 반란하였다. 특히 벵골(벤까루)인과 같은 자는 그 세력이 심히 창궐하였으므로, 영국에서 사령관 클라이브(구라이쁘)를 파견하여 토평하였다. 1877년에 동인도회사에서 인도의 주권을 영국 여왕에게 봉헌하고 여왕을 존칭하여 인도 여제라 하니, 이에 인도가 완전히 영국의 속국이 되었다.

청나라 중국은 옛날부터 유럽과 교통을 열어 원조(元朝) 때에는 무력으로 서아시아[西亞]를 거쳐 동유럽[東歐]에 침입한 일이 있었고 유럽인을 우대하며 예수교를 받아들여 서구화를 채용함이 역시 이때에 있었다. 그러나 동서가 멀리 떨어져 있고 또한 함께 활극을 연출한 일이 없었다. 함께 활극을 벌이게 된 것은 19세기에 이르러 시작되었다. 1840

년에 청조(淸朝)가 영국인의 아편 수입을 금하고 이를 불태우자 영국이 노하여 무력으로 청조를 압박하였다. 1842년에 영국이 남경조약(南京條約)에 의하여 청조로 하여금 홍콩[香港]을 할양하고, 4개 항구[五市港]를 열게 하였다. 프랑스 미국 두 나라가 또한 뒤를 이어 통상조약[五市의 條約]을 청조에 요구하자 허락하였다. 이때 중국 남부에 장발적(長髮賊)이 일어나 청조를 전복하고자 하니, 그 세가 심히 창궐함에 관군이 이를 진정치 못하였다.[87] 영국과 프랑스는 청조가 조약을 지키지 않자 노하여 다시 병사를 일으켰으니, 1857년에 영국군이 광동(廣東)을 함락하였다. 또 장발적을 도와 내란을 크게 돕자 청조가 부득이하여 다시 6개 항구의 개방과 예수교의 선교를 인가하였으나, 또 이 조약을 지키지 않아 갈등이 다시 발생하였다. 1860년에 영국과 프랑스의 군사가 북경(北京)을 함께 함락시키니 청조가 보상금을 내고 공사의 주재를 허함으로써 화의를 구하였다. 이에 외부의 침략이 완전히 그치고 이에 따라 외국인이 내란을 돕는 일이 사라졌을 뿐 아니라 청조가 반대로 영국, 프랑스, 미국의 병사에 의지하여 내란을 진정하였다. 이때 영국군의 장군은 고든이었다.

일본 1853년에 미국 해군제독 페리[彼理]가 비로소 일본 우라가[浦賀]에 와 도쿠가와막부[德川幕府]에 통상조약을 요구하였으나 막부가 거절하였다. 다음 해에 페리가 다시 와서 조약을 거듭 청하였으므로 막부가 거짓으로 조약을 허락하고, 그 후 막부가 또 거짓 조약을 유럽 여러 나라

87 '태평천국운동'에 대한 설명이다.

에 허락하였다. 외교가 다른 원인과 서로 합쳐져 존왕양이(尊王攘夷)의 논의를 발표하였으니 존왕양이의 논의는 왕정을 복고하자는 것이었다. 다음 해 즉 메이지[明治] 원년에 지금의 황제가 즉위하여 봉건제를 폐지하고 군현제를 공포하며 여론을 중시하고 헌법을 정하고 국회를 열었다. 이는 저 유럽제국과 같이 혁명의 참혹함을 당하지 않고 헌법을 갖고 큰 정치를 베푼 것이니 이는 실로 일본 인민의 큰 행복이라 하였다.

유럽인이 점차 아시아를 점령하다 서양 각국이 여러 번 그 뜻을 동양에 두었는데 특히 국권의 확장과 상업적 이익 증가를 기도하는 것은 영국이 최고였다. 일본으로 서항(西航)하여 지중해에 들어가는 관문 즉 홍콩, 싱가폴[新嘉坡], 실론(셰론), 아덴(아쎈), 수에즈운하[스에스運河]가 모두 그 소유로 귀속되었다. 프랑스는 인도 내 얼마쯤의 영지와 교지(交趾)[88]와 동경(東京)[89]을 소유하며, 베트남[安南]의 보호권을 장악하였다. 러시아는 아프가니스탄(아후까니스단)에 진출하여 인도에 진출할 것을 도모하며 시베리아 철도를 부설하여 수도를 3천리 밖 블라디보스톡[浦鹽斯德]에 가까이 접하도록 하여 중국, 일본, 한국의 요충을 관통하고자 하였다. 암울하도다. 이로부터 동양의 풍운과 변화는 가히 그 끝을 예측할 수 없을 것이다.

정선만국사 마침

88 현재 베트남 북부 통킹, 하노이 지역을 일컫는 말이다.

89 인도차이나 지역을 일컫는다.

| 찾 | 아 | 보 | 기

ㄱ

ㄴ

ㄷ

ㄹ

ㅁ

ㅂ

ㅅ

ㅇ

ㅈ

ㅊ

ㅋ

ㅌ

ㅍ

ㅎ

영인

정선만국사

精選萬國史

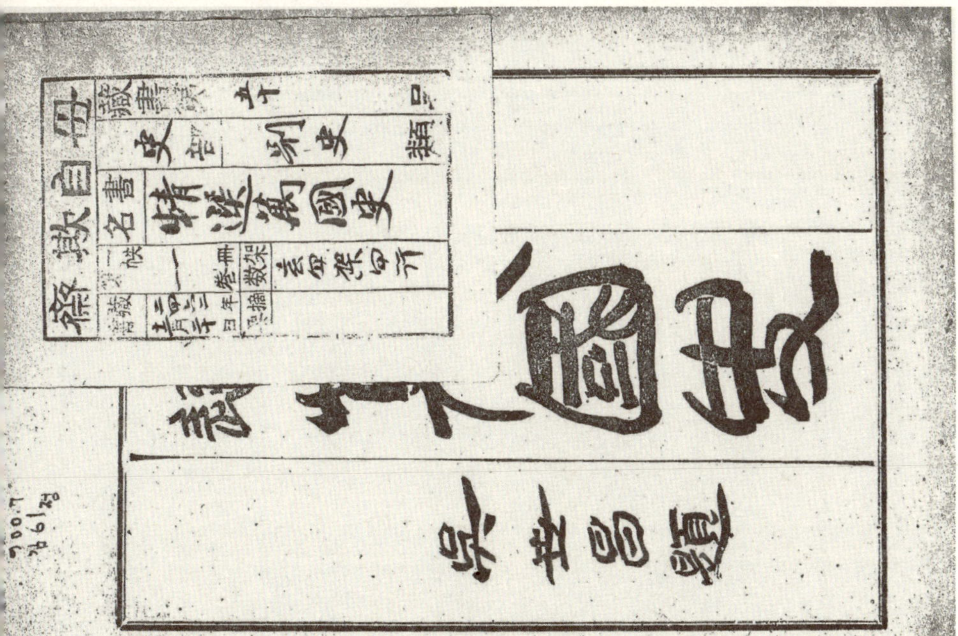

序

通古今達事理究得經世術此史學之要務也然或叢雜遝難尋要領令人有皓首紛如之歎則有何效益於事爲況今萬國史乘浩多書不同文事亦煩夥學者烏能得蹊逕而入哉予嘗遊外吸勁氣閱淸風跋涉採訪之暇歷覽萬國史如入波斯莫知攸取就中五大洲重要事實有關世運者見輒採輯以古代中古近代分爲三編終之以東洋景況名曰精選萬國史嗚呼天下古今治亂興亡之大槩於是盡矣有志經世者或有取焉不亦有補於開民智進國步之萬一乎玆不敢私

藏巿衍付諸剞劂以俟史學大家公眼

時

光武十年八月下旬 永陽金祥演識

敍

壽松金君撰萬國史一卷以示余精而確簡而要東西古今大事咸萃焉余讀而喟然作曰君之志亦良苦哉君向者具一雙慧眼走萬里海外覽悉富强術業迺今區區向鉛槧間說某國如何以替某國如何以興某某國如何以强以弱嗚呼觀玆史者可不諒君之苦心哉今山中閉戶尙有談天皇說太古詡詡誇天下大勢我已揣盡無餘安得以此史一喚醒之也史雖以萬國名環顧六洲現國不滿百數自此更過幾年其將爲十爲五亦未可知我國亦以萬國中一國苟不瞿然以興期富强我國期文明我國矣保我國長爲萬國中一國不知後日之重編萬國史者尙存我國其間否也作者苦心正在乎此嗚呼讀萬國史者

光武十年八月　日

友蓮　尹晶錫　謹稿

精選 萬國史目次

精選萬國史目次 終

精選萬國史

壽松 金祥演 撰述

緖言

歷史定義

夫歷史者ᄂᆞᆫ人類의行爲經歷을精確히記錄ᄒᆞ야其事狀前後의關係因緣을明瞭케ᄒᆞᆷ을爲主ᄒᆞᄂᆞᆫ바ㅣ라故로歷史의硏究ᄂᆞᆫ太古ㅣ邃遠ᄒᆞ야可히其溯考키不能ᄒᆞᆫ時代ᄂᆞᆫ姑置ᄒᆞ고人類가可히政體의組織을備有ᄒᆞ야其事蹟의可觀ᄒᆞᆯ時代로브터起筆ᄒᆞ야其如何ᄒᆞᆫ變遷으로ᄡᅥ今日狀態에至ᄒᆞᆫ것을考察코자ᄒᆞᆷ이라是以로其長久ᄒᆞᆫ年代間에興起ᄒᆞᆫ事變은王者의政略과偉人의奇蹟으로始ᄒᆞ야國俗人情과衣食生業과宗敎學問과發明發見에至ᄒᆞ기ᄭᆞ지所謂社會大局의治亂興廢에關ᄒᆞᆫ者ᄅᆞᆯ皆網羅無餘케ᄒᆞᆷ이오惟其事實로ᄡᅥ傳記戰誌의類와如ᄒᆞᆷ에勿陷ᄒᆞᆷ을深愼ᄒᆞᆯ지니라

歷史種類

歷史ᄂᆞᆫ二種이有ᄒᆞ니其一國民의事變을記ᄒᆞᆫ者ᄂᆞᆫ即國史라稱ᄒᆞ고萬國萬代의事變을並記ᄒᆞᆫ者ᄂᆞᆫ即萬國史라云ᄒᆞᄂᆞᆫ故로萬國史ᄂᆞᆫ其國史의集合體ㅣ라甲乙

兩種以上의國民이始乃相接ᄒᆞ야或和ᄅᆞᆯ交ᄒᆞ며或戰을宣ᄒᆞᄂᆞᆫ時로ᄡᅥ萬國史의發端을삼으니其統世界의年代ᄅᆞᆯ經過ᄒᆞᆷ을從ᄒᆞ야漸次로發達變遷ᄒᆞ야今日에至ᄒᆞᆫ槪要ᄅᆞᆯ硏究코자ᄒᆞᆷ은即萬國史의主眼이니라

史期區別

史籍이始生ᄒᆞᆷ으로브터今日에至ᄒᆞ기ᄭᆞ지凡四千五百年이니其間의治亂興廢와盛衰榮枯ᄂᆞᆫ實로枚擧키不能ᄒᆞ나然이나是ᄂᆞᆫ恰然히河流의水源과如ᄒᆞ야世에史籍이有ᄒᆞᆫ以來로今日에至ᄒᆞ도록綿綿相屬ᄒᆞ야其間에別노斷絶이無ᄒᆞ되史籍을講ᄒᆞᆷ에ᄂᆞᆫ便宜ᄅᆞᆯ依ᄒᆞ야事實의異質과時期의特性으로此ᄅᆞᆯ分類ᄒᆞ야左의三大時期로定ᄒᆞ고此의順序로ᄡᅥ講究코자ᄒᆞ노라

古代 埃及의建國으로西羅馬의滅亡에至ᄒᆞ기ᄭᆞ지從紀元前二七〇〇年으로至紀元後四七六年

中世 西羅馬의滅亡으로東羅馬의滅亡에至ᄒᆞ기ᄭᆞ지從紀元後四七六年으로至同一四五三年

近世 東羅馬의滅亡으로今日에至ᄒᆞ기ᄭᆞ지從紀元後一四五三年으로至現時

第一編 (古代史)

總論

古史部分

古代史가自分ᄒᆞ야二部가되니一은東洋古代諸國에關ᄒᆞᆫ者이오一은歐洲古代諸國에關ᄒᆞᆫ者ㅣ라東洋古代諸國에關ᄒᆞᆫ部가又分ᄒᆞ야二小部가되니一은支那印度日本에關ᄒᆞᆫ者이오一은埃及巴比倫亞西利亞波斯等諸國에關ᄒᆞᆫ者ㅣ라支那印度朝鮮等國은互相의關係가有ᄒᆞ되歐洲古代의諸國에ᄂᆞᆫ別上關係가無ᄒᆞ얏ᄉᆞ니此東洋古代의諸國即埃及巴比倫亞西利亞波斯等諸國이但互相의關係가有ᄒᆞᆯ뿐이니라今日歐米의文明이實로此에由起ᄒᆞᆫ바라云ᄒᆞᄂᆞ니라

東西文明

古代人民中歐羅巴人民即希臘人과羅馬人은進取의氣象이富ᄒᆞ고民權의思想이發達ᄒᆞᆫ者이오東洋의人民即亞細亞亞非利加에爲國ᄒᆞᆫ者ᄂᆞᆫ비록文明域에大進ᄒᆞ얏ᄉᆞ나皆保守의氣象이多ᄒᆞ고永久히專制下에畔(?)伏ᄒᆞ니是乃東西의文明이其趣가自異ᄒᆞᆫ所以니라

第一部 東洋諸國

第一章 埃及國

埃及建國

古代諸國中最古ᄒᆞᆫ者의一은埃及이니史家가或云其建國이紀元前二七〇〇年前에在ᄒᆞ얏다ᄒᆞ니而今計算ᄒᆞ면殆히四千六百年前이라如斯히早開ᄒᆞᆫ原因을觀컨ᄃᆡ全히其風土가開國ᄒᆞᆷ에便ᄒᆞ야其地가北緯線二十一度半과二十四度間에在ᄒᆞ야氣候가甚熱ᄒᆞ고國內에一大河가有ᄒᆞ니即拉因河라云ᄒᆞ고亞非利加內地赤道直下處에二大湖가有ᄒᆞ니實은拉因河의水源이此二大湖로發ᄒᆞ야北으로一千里를流ᄒᆞ야埃及을通過ᄒᆞ야地中海에達ᄒᆞᄂᆞᆫᄃᆡ此河가每歲霖雨를際ᄒᆞ야ᄂᆞᆫ水溢ᄒᆞᆫ河畔地가每一層添新ᄒᆞ야恒常肥美ᄒᆞ니如斯히地層이肥美ᄒᆞ고氣候가熱ᄒᆞᆫ故로諸穀類가大熟ᄒᆞ고諸穀類가大熟ᄒᆞᆷ을從ᄒᆞ야人民이繁殖ᄒᆞ고人民이繁殖ᄒᆞᆷ으로ᄡᅥ文明이早速히興起ᄒᆞᆫ지라

三帝國

埃及歷史에三大期가有ᄒᆞ니第一은古帝國時代ㅣ오第二ᄂᆞᆫ故王國時代ㅣ오第三은新帝國時代ㅣ라古帝國第一期의始祖ᄂᆞᆫ메비스ㅣ니其即位ᄂᆞᆫ紀元前二七〇〇年頃ᄯᅢ埃及建國의年이라ᄒᆞ고第三朝王이尖塔을建ᄒᆞ고第四朝王이亦

最大ᄒᆞᆫ尖塔을立ᄒᆞ얏ᄂᆞᆫ듸其高大홈이諸國의尖塔으로ᄂᆞᆫ可히比肩치못ᄒᆞᆯ지오
第五朝王이亦一大尖塔을建ᄒᆞ기로計畫ᄒᆞ더니其業이半道에至ᄒᆞ야死ᄒᆞ니此
第三第四第五의三朝時代에ᄂᆞᆫ埃及建築學이始且宗敎上의束縛을不受ᄒᆞ야自
在로發達ᄒᆞᆫ時代ㅣ라第六朝王이武勇好戰ᄒᆞ야유ㅣ비아黑奴와東方沙漠의
遊牧人種을伐ᄒᆞ고第六朝로第十朝에至ᄒᆞ기ᄭᆞ지國內가大亂ᄒᆞ야政令이不行
ᄒᆞ고郡縣의令長이其所管地를佔據自立ᄒᆞ니시리아地方의遊牧人種이此機를
乘ᄒᆞ고來侵홈이頻數ᄒᆞ더니第十一朝時에至ᄒᆞ야國內가一統에復歸ᄒᆞ야國王

牧王國

이시바스府에都ᄒᆞ다其後에國內가又大亂ᄒᆞ야시리아地方의遊牧人種이來侵
ᄒᆞ야國內를征服ᄒᆞ고其酋長이自立爲王ᄒᆞ니時人이稱曰牧王이라牧王의子孫
이相繼爲王홈이凡四百五十年에其間埃及의文化가全히拂地ᄒᆞᆫ故로史家ㅣ此
間을稱호ᄃᆡ埃及의闇黑時代라云ᄒᆞ니라此時代末에至ᄒᆞ야古帝國王後裔아ㅣ

新帝國

메스가擧兵反亂ᄒᆞᄆᆡ衆心이大歸ᄒᆞ야드ᄃᆡ여牧王의一族을國外에逐ᄒᆞ고아ㅣ
메스가乃立爲王ᄒᆞ니此ᄅᆞᆯ新帝國의始祖第十八朝의初王이라云ᄒᆞ다於是에埃
及國民의性質이一變ᄒᆞ야自前歷代의王은皆土木의役을大起ᄒᆞ야人民을困苦

케ᄒᆞ고遠征久戰으로ᄡᅥ闢地홈을不事ᄒᆞ얏스되此新帝國은始祖가武力으로ᄡᅥ
中興ᄒᆞᆫ故로其嗣가皆征討의事를重히ᄒᆞ야萬國의一統을計ᄒᆞ니是以로武士란
者ㅣ起ᄒᆞ야軍事를專主ᄒᆞ야戰鬪를始ᄒᆞ니新帝國諸王中武功이最大ᄒᆞᆫ者ᄂᆞᆫ卽
람세스二世ㅣ라時人이此를尊稱ᄒᆞ야람세스大王이라云ᄒᆞ니是後로武功이著
大ᄒᆞᆫ君王을大王이라稱ᄒᆞᄂᆞᆫ嚆矢가되지라第十八第十九第二十의三朝卽凡三
百年間에埃及의文武가大爲隆盛ᄒᆞ야에시오ᄡᅵ아國아라ᄡᅵ아國시리아國메소

埃及衰亡

색타미아國이皆埃及에內屬ᄒᆞᆫ지라第二十朝以後로埃及의國力이漸漸衰萎不
振ᄒᆞ더니第二十六朝卽紀元前五二五年에至ᄒᆞ야波斯王에게亡ᄒᆞᆫ바ㅣ되고同
三三二年에至ᄒᆞ야마세돈國歷山大王에게從屬ᄒᆞ얏더니大王이死ᄒᆞᄆᆡ其將도
ᄅᆞ미가埃及을據ᄒᆞ야爲王ᄒᆞ니此의子孫이三百年을相繼ᄒᆞ다가女王구네오ᄡᅢ
도라에至ᄒᆞ야女王이羅馬人에게見敗自死ᄒᆞ니是ᄂᆞᆫ紀元前三〇年의事ㅣ러라

制度

埃及의國體ᄂᆞᆫ世襲王政이니王은政治上專制라云호ᄃᆡ信敎修身에對ᄒᆞ야ᄂᆞᆫ僧
侶에게制ᄒᆞᄂᆞᆫ바ㅣ不少ᄒᆞ고民을三分ᄒᆞ야僧侶、武士、庶人이라ᄒᆞ니僧侶가
장威權이有ᄒᆞ야貲產이富贍ᄒᆞ고擧事를專攷ᄒᆞ며武士ᄂᆞᆫ其次로ᄃᆡ僧侶武士가

共히 其所有의 田地에 對ᄒᆞ야 稅를 不出ᄒᆞ고 是를 反ᄒᆞ야 庶人은 田地를 有호ᄃᆡ 政
治에 參與ᄒᆞᆷ을 不得ᄒᆞ고 庶人을 四等에 分ᄒᆞ야 農工商牧이라 云ᄒᆞ니 此族制ᄂᆞᆫ 人
民으로 ᄒᆞ야곰 父子ㅣ 其業을 相傳케 ᄒᆞ야 敢히 該業을 變치 못ᄒᆞ게 ᄒᆞᆷ이니 是以로
其弊가 ᄼᆞᄼᆞ로 門閥을 貴ᄒᆞ고 人材를 賤ᄒᆞ며 舊習을 重ᄒᆞ고 改進을 輕케 ᄒᆞᆷ에 至ᄒᆞ
니 是乃埃及의 文明이 中道에 萎靡凋絶ᄒᆞᆫ 所以ㅣ라 然이나 埃及技藝中 最著ᄒᆞᆫ 者
ᄂᆞᆫ 其建築術이니 神殿王宮을 極히 嚴壯케 ᄒᆞ며 宏大ᄒᆞᆫ 尖塔을 善造ᄒᆞᄂᆞᆫᄃᆡ 此尖塔
은 歷代國王이 其生前에 預先히 自己墓邱에 建立ᄒᆞᄂᆞᆫ 者라 其中最大ᄒᆞᆫ 者ᄂᆞᆫ 高가
四百八十呎이오 底面四方이 各七百六十呎이니 是等土工에 用ᄒᆞᄂᆞᆫ 巨石或一個
에 千六百噸의 重量이 有ᄒᆞ야 此를 山上으로 工場에 運致ᄒᆞᄂᆞᆫ 人夫가 二千人이 三
年間을 勞役ᄒᆞᆷ에 至ᄒᆞ얏다 ᄒᆞ니 史家가 此埃及建築의 特色으로 其構造의 宏大ᄒᆞᆷ
은 其國俗을 從ᄒᆞᆷ이라 ᄒᆞ고 又建築 其次에 要務ᄒᆞᄂᆞᆫ 美術은 即彫刻繪畫等이니 僧
侶ᄂᆞᆫ 鬼神服裝의 制를 定ᄒᆞ야 畫工刻師로 ᄒᆞ야곰 此를 遵守케 ᄒᆞ고 其畫工刻師ᄂᆞᆫ
自己의 意匠을 恣行ᄒᆞ야 其技妙를 自試치 못ᄒᆞ게 ᄒᆞ고 埃及人이 早速히 文字를 發
明ᄒᆞ야 크게 此를 應用ᄒᆞ야 尖塔紀念碑類로브터 美術上物品과 日用上器具에 皆

文字를 記入ᄒᆞ니 此文字를 記ᄒᆞᆷ에 ᄡᅥ ᄅᆞᄉᆞ 樹葉을 用ᄒᆞ고 埃及의 文字ᄂᆞᆫ 所謂象
字라 ᄒᆞ야 國人이 此를 神聖文字ㅣ라 ᄒᆞ니 是ᄂᆞᆫ 神事에 用ᄒᆞᄂᆞᆫ 故로 此名이 有ᄒᆞ니
宗教 라 埃及人이 又宗教를 甚重ᄒᆞ야 宗教가 ᄼᆞᄼᆞ로 二派에 分ᄒᆞ니 一派ᄂᆞᆫ 高尙을 主ᄒᆞ
고 一派ᄂᆞᆫ 通俗을 旨ᄒᆞᆫ지라 이의 高尙通俗의 區別이 有ᄒᆞᆫ 故로 ᄼᆞᄼᆞ로 顯密의 二教
가 有ᄒᆞ야 僧侶學者의 所信은 一神教로ᄃᆡ 人民一般의 所信은 多神教ㅣ니 人民一
般은 實로 愚昧ᄒᆞ야 淫祠에 溺ᄒᆞ야 牛羊猫犬鶴鷹의 類가 皆其拜崇ᄒᆞᄂᆞᆫ 바ㅣ 故로
其國法에 禽獸를 殺ᄒᆞᆫ 罪가 人을 殺ᄒᆞᆷ보다 尤重ᄒᆞ다 ᄒᆞ니 如斯히 淫祠濫刑에 溺ᄒᆞᆷ
은 實로 人智가 未闢ᄒᆞᆫ 所以ㅣ오 又埃及教事中 最奇ᄒᆞᆫ 者ᄂᆞᆫ 藥種으로 ᄡᅥ 屍體의 腐
敗를 止케 ᄒᆞ야 此를 永遠히 保存ᄒᆞᄂᆞᆫ 習慣이 有ᄒᆞ며 埃及人이 크게 學理를 講호ᄃᆡ
學問 筭術幾何天文醫學等이 其最長ᄒᆞᆫ 學問이니라

第二章 斐尼西亞國

地理 地中海東濱一小狹地에 在ᄒᆞ야 北部ᄂᆞᆫ 百五十里ㅣ오 其幅員이 甚狹ᄒᆞ야 山嶺이
海濱과 相距ᄒᆞᆷ이 近者ᄂᆞᆫ 五里에 止ᄒᆞ고 遠者ᄂᆞᆫ 十四里에 不至ᄒᆞ니 是ᄂᆞᆫ 古代最
初의 通商國人된 斐尼西亞人의 所據ᄒᆞᆫ 國이라 此國이 實로 土地가 狹隘ᄒᆞ고 地味

政體

가瘠惡ᄒᆞ야農作이不便ᄒᆞ나然이나ᄲᅦ론山의材木으로ᄡᅥ船舶을能製ᄒᆞ며臨海의地勢로ᄡᅥ通商航海의業이能히大進ᄒᆞᆫ지라斐尼西亞ᄂᆞᆫ元來一統의國家ᄅᆞᆯ成ᄒᆞᆷ이無ᄒᆞ고多數의都邑이有ᄒᆞ야都邑마다各種의政體ᄅᆞᆯ設ᄒᆞ고君主ᄅᆞᆯ置ᄒᆞ니諸都邑이非常ᄒᆞᆫ事가不有ᄒᆞ면同心併力으로ᄡᅥ事ᄅᆞᆯ計圖치아니ᄒᆞᄂᆞ니其諸都邑中最著ᄒᆞᆫ者ᄂᆞᆫ即시ᄃᆞᆫ府다이야府ㅣ러라

商工景況

此國人의擅名ᄒᆞᆫ바製造品은即硝子와紫色染料의二品이오其中採鑛冶金織物建築의技術이가쟝其長處ㅣ된지라斐尼西亞人이地中海의沿岸島嶼ᄅᆞᆯ互市로숨고特히埃及에至ᄒᆞ야農作物을輸入ᄒᆞᆷ과如ᄒᆞᆷ은其商事의最著ᄒᆞᆫ바ㅣ라其航路의交通은但地中海에不限ᄒᆞ고西으로英國에至ᄒᆞ야錫을採ᄒᆞ며東으로亞拉比亞波斯의海灣을經ᄒᆞ야印度錫蘭에達ᄒᆞ야ᄡᅥ互市ᄅᆞᆯ開ᄒᆞ며

殖民

此國人이但商業에만從事ᄒᆞᆯ뿐아니라能히遠方에移住民을派ᄒᆞ니其移住地中最著ᄒᆞᆫ者ᄂᆞᆫ가ㅣ세지ㅣ라此地가獨立ᄒᆞ야一共和政體ᄅᆞᆯ立ᄒᆞ고勢力이大振ᄒᆞ야羅馬와相戰ᄒᆞᆷ이有ᄒᆞ니其戰事ᄂᆞᆫ羅馬史中에詳載ᄒᆞ니라

衰微

斐尼西亞의盛時ᄂᆞᆫ紀元前十一世紀로同六世紀에至ᄒᆞ기ᄭᆞ지六百年間이니希

臘이漸漸勢力을가ㅣ세지에增ᄒᆞ야드듸여斐尼西亞가海上의商利ᄅᆞᆯ失ᄒᆞᆷ에至ᄒᆞ얏스나오히려大商隊ᄅᆞᆯ派ᄒᆞ야巴比倫을經ᄒᆞ야亞細亞內地에入ᄒᆞ야貿易을行ᄒᆞ더니및埃及國歷山府가創開ᄒᆞᆫ以後로斐尼西亞의商業이愈益衰頹ᄒᆞ야中世에至ᄒᆞ야其繁榮이殆히滅絶ᄒᆞᆷ에至ᄒᆞᆫ지라

文明傳播

此國人의影響이世界文明에最大히波及ᄒᆞᆫ者ᄂᆞᆫ其知識을東西에傳播ᄒᆞᆫ事와發音上文字ᄅᆞᆯ發明ᄒᆞᆫ事ㅣ라古代의國民으로能히文明의傳播에有名ᄒᆞᆫ者ᄂᆞᆫ此國人外에僅히希臘羅馬의二國人뿐이니希臘羅馬의二國人은共히歐洲에立國ᄒᆞᆫ者로ᄃᆡ古代亞細亞에建國ᄒᆞᆫ者로ᄡᅥ能히文明을傳播ᄒᆞᆫ者ᄂᆞᆫ獨此國人이니其功效가實大ᄒᆞ다謂ᄒᆞᆯ지라是乃故意에出ᄒᆞᆷ이아니오自然不知不識之間에此에至ᄒᆞᆫ바ㅣ니何哉오東西諸國에介ᄒᆞ야貨物의有無ᄅᆞᆯ交易ᄒᆞᆯ際에스ᄉᆞ로其知識의有無ᄅᆞᆯ相通ᄒᆞᆫ者ㅣ라希臘羅馬二國의人民은其文明을傳播ᄒᆞᆫ方法이決코如斯偶然의結果가아니오實로自知自識之間에此에至ᄒᆞᆫ바ㅣ니是ᄅᆞᆯ即故意의文明이라謂ᄒᆞᄂᆞ니라

第三章 猶太國

先祖

猶太人의祖先이初에유ㅣ후라데스河上流巴比倫國一都會에住ᄒᆞ야牧羊으로

盛時

爲業ᄒᆞ고其信奉ᄒᆞᄂᆞᆫ바ᄂᆞᆫ一神敎인ᄃᆡ他敎信者에게汚穢ᄒᆞᆷ가恐ᄒᆞ야其業을革
ᄒᆞ고西으로가나안地에入ᄒᆞ얏더니其後三世를經ᄒᆞ야子孫이皆埃及에入ᄒᆞ야
요셉의牧羊의舊業을不廢ᄒᆞ고數百年後에至ᄒᆞ야其子孫이크게繁殖ᄒᆞ니埃及
國王이其勢力의漸加ᄒᆞᆷ을恐ᄒᆞ야其繁殖을妨礙코자ᄒᆞ야此를虐待ᄒᆞ거ᄂᆞᆯ於是
에猶太人이其苦痛을不堪ᄒᆞ야紀元前一三二〇年에모세스로ᄡᅥ首領을ᄉᆞᆷ고出
奔을計ᄒᆞᆯᄉᆡ모세스가其業을革ᄒᆞ고스에스地峽을出ᄒᆞ야四十餘年間을旅行ᄒᆞ
다가終乃ᄲᅢ네스다잉에移住ᄒᆞ니於是에猶太人이비로소國家를成ᄒᆞ고政體를
置ᄒᆞᆫ지라其政體의主意ᄂᆞᆫ天帝를國主로ᄉᆞᆷ고祭官으로ᄡᅥ其意를傳케ᄒᆞ야政事
를治ᄒᆞ니史家가此를神意政體ㅣ라云ᄒᆞ더라國人이此政體를奉ᄒᆞᆫ지凡二百年에
至ᄒᆞ야外患이頻繁ᄒᆞᆷ으로此를廢ᄒᆞ고王政을立ᄒᆞᄂᆞᆫ必要에至ᄒᆞ니初代王은소
ㅣ루라云ᄒᆞ고二代王은데ㅣᄲᅵ드라云ᄒᆞ고三代王은소로몬이라云ᄒᆞ더라소ㅣ루
ㅣ戰死ᄒᆞᄆᆡ國人이데ㅣᄲᅵ드를擧ᄒᆞ야王을ᄉᆞᆷ으니王의天資가英邁ᄒᆞ야能히諸
敵을降服ᄒᆞ고國家의規模를擴張ᄒᆞ더니데ㅣᄲᅵ드死ᄒᆞ고其子소로몬이繼立ᄒᆞ
니소로몬이亦聰明叡智ᄒᆞ되一神敎를不奉ᄒᆞ고隣國의宗敎를奉코자ᄒᆞᆷ으로ᄡᅥ

衰時

近隣諸國과交通을開ᄒᆞ야一時盛大ᄒᆞᆫ外觀을呈ᄒᆞ얏스되이믜人心을大失ᄒᆞ야
國家의衰微ᄒᆞᆷ을促ᄒᆞᆷ에至ᄒᆞᆫ지라소로몬이死ᄒᆞᄆᆡ屬國이離反ᄒᆞ고國民이互相
結黨ᄒᆞ야北部十州ᄂᆞᆫ拜星敎를奉ᄒᆞ고南部二州ᄂᆞᆫ一神敎를信ᄒᆞ야攻伐紛擾가
相繼而起ᄒᆞ더니紀元前九七五年에國內가分ᄒᆞ야二國을成ᄒᆞ니一은이스라에
루王國이라稱ᄒᆞ고一은猶太王國이라稱ᄒᆞ더니自是로二國이互相反目ᄒᆞ야攻戰
이不止ᄒᆞᆫ故로이스라에루國은紀元前七二一年에앗시리아國에게亡ᄒᆞ고猶太

宗敎

國은紀元前五八六年에巴比倫國에게滅ᄒᆞᆫ바ㅣ된지라猶太人의影響이後世文
明에及케ᄒᆞᆷ은政治法律學藝等이아니오但宗敎뿐이니其所信ᄒᆞᆫ宗敎ᄂᆞᆫ一神敎
로ᄡᅥ所謂猶太敎라ᄒᆞ니其敎義ᄂᆞᆫ耶蘇敎舊約全書中에詳見ᄒᆞ니라

第四章　亞西里亞及巴比倫國

地理

亞西里亞及巴比倫은地面이相接ᄒᆞ고二國民이元來同一ᄒᆞᆫ人種으로多年間一
政府下에在ᄒᆞᆫ者ㅣ라此國이유ㅣ후라데스河와지ᄭᅳ리스河間에介在ᄒᆞ야北部
ᄂᆞᆫ山多ᄒᆞ고南部ᄂᆞᆫ平坦ᄒᆞ며兩河가每歲汎溢ᄒᆞᄂᆞᆫ故로土地가恒常肥美ᄒᆞ고메
ㅣ도ᄲᅧㅣ무樹가繁茂ᄒᆞ야其實과液을國人이美味라ᄒᆞ야飮食ᄒᆞ고小麥이極ᄒᆞᆫ

盛熟ᄒᆞᄂᆞᆫ지라此兩河畔에起ᄒᆞᆫ바大國이有三ᄒᆞ니一은前巴比倫王國이오二ᄂᆞᆫ

前巴比倫

亞西里亞帝國이오三은後巴比倫王國이라前巴比倫王國은一名이가루지야王國이라云ᄒᆞᄂᆞᆫ딕地域이低ᄒᆞ고沃野가富ᄒᆞ며國人이天文의理ᄅᆞᆯ究ᄒᆞ고建築彫刻其他의技藝에長ᄒᆞ며楔形의文字ᄅᆞᆯ作ᄒᆞ야記事ᄒᆞ며精巧의織物을製ᄒᆞ야此ᄅᆞᆯ異國에輸出ᄒᆞ며波斯灣岸에沿航ᄒᆞ야貿易을行ᄒᆞ니此國은國初의事記가不明ᄒᆞ고國祖니무론ᄯᅩ의創業以來로隆盛을致ᄒᆞᆷ이凡數百年에及ᄒᆞ다가漸次勢力을失ᄒᆞ야紀元前一二五〇年頃에亞西里亞國이起ᄒᆞᆷ을從ᄒᆞ야巴比倫國이드

亞西里亞

듸여其附庸이되얏고亞西里亞도ᄯᅩᄒᆞᆫ지ᄭᅳ리스河邊에起ᄒᆞᆫ者로帝國이라稱ᄒᆞ야紀元前一五〇〇年頃으로紀元前六〇年ᄭᆞ지存在ᄒᆞ얏ᄉᆞ나其人民이戰爭을好ᄒᆞ야恒常兵을外國과相交ᄒᆞ고外國의財ᄅᆞᆯ掠奪ᄒᆞ야ᄡᅥ自己의用에供ᄒᆞᄂᆞᆫ故로農業製造通商等事ᄅᆞᆯ不重ᄒᆞᄂᆞᆫ지라此國太古의歷史ᄂᆞᆫ茫漠ᄒᆞ야而今에徵知ᄏᆡ甚難ᄒᆞ고僅히紀念碑의存在와近時採掘ᄒᆞᆫ遺物로ᄡᅥ其一端을窺知ᄒᆞᆯᄲᅮᆫ이오其事實의明白ᄒᆞᆫ者ᄂᆞᆫ國君지ᄭᅳ라도ᄲᅦ너세루二世가紀元前八世紀에出ᄒᆞ야아루메니아、시시리아、후히니시아、유데아、이스라에루ᄅᆞᆯ服從케ᄒᆞ얏고同七二

二年에싸루쏜王이이스라에루、유데아、幷埃及의同盟軍을破ᄒᆞ야이스라에루ᄅᆞᆯ滅ᄒᆞ고아라쎄아幷埃及의朝貢을受ᄒᆞ야크게威名을張ᄒᆞ니自此로近鄰諸國이亞西里亞의强大ᄒᆞᆷ을忌ᄒᆞ야兵을出ᄒᆞ미亞西里亞의國政이漸衰ᄒᆞ야內亂이踵起ᄒᆞ되元來亞西里亞의騎兵이勇敢ᄒᆞ야善戰ᄒᆞ니戰則必勝ᄒᆞ고勝則所得이甚多ᄒᆞᆷ으로ᄡᅥ國力의强大ᄅᆞᆯ能히得全ᄒᆞᆫ지라紀元前六八一年에네사루ᄲᅡ도王이即位ᄒᆞ야巴比倫의舊領을有ᄒᆞ고시리아、후히니시아、유데아ᄅᆞᆯ征ᄒᆞ고埃及에지오ᄲᅵ아ᄅᆞᆯ服ᄒᆞ야其朝貢을受ᄒᆞ니其版圖의廣大ᄒᆞᆷ이古來의未曾有ᄒᆞᆫ大國

亞西里亞亡

에至ᄒᆞ야此ᄅᆞᆯ亞西里亞全盛의時代라稱ᄒᆞ니라大抵萬國을併呑ᄒᆞ고宇內의主되고자ᄒᆞᆷ은但其亞西里亞의所欲ᄲᅮᆫ아니라諸國도ᄯᅩᄒᆞᆫ熱望ᄒᆞᄂᆞᆫ바이오又諸國이乘機ᄒᆞ야皆叛旗ᄅᆞᆯ擧ᄒᆞ야ᄡᅥ獨立을謀ᄏᆞ자ᄒᆞᆷ은亦是一般이라種種北亞人種이此等諸國을侵ᄒᆞ되亞西里亞의援助ᄒᆞᆷ을得ᄒᆞ야一時의安泰ᄅᆞᆯ享有ᄒᆞ얏ᄉᆞ나畢竟巴比倫及메지아가反ᄒᆞ야國都니네베ᄅᆞᆯ圍ᄒᆞ고六二五年에니네베ᄅᆞᆯ陷ᄒᆞ미亞西里亞帝國이亡ᄒᆞ야廣大ᄒᆞᆫ領土가四分五裂에至ᄒᆞ니於是에巴比倫、메

後巴比倫

지아、리지아、埃及、유데아、후히니시아等國이皆獨立을得ᄒᆞ다後巴比倫王

國의始祖나쏀쏀라사루가紀元前六二五年에니네베를旣陷ᄒᆞ고ᄧᆡ비로니아及
北方메소쏘다미아를領ᄒᆞ야王國의基礎를開ᄒᆞ고其子네뿌가또네싸루王이埃
及을征ᄒᆞ야시리아를服ᄒᆞ고유데아都城을圍ᄒᆞ야一神敎徒를放逐ᄒᆞ고王이更
進ᄒᆞ야다미야를平ᄒᆞ고巴比倫都城을再建ᄒᆞ며學藝를奬勵ᄒᆞ고商業을振作ᄒᆞ
니西은후히니시야로브터東은印度에至ᄒᆞ기ᄭᆞ지交通이恒常不絶ᄒᆞᆫ지라後世
希臘人이此를倣則ᄒᆞ야文物을增進ᄒᆞᆷ이不尠ᄒᆞ나然이나네뿌가또네싸루ㅣ死
ᄒᆞ미巴比倫王國의勢力이頓衰ᄒᆞ야紀元前五三八年에드듸여波斯王기루스에
게滅ᄒᆞᆫ바되니라

第五章　印度國

地理　亞細亞南部에三大半島가有ᄒᆞ니其中間에在ᄒᆞᆫ者가即印度ㅣ라印度ᄂᆞᆫ北으로
히마라야山脈이有ᄒᆞ고其下에沃野美地가甚多ᄒᆞ며巨川大河가其內에縱橫ᄒᆞᆫ
人種　지라紀元前三〇〇〇年頃에아ㅣ리얀人種의一部가印度에入ᄒᆞ야土人을誘ᄒᆞ
야其地를取ᄒᆞ니土人은色黑ᄒᆞ고人種이劣等이며아ㅣ리얀人種은色白ᄒᆞ고人
種이優等이라아ㅣ리얀人種이始也에土人과混合ᄒᆞᆷ을禁ᄒᆞ야ᄡᅥ其良質을保全

ᄒᆞ기로勉勵ᄒᆞ되年代의經過를從ᄒᆞ야其制가漸弛ᄒᆞ미스ᄉᆞ로土人과互相婚嫁
ᄒᆞ야本來의良質을失ᄒᆞᆷ에至ᄒᆞ니此性質의變化ᄂᆞᆫ即印度의風土가其力이不少
ᄒᆞᆫ지라此印度의事情을歐洲人이明知ᄒᆞᆷ은歷山大王이印度征伐ᄒᆞᆫ以後事ㅣ오
族制　大王의征伐은紀元前三二六年이러라印度에族制가有ᄒᆞ야人民을四等에分ᄒᆞ
니一은波羅門이라云ᄒᆞ고二ᄂᆞᆫ釋帝羅라云ᄒᆞ고三은吠奢라云ᄒᆞ고四ᄂᆞᆫ戎陀라
云ᄒᆞ니波羅門은宗敎와學問을專主ᄒᆞ고釋帝羅ᄂᆞᆫ政事와軍事를爲業ᄒᆞ고吠奢
ᄂᆞᆫ農業과商業을營ᄒᆞ고戎陀ᄂᆞᆫ殆히非人의境遇에在ᄒᆞ야賤業을就ᄒᆞ니此制의
初起ᄂᆞᆫ蓋아리얀人種이스ᄉᆞ로土人의黑奴을分別코자ᄒᆞᆷ에由ᄒᆞ야印度語에族
制를ᄡᅢㅣ나라稱ᄒᆞ니ᄡᅢㅣ나ᄂᆞᆫ即色을謂ᄒᆞᆷ이라此制가一朝에起生ᄒᆞᆫ以來로今
日에至ᄒᆞ기數千年間에嘗一回도廢絶ᄒᆞᆷ이無ᄒᆞ니라
四宗敎　印度에宗敎가繼起ᄒᆞᆫ者ㅣ四種이有ᄒᆞ니一은韋陀敎ㅣ오二ᄂᆞᆫ波羅門敎ㅣ오三
은佛敎ㅣ오四ᄂᆞᆫ印度敎라韋陀敎ᄂᆞᆫ國初의敎ㅣ니其敎義ᄂᆞᆫ韋陀經에詳載ᄒᆞ얏
고波羅門敎ᄂᆞᆫ族制가既定ᄒᆞ야波羅門이勢力을占有ᄒᆞᆫ後로起ᄒᆞᆫ者이오佛敎ᄂᆞᆫ
釋迦의開基ᄒᆞᆫ者이오印度敎ᄂᆞᆫ波羅門敎와佛敎가相混ᄒᆞᆫ者ㅣ니라

韋陀敎

波羅門敎

韋陀敎ᄂᆞᆫ一種의多神敎로ᄃᆡ一神敎의性質이多有ᄒᆞ고且印度後代의諸敎ᄂᆞᆫ大槪厭世主義를不唱ᄒᆞ야其崇拜ᄒᆞᄂᆞᆫ바ᄂᆞᆫ火水雷雨等의自然力이오波羅門敎ᄂᆞᆫ韋陀敎로브터出ᄒᆞᆫ者인ᄃᆡ韋陀敎의多神主義를變ᄒᆞ야萬物皆神의主義를唱ᄒᆞᆫ者ㅣ니其信奉ᄒᆞᄂᆞᆫ바第一의靈物은ᄲᅳ라마ㅣ라云ᄒᆞ니此ᄲᅳ라마ᄂᆞᆫ鬼神萬物은人類를由ᄒᆞ야出ᄒᆞᆫ者로復歸ᄒᆞᄂᆞᆫ바ㅣ니則此敎ᄂᆞᆫ靈魂流轉의說을唱ᄒᆞᆫ지라此靈魂流轉이라ᄒᆞᆷ은人이死去ᄒᆞᆯ時에其靈魂이其生前行爲의善惡을由ᄒᆞ야或은天人의體에附ᄒᆞ고或은禽獸의體에附ᄒᆞᆫ다ᄒᆞᆷ이오佛敎ᄂᆞᆫ波羅門으로出ᄒᆞᆫ者로ᄃᆡ其主義가此와正反對ㅣ니何者오波羅門敎ᄂᆞᆫ萬物로ᄡᅥ神을숨고神으로ᄡᅥ萬物을숨ᄂᆞᆫᄃᆡ佛敎에ᄂᆞᆫ神을說ᄒᆞᆷ을非難ᄒᆞᆫ지라佛敎에萬物에出ᄒᆞᆫ바ㅣ即復歸ᄒᆞᄂᆞᆫ바라云ᄒᆞᆷ은理體이오鬼神의類가아니니佛者가此理體를稱ᄒᆞ야眞如라云ᄒᆞᄂᆞ니佛者의最願ᄒᆞᄂᆞᆫ바幸福即安樂은涅槃이라此敎의開祖釋迦의入滅ᄒᆞᆫ年代가一定치아니ᄒᆞ야或은紀元前四八二年과同四七二年間이라ᄒᆞᄃᆡ其入滅ᄒᆞᆫ後二百年間에印度北部가皆其敎를信奉ᄒᆞᆫ지라印度의一國ᄲᅢ히ㅣ루國王아소가가佛敎의弘布를盡力ᄒᆞ야錫蘭島가此王으로由ᄒᆞ야佛敎를傳ᄒᆞ고紀元後支那後

佛敎

印度敎

人種變遷

國家起原

漢明帝가佛敎를傳ᄒᆞ고紀元後四五〇年에緬甸이此를傳ᄒᆞ고紀元後六三八年에暹羅가此를傳ᄒᆞ고紀元後五五二年에日本이此를百濟로브터傳受ᄒᆞ니라佛敎가起ᄒᆞ고波羅門敎가大挫ᄒᆞ얏스나波羅門敎僧侶의性質이狡猾ᄒᆞ야自全의策에長ᄒᆞ미能히佛敎의長을取ᄒᆞ고自敎의短을補ᄒᆞ야ᄡᅥ時機에適合ᄒᆞᆷ을計ᄒᆞ니是乃波羅門敎가佛敎에게亡치아니ᄒᆞ고反히此를亡케ᄒᆞᆫ所以ㅣ라然이나佛敎ᄂᆞᆫ印度에셔亡ᄒᆞ얏스되外國에廣布됨으로永存ᄒᆞ고波羅門敎ᄂᆞᆫ能히佛敎를亡ᄒᆞ얏스되其性質을復舊치못ᄒᆞ야即一新宗派됨을不免ᄒᆞ니史家가此를稱ᄒᆞ야印度敎라云ᄒᆞᄂᆞ니라印度ᄂᆞᆫ歷史가不有ᄒᆞᆫ國인故로其古來의事變을叅攷ᄒᆞᆯ바ㅣ無ᄒᆞ고土地가廣漠ᄒᆞᆷ으로數部에分ᄒᆞ야古來同時에國을立ᄒᆞᆫ者ㅣ不少ᄒᆞᄃᆡ皆一定ᄒᆞᆫ紀元과正朔이不有ᄒᆞ니是乃歷史의起ᄒᆞᆷ을不得ᄒᆞᆫ一原因이라今此에古來人種上의大變遷을陳ᄒᆞ면一은아리안人種의來住ㅣ오二ᄂᆞᆫ回回敎徒의來住ㅣ오三은近世歐洲諸國人의來住가是也ㅣ라

第六章　波斯國

ᄉᆞㅣ너만山脉과메소포다미야曠野間에一大高原이有ᄒᆞ야此를이란ᄯᅡ라云ᄒᆞ

논ᄃᆡ其西部에住ᄒᆞᆫ者ᄂᆞᆫ메지야國人이오其南部波斯灣을沿住ᄒᆞᆫ者ᄂᆞᆫ波斯國人이라二國人이共히아리안人種이니메지야國과波斯國이初也에各一獨立國이러니紀元前六世紀頃에波斯人이兵力을盛養ᄒᆞ고기루스大王이此를督ᄒᆞ야先次로메지야를助ᄒᆞ야ᄲᅢ비론니아를伐ᄒᆞ고繼ᄒᆞ야紀元前五五〇年에메지야를征服ᄒᆞ고進ᄒᆞ야리지아를降服ᄒᆞ고其強大ᄒᆞᆫ威力으로ᄲᅢ비론府를迫ᄒᆞ야攻圍二年에此를陷落ᄒᆞ고同府에幽囚된猶太人을縱ᄒᆞ야本國으로歸케ᄒᆞ고幾滅ᄒᆞᆫ一神敎가此를由ᄒᆞ야僅히餘命을保存ᄒᆞ다於是에앗시리야領地가大槪波斯版圖에入ᄒᆞ고其中波斯에服從치아니ᄒᆞᆫ者ᄂᆞᆫ獨埃及뿐이라大王이死ᄒᆞ미가무ᄲᅦ세스가即位ᄒᆞ야親히率兵ᄒᆞ고埃及을征伐ᄒᆞᆯ새멘후스都城을陷ᄒᆞ야埃及을降ᄒᆞ고歸國ᄒᆞᄂᆞᆫ途次에卒ᄒᆞ니ᄯᅡ리우스란者가波斯의內亂을乘ᄒᆞ야王位에即ᄒᆞ다

制度整頓 ᄯᅡ리우스가賢明ᄒᆞ고治體에通達ᄒᆞ야크게制度를改良ᄒᆞ야全國을分ᄒᆞ야二十縣으로作ᄒᆞ고縣에知事將軍錄事의三職을置ᄒᆞ야互相히權利를制御케ᄒᆞ고又收稅法을改ᄒᆞ며驛遞制를定ᄒᆞ고國道를大開ᄒᆞ니國內의廣袤ㅣ東西가三千哩

ㅣ오南北이近者ᄂᆞᆫ五百哩오遠者ᄂᆞᆫ一千五百哩ㅣ니其面積이合二百萬方哩ㅣ라此廣袤ᄒᆞᆫ面積은今日歐洲를兩分ᄒᆞᆫ其一보다尤大ᄒᆞ고又王時에人口가七八千萬에至ᄒᆞ니國人이王을稱ᄒᆞ야中興主라ᄒᆞ다ᄯᅡ리우스와幷其嗣子세루세스가希臘을征ᄒᆞ야皆破ᄒᆞ고紀元前三三一年에波斯가終乃歷山大王에게亡ᄒᆞᆫ바되야其固有ᄒᆞᆫ文物이絶跡ᄒᆞᆷ에至ᄒᆞ니라 末路

宗敎 波斯人이初에一神을奉ᄒᆞ다가後에ᄶᅩ로아스다敎를奉ᄒᆞ니ᄶᅩ로아스다ᄂᆞᆫ一聖人이라其說에曰宇宙에無數ᄒᆞᆫ善神惡神이相爭ᄒᆞᄂᆞᆫ故로人生의禍福이其勝敗에由ᄒᆞ야定ᄒᆞᄂᆞ니善神의長을光神이라稱ᄒᆞ고惡神의長을闇神이라稱ᄒᆞ야波斯人이此敎를奉ᄒᆞ더니數世後에마씨敎即拜火敎가메씨야國으로傳來ᄒᆞ야此敎의僧侶를마씨라稱ᄒᆞ다 文明 波斯人이書를讀호ᄃᆡ學事를奬勵치아니ᄒᆞ야兒童이體操를專ᄒᆞ고勤儉을養ᄒᆞ며建築彫刻은波斯人이此를亞西里亞人과巴比倫人에게學得ᄒᆞ얏스되實로波斯人은尙武의人民으로常誇ᄒᆞ야曰諸國으로ᄒᆞ야금其土産物을貢獻케ᄒᆞᄂᆞᆫ것은但此三尺의劒을由ᄒᆞᆷ이라ᄒᆞ더라

第二部 歐洲諸國

地理

第一章　希臘國

希臘은歐洲南海三大半島의一로極東에處ᄒᆞᆫ者ㅣ니北境에ᄂᆞᆫ高山峻嶺이有ᄒᆞ야ᄡᅥ歐洲大陸을接ᄒᆞ고南은地中海에臨ᄒᆞ고東은이ㅣ지안海에濱ᄒᆞ고西ᄂᆞᆫ아ᄯᅩ리야직구海에面ᄒᆞ니此地南北의延長이凡二百五十哩ㅣ오東西의延長이凡百八十哩ㅣ라此國의長江廣灣이富ᄒᆞ고海角高岬이多ᄒᆞ며海岸과相距가不遠ᄒᆞ야沃饒ᄒᆞᆫ羣島가有ᄒᆞ고海上의風波가不興ᄒᆞ야航行ᄒᆞ기至易ᄒᆞ며內地의形勢ᄂᆞᆫ山岳이縱橫起伏ᄒᆞ야原野가其間에介在ᄒᆞᆷ으로數多의小國이割據ᄒᆞ기便利ᄒᆞ고水陸의關係가其宜ᄅᆞᆯ得ᄒᆞᆫ故로其住民의進取活潑ᄒᆞᆫ氣象을發ᄒᆞ기早速케ᄒᆞ야ᄡᅥ顯著ᄒᆞᆫ文明을興起ᄒᆞᆷ에至ᄒᆞᆫ지라

四人種

希臘人은白人種의一派아리얀人種이니其初에亞細亞로브터來ᄒᆞ야希臘에入ᄒᆞᆫ時에希臘에이믜土人이有ᄒᆞ거ᄂᆞᆯ希臘人이此人種을從ᄒᆞ야其地ᄅᆞᆯ佔據ᄒᆞ다

希臘人에四大種族이有ᄒᆞ니一은ᄯᅩ리안이오二ᄂᆞᆫ이오니안이오三은아기안이오四ᄂᆞᆫ에오리안이라其中ᄯᅩ리안種族과이오니안種族이가장重要ᄒᆞ니希臘盛時에當ᄒᆞ야ᄯᅩ리안種族은南部에住ᄒᆞ야武ᄅᆞᆯ尙ᄒᆞ고스ᄲᅡ르다人은이오니안種

族中部에住ᄒᆞ야文을貴ᄒᆞ니希臘史ᄅᆞᆯ觀ᄒᆞ면此二種族이互相爭權ᄒᆞ든記事가有ᄒᆞ니라

第二章　雅典國

特性

雅典國人은其性質이學藝ᄅᆞᆯ勵ᄒᆞ고商業을營ᄒᆞ며民權을重ᄒᆞ니希臘의文明이實로此國의力을依ᄒᆞ야進就ᄒᆞ얏다云ᄒᆞᆷ되過言이아니ㅣ라此國이初也에他國과如히王을立ᄒᆞ얏더니後에王政을永廢ᄒᆞ고共和政體로ᄡᅥ代行ᄒᆞ야舊王族中名望이有ᄒᆞᆫ者의一人을選ᄒᆞ야統領을合고終身토록其職에居케ᄒᆞ얏더니其後

政體變遷

에又統領을獨舊王族으로選定ᄒᆞᄂᆞᆫ制ᄅᆞᆯ廢ᄒᆞ고此ᄅᆞᆯ貴族으로選케ᄒᆞᆫ故로政權이一時貴族에게盡歸ᄒᆞᆫ지라貴族이其權을濫用ᄒᆞ야下民을虐ᄒᆞ니下民이貧ᄒᆞ야金錢을貴族에게借得ᄒᆞ미金錢貸借의法이至嚴ᄒᆞᆫ故로下民이大困ᄒᆞ야드듸여亂을作ᄒᆞᆷ에至ᄒᆞᆫ지라時에此國이姑且成文의法律이不有ᄒᆞ고貴族이恣權ᄒᆞᄂᆞᆫ故로下民이成文法律의起草ᄅᆞᆯ切望ᄒᆞ니紀元前六二九年頃에統領ᄯᅩ라고가下民의此切望을容ᄒᆞ야法典을編輯ᄒᆞ미下民이其法典의峻嚴ᄒᆞᆷ을驚愕ᄒᆞ야漸次大亂에至ᄒᆞ다

制度改革

政黨爭權

於是에貴族이賢明의士소론을選ᄒᆞ야統領을ᄉᆞᆷ고新法制를設케ᄒᆞ니是는紀元前五九四年의事ㅣ라소론이政弊를根治코자ᄒᆞ야其舊制度를一變ᄒᆞ고新制度를作ᄒᆞᆯᄉᆡ從來雅典國人民을三等에分ᄒᆞ야貴族農夫匠工이라ᄒᆞᄂᆞᆫᄃᆡ獨貴族이政權을專主ᄒᆞ더니新히人民을四等에分ᄒᆞ야等級을財産多少에由ᄒᆞ야定ᄒᆞ고衆議院元老院高等院을置ᄒᆞ야一等으로四等에至ᄒᆞᄂᆞᆫ人民으로ᄒᆞ야곰皆衆議院에臨ᄒᆞᆷ을得케ᄒᆞ고一等二等三等의人民으로ᄒᆞ야곰元老院에入ᄒᆞᆷ을得케ᄒᆞ고統領의職에在ᄒᆞᆫ者ᄂᆞᆫ高等院에入케ᄒᆞ고高等院의權力이重大ᄒᆞ야衆議院의議決을破毁ᄒᆞᆷ을得케ᄒᆞ니此소론의新法要義ᄂᆞᆫ國人一般으로ᄒᆞ야곰參政權을有케ᄒᆞᆷ이로ᄃᆡ오히려尊重ᄒᆞᆫ權은富豪ᄒᆞᆫ社會에在ᄒᆞ다소론의改革이諸政黨의軋轢을憂ᄒᆞ야其調停을計ᄒᆞᆫ바로ᄃᆡ諸政黨은皆意에不適ᄒᆞᆫ故로不久ᄒᆞ야黨爭이大起ᄒᆞ고黨派가三分ᄒᆞ니即進步黨保守黨溫和黨이라進步黨首領ᄡᅦ시스도랏스라云ᄒᆞᄂᆞᆫ人이自己의腕力으로ᄡᅥ政府를顚覆ᄒᆞ고新히專制의政體를置ᄒᆞ야스ᄉᆞ로其實權을掌握코자ᄒᆞ더니밋其意를遂成ᄒᆞ미其爲政은極히寬厚ᄒᆞ더라

第三章 波斯戰爭

波斯蠶食

小亞反亂

紀元前五世紀初에波斯人이希臘을征伐ᄒᆞᆷ이三回인ᄃᆡ每回의功을不奏ᄒᆞ다初에波斯創業主기루스大王이小亞細亞리지아王國과幷其領地를征服ᄒᆞ미小亞細亞의希臘殖民地가亦從來리지아王國의屬國인故로事勢가自然波斯에隸屬ᄒᆞᆫ바ㅣ된지라然이나希臘殖民地ᄂᆞᆫ恒常波斯의管下에在ᄒᆞᆷ을不好ᄒᆞ야苦情을鳴ᄒᆞ기不止ᄒᆞ다가紀元前五〇〇年에至ᄒᆞ야드ᄃᆡ여反ᄒᆞ니雅典國이軍艦을遣ᄒᆞ야此를援助ᄒᆞ다波斯의英主ᄯᆡ리우스가能히此亂을鎭定ᄒᆞ얏스나雅典이援兵을出ᄒᆞᆷ을甚惡ᄒᆞ야드ᄃᆡ여兵을遣ᄒᆞ야希臘을侵擊ᄒᆞ니是ᄂᆞᆫ波斯戰爭의原因이라

第一征軍

紀元前四九二年에波斯王ᄯᆡ리우스가兵을派ᄒᆞ야希臘을征伐ᄒᆞ니是를第一回의征伐이라稱ᄒᆞ다波斯의海軍이아지안海岸을沿ᄒᆞ야아쏘스山下에至ᄒᆞ야颶風을遇ᄒᆞ야覆破ᄒᆞ고陸軍은又스레스土民의게見敗ᄒᆞ야全軍이希臘에達치못ᄒᆞ고引還ᄒᆞ다於是에ᄯᆡ리우스가溫和ᄒᆞᆫ手段으로ᄡᅥ希臘諸國을附從케ᄒᆞ고자ᄒᆞ야使者를希臘諸國에遣ᄒᆞ야水와土를求ᄒᆞ니當時에敵에對ᄒᆞ야水와土를

第二征軍

雅典製艦

第三征軍

出홈은降伏의証이라諸國이皆應從호되獨스빠루다와雅典二國이不聽호고使者를捕殺호니싸리우스가愈益大怒호야十萬의兵을遣호야希臘을討호니是를第二回의征伐이라稱호다征軍이이지안海를橫斷호야希臘東岸의마라쏜曠原에上陸호니雅典의將軍미리지야데스가雅典兵一萬人과뿌라지야兵一千人을率호고十倍의敵을迎戰호야大擊破호다是時에希臘人이皆云此後에는更히東顧의患이無호리라호되獨雅典의大政治家데미스도구네스가不然타호야若禍患이再發호는境遇에는반다시海軍의力을依치아니면不可호다호야預先히海軍을盛備호야써後患을防호자主論호나其政敵의아리스지데스는陸軍의制를主張호야國論이二歧호다가畢竟投票法에依호야데미스도구네스의說이採用된지라其後에果然波斯人이更히希臘을征호니是를第三回의征伐이라稱호다初에波斯王이數回의失敗홈을不係호고一日이라도希臘의亡홈을不忘호야第三回征伐의準備로써軍事를整頓호다가畢竟其意를未果호고死호니嗣王구세루구세스가亦其意를繼承호야親히率軍호고希臘을伐홀ᄉᆡ其戰士水夫가二百五十萬人이오軍艦이千二百艘ㅣ오運送의小船이其數를不知러라希臘諸國이

大戰鬪

危迫을當호미크게驚駭호야計謀의出홀바를不知호고其敵將에게降호는者ㅣ不少호지라데미스도구네스가其智辯으로써僅히雅典과스빠루다及其他數國의兵을倂호야敵을拒홀ᄉᆡ是等諸國이스빠루다로써同盟軍의総督을삼으미該王이其國人三百名과同盟軍數千人을率호고敵을데루모삐리險道에拒호니敵이能히險阻를奪치못호고數日을遷延호다가敵에告호는者ㅣ有호야潛地로間道에出호니守險將士가胸背에受敵호야進退維谷이라矢盡劒折호야即斃호니後世萬代에其義勇을稱호다

波斯人이長驅호야雅典府에到호야放火호니雅典人이軍艦을乘호고他對岸島嶼及近隣地로逃避호는지라데미스도구네스가其智謀로써同盟國의將士로호야금사라미스灣에止호야크게敵과接戰케호니希臘의軍艦이三百六十六艘ㅣ오波斯의軍艦이一千艘ㅣ라衆寡가不敵호야希臘諸將이皆恐懼호야迎戰치아니호거늘데미스도구네스가奇計를出호야波斯人으로호야금開戰케호니於是에希臘諸將이勢不得已호야奮鬪決戰호야波斯兵을大破호니波斯王구세루구세스가軍을委호고逃走호니是는紀元前四八〇年이러라

戰爭結局

翌年即四七九年九月二十五日에波斯의陸兵三萬人이又希臘人에게大敗ᄒᆞ고同日에波斯軍艦이皆希臘人에게覆沒ᄒᆞᆫ바ㅣ되고四六六年에波斯의海陸兩軍이유ㅣ리미돈川에셔皆希臘人에게大敗ᄒᆞ니於是에波斯戰爭이全히其局을結ᄒᆞᆫ지라希臘이能히波斯를破ᄒᆞ야永久히獨立을有ᄒᆞᆯ뿐아니라小亞細亞의諸都邑으로ᄒᆞ야금波斯의軛을脫케ᄒᆞ얏스니若此時에希臘이敗亡ᄒᆞ얏스면後世人이希臘의文明即今日歐米의文明을能히得見치못ᄒᆞᆷ에至ᄒᆞ리로다

第四章 歷山大王

歷山大王

紀元前三三六年에非理普ㅣ死ᄒᆞ고其子歷山이嗣ᄒᆞ니即歷山大王이라大王이繼立ᄒᆞᆫ지數年에希臘諸國이其年少ᄒᆞᆷ을侮ᄒᆞ야反亂ᄒᆞ니大王이輒討平定ᄒᆞ고乃父의遺圖를繼ᄒᆞ야親히率兵ᄒᆞ고埃及幷波斯를征ᄒᆞ야大戰三回에波斯帝國을亡ᄒᆞ니第一回大戰은紀元前三三四年그라니가스河畔合戰이오第二回大戰은同三三三年잇사스合戰이오第三回大戰은同三三一年아ㅣ벨라合戰이라大王이波斯國을取ᄒᆞᆷ으로뻐不足타ᄒᆞ야更히印度를進征ᄒᆞᆯ시믓印度히다스뻬스河에至ᄒᆞ야一軍이皆西歸ᄒᆞᆷ을思ᄒᆞ니於是에大王이還軍ᄒᆞ야스ㅣ사府에至ᄒᆞ

야마세돈希臘波斯와其他諸國으로뻐一大帝國이라宣言ᄒᆞ고波斯先王의女를人ᄒᆞ야后를삼고諸多將士로ᄒᆞ야금波斯의女子를娶妻케ᄒᆞ니將校八十人과兵士一萬人이其命을奉ᄒᆞ더니紀元前三二四年에마세돈人과希臘人이大王의所爲가甚히東洋의風을崇尙ᄒᆞᆷ을不悅ᄒᆞ야謀反ᄒᆞ니大王이善爲鎭定ᄒᆞ고紀元前三二三年에大王이熱病으로死ᄒᆞ니大王이死ᄒᆞ매諸將이割據ᄒᆞ야大國을分裂ᄒᆞ야數國을成ᄒᆞ얏스나大王의雄圖ᄂᆞᆫ全히其功을後世에遺ᄒᆞᆫ지라大王이能히希臘의文明을波斯其他東方諸國에及케ᄒᆞ야一種의新文明을起ᄒᆞ얏고此文明이永久히後世에遺傳ᄒᆞ야羅馬帝國과如ᄒᆞᆫ者ᄂᆞᆫ專히此를倣則ᄒᆞᆫ者라云ᄒᆞᄂᆞ니라

最大功業

大國分裂

歷山의帝國이分ᄒᆞ야三大國、三小國、三同盟을成ᄒᆞ니三大國은마세돈王國과波斯王國과埃及王國이라마세돈王國은歷山大王의將가산ㅣ더의所建이오波斯王國은其將셰릭구스의所建이오埃及王國은其將도르미의所建이라마세돈王國은紀元前一六八年에羅馬人에게亡ᄒᆞ얏고波斯王國은紀元前六五年에羅馬人에게亡ᄒᆞ얏고埃及王國은紀元前三〇年에亦羅馬人에게亡ᄒᆞ얏고其他小國同盟이皆前後를相繼ᄒᆞ야羅馬人에게亡ᄒᆞᆫ바되니希臘本部의諸國이羅馬版

圖에始入ᄒᆞᆫ年代ᄂᆞᆫ紀元前一四六年이러라

第五章 希臘文明

文明特性 希臘人이國初에在ᄒᆞ야ᄂᆞᆫ文物을埃及及腓尼西亞巴比倫에倣則ᄒᆞ얏더니其後에能히斬新ᄒᆞᆫ文明을創始ᄒᆞᆫ지라其文明이但斬新ᄒᆞᆯᄲᅮᆫ不止라其高尙優美ᄒᆞᆫ事가古代諸國에冠ᄒᆞ니蓋希臘의地勢가商工에適ᄒᆞ야一大競爭場을形成ᄒᆞ고人民으로ᄒᆞ야곰其雌雄을決케ᄒᆞᆷ으로ᄡᅥ智識이愈愈發達ᄒᆞ며民權이亦此ᄅᆞᆯ從ᄒᆞ야愈愈發達ᄒᆞ야ᄡᅥ未曾有의文明을起ᄒᆞ니라

宗敎 希臘의宗敎ᄂᆞᆫ多神敎인ᄃᆡ其敎旨가幽玄深邃ᄒᆞᆷ이아니라凡人類社會에起ᄒᆞᆫ事實로ᄡᅥ其基礎ᄅᆞᆯ合ᄒᆞᆫ故로其性質이東方諸國과如ᄒᆞᆫ恐怖主義가아니오慈愛優美ᄒᆞᆫ思想이贍富ᄒᆞ며其經典은嚴正ᄒᆞᆫ經文이아니라詩聖호ㅣ마及헤시옷도의詩集이오其神은大小의二種이有ᄒᆞ니天神으로爲長爲父ᄒᆞ며海神日神月神火神使神軍神天后智神竈神農神戀神等男女의神을設ᄒᆞ야大率一宗族의血統을組織ᄒᆞ고神爲로ᄡᅥ大抵人爲와同一ᄒᆞᆫ者라云ᄒᆞ니希臘人이如斯히神으로ᄡᅥ人類와相距가不遠ᄒᆞ다ᄒᆞᆫ故로神으로ᄡᅥ人類와交通ᄒᆞᆷ을得ᄒᆞᄂᆞᆫ者라ᄒᆞ야巫女의

身으로ᄡᅥ神靈의依憑ᄒᆞᆫ바라ᄒᆞ고巫女의言으로ᄡᅥ卽神託이라ᄒᆞ야吉凶禍福을知ᄒᆞ니上으로國家의大事와下으로人民日常의行爲에至ᄒᆞ기ᄭᆞ지皆此ᄅᆞᆯ依ᄒᆞ야判定ᄒᆞᆷ이不少ᄒᆞᆫ지라希臘이宗敎로ᄡᅥ其勢力을得케ᄒᆞᆫ것은卽定時施行ᄒᆞᄂᆞᆫ

大祭 大祭ㅣ니是等大祭에ᄂᆞᆫ希臘諸國人이參同ᄒᆞ야一致協同으로ᄡᅥ競技ᄅᆞᆯ演ᄒᆞ니競技ᄂᆞᆫ步騎車音樂詩作彫刻等의競爭이라此競爭에勝ᄒᆞᆫ者ᄂᆞᆫ橄欖月桂의冠을得ᄒᆞ니希臘人이是等의冠을得ᄒᆞᆷ으로ᄡᅥ非常ᄒᆞᆫ名譽라稱ᄒᆞᄂᆞᆫ지라如斯ᄒᆞᆫ大祭ᄂᆞᆫ諸國人의合同으로ᄡᅥ成ᄒᆞᆫ者ㅣ故로平素에互相反目ᄒᆞ든바國人으로ᄒᆞ야곰共히同一ᄒᆞᆫ宗敎ᄅᆞᆯ奉ᄒᆞ고同一ᄒᆞᆫ言語ᄅᆞᆯ用ᄒᆞ야ᄡᅥ同一의人種을知得케ᄒᆞᆷ이오又此等大祭의諸國人으로其技藝ᄅᆞᆯ競爭케ᄒᆞ야ᄡᅥ文明進步의一大助成을得케ᄒᆞᆷ이實로可疑ᄒᆞᆯ바아니라

詩學 希臘의詩ᄂᆞᆫ史前時代에旣有ᄒᆞ고文이後起ᄒᆞ얏ᄂᆞᆫᄃᆡ詩에四種이有ᄒᆞ니敍事的의詩ㅣ오述感的의詩ㅣ오奏樂的의詩ㅣ오演戲的의詩ㅣ라史前卽王政이行ᄒᆞ든時代에ᄂᆞᆫ敍事的의詩가盛行ᄒᆞ더니밋王政이廢ᄒᆞ고共和의主義가行ᄒᆞᆷ에至ᄒᆞ야ᄂᆞᆫ述感的의詩가起ᄒᆞ고又奏樂的의詩가踵起ᄒᆞ얏고演戲的의詩ᄂᆞᆫ雅典隆

美術

盛의時代에發達ᄒᆞᆫ者라希臘이又建築彫刻으로有名ᄒᆞ니希臘의建築은其規模가宏大ᄒᆞᆯᄲᅮᆫ아니라其莊嚴美麗ᄒᆞᆷ이美術學의精神을現出ᄒᆞ얏고建築術의巧妙ᄒᆞᆷ을極ᄒᆞᆷ은西洋古代諸國에不見ᄒᆞ든바로後世에셔皆爲倣傚ᄒᆞᆫ지라希臘人의心力을最用ᄒᆞᄂᆞᆫ者ᄂᆞᆫ祀殿의建築이니ᄲᅡㅣ리是殿堂과如ᄒᆞᆷ은今日의人이皆稱賛不已ᄒᆞᄂᆞᆫ바이오希臘人이又彫刻에長ᄒᆞ고繪畫音樂等이亦希臘人의嗜好ᄒᆞᄂᆞᆫ바로ᄃᆡ此ᄅᆞᆯ建築彫刻에比ᄒᆞ면姑且完全히發達ᄒᆞ얏다云치못ᄒᆞᆯ지라

風俗

希臘人의服裝이質素ᄒᆞ고男女의服飾이相異ᄒᆞᆫ바甚少ᄒᆞ니衣服은通常羊毛麻布緜布로ᄡᅥ製ᄒᆞ고婦女子ᄂᆞᆫ帽ᄅᆞᆯ不戴ᄒᆞ며男子도旅人職工이아니면頭ᄅᆞᆯ不蔽ᄒᆞ고每常家內에在ᄒᆞ야ᄂᆞᆫ全히鞋類ᄅᆞᆯ不用ᄒᆞ고其食事ᄂᆞᆫ一日二回ᄒᆞ며臥床에憑ᄒᆞ야食ᄒᆞ고指로ᄡᅥ食物을攝ᄒᆞ며指ᄅᆞᆯ不用ᄒᆞᆯ時에ᄂᆞᆫ匙ᄅᆞᆯ用ᄒᆞ고其常食ᄒᆞᄂᆞᆫ바物은魚類와大麥製의麵包와波斯棗等이라客이有ᄒᆞᆫ時에ᄂᆞᆫ食後에主客이共히酒ᄅᆞᆯ飮ᄒᆞ고興味가增ᄒᆞ면即奏樂歌舞와其他技藝로ᄡᅥ消暢ᄒᆞ며又希臘에ᄂᆞᆫ官立學校가無ᄒᆞ되私立學校의設置가不少ᄒᆞ고學校에ᄂᆞᆫ男子만限ᄒᆞ고學課ᄅᆞᆯ三科에分ᄒᆞ야文法音樂體操等이니文法은敎育諸科의初步ᄅᆞᆯ合ᄒᆞ며音樂은

悉皆智識上의藝能을合習ᄒᆞᆫ지라女子ᄂᆞᆫ史前時代에ᄂᆞᆫ男子의敬禮ᄅᆞᆯ受ᄒᆞ얏더니歷史時代에至ᄒᆞ야ᄂᆞᆫ男子에게輕侮ᄒᆞᆫ바되고其出嫁ᄒᆞ기前과已嫁ᄒᆞᆫ後라도深閨中에在ᄒᆞᆷ이爲例ㅣ라故로男子ᄂᆞᆫ交親ᄒᆞᆫ母妻姉妹에게化ᄒᆞᆷ이殆無ᄒᆞ니是乃希臘社會의一缺点이라謂ᄒᆞᄂᆞ니라

第六章　羅馬國

一大橋梁

史家가稱ᄒᆞ되羅馬ᄂᆞᆫ古代近代ᄅᆞᆯ分ᄒᆞᆫ同時에又此ᄅᆞᆯ聯接케ᄒᆞᆫ一大橋梁이라ᄒᆞ니羅馬가初에一個小都會로ᄡᅥ漸次勢力을得ᄒᆞ야伊太利ᄅᆞᆯ一統ᄒᆞ고드ᄃᆡ여地中海에沿ᄒᆞᆫ諸國을倂呑ᄒᆞᆷ에至ᄒᆞᆫ지라古代諸國의宗敎法律慣習言語詩文美術學問이當時에皆羅馬의管下에歸ᄒᆞ야其文明을大成ᄒᆞ얏스니實은古代의萬國이畢ᄒᆞ야羅馬의大國이起ᄒᆞ고羅馬의大國이畢ᄒᆞ야近代의歐洲諸國이起ᄒᆞ고近代의歐洲諸國이其實相類ᄒᆞ며相似ᄒᆞᆫ바ᄂᆞᆫ皆其共同히文物制度ᄅᆞᆯ羅馬로브터傳受ᄒᆞᆫ所以니라

羅馬國俗

希臘人과羅馬人이大體上人種言語宗敎가同一ᄒᆞ되其特質에至ᄒᆞ야ᄂᆞᆫ相異ᄒᆞᆫ바ㅣ多ᄒᆞ니希臘人은才智에富ᄒᆞ고羅馬人은剛氣에豐ᄒᆞ며美術詩文은羅馬人

미自發ᄒᆞᆫ바少ᄒᆞ고大概希臘人을倣則ᄒᆞ며風俗上으로ᄂᆞᆫ優雅치못ᄒᆞ되甚히質朴ᄒᆞ야輕薄치아니ᄒᆞ며實로紀律을固守ᄒᆞᄂᆞᆫ人民이라其紀律을固守ᄒᆞᆷ이其能히萬國을征服ᄒᆞᆫ所以ㅣ오又其萬國을能히統御ᄒᆞᆫ所以ㅣ라羅馬人에多數ᄒᆞᆫ俊才絕倫의士ᄂᆞᆫ不出ᄒᆞ얏스되士氣에富ᄒᆞᆫ國民으로能히正義를由ᄒᆞ며公道를踐ᄒᆞ고法令을作爲ᄒᆞ야政治를施行ᄒᆞᆷ에長ᄒᆞᆫ故로其廣大無邊ᄒᆞᆫ羅馬法을生出ᄒᆞ얏스니近代萬國의法律淵源이皆此에出ᄒᆞ얏다ᄒᆞ야도過言이아니라然이나羅馬人의性質이刻薄殘忍ᄒᆞ야人情의如何ᄒᆞᆷ을不知ᄒᆞᆷ과如ᄒᆞᆷ은其一大瑕缺의事라云ᄒᆞᄂᆞ니라

第七章 羅馬七王事略

羅馬의建國은紀元前七五三年의事ㅣ니羅馬의王政이此年으로브터始ᄒᆞ야紀元前五〇九年에至ᄒᆞ기ᄭᅡ지其間凡二百五十年에相繼爲王ᄒᆞᆫ者가七人인ᄃᆡ王을立ᄒᆞᆷ에ᄂᆞᆫ公選에依ᄒᆞᆷ이常例ㅣ라然이나羅馬人의七王事蹟이甚히模糊傳來ᄒᆞᆫ지라

初代 初代의王國을建ᄒᆞ고法을定ᄒᆞᆫ이사ᄲᅦ니ㅣ人을羅馬에招ᄒᆞ야羅馬人과共히住

二代 居케ᄒᆞ고其王다주스와共히此를治ᄒᆞ얏고第二代王은賢明ᄒᆞ야平和를主ᄒᆞ고
三代 國敎를興ᄒᆞ며祭式을定ᄒᆞ얏고第三代王은勇敢好戰ᄒᆞ야아루바롱가府를征服
四代 ᄒᆞ고其遺民을羅馬에移ᄒᆞ얏고第四代王은라주무州의四都會를滅ᄒᆞ고其民을
五代 皆羅馬에移ᄒᆞ야城邱를築ᄒᆞ얏고第五代王은屢屢히近國과戰功이多ᄒᆞ고크게
六代 法律을改ᄒᆞ며土木의工을繁興ᄒᆞ얏고第六代王은羅馬의七邱를周圍ᄒᆞ야城壁
七代 을築ᄒᆞ고憲法을改ᄒᆞ야貴族平民의共同議會를開ᄒᆞ얏고第七代王은國法을破ᄒᆞ야國民을虐ᄒᆞ며其子가ㅣ貴族의妻를迫ᄒᆞ야其貞操를破케ᄒᆞ니國人이怒ᄒᆞ야王의一族을逐ᄒᆞ고永히王政을廢ᄒᆞ다

可信事件 七王의事蹟所傳이如斯ᄒᆞ나然이나또ᄒᆞᆫ可信ᄒᆞᆯ者ㅣ有ᄒᆞ니蓋아루바롱가府가曾往에라주무州諸都會同盟의長이된事와사ᄲᅦ니ㅣ州人이라주무州를攻ᄒᆞ야羅馬에來往ᄒᆞ야羅馬人과共히一同盟國을成ᄒᆞᆫ事와羅馬國初에ᄂᆞᆫ王이祭事로ᄡᅥ事務ᄒᆞ더니後에軍事로ᄡᅥ事務ᄒᆞᆫ事와에도루리아州人이文物上에크게進步ᄒᆞ야能히라주무州의諸都會를制ᄒᆞᆫ事와羅馬의諸王이王位를尊尙ᄒᆞᆷ은羅馬의固有ᄒᆞᆫ바아니오에도루리아州로브터傳來ᄒᆞᆫ事와에도루리아州諸王이或羅馬

에王이되얏스되드듸여放逐된事와其羅馬에爲王된間에羅馬의文物制度가大起ᄒᆞᆫ事等이是也ㅣ라

第八章 羅馬制度變遷

族制

羅馬人이國初에自分ᄒᆞ야二階級이有ᄒᆞ니即上階級과下階級이라上階級은貴族으로ᄡᅥ政權을有케ᄒᆞ고下階級은平民으로ᄡᅥ政權을不有케ᄒᆞᆫ지라上階級을又分ᄒᆞ야기ㅣ릐ㅣ即姓이라ᄒᆞ니其數가初에十이러니後에增加ᄒᆞ야三十이되얏고又姓을分ᄒᆞ야겐스即氏ㅣ라ᄒᆞ니其數가十이오氏를分ᄒᆞ야家라ᄒᆞ니其數가十이라貴族이相會ᄒᆞ야國事를議ᄒᆞ고國王을選ᄒᆞ니其會를稱ᄒᆞ야姓會라ᄒᆞ고各姓이一個式投票ᄒᆞᄂᆞᆫ故로此名이有ᄒᆞ다元老院의議員은氏의代表者로其

元老院

總數가三百人이오貴族의家ᄂᆞᆫ總數가三千이며軍隊ᄂᆞᆫ騎兵三百과步兵三千으로成ᄒᆞ고元老院의議員은王을選擧ᄒᆞᄂᆞᆫ資格이有ᄒᆞᆯ뿐아니라恒常准王의資格이有ᄒᆞ야王位의事故가有ᄒᆞ야空虛ᄒᆞᆫ時에ᄂᆞᆫ交代로王事를攝行ᄒᆞ야潤王이라自稱ᄒᆞ니라

一大改革

六代의王이크게國初의制를改ᄒᆞ고土地를有ᄒᆞᆫ者ᄂᆞᆫ貴族平民의區別을勿論ᄒᆞ

고納稅額에由ᄒᆞ야其等級과兵役服務의種類를定ᄒᆞ고國人을分ᄒᆞ야百九十三隊라ᄒᆞ니其內十八隊ᄂᆞᆫ騎兵이오百七十五隊ᄂᆞᆫ步兵이니諸隊會로ᄡᅥ國事를議케ᄒᆞ고各隊가一投票權이有ᄒᆞ니此議會를稱ᄒᆞ야隊會라ᄒᆞ다此會가興起ᄒᆞᆫ後로平民이비로소國政에參與ᄒᆞᆷ을得ᄒᆞ얏스되貴族이此會에셔政事를議ᄒᆞᆫ外에又姓會에셔政事를議ᄒᆞᆷ을得ᄒᆞᆷ은오히려從前과如ᄒᆞ더라

第九章 羅馬共和時代

羅馬人이王政을廢ᄒᆞ고共和의政體를立ᄒᆞᆷ에當ᄒᆞ야元老院姓會隊會를組織ᄒᆞ고統領二人을新置ᄒᆞ야行政의事務를司掌케ᄒᆞ니統領一人은文官의長이오一人은官隊의長이라其任期ᄂᆞᆫ一年으로ᄒᆞ야貴族中에셔選擧ᄒᆞ되統領의權限이甚輕ᄒᆞ야非常ᄒᆞᆫ事變을能히處理치못ᄒᆞ고若非常ᄒᆞᆫ事變이生ᄒᆞᆫ時에ᄂᆞᆫ臨時官의大元帥를置ᄒᆞ니大元帥ᄂᆞᆫ權重ᄒᆞ야舊時의王과無異ᄒᆞᆫ지라然이나其任期ᄂᆞᆫ六個月以上에不出ᄒᆞ고平時에ᄂᆞᆫ其主權이元老院에在ᄒᆞ니元老院은統領與他高等의官吏를視ᄒᆞᆷ이其頤使ᄒᆞᄂᆞᆫ奴僕과如히思ᄒᆞᄂᆞᆫ故로當時他國人이羅馬의元老院을尊稱ᄒᆞ야羣王議會라云ᄒᆞ다

二大困難

平民困弊

王政을廢止ᄒᆞᆫ後羅馬ᄂᆞᆫ內外가甚히多端ᄒᆞ니貴族平民이爭權ᄒᆞᆷ이一也오羅馬
가近鄰의諸國과相戰ᄒᆞᆷ이二也ㅣ라平民이貴族과相爭ᄒᆞᄂᆞᆫ바ㅣ有三ᄒᆞ니一은
行政權을平分코자ᄒᆞᄂᆞᆫ事이오二ᄂᆞᆫ公田借耕의利를共同코자ᄒᆞᄂᆞᆫ事이오三은
金錢貸借의法을寬裕코자ᄒᆞᄂᆞᆫ事ㅣ라貴族이王族을放逐ᄒᆞᆫ後로權을恣ᄒᆞ야平
民을虐待ᄒᆞᄂᆞᆫᄃᆡ平民에二種이有ᄒᆞ니富者貧者가是也ㅣ라貧者ᄂᆞᆫ戰爭其他의
災厄에罹ᄒᆞ야金錢을貴族에借ᄒᆞ고此를償還치못ᄒᆞᆫ則貴族은貸借의法을嚴케
ᄒᆞ야破産者를捕縛ᄒᆞ야奴隷를삼고其妻子를賣ᄒᆞ야償還金에充케ᄒᆞ니其貧者
의狀態ᄂᆞᆫ實로慘怛ᄒᆞᆫ지라又貴族이公田의借耕을專主ᄒᆞ야羅馬人이其敵과戰
取ᄒᆞᆫ土地로뻐國家公有의地를삼고貴族이此를借用ᄒᆞᄂᆞᆫᄃᆡ極히輕微ᄒᆞᆫ地料를
出ᄒᆞ고或時에ᄂᆞᆫ該料도不出ᄒᆞ며富豪ᄒᆞᆫ平民은或能히貴族과其利를共同ᄒᆞᄂᆞᆫ
事가有ᄒᆞᄃᆡ平民一般은此利에預與ᄒᆞᆷ을不得ᄒᆞᄂᆞ니平民이如斯不公不平의處
置를受ᄒᆞᆷ을不拘ᄒᆞ고戰爭이有ᄒᆞ면其兵役에服ᄒᆞᆯ뿐아니라其武器를自辨ᄒᆞᄃᆡ
敢히其苦情을鳴치못ᄒᆞ더라

平民初反

羅馬府東北三里에一小邱가有ᄒᆞ니此를靈邱라稱ᄒᆞᄂᆞᆫᄃᆡ平民이此에據ᄒᆞ야其

勢가恰然히一新府를開ᄒᆞᆷ과如ᄒᆞᆫ지라貴族이大驚ᄒᆞ야使者를遣ᄒᆞ야和議를計
ᄒᆞᆯᄉᆡ平民이其權利保護ᄒᆞᄂᆞᆫ官吏를置ᄒᆞᆷ을請ᄒᆞ니貴族이此를許ᄒᆞ야於是에平
民이羅馬에歸ᄒᆞ다此平民의權을保護ᄒᆞᄂᆞᆫ바官吏를稱ᄒᆞ야護民官이라ᄒᆞ니護

護民官

民官의其身體ᄂᆞᆫ神聖ᄒᆞ야可侵치못ᄒᆞ다ᄒᆞ고其權은立法上行政上의法令으로
平民의權을侵害ᄒᆞᆯ嫌이有ᄒᆞᆫ時ᄂᆞᆫ此를否決ᄒᆞᆷ을得ᄒᆞ다ᄒᆞ고其任期ᄂᆞᆫ一年이로
ᄃᆡ平民이此를選任ᄒᆞ며其人員은初에二人이러니後에增加ᄒᆞ야十人으로定ᄒᆞ
고其權은初也에消極的이러니後에漸次積極的으로擴張ᄒᆞ야能히其統領의權
을淩駕ᄒᆞ더라

平民再反

每常平民과貴族의相爭이不止ᄒᆞ야曰貴族의專權ᄒᆞᆷ은國家의法典이不備ᄒᆞᆫ故
ㅣ라當時羅馬의不成文의法律을成文法으로編輯ᄒᆞᆷ을政府에請ᄒᆞᆫᄃᆡ貴族이不
許ᄒᆞ고크게平民을抗拒ᄒᆞ다가平民의勢力이甚盛ᄒᆞᆷ으로뻐可當치못ᄒᆞ야貴族
이乃許ᄒᆞ니紀元前四五一年에法典編輯委員十人을置ᄒᆞ고此로ᄒᆞ야금法典을
編輯케ᄒᆞ고又法典編輯ᄒᆞᄂᆞᆫ間에ᄂᆞᆫ統領護民官과其他高等의官職을皆廢止ᄒᆞ
고此法典編輯委員十人으로뻐政事를行케ᄒᆞ니此委員이其有名ᄒᆞᆫ十二表의法

典을編成ᄒᆞᆫ지라此法律은羅馬歷代의法律中으로出ᄒᆞᆫ바인ᄃᆡ十一表中十表ᄂᆞᆫ委員設置ᄒᆞ든當年에成ᄒᆞ얏고他二表ᄂᆞᆫ其翌年에成ᄒᆞ얏ᄂᆞᆫᄃᆡ委員은貴族平民이共選ᄒᆞ고其任期ᄂᆞᆫ每一年이면반ᄃᆞ시改選ᄒᆞᆷ이爲例ㅣ러라

平民二反 **民權全獲**

第二年에委員이其事業을旣成ᄒᆞ얏스되오히려其職을不去ᄒᆞᆯᄲᅮᆫ아니라其職에在ᄒᆞ야暴政을行ᄒᆞ니於是에平民이復反ᄒᆞ야靈邱에據ᄒᆞ니貴族이又平民의所請을容ᄒᆞ야相和ᄒᆞᆯ시此에平民族會의權을隊會의權과同一히ᄒᆞᆷ을乞ᄒᆞ야聽許ᄒᆞ다此後即紀元前四四五年에平民의男女가貴族의男女와相婚ᄒᆞᆷ을得ᄒᆞ니此ᄂᆞᆫ從來國法의所禁이라四四四年에軍隊長으로ᄒᆞ야곰統領의事를攝行케ᄒᆞ니初에平民이貴族과共히統領에被選ᄒᆞᆷ을切願ᄒᆞ되貴族이其請을不可라ᄒᆞ야激論ᄒᆞ니平民이其說을堅執ᄒᆞ야於是에貴族統領을廢ᄒᆞ고軍隊長二人으로ᄒᆞ야곰其統領의事를攝行케ᄒᆞ고平民도貴族과共히此에被選ᄒᆞᄂᆞᆫ資格을得케ᄒᆞᆫ지라軍隊長으로統領의事를攝行케ᄒᆞᆫ者가其後에增員ᄒᆞ야六人이되니平民도此被選의權을得ᄒᆞ얏스되實際上容易히被選됨을不得ᄒᆞ다가始乃被選을得ᄒᆞᆷ은其設置後四十年即紀元前四〇〇年의事ㅣ러라

第十章 伊太利征服

二大事件

羅馬共和時代의第二期即伊國征服의時期ᄂᆞᆫ二大事件이有ᄒᆞ니其一은羅馬國政의改革이오其二ᄂᆞᆫ伊國征服의戰爭이라羅馬가再建ᄒᆞᆫ後로平民은愈益貧困ᄒᆞ고貴族은愈益專橫ᄒᆞ야政治上의爭論이一層激烈을加ᄒᆞ니紀元前三七六年에至ᄒᆞ야ᄂᆞᆫ國事가尤極危急ᄒᆞᆫ지라護民官리시니우스가其危急ᄒᆞᆷ을應救ᄒᆞ기

三大政策

爲ᄒᆞ야三大策을發ᄒᆞ니一은統領의職을復興ᄒᆞ야貴族平民으로ᄒᆞ야곰迭相選任케ᄒᆞᆷ이오二ᄂᆞᆫ平民의借錢에對ᄒᆞ야其旣出ᄒᆞᆫ利子ᄂᆞᆫ元金에除ᄒᆞ고殘金은三年賦로ᄡᅥ償還케ᄒᆞᆷ이오三은公田은貴族이라도借耕의制限을立ᄒᆞ고其餘分은皆此를平民에게附與케ᄒᆞᆷ이니此三策의激論이十年을經ᄒᆞᆫ後即紀元前三六七年에至ᄒᆞ야ᄃᆞ듸ᄋᆡ貴族의承認을經ᄒᆞ다

兩族親和

翌年即紀元前三六六年에平民一人이被選ᄒᆞ야統領이되니於是에貴族平民이相親ᄒᆞ야併力으로國事를盡ᄒᆞ니是ᄂᆞᆫ羅馬가能히伊太利를統一ᄒᆞᆫ所以ㅣ라此

四大戰爭

頃에羅馬ᄂᆞᆫ尙一小國으로人口가僅三十萬에不過ᄒᆞ고且其四周에在ᄒᆞᆫ群國이其擧動을制ᄒᆞ니羅馬가此로ᄡᅥ爲苦ᄒᆞᆷ이不少ᄒᆞᆫ지라然이나貴族平民이相和ᄒᆞᆫ

後로브터能히全力을出ᄒ야此等의羣國을征服ᄒ기에至ᄒ니此征服은前後四回의大戰이라一은라지우무州人과相戰ᄒ事ㅣ오二ᄂ他近鄰諸州의人民과相戰ᄒ事ㅣ오三은伊太利南部의希臘移民과相戰ᄒ事ㅣ오四ᄂ伊太利北部의씰ㅣ무人과相戰ᄒ事가是也ㅣ라

勇王來侵

此等戰爭中希臘移民의戰爭이最要ᄒ니新興ᄒ羅馬가文明ᄒ希臘國과相接ᄒ嚆矢로써二國이互相睥睨ᄒᄂ端緖ㅣ라羅馬에셔貴族이잇의平民과親和一致ᄒ야써希臘의移民을征ᄒ신希臘移民은援救를其本國되에써라쇼國王써루라ᄉ에게請ᄒ니王은當時의豪傑로歷山大王에게自比ᄒᄂ者ㅣ라王이親히兵士二萬五千人과象二十頭를率來ᄒ니象은羅馬人의未見ᄒᄃ바라羅馬人이云호ᄃ此ᄂ牛의大者라ᄒ야其近ᄒᆷ을恐ᄒᄂ故로接戰ᄒᆯ際에戰치아니ᄒ고奔走ᄒ더니後에象은可히恐怯ᄒᆯ物이아닌줄知ᄒ고勇鬪決戰ᄒᄂ지라然이나비루라ᄉ王이戰勝호ᄃ其衆을多失ᄒ니王이嘗大勝ᄒ後에歎曰如斯ᄒ戰勝이再有ᄒ면我衆이全滅ᄒ깃다ᄒ더니其後에王이크게羅馬人에게敗ᄒ바되야失望歸國ᄒ니時ᄂ紀元前二七五年이라王이去ᄒ後로伊太利南部ᄂ皆羅馬人의容易히

征服ᄒ바되야伊太利一統의時期가來ᄒ지라伊太利半島諸州中獨씰ㅣ무州를除ᄒ고其他ᄂ皆羅馬의版圖에入ᄒ얏고其씰ㅣ무州가羅馬版圖에入ᄒᆷ은次時

三民族

期에在ᄒ지라羅馬人이伊太利人을一統ᄒᆷ에當ᄒ야伊太利의人民을三等에分ᄒ니一은羅馬人이오二ᄂ拉丁人이오三은伊太利人이라羅馬人이最貴ᄒ야伊太利의主權을有ᄒ고拉丁人及伊太利人은其自國의自治權을有ᄒᆷ을得ᄒ고拉丁人은伊太利人에比ᄒ야漸次貴重ᄒᆷ으로殆히羅馬人이되야其權을得有ᄒᆷ에

三大政權

至ᄒ지라羅馬가其伊太利全島의主宰됨을表ᄒᆷ은其三大政權을專有ᄒᆷ이니此三大政權이라ᄒᆷ은一은宣戰媾和의權이오二ᄂ通使의權이오三은鑄錢의權이是也ㅣ라

第十一章 羅馬帝祖

帝祖政略

帝祖오구싸쓰가잉의兵馬의權을握ᄒ고君主의實을有ᄒ얏스되帝王의稱号及威儀를謹避ᄒ고共和政體의制度를廢치아니ᄒᄂ故로統領護民官議會元老院의類가依舊히存在ᄒ나然이나名이有ᄒ고實이無ᄒ야但上意를奉行ᄒᆯ뿐이라且天下가一統ᄒ야萬國의富가皆羅馬에歸ᄒ얏스되帝祖가스ᄉ로其利를

不專ᄒᆞ고羅馬府民과共히其利를享有ᄒᆞ니即羅馬府의市區를改築ᄒᆞ야極히壯麗케ᄒᆞ며又戱塲浴室을大興ᄒᆞ고穀物油類를賜ᄒᆞ니於是에羅馬의府民이逸樂飽滿ᄒᆞ야太平을歌謳ᄒᆞ더라

帝祖時에至ᄒᆞ야羅馬帝國의版圖가極히廣大ᄒᆞ야古來에無比라其四境이北으로ᄂᆞᆫ不利顚海峽北海拉因河ᄯᅡ우뷰河黑海ㅣ오東으로ᄂᆞᆫ유후라데스河亞利亞沙漠이오南으로ᄂᆞᆫ亞非利加의大沙漠이오西으로ᄂᆞᆫ大西洋이니其延長이東西가二千七百哩ㅣ오南北이一千哩ㅣ오其人口가一億萬人이니其半은奴隷라云ᄒᆞ다

兵制

伊太利의諸地方을分ᄒᆞ야領이라ᄒᆞ고太守를遣ᄒᆞ야此를治케ᄒᆞ니太守ᄂᆞᆫ文武兼備의官이라羅馬府及伊太利의治安을計ᄒᆞ야近衛兵을置ᄒᆞ고諸領의治安을計ᄒᆞ야鎭臺의兵을置ᄒᆞ얏더니後에近衛鎭臺가驕恣ᄒᆞ야皇帝를廢立ᄒᆞᆷ에至ᄒᆞ다

耶蘇誕生

帝祖在位中에가장重大ᄒᆞᆫ事件은即耶蘇의誕降이니耶蘇가紀元前四年에猶太國베스너헤무村에셔誕生ᄒᆞ니라(耶蘇紀元의用法은紀元後五三二年에始行ᄒᆞ얏ᄂᆞᆫ되其後千年에至ᄒᆞ야其筭法의誤筭으로常用ᄒᆞᄂᆞᆫ紀元은眞紀元에比

ᄒᆞ야四年이落後됨을發見ᄒᆞ다)

帝祖歿

紀元後一四年에帝祖오구싸쎄우스가歿ᄒᆞ니元老院이帝祖의養子지베리우스를立ᄒᆞ야其職을嗣케ᄒᆞ다羅馬國을後世에셔帝國이라稱호되時人은法律上此를共和國의繼續이라ᄒᆞᆷ은羅馬의諸帝가元老院의選擧를待치아니면其即位ᄒᆞᆷ을不得ᄒᆞᆫ所以ㅣ러라

第十二章 耶蘇布教

耶蘇教祖

羅馬의帝祖오구싸쎄우스時에其治下諸國中獨猶太國을除ᄒᆞᆫ外에他皆多神教를奉ᄒᆞ고獨猶太國이一神教를奉ᄒᆞ니其教에依ᄒᆞ야新히一教를開ᄒᆞᆫ者ᄂᆞᆫ即耶蘇ㅣ라耶蘇가常言ᄒᆞ야曰我ᄂᆞᆫ新히無形界의王國을建ᄒᆞᆫ다ᄒᆞ니此言이드듸여謀反의名으로ᄡᅥ其死刑에處ᄒᆞᆫ바된지라

教徒被刑

耶蘇가死後로其說이愈愈傳播ᄒᆞ야네로帝가비로소耶蘇教를嚴禁ᄒᆞ고其教徒를苛酷ᄒᆞᆫ刑에處ᄒᆞ되其教徒가不滅ᄒᆞ고愈益增殖ᄒᆞᄂᆞᆫ지라곤스단진大帝가耶蘇教徒의力을藉ᄒᆞ야即位ᄒᆞᆷ을得ᄒᆞ니即位ᄒᆞᆫ後로크게耶蘇教를保護ᄒᆞ며三二四年의勅令으로ᄡᅥ此를國教로定ᄒᆞ다三六一年에지리안帝가即位ᄒᆞ니此帝ᄂᆞᆫ羅馬希臘의神學을好ᄒᆞᆷ으로ᄡᅥ極力히

教刑旨意

耶蘇教長處

耶蘇教徒의撲滅을計호되功效가無호얏고其後는更히耶蘇教의撲滅을計호는者ㅣ無호야四世紀末에至호야는天下到處에多神教를奉호는者를不見홈에至호니라

凡羅馬의諸帝가耶蘇教의撲滅을計홈은耶蘇教로써治安에妨害되리라홈이오決코其信教의自由를束縛코자홈이아니라何者오耶蘇教以外는如何한宗教든지皆其許可를得호所以ㅣ라耶蘇教가數回의大難을不拘호고畢竟能히多神教를倒호고其代홈을得홈은其原因이數多호다云호되其中가장重要호者는一은羅馬가天下를一統호後로羅馬人의德義가腐敗호고其屬國人民이羅馬의虐政과數回의天災에困苦호바ㅣ오二는當時一般의學者가懷疑의主義를取호고多神教는根據가薄弱호同時에其所奉호는神이多호故로其信心을堅固케홈에不便호바ㅣ오三은耶蘇教는教旨가簡明호야人이알기易호고所信이惟一호야心을不亂케호며死後의救濟를約호고生前의不幸을慰케홈이是也ㅣ라

第十三章 羅馬文明

羅馬의文明은其文物制度의效力이宏大홈으로써著名호되其創始에는精巧홈

拉丁詩文

이크게希臘文明에劣下호얏스나然이나羅馬文明의極達호는時代는其帝國이設立호後이니羅馬人이世界의文明을進就홈에有力호것은其能히伊太利北部와佛蘭西西班牙에所住호蠻民을征服호同時에又能히此를教化케홈이라拉丁語의詩文은即羅馬의詩文으로今日歐米人의愛讀玩誦호는바ㅣ니紀元前一世紀以後에起호者ㅣ라此時를當호야羅馬人이漸漸希臘의文學에刺激호야自國의文學을研究호고詩文의大家가輩出홈은오구써쎄우스의治世로天下가統一호야泰平을得호後ㅣ러라

土木

法律

오구써쎄우스時에土木이大起호야其宏大홈은古今에絶倫호니競馬場으로는觀覽人二十萬名이能容호는者ㅣ有호고戲場으로는十萬人이得入호며其他浴室競馬場戲場의類가皆其官費로써此를造호고神社官舍邸宅別荘의類가皆壯麗를極호고水道의工事도또한羅馬建築中의著大호바ㅣ라羅馬人이後世에遺利호바最大호者는即法律이니羅馬歷代의法律을紀元後六世紀東羅馬主져스지니안帝가此를編纂호야一法典을成호니後世에此를져스지니안法典이라云호야歐洲諸國中英國을除호고其他는皆此를做則호야法典을編호니라

第二編（中世史）

總論

二大事件 中世歐洲에最著ᄒᆞᆫ事件이有二ᄒᆞ니一은주ㅣ돈人種이羅馬帝國의遺民과相混ᄒᆞ야羅馬의文明에化ᄒᆞᆫ事ㅣ오一은耶蘇敎가新起ᄒᆞ바國民을左右ᄒᆞᆫ事가是也ㅣ라

人種混化 羅馬帝國의遺民은拉丁人種과게루도人種의混合ᄒᆞᆫ者ㅣ니주ㅣ돈人種이能히此를附從케ᄒᆞ되其數가較小ᄒᆞᆫ故로言語風俗上에自然此에感化되야羅馬의文明을用ᄒᆞᆫ지라

羅馬法王 羅馬帝國이土崩瓦解ᄒᆞᆷ을當ᄒᆞ얏스되能히天下의民心을繫維ᄒᆞᆫ者ᄂᆞᆫ即羅馬의法王이니法王이諸國民間의爭論에對ᄒᆞ야其仲裁의勞를執ᄒᆞ며諸國共通의事件에對ᄒᆞ야指導者가되니實로法王의權力이能히極達ᄒᆞᆷ은中世의事ㅣ라

三大史元 然이나中世歐洲史에ᄂᆞᆫ三種의原素가幷立ᄒᆞ얏스니曰蠻民의氣象이오曰羅馬의文明이오曰耶蘇의敎法이是也ㅣ라蠻民의氣象은貴族主義의起ᄒᆞᆫ所以ㅣ오羅馬

의文明은一方으로ᄂᆞᆫ民權主義가起ᄒᆞ며又一方으로ᄂᆞᆫ王權主義가起ᄒᆞᆫ所以ㅣ오耶蘇敎法은法王의一統主義의起ᄒᆞᆫ所以ㅣ라

中世年限 中世史ᄂᆞᆫ西羅馬의滅亡即紀元後四七六年에起ᄒᆞ야東羅馬의滅亡即同一四五三年에至ᄒᆞ고且西羅馬의滅亡으로十世紀末에至ᄒᆞ기五百有餘年間은史家가或此를稱ᄒᆞ야闇黑時代라云ᄒᆞ니此年間에ᄂᆞᆫ文物의可觀ᄒᆞᆯ者ㅣ無ᄒᆞᆫ故로此名이有ᄒᆞ얏스되其內에스ᄉᆞ로임의一新文明의徵候가發ᄒᆞᆷ이確有ᄒᆞ니라

第三部 列國共同事件

紀元後九世紀以後同十三世紀에至ᄒᆞᄂᆞᆫ間의列國共同事件이起ᄒᆞᆫ者ㅣ如左ᄒᆞ니

一 封建制度
二 義騎制度
三 羅馬復興
四 法王專橫
五 十字戰爭

六 都邑自治

事件影響 是等事件은歐洲列國이共同히其影響을受ᄒᆞᆫ바로中世史의事件中가장重大ᄒᆞᆫ者ㅣ라羅馬復興은帝王의其權을張ᄒᆞᆫ所以ㅣ오封建制度ᄂᆞᆫ貴族의其權을張ᄒᆞᆫ所以ㅣ오都邑自治ᄂᆞᆫ平民의其權을張ᄒᆞᆫ所以ㅣ오義騎制度와十字戰爭은人智의進步와風俗의改良에關ᄒᆞ야影響이甚大ᄒᆞᆫ者ㅣ오法王은其時人의迷信을乘ᄒᆞ야帝王上에立ᄒᆞᆷ을計ᄒᆞ야帝王과權勢를爭ᄒᆞ니라

第一章 封建制度

封建起原 후란구人種이쎄ㅣ루地를取ᄒᆞ야此에據ᄒᆞᆯ時에其酋長即王이크게土地를占有ᄒᆞ야其領이라ᄒᆞ고其餘로ᄡᅥ其麾下士에賜ᄒᆞ니士의所得ᄒᆞᆫ地를稱ᄒᆞ야私有地라ᄒᆞ더니其後에王이土地를其左右昵近의臣에與코자ᄒᆞᆯ時ᄂᆞᆫ自己의領地를割與ᄒᆞ고此로ᄒᆞ야곰約束ᄒᆞ기를其能히臣子의職分을盡치아니ᄒᆞ면此를沒收ᄒᆞᆫ다ᄒᆞ니此約에依ᄒᆞ야得ᄒᆞᆫ바土地를封土라稱ᄒᆞ더니貴族이亦王을倣則ᄒᆞ야其土地를割ᄒᆞ야其左右의臣을與ᄒᆞ고ᄡᅥ同一ᄒᆞᆫ約束을行ᄒᆞ니於是에天下의土地가皆封土되지라져ㅣ루ᄉᆞ大帝가死ᄒᆞᆫ後不久ᄒᆞ야佛蘭西伊太利獨乙三國이노루ᄉᆞ만

人과사라센人과항가리人等에게侵ᄒᆞᆫ바되야三國의君主ᄂᆞᆫ能히此를拒치못ᄒᆞ되貴族은能히此를拒ᄒᆞ니是ᄂᆞᆫ貴族이其實權을掌握ᄒᆞᆫ所以니라

君臣分限 凡封建國에ᄂᆞᆫ國王이貴族에對ᄒᆞ야君이라稱ᄒᆞ고貴族은此에對ᄒᆞ야臣이라稱ᄒᆞ며貴族의臣은國王에對ᄒᆞ야陪臣이라稱ᄒᆞ고甲國王이地를乙國에有ᄒᆞᆫ時ᄂᆞᆫ乙國王에對ᄒᆞ야稱臣ᄒᆞ고一貴族으로地를數國에有ᄒᆞᆫ時ᄂᆞᆫ數國王에對ᄒᆞ야稱臣ᄒᆞ며僧侶가ᄯᅩᄒᆞᆫ貴族이되야封土를有ᄒᆞᆷ을得ᄒᆞᄂᆞ니此制度ᄂᆞᆫ實로紛雜無比ᄒᆞᆫ者ㅣ라

三大義務 然이나凡臣이君에對ᄒᆞ야可盡ᄒᆞᄂᆞᆫ義務가有三ᄒᆞ니一은戰爭이有ᄒᆞᆫ時ᄂᆞᆫ君을從ᄒᆞ야出陣ᄒᆞᄂᆞᆫ事ㅣ오二ᄂᆞᆫ君命으로參政케ᄒᆞᆫ時ᄂᆞᆫ此에應ᄒᆞᄂᆞᆫ事ㅣ오三은君이敵에게被擒ᄒᆞᆫ時ᄂᆞᆫ其償金을出ᄒᆞ고君의長子가丁年에達ᄒᆞ야ᄂᆞ니비도即武人이되고君의長女가出嫁ᄒᆞᄂᆞᆫ時ᄂᆞᆫ其禮의行資를貢獻ᄒᆞᄂᆞᆫ事ㅣ니是等三大義務ᄂᆞᆫ近世에至ᄒᆞ야其租稅를出ᄒᆞᆫ所以니라

人民種類 封建의制度가十一世紀에至ᄒᆞ야大成ᄒᆞ니時에一國人民이二에分ᄒᆞ야一은封土를有ᄒᆞᆫ者ㅣ오一은封土를不有ᄒᆞᆫ者ㅣ라封土를有ᄒᆞᆫ者ᄂᆞᆫ貴族王臣陪臣이오封土를不有ᄒᆞᆫ者ㅣ有二ᄒᆞ니一은세ᄇᆡ의리라云ᄒᆞ고一은사ㅣ후即農僕이라云ᄒᆞ

다ᄶᅦㅣ넌이란者ᄂᆞᆫ元來村民이니地代를出ᄒᆞ야耕田ᄒᆞᄂᆞᆫ者이오사ㅣ후即農僕은奴隷와似ᄒᆞ되非ᄒᆞᆫ것은其奴隷와如히賣買치아니홈이니사ㅣ후ᄂᆞᆫ其主를爲ᄒᆞ야田을耕ᄒᆞ며器皿을造ᄒᆞ고又主家의雜事를司ᄒᆞᄂᆞ니라

封建得失

封建의制度ᄂᆞᆫ千百의大小貴族으로ᄒᆞ야곰細民을虐케ᄒᆞᆫ바로ᄃᆡ其羅馬時代의豪族數十家로ᄒᆞ야곰細民을奴隷로使役ᄒᆞ든事에比ᄒᆞ면크게優勝ᄒᆞᆫ지라貴族은勇氣가富ᄒᆞ고獨立의心이有ᄒᆞ야君臣間의互相紊亂치아니ᄒᆞᄂᆞᆫ分限이有ᄒᆞᆫ故로此制度ᄂᆞᆫ노루스만人과사라센人과항가리ㅣ人의侵擊을能拒홈에當ᄒᆞ야其功이最大ᄒᆞᆫ者라謂ᄒᆞᄂᆞ니라

衰亡原因

封建制度의廢홈은十五十六兩世紀의時로브터其原因이如左ᄒᆞ니

一 王權이漸强ᄒᆞᆫ事
二 自治都邑이勢力을得ᄒᆞ야貴族을抗ᄒᆞᆫ事
三 僧侶가國君으로더브러貴族을敵ᄒᆞᆫ事
四 十字戰爭이小貴族을破産케ᄒᆞᆫ事
五 火藥發明을因ᄒᆞ야軍法戰略을一變케ᄒᆞᆫ事

六 商業工業이漸次盛大홈을從ᄒᆞ야民力이增殖ᄒᆞᆫ事
七 學問이漸次世上에普及ᄒᆞ야民智를開ᄒᆞᆫ事

第二章 義騎制度

義騎起原

義騎制度ᄂᆞᆫ英語에此를시ᄲᅢ루리라云ᄒᆞ니紀元後十一世紀에封建制度가大成ᄒᆞ야貴族이專橫驕恣ᄒᆞ야細民과婦女子가此에侮辱을受홈이可히勝言치못ᄒᆞᆯ지라義勇의士가此를憫憐ᄒᆞ야其救濟의方策을講홀ᄉᆡ乃相誓ᄒᆞ야曰耶蘇의敎를依ᄒᆞ야天下의細民과婦女子를救濟코자ᄒᆞᆫ다ᄒᆞ니義勇의士가此誓를實行ᄒᆞ기爲ᄒᆞ야馬를跨ᄒᆞ고天下에遍歷ᄒᆞ야身의艱難을不顧ᄒᆞ고細民婦女子의急홈에赴ᄒᆞ니此義擧가드ᄃᆡ여諸國의王公貴人으로庶民에至ᄒᆞ기ᄭᅡ지皆贊成ᄒᆞ야加盟ᄒᆞᆫ바된지라如斯히此制度가時弊를除ᄒᆞ기로目的ᄒᆞ야起ᄒᆞᆫ바로ᄃᆡ其盛行홈에至ᄒᆞ야ᄂᆞᆫ其目的이變ᄒᆞ야即優美의武人을養成홈으로ᄡᅥ爲主ᄒᆞ니諸國의

優美武人

王者貴族이其城內에講武校舍를置ᄒᆞ고其臣下의子弟로ᄒᆞ야곰此에入케ᄒᆞ야武藝禮儀宗敎等을修케ᄒᆞ고臣下의子弟七歲以上十四歲以下된者ᄂᆞᆫ其君主의夫人令孃을侍ᄒᆞ야禮節을習케ᄒᆞ니此를稱ᄒᆞ야扈從이라ᄒᆞ고其十四歲以上된

補士禮式

者ᄂᆞᆫ 平時에ᄂᆞᆫ 主君左右에 執事ᄒᆞ고 戰時에ᄂᆞᆫ 主君을 從ᄒᆞ야 出陣ᄒᆞ다가 其年이 二十一歲에 至ᄒᆞ면 비로소 即士가 되ᄂᆞ니라

士에 補充ᄒᆞᄂᆞᆫ 禮가 極히 壯嚴ᄒᆞ니 禮ᄂᆞᆫ 君主가 親히 此를 敎會拜堂에서 行ᄒᆞᄂᆞᆫᄃᆡ 候補者ᄂᆞᆫ 齋戒沐浴ᄒᆞ고 牧師에 向ᄒᆞ야 誓ᄒᆞ기를 士道를 全ᄒᆞ고 鰥寡孤獨을 扶助ᄒᆞ며 特히 耶蘇敎와 貴夫人을 爲ᄒᆞ야 身命을 抛ᄒᆞ야 戰鬪ᄒᆞ리라 ᄒᆞᆫ則 君主가 乃其候補者의 佩刀를 拔ᄒᆞ야 刀背로ᄡᅥ 候補者의 頸을 擊ᄒᆞ야 此에 禮를 畢ᄒᆞᄂᆞ니라

僞戰

當時王公士大夫의 最嗜ᄒᆞᄂᆞᆫ 遊事ᄂᆞᆫ 即僞戰이니 國王의 即位結婚과 其他大禮에ᄂᆞᆫ 반다시 此를 行ᄒᆞᆷ으로ᄡᅥ 爲例ㅣ라 凡僞戰에ᄂᆞᆫ 貴夫人의 賞品을 勝者에게 與ᄒᆞᄂᆞ니 是乃今日歐米의 競技를 行ᄒᆞᆷ이 皆貴夫人財囊으로ᄡᅥ 由起ᄒᆞᆫ바ㅣ니라

義騎得失

義騎制度의 良結果가 有二ᄒᆞ니 武骨殺伐의 人士로ᄒᆞ야곰 禮讓을 守ᄒᆞ고 信義의 重ᄒᆞᆷ을 知케ᄒᆞᆫ 事가 其一이오 社交上女子의 地位를 高ᄒᆞ야 男子와 同等케ᄒᆞᆫ 事가 其二ㅣ오 又其制度의 惡結果를 生ᄒᆞᆷ을 不免ᄒᆞ얏스니 女子를 重ᄒᆞ야 淫逸에 流케ᄒᆞᆫ 事ㅣ오 濫妄이 武功을 希ᄒᆞ야 輕易히 戰鬪ᄒᆞᄂᆞᆫ 事ㅣ오 細謹을 貴ᄒᆞ며 大體를 忘ᄒᆞᄂᆞᆫ 事ㅣ오 名譽를 貪ᄒᆞ야 身命의 狀害를 不顧ᄒᆞᄂᆞᆫ 事ㅣ니 是等惡弊中에 尙今存

在ᄒᆞᆫ 者ᄂᆞᆫ 即決鬪가 是也ㅣ라

義騎衰亡

義騎制度ᄂᆞᆫ 封建制度를 由ᄒᆞ야 起生ᄒᆞᆫ 者ㅣ 故로 此와 共히 衰亡ᄒᆞ얏스되 其衰亡ᄒᆞᆫ 原因中最大ᄒᆞᆫ 者ᄂᆞᆫ 即火藥의 發明이니 武士一人의 一個堅甲利兵과 勇氣武藝ᄂᆞᆫ 接戰에 便ᄒᆞ되 地를 距離ᄒᆞ야 相戰ᄒᆞᆷ에 不利ᄒᆞ고 又貴族의 城堡가 大砲의 攻擊을 不堪ᄒᆞ니 是乃其衰亡ᄒᆞᆫ 所以니라

第三章 羅馬復興

刺婁頂大帝

후랑ᄏᆞ國王 베빈이 歿ᄒᆞ고 其子 쟐레ㅣ무스가 即位ᄒᆞ니 是를 刺婁頂大帝라 稱ᄒᆞᄂᆞ니 帝가 英邁絶倫ᄒᆞ야 雄略大度가 有ᄒᆞᆷ으로ᄡᅥ 每常諸國을 征服ᄒᆞ야 天下를 經營코자 ᄒᆞᄂᆞᆫ 志가 有ᄒᆞ니 時에 로무바루도國王이 法王과 有隙ᄒᆞ야 兵을 率ᄒᆞ고 羅馬를 逼ᄒᆞ니 쟐레ㅣ무스ㅣ 法王의 請을 依ᄒᆞ야 로무바루도國王과 相戰大破ᄒᆞ야 其國을 攻滅ᄒᆞ고 因ᄒᆞ야 伊太利北部를 領ᄒᆞ야 伊太利國王이라 自稱ᄒᆞ고 又사기소니國을 征服ᄒᆞ고 西班牙의 北部를 略取ᄒᆞ며 獨乙東方의 蠻民을 討ᄒᆞ야 再次伊太利國의 叛亂을 鎭ᄒᆞ고 法王의 危急을 救ᄒᆞ니 紀元八〇〇年十二月二十五日에 羅馬府에서 法王으로 帝冠을 拜受ᄒᆞ야 皇帝位에 即ᄒᆞ니 即西羅馬皇帝라 稱ᄒᆞ다 自是로

西羅馬가復活ᄒᆞ야皇帝와法王의和親이至密ᄒᆞ더라

其後계ㅣ루스帝가北歐의蠻民과戰ᄒᆞ야其地를略ᄒᆞ니此에至ᄒᆞ야版圖의廣大ᄒᆞᆷ이羅馬滅亡ᄒᆞᆫ以後의會無ᄒᆞᆫ바ㅣ라西ᄂᆞᆫ大西洋에起ᄒᆞ야東으로獨乙東陲에至ᄒᆞ고北은北海에起ᄒᆞ야南으로ᄊᆡ루간半島北端과伊太利中央과西班牙北部에至ᄒᆞ고國內中央아ㅣ헨에首府를開ᄒᆞ야統一의業이便케ᄒᆞ고邊境에ᄂᆞᆫ戍邊의將을置ᄒᆞ야蠻民의侵入을防ᄒᆞ고各州에ᄂᆞᆫ知事를置ᄒᆞ야州事를治케ᄒᆞ고中央政府에ᄂᆞᆫ貴族을召集ᄒᆞ야大政에參與케ᄒᆞ고國內一般에ᄂᆞᆫ使를派ᄒᆞ야非違를檢ᄒᆞ고寺院에ᄂᆞᆫ學校를設ᄒᆞ야文學을振興케ᄒᆞ야ᄡᅥ儼然ᄒᆞᆫ一大帝國의基를開ᄒᆞ더라

帝國分裂

紀元八一四年에계ㅣ루스大帝가殁ᄒᆞ고少子留易가即位ᄒᆞ니루이ㅣ三子가有ᄒᆞ야日로다ㅣ루日ᄡᅦ펜日루이라루이王이其三子人種의相續法을依ᄒᆞ야帝國을三子에게等分ᄒᆞᆯ새로다ㅣ루에ᄂᆞᆫ中央部를與ᄒᆞ고ᄡᅦ펜에ᄂᆞᆫ西部佛國地方을與ᄒᆞ고루이에ᄂᆞᆫ東部獨乙地方을與ᄒᆞ얏더니루이가此三子를生ᄒᆞᆫ後에又後妻에게第四子계ㅣ루스를生ᄒᆞᆫ則앞의三子에게分與ᄒᆞᆫ土地를割ᄒᆞ야계ㅣ루스에

게與ᄒᆞ니於是에三子가叛亂ᄒᆞ야兵連禍結ᄒᆞ더니ᄡᅦ펜은戰殁ᄒᆞ고他三子ᄂᆞᆫ紀元八四三年에至ᄒᆞ야ᄲᅦ루단平和條約을締結ᄒᆞ니로다ㅣ루ᄂᆞᆫ帝國中央部及伊太利를取ᄒᆞ고루이ᄂᆞᆫ其東部獨乙地方即拉因河以東을取ᄒᆞ고계ㅣ루스ᄂᆞᆫ其西部佛蘭西와西班牙北部를取ᄒᆞ고又로다ㅣ루ᄂᆞᆫ長子인故로帝位를踐ᄒᆞ니

此條約은오직王家의私事와無異ᄒᆞ되其所及ᄒᆞᆫ結果ᄂᆞᆫ甚大ᄒᆞ니루이領內에ᄂᆞᆫ獨乙의文化가有ᄒᆞ고계ㅣ루스領內에ᄂᆞᆫ羅馬의遺風이存ᄒᆞ야二者가各各其特色으로ᄡᅥ發達進步ᄒᆞ며言語風俗이又漸異ᄒᆞᆷ에至ᄒᆞ야ᄃᆞ되ᄂᆡ二者의合同을可望치못ᄒᆞᆯ境에至ᄒᆞ니是ᄂᆞᆫ實로계ㅣ루스大帝의帝國이滅ᄒᆞ고近世所謂佛蘭西及獨逸의二國이興起ᄒᆞᆫ原因이니라

佛蘭西

佛蘭西에ᄂᆞᆫ紀元八四三年벨단條約以後로계ㅣ루스의子孫이相繼爲王ᄒᆞᆷ이百四十餘年에至ᄒᆞ야絶嗣ᄒᆞ니實은紀元九八七年의事ㅣ라此年間에君主가暗弱ᄒᆞ야國勢가不振ᄒᆞ고境土가恒常蠻民의侵ᄒᆞᆫ바ㅣ되고

獨乙

獨乙에도루이의子孫이亦暗庸微弱ᄒᆞ더니紀元九一一年에至ᄒᆞ야嗣絶ᄒᆞ니於是에獨乙의五大諸侯가相會ᄒᆞ야후란고니야侯곤랏또를選ᄒᆞ야爲王ᄒᆞ니此에獨乙은選立王國이되더

神聖羅馬帝國

곤랏또ㅣ死後에사기소니侯헨리ㅣ一世를選ᄒᆞ야爲王ᄒᆞ고其子옷도ㅣ嗣ᄒᆞ니後에옷도ㅣ帝位에即ᄒᆞ야此를옷도ㅣ大帝라稱ᄒᆞ다

옷도ㅣ大帝가賢明ᄒᆞ고雄略이有ᄒᆞ야其父헨리ㅣ의遺業을繼ᄒᆞ야都邑의特權을擴大ᄒᆞ야써此로ᄒᆞ야곰貴族의專橫을防禦케ᄒᆞ고城을築ᄒᆞ며兵을練ᄒᆞ야써夷人의侵略을備ᄒᆞ고쌔쌔리아人의叛亂을平ᄒᆞ고伊太利의亂을鎭ᄒᆞ며伊太利國王의寡婦를納ᄒᆞ야后을숨고再次伊太利의亂을鎭ᄒᆞ니九六二年에쟈ㅣ루스大帝의故事를依ᄒᆞ야帝冠을法王지욘十二世에게受ᄒᆞ야神聖羅馬皇帝의位에即ᄒᆞ고又獨乙伊太利二國의王位에即ᄒᆞ니쟈ㅣ루스大帝의復興ᄒᆞᆫ羅馬帝國이

皇帝威嚴

一時嗣絶ᄒᆞ얏다가此에至ᄒᆞ야復起ᄒᆞᆫ지라如斯히神聖羅馬皇帝가元來獨乙로브터起ᄒᆞ야羅馬帝國을再興ᄒᆞ고每王公의長이라ᄒᆞ야諸國의君主를風靡ᄒᆞ며又且宗教의主長되ᄂᆞᆫ羅馬法王과雌雄을爭ᄒᆞ니此에至ᄒᆞ야其皇帝의威嚴을可히測量치못ᄒᆞᆯ러라

第四章 法王專橫

法王威嚴

西羅馬가亡ᄒᆞ얏스되耶蘇教ᄂᆞᆫ不亡ᄒᆞᆯᄲᅮᆫ아니라羅馬의僧正이宗教上及政事上

에對ᄒᆞ야伊國人을能히指揮ᄒᆞ며羅馬가土崩瓦解ᄒᆞᆫ後로能히天下의人心을收ᄒᆞ야自己에歸케ᄒᆞ니東羅馬主쟈스니안帝가兵을伊太利에遣ᄒᆞ야其沿海地方을征服ᄒᆞᆫ後로ᄂᆞᆫ知事를羅馬府에不置ᄒᆞ고此를라벤나府에置ᄒᆞᆫ故로羅馬의僧正이漸漸勢力을得張ᄒᆞ얏스나然이나其勢力은尙今全히宗教的道德的이오政治的이아니니其政治的이됨은僧正의領地所有權과生殺與奪의權을有ᄒᆞᆫ後即八世紀에在ᄒᆞᆷ을知ᄒᆞᆯ지라

僧正名稱

羅馬의僧正을ᄲᅡᄲᅡㅣ라稱ᄒᆞᄂᆞ니ᄲᅡᄲᅡㅣ란것은父의意ㅣ라英人이此를訛傳ᄒᆞ야ᄲᅩᆸㅣ라云ᄒᆞᄂᆞᆫ듸最初에ᄂᆞᆫ此名稱이獨其羅馬의僧正ᄲᅮᆫ아니라皆ᄲᅡᄲᅡㅣ라稱ᄒᆞ더니一〇七六年以後로羅馬僧正以外에ᄂᆞᆫ皆ᄲᅡᄲᅡㅣ라稱ᄒᆞᆷ을不得ᄒᆞ니라

獨帝法王相爭

쟈ㅣ루스大帝가死後二百年間의法王은獨佛伊三國의君主가暗弱ᄒᆞ야國力이不振ᄒᆞᆷ을乘ᄒᆞ야漸漸勢力을加ᄒᆞ야諸國의政事를左右ᄒᆞᆷ이不少ᄒᆞ더니十世紀中頃에獨帝가伊國의王을兼ᄒᆞᆷ에至ᄒᆞ야獨帝가비로소法王과相爭ᄒᆞ야其交爭이數世에亘ᄒᆞᆫ지라法王은恒常伊國人을援ᄒᆞ야獨帝의統御를脫케ᄒᆞ기로計圖

法王選擧問題

ᄒᆞ니其爭端의始起ᄂᆞᆫ即法王選擧의問題ㅣ라獨帝ᄂᆞᆫ諸僧正으로ᄒᆞ야곰互選ᄒᆞ

獨帝除籍

야法王을定ᄒᆞ고其裁可를自己에게乞케ᄒᆞ며法王은此를反ᄒᆞ야諸僧正의互選이면滿足ᄒᆞ다ᄒᆞ니是乃法王과獨帝의相爭ᄒᆞᄂᆞᆫ바ㅣ라獨帝가初意와如히其選擧의事를左右홈을得ᄒᆞ얏스되法王ᄭᅳ너ᄶᅭ리ㅣ七世選擧홀時에至ᄒᆞ야其勢가크게挫折ᄒᆞ다

法王ᄭᅳ너ᄶᅭ리ㅣ七世의初名은히루데ᄲᅳ란도ㅣ니伊國다스가니州人으로소ㅣ나ㅣ僧庵에在ᄒᆞ얏다가一〇四九年에비로소法王에게見招ᄒᆞ야內閣長이되야其後五法王을歷仕ᄒᆞ고內閣長이됨이二十年間이라此間에임의法王으로ᄡᅥ萬王上에置홈을計ᄒᆞ더니一〇七三年에至ᄒᆞ야自身이스ᄉᆞ로法王이되야其宿計를實行코자ᄒᆞ야先次內閣으로ᄒᆞ야금議決케ᄒᆞ다

獨帝헌리ㅣ四世가法王의此閣議를遵奉치아니ᄒᆞᆫ미法王이天下에對ᄒᆞ야獨帝의除籍을布告ᄒᆞ니獨帝가大怒ᄒᆞ야兵을擧코자ᄒᆞᆯ식意外에獨帝自國의律僧托鉢僧이群起ᄒᆞ야衆을聚合ᄒᆞ고獨帝의罪를宣ᄒᆞ니衆이信ᄒᆞ야作亂코자ᄒᆞᄂᆞᆫ故로帝가不得已兵을罷ᄒᆞ고單身으로往ᄒᆞ야法王에게請哀ᄒᆞ니時ᄂᆞᆫ一〇七七年一月二十一日이라天이甚寒이어ᄂᆞᆯ帝가僅히肌衣를着ᄒᆞ고足靴를脫ᄒᆞ야法王

의外廷에立ᄒᆞᆫ지三日三夜에至ᄒᆞ야法王이乃帝의罪를赦ᄒᆞᆫ지라帝의怨恨이骨髓에徹ᄒᆞ야更히擧兵ᄒᆞ니法王이사라ㅣ로에走ᄒᆞ다가死ᄒᆞ니時ᄂᆞᆫ一〇八五年事ㅣ러라

諸國君主自稱臣奴

ᄭᅳ너ᄶᅭ리ㅣ七世以後로歷代의法王이皆其遺法을守ᄒᆞ야스ᄉᆞ로萬王의上位에居ᄒᆞ기를謀ᄒᆞ니葡萄牙英吉利蘇格蘭사자니야國과其他諸國의君主가皆法王의臣奴ㅣ라自稱홈에至ᄒᆞᆫ지라一一二二年에헌리ㅣ五世가公然히스ᄉᆞ로獨帝法王任叙의權을棄ᄒᆞ니一一九八年에法王인로센도三世가即位ᄒᆞᆫ後로其權勢가重大ᄒᆞ야能히帝王의威嚴을凌駕ᄒᆞ다가十二世紀中頃以後에至ᄒᆞ야法王의勢가漸衰ᄒᆞ다

第五章 十字戰爭

一大宗敎

七世紀以來天下ᄂᆞᆫ耶蘇敎徒와回回敎徒의相分ᄒᆞᆫ바되야歐洲諸國中獨西班牙를除ᄒᆞ고其他ᄂᆞᆫ皆耶蘇敎徒의住據ᄒᆞᆫ바ㅣ오西班牙北境ᄲᅵ리니ㅣ스山脈으로印度ᄸᆞᆫ지스河에至ᄒᆞᄂᆞᆫ地ᄂᆞᆫ皆回回敎徒의住ᄒᆞᆫ바ㅣ라十一世紀末에至ᄒᆞ야二敎徒가크게相戰ᄒᆞ야其戰事가凡二百年間에及ᄒᆞ니是를十字戰爭이라謂ᄒᆞ다

土耳其人

十一世紀에亞細亞方面에一大人種이起ᄒᆞ니此ᄅᆞᆯ土耳其人種이라稱ᄒᆞ더니同世紀中頃에至ᄒᆞ야土耳其人이始ᄒᆞ미니回回敎國의東部ᄅᆞᆯ略取ᄒᆞ니回回敎主가政權을擧ᄒᆞ야皆土耳其人의酋長에게歸ᄒᆞ고其身은僅히敎主의名義로만存在ᄒᆞ더니土耳其人이但其回回敎國의東部ᄅᆞᆯ取ᄒᆞᆯ섇아니라漸進ᄒᆞ야東羅馬의地ᄅᆞᆯ侵ᄒᆞᆷ이頻頻ᄒᆞ더라

靈跡巡禮

四世紀以後로歐洲人이每常예루살넴의靈跡을巡拜ᄒᆞᄂᆞᆫ되回回敎가起ᄒᆞᆫ以來로巡拜者가或侮辱을受ᄒᆞ며或寬待ᄅᆞᆯ受ᄒᆞ더니土耳其人이回回敎國主가됨에至ᄒᆞ야耶蘇靈跡의巡拜者가戮辱虐待ᄅᆞᆯ蒙ᄒᆞᆷ이甚ᄒᆞ야一〇六四年에歐人의巡拜者僧俗七千人中에其能히歸國을得ᄒᆞᆫ者ᄂᆞᆫ僅三分의一이오其他ᄂᆞᆫ皆土耳其人에게被殺ᄒᆞᆫ바되지라此頃에東羅馬가土耳其人의侵入ᄒᆞᆫ바되야援을西歐諸國에乞ᄒᆞ되不聽ᄒᆞ얏스나西歐의諸國上下가皆其復讎의事ᄅᆞᆯ願치아니ᄒᆞᄂᆞᆫ者ㅣ無ᄒᆞ되其時機가姑且未熟ᄒᆞᆫ故ㅣ러라

大義唱道

法王아ᄅᆞ반二世가ᄃᆡ뎌僧侶ᄲᅦㅣ드ㅣ로命ᄒᆞ야諸國에往ᄒᆞ야其所見을陳ᄒᆞ고其慘狀을說ᄒᆞ야ᄡᅥ耶蘇靈場의恢復ᄒᆞᆯ義擧ᄅᆞᆯ說諭케ᄒᆞ더니一〇九五年에高僧

貴族、庶人이子라ㅣ몬됴府에大會ᄒᆞ고法王이親臨ᄒᆞ야說衆ᄒᆞ되凡此遠征에加入ᄒᆞᄂᆞᆫ者ᄂᆞᆫ悉皆其罪障을消滅ᄒᆞᆷ이라ᄒᆞ니衆이皆感激ᄒᆞ야爭先히其遠征의加名ᄒᆞᆷ을請ᄒᆞ믜赤色의布로ᄡᅥ十字의形을造ᄒᆞ야此ᄅᆞᆯ衣右肩에着케ᄒᆞ야ᄡᅥ征軍의標ᄅᆞᆯ作ᄒᆞ니是乃十字軍의名稱이由起ᄒᆞᆫ所以ㅣ라法王이衆과相約ᄒᆞ기ᄅᆞᆯ翌年秋에大軍을進發ᄒᆞ기로定ᄒᆞ더라

第一軍先鋒

翌年即一〇九六年春에遠征을願ᄒᆞᄂᆞᆫ下民等이發軍의期ᄅᆞᆯ不待ᄒᆞ고進發ᄒᆞ니此輩ᄂᆞᆫ皆農夫牧者로婦女老幼ᄅᆞᆯ携行ᄒᆞ야軍中에規律이缺ᄒᆞ고糧食이乏ᄒᆞᆫ지라律僧ᄲᅦㅣ드ㅣ가軍師가되고佛國貧賤의武士ᄋᆞ오ᄅᆞ드ㅣ가將軍이되야此ᄅᆞᆯ指揮ᄒᆞ니凡軍數가二十五萬人이라콘스단지노ᄲᅳᄅᆞ府ᄅᆞᆯ經ᄒᆞ야小亞細亞에入ᄒᆞ얏스나能히同府에達ᄒᆞᆫ者가僅히七千人이라此七千人이皆小亞細亞에셔死ᄒᆞ니此軍은第一回十字軍의先鋒이라謂ᄒᆞ더라

第一軍敗軍

其殿軍은武士로ᄡᅥ成ᄒᆞ야其數가凡六十萬에至ᄒᆞ니當時有名의六貴族이此ᄅᆞᆯ率ᄒᆞ고佛國貴族의一人이盟主가되지라此軍이亞細亞에至ᄒᆞ니土耳其人의酋長이親히三十萬의騎兵을率ᄒᆞ고此ᄅᆞᆯ迎戰ᄒᆞᆷ셰十字軍이能戰ᄒᆞ야大破ᄒᆞ니其

酋長이乃其田野를淸除ᄒᆞ야十字軍으로ᄒᆞ야금得食ᄒᆞ기甚困케ᄒᆞ미軍士의疲勞饑渴이滋甚ᄒᆞ야自斃ᄒᆞᆫ者를可히勝數치못ᄒᆞ고馬匹의死者가又甚ᄒᆞ야騎兵의失馬ᄒᆞᆫ者가三萬人에達ᄒᆞᆫ지라自是以後로軍士가屢屢히敵에게被困ᄒᆞ얏스되能히센루사너무府에到ᄒᆞ야此를攻擊受降ᄒᆞ다該府中에回回敎徒가七萬人이有ᄒᆞ니十字軍이皆此를屠殺ᄒᆞ고又猶太人이有ᄒᆞ야敎會堂에隱匿ᄒᆞᆫ것을十字軍이放火ᄒᆞ야燒盡ᄒᆞ니其殘酷ᄒᆞᆷ은可比ᄒᆞᆯ바ㅣ無ᄒᆞ더라十字軍이센루사너무府로ᄡᅥ耶蘇敎王國이라ᄒᆞ고十字軍의盟主쑈뜨후너로ᄡᅥ國王을삼으니쑈뜨후너가王位에即ᄒᆞᆷ을不肯ᄒᆞ고自稱ᄒᆞ야靈場의看護者ㅣ라云ᄒᆞ니時ᄂᆞᆫ一〇九九年이라其翌年에쑈뜨후너ㅣ死ᄒᆞ고其弟ㅣ代立ᄒᆞ야센루사너무國王이라稱ᄒᆞ다

第二軍

其後五十年即一一四五年에土耳其人이耶蘇敎徒의所立ᄒᆞᆫ에뎃사ㅣ公國을滅ᄒᆞ니於是에第二回의十字戰爭이起ᄒᆞ야獨國皇帝곤랏뜨三世와佛國王루이七世가親히率軍ᄒᆞ얏스되皆軍功을不奏ᄒᆞ고歸ᄒᆞ다

第三軍

其後四十年即一一八七年에가ㅣ짓시유人種의酋長이兵을擧ᄒᆞ야센루사너무

府를攻擊ᄒᆞ야此를降ᄒᆞ니於是에第三回의十字戰爭이起ᄒᆞ야當時의三大君이親히遠征ᄒᆞ니其一은英國王이오其二ᄂᆞᆫ佛國王이오其三은獨國帝ㅣ라獨帝ᄂᆞᆫ小亞細亞의一小河에溺死ᄒᆞ고佛王英王이其戰功을相爭ᄒᆞ다가佛王이大怒歸國ᄒᆞ고英王이獨留ᄒᆞ야相戰ᄒᆞ니英王이武勇ᄒᆞ고兼ᄒᆞ야用兵을善ᄒᆞ니時人이稱ᄒᆞ야獅心王이라云ᄒᆞ다其敵酋長이亦善戰ᄒᆞ야드듸여勝敗를未決ᄒᆞ고英王이此와休戰을約ᄒᆞ고歸國ᄒᆞ다

征軍前後八回 戰爭影響

其後로耶蘇敎徒의遠征軍을發ᄒᆞᆷ이凡五回에及ᄒᆞ얏스되大槪功을不奏ᄒᆞ고罷歸ᄒᆞ야一二九一年에비로소戰爭이全熄ᄒᆞᆫ지라此十字戰爭이其目的ᄒᆞᆫ耶蘇靈臺의恢復을達치못ᄒᆞ얏스되歐洲의文明이此로ᄡᅥ影響을受ᄒᆞᆷ이夥大ᄒᆞ니其影響을槪陳ᄒᆞ면左와如ᄒᆞ니라

一 諸國의人民이비로소相交相知ᄒᆞᆫ事

二 航海通商의業이大開ᄒᆞᆫ事

三 東方의産物이漸漸歐洲에輸入ᄒᆞᆫ事

四 小貴族이征費를辦出ᄒᆞ기爲ᄒᆞ야典質ᄒᆞᆫ土地를恢復치못ᄒᆞᆷ으로ᄡᅥ其勢

力이頓減ᄒᆞᆫ事

五 綽名紋旗紋衣가漸行ᄒᆞᆫ事

六 人心이漸漸宗教上의寬宥에傾ᄒᆞᆫ事

七 人智가漸次地理風俗上의範圍를擴張ᄒᆞᆫ事

第六章 自治都邑

羅馬滅後景況

自治都邑은今日歐米諸國의民權이由起ᄒᆞᆫ바ㅣ라 初에羅馬帝國이無數의自治都邑이相合ᄒᆞ야成立ᄒᆞ얏더니其亡ᄒᆞᆷ에當ᄒᆞ야無數ᄒᆞᆫ自治都邑이統一을失ᄒᆞ야相分ᄒᆞ니주ㅣ돈人種이諸國을佔據ᄒᆞᆷ에至ᄒᆞ야自治都邑이漸漸衰微ᄒᆞᆷ에至ᄒᆞᆫ지라주ㅣ돈人種即蠻族이元來村落을作ᄒᆞ야住居호되能히都邑을成立ᄒᆞ야住居치못ᄒᆞ든바라然이나八世紀終으로브터自治都邑이皇帝王公의扶助를依ᄒᆞ야漸起ᄒᆞ니其盛起ᄒᆞᆫ國은獨乙及伊國이라

獨伊二國

十三世紀에至ᄒᆞ야獨國의大都邑八十이相合同盟ᄒᆞ니此를한스同盟이라稱ᄒᆞ다其起生ᄒᆞᆫ所以는當時에盜賊이橫行ᄒᆞ고貴族이跋扈ᄒᆞ야商業이此로써妨害를蒙ᄒᆞᆷ이甚ᄒᆞᆫ故ㅣ라伊國中特히其北部론빠루찌ㅣ는都邑의盛大를致ᄒᆞ야一一六七年에론빠루찌ㅣ同盟이起

ᄒᆞ야此同盟이能히獨帝를抗ᄒᆞ니時에獨帝는伊國의主ㅣ라自稱ᄒᆞ거ᄂᆞᆯ都邑이其自治를完全코자ᄒᆞ야頻頻히反亂ᄒᆞ니獨帝가不得已此에自治權을附與ᄒᆞᆷ에至ᄒᆞ다

商況

凡都邑의盛衰는商業의盛衰에隨伴ᄒᆞ는者ㅣ니中世에都邑이諸國에羣起ᄒᆞᆷ은即商業이漸旺ᄒᆞᆷ에基因ᄒᆞᆫ바ㅣ라十字戰爭以前의南歐商業은回回教徒의手를經ᄒᆞ얏더니其後에至ᄒᆞ야는南歐의諸都邑이此를代ᄒᆞ야商業에從事ᄒᆞ니伊國베니스府와쎄로아府等이가장其利를占有ᄒᆞ얏더라

第四部 列國發達

三大洲

八世紀末에至ᄒᆞ야西歐가재ㅣ루스大帝의治下에歸ᄒᆞ야一統되얏스되其中英吉利西班牙伊太利의南部가其治下에不歸ᄒᆞ얏고東歐에는東羅馬帝國과아싸ㅣ스人種國과빠루싸리아王國과셰루쎄아王國이有ᄒᆞ고小亞細亞西部는오히려東羅馬帝國에屬ᄒᆞ얏고亞細亞洲의西部와亞非利加洲의北岸과并西班牙는回回教徒의住ᄒᆞᆫ바되얏스나然이나東歐諸國은其國事의可記ᄒᆞᆫ者ㅣ少ᄒᆞᆷ으로

重要邦國

써今此에八世紀以後에發達進步ᄒᆞᆫ西歐諸國의事를論述코자ᄒᆞᆷ이니其西歐諸

國中文明上에가장重要ᄒᆞᆫ者가如左ᄒᆞ니라

一 獨逸

二 佛蘭西

三 伊太利

四 英吉利

第一章 獨逸

諸家交替

紀元九六二年에오도ㅣ大帝가羅馬皇帝位에登ᄒᆞ야貴族叛亂의鎭定과伊太利諸都邑의征伐을務ᄒᆞ야戰爭이不息ᄒᆞ얏고오도ㅣ三世와헨리ㅣ二世가亦賢君이로ᄃᆡ其外夷의侵入과伊太利의征伐을除ᄒᆞᆫ外에別노著明ᄒᆞᆫ事蹟이無ᄒᆞᆫ지라紀元一二五〇年으로브터凡二十三年間을國家가紛亂ᄒᆞ야一定ᄒᆞᆫ바無ᄒᆞ야即帝도無ᄒᆞ며政도無ᄒᆞᆷ에至ᄒᆞ다가一二七三年에하ᄲᅳ스ᄲᅮ루家가立ᄒᆞᆫ以後로帝室의交替가尤極頻繁ᄒᆞ야國家의紛擾가不絶ᄒᆞ얏고又一四一五年에ᄲᅥ헤미아州의異教論者ᄯᅩᆨ스가死刑을被ᄒᆞᆷ에至ᄒᆞ야同州의人民이始乃歐洲에羅馬法王教의非理를論ᄒᆞ야十七年間의大亂을起ᄒᆞ고鐵砲火藥을利用ᄒᆞ야官軍을破

ᄒᆞ야ᄡᅥ諸國의注目을惹起케ᄒᆞ니是로由ᄒᆞ야獨乙帝國의衰運이漸次傾仄ᄒᆞᆷ을可見ᄒᆞᆯ지라

第二章 佛蘭西

佛國王權漸强

紀元九八七年에유ㅣ가베ㅣ王位에即ᄒᆞ야稍稍國勢를挽回ᄒᆞ얏스되其死後에至ᄒᆞ야諸侯가强盛ᄒᆞ야王權을壓迫ᄒᆞᆷ으로ᄡᅥ更히統御치못ᄒᆞᆷ에至ᄒᆞ다紀元一一五四年에英國에헨리ㅣ二世가立ᄒᆞ야佛國王루이七世의廢后를納ᄒᆞ야爲后ᄒᆞ니后ᄂᆞᆫ佛國의大州앗구이덴을領ᄒᆞᆫ者ㅣ라故로英王이此婚을因ᄒᆞ야該앗구이덴을領得ᄒᆞᆷ에至ᄒᆞ니於此에英王이佛國에有ᄒᆞᆫ領地가佛王의領地보다遙大ᄒᆞᆫ지라佛王후릿ᄲᅮ二世가賢君으로佛國의土地가多數히英國에見奪ᄒᆞᆷ을憤ᄒᆞ야機를乘ᄒᆞ야此를回復코자計ᄒᆞ더니會英王지욘이即位ᄒᆞ미지욘이暗弱ᄒᆞ야英國의貴族이皆離心을抱ᄒᆞ얏거ᄂᆞᆯ후릿ᄲᅮㅣ此를見ᄒᆞ고心內에暗喜ᄒᆞ더니適지욘의兄遺子아ㅣ사가死ᄒᆞᆷᄋᆡ아ㅣ사ᄂᆞᆫ지욘과王位를競爭ᄒᆞ든者ㅣ라故로후릿ᄲᅮ가其死로ᄡᅥ지욘의暗殺ᄒᆞᆫ바라ᄒᆞ야封建上君臣의分을依ᄒᆞ야지욘을招ᄒᆞ야裁決코자ᄒᆞ니지욘이不來ᄒᆞ거ᄂᆞᆯ후릿ᄲᅮㅣ此를因ᄒᆞ야佛國에有ᄒᆞᆫ英領

을沒收ᄒᆞ니此後로英佛이互相敦親ᄒᆞ되戰爭에不至ᄒᆞ고百二十年間을經過ᄒᆞ다

明君賢主

루잇ᄉᆡ二世가잉의로우만지ㅣ를領有ᄒᆞ고諸方에十字軍을出ᄒᆞ야異教徒를征伐ᄒᆞ야크게佛國의威名을赫然케ᄒᆞ고且又宗教上事에關ᄒᆞ야羅馬法王과連合ᄒᆞ야王權의擴張을謀ᄒᆞ더니루이九世가루잇ᄉᆡ二世의孫으로王位에即ᄒᆞ니賢明仁厚ᄒᆞ야法令을明ᄒᆞ고訴獄을審ᄒᆞ며貴族의跋扈를抑ᄒᆞ야國家의統一을計ᄒᆞ니時人이王을稱ᄒᆞ야聖王이라ᄒᆞ더라

佛王與法王爭權

如斯히佛國의王權이教導를依ᄒᆞ야擴張됨과如ᄒᆞ되每法王의教權과一致치아니ᄒᆞ니루잇ᄉᆡ四世가王位에登ᄒᆞ야法令을改ᄒᆞ야俗人의裁判官으로ᄒᆞ야금僧侶社會의裁判에干涉케ᄒᆞ고法王보니ᄑᆞ에ᄉᆞ의意를反ᄒᆞ야租稅를寺院領地에賦課ᄒᆞ니보니ᄑᆞ에ᄉᆞ曰凡國王은法王의許可를不得ᄒᆞ면租稅를寺院의領地에課치못ᄒᆞᆫ다ᄒᆞ니루잇ᄉᆡ王이此를反對ᄒᆞ야曰凡佛國의財産은其金錢物品을勿問ᄒᆞ고王의勅許를不經ᄒᆞ면此를外國에出치못ᄒᆞᆫ다ᄒᆞ니於是에兩說이相容치아니ᄒᆞ야크게釁端이生ᄒᆞᆫ지라法王이宣言ᄒᆞ야曰法王은無上의特權이有ᄒᆞ야

此를諸國君王의身上에施行ᄒᆞᆷ을得ᄒᆞᆫ다ᄒᆞ고一三〇二年에法王이佛王루잇ᄉᆡ四世를除籍ᄒᆞ니佛王이除籍의勅書를燒ᄒᆞ고武士를法王의居所에遣ᄒᆞ야法王을捕ᄒᆞᆫ시法王이僥倖人民의蜂起ᄒᆞᆷ을乘ᄒᆞ야僅히脫身을得ᄒᆞ얏스나羅馬府는임의佛人의佔據ᄒᆞᆫ바되야更히如何키不能ᄒᆞᆫ지라法王이鬱鬱不樂ᄒᆞ야畢竟病歿ᄒᆞ니於是에佛王이其所親의僧을立ᄒᆞ야法王을삼고其宮殿을아세뇬에移ᄒᆞ고又宗教保護의武士團體를廢ᄒᆞ고政教二途의全權을握ᄒᆞ야十分王權을擴張ᄒᆞ니此에至ᄒᆞ야法王의無限ᄒᆞᆫ大權이曩者에獨乙조ᄎᆞᆺ스變亂을因ᄒᆞ야一大挫折을蒙ᄒᆞ얏고今且一大災厄을遭遇ᄒᆞ니其教權의不振ᄒᆞᆷ이實로此에基因ᄒᆞ얏더라

百年戰爭

一三二八年에가베ㅣ王家의男系가絶ᄒᆞ고ᄲᅡ로ㅣ아王家가此에代ᄒᆞ니此王家初代의王을루잇ᄉᆡ六世라云ᄒᆞ더니一三三七年에英王에드와루도三世가루잇ᄉᆡ의即位에對ᄒᆞ야異議를唱ᄒᆞ니於此에英佛二國이更히大葛藤을生ᄒᆞ야互相交戰ᄒᆞᆷ이凡百年이라故로其戰爭을百年戰爭이라云ᄒᆞ더라佛王루잇ᄉᆡ六世는佛國先王루잇ᄉᆡ五世의從弟ㅣ오且英王에드와루도三世의母는即루잇ᄉᆡ五世의妹

戰爭結果

ㅣ라佛國法을依ᄒᆞᆫ則王位의相續은但男系에依ᄒᆞ고女系에不及ᄒᆞᄂᆞ니然이나英王이嘗言曰我의母가佛國法에依ᄒᆞ면先王의後ᄅᆞᆯ嗣ᄒᆞᆷ을不得ᄒᆞ되其相續의權을移ᄒᆞ야我에與ᄒᆞᆷ을得ᄒᆞᆫ다ᄒᆞ니佛王은自初로此說을不服ᄒᆞᆫ지라於是에英王이크레시海陸의兵을起ᄒᆞ야親率ᄒᆞ고佛國을攻ᄒᆞᆯᄉᆡ佛人이屢戰敗績ᄒᆞ야地ᄅᆞᆯ割與ᄒᆞ고請和ᄒᆞᆫ다一四一三年에英王헨리一五世가即位ᄒᆞ니時에佛王챠-ㄹ스六世가發狂ᄒᆞ야國政이紊亂ᄒᆞ민英王이此機ᄅᆞᆯ乘ᄒᆞ야佛國을攻ᄒᆞ니佛國이和ᄅᆞᆯ請ᄒᆞ거ᄂᆞᆯ約束ᄒᆞ되其死後에ᄂᆞᆫ英王으로ᄒᆞ야곰其嗣ᄅᆞᆯ承케ᄒᆞᆫ다ᄒᆞ얏더니一四二二年에英王佛王이共히死ᄒᆞ거ᄂᆞᆯ佛人이約束을破棄ᄒᆞ고先王의子ᄅᆞᆯ立ᄒᆞ야챠-ㄹ스七世ᄅᆞᆯ숨으니此王이賢明ᄒᆞ고善戰ᄒᆞ야드듸여英人을佛國에逐出ᄒᆞ고一四五三年에百年戰爭이비로소結局ᄒᆞ니此戰爭의結果ᄂᆞᆫ佛國의貴族으로ᄒᆞ야곰國家ᄅᆞᆯ爲ᄒᆞ야併力ᄒᆞ야ᄡᅥ外敵과相戰ᄒᆞᆷ을知케ᄒᆞᆫ바로佛國이此에强大ᄒᆞᆷ을致ᄒᆞ니라

第三章 伊太利

二政黨

八四三年에챠-ㄹ스大帝의大國이分ᄒᆞ야三國이되니其一이伊太利王國이라九

六二年에獨國王오-토一大帝가神聖羅馬帝國을復興ᄒᆞᆷ에當ᄒᆞ야伊太利가更히其版圖에入ᄒᆞ니自是以後로法王과獨帝間에恒常爭端이有ᄒᆞ야國家의寧歲가無ᄒᆞᆫ지라時에二大政黨이有ᄒᆞ니一은게루후黨이오一은게베루린黨이니前者ᄂᆞᆫ法王의左袒이오後者ᄂᆞᆫ獨帝의左袒이라此黨爭의目的은一은伊太利로ᄒᆞ야곰獨帝의管轄을脫케ᄒᆞᆷ이오一은此事로ᄒᆞ야곰成立치못ᄒᆞ게ᄒᆞᆷ이러라

大富府都

十二世後半期에獨帝후레데릭一世가伊國都邑의自治權을剝奪코자ᄒᆞ니於是에롬싸루지一地方都邑이相合ᄒᆞ야同盟을成ᄒᆞ고獨帝와相戰ᄒᆞᆷ이九年에及ᄒᆞ더니伊後七年을經ᄒᆞ야獨帝가此와相和ᄒᆞ야自治權을許與ᄒᆞ니라

富蘿連府

후로렌스府ᄂᆞᆫ銀行의營業으로知名되야其金貨후로린이歐洲諸國의貨幣標準이되지라此府에政事上葛藤이不絶ᄒᆞ얏스되其商業이日盛ᄒᆞ야大富ᄅᆞᆯ成ᄒᆞ니豪商메듸지一家라稱ᄒᆞᄂᆞᆫ者ㅣ有ᄒᆞ야恒常政事上에勢力을占有ᄒᆞᆷ이極大ᄒᆞ야此家의一人로넨오가드듸여國政을執ᄒᆞ고文學技術을크게奬勵ᄒᆞ야家產을擲ᄒᆞ야學者技師의用을供ᄒᆞ더니十五世紀末에佛王챠-ㄹ스八世가伊國을侵ᄒᆞᆷ애후로렌스府ᄅᆞᆯ屠ᄒᆞ고메듸지一家의一族을逐ᄒᆞ니一五二七年에후로렌스府

가乃其獨立의自治權을失ᄒᆞ다

衰亡原因

伊國都邑이殷富ᄒᆞ고勢力이盛大홈을不計ᄒᆞ고衰亡에至홈은其原因이數多ᄒᆞ니其最重ᄒᆞᆫ者ᄂᆞᆫ 一은諸都邑이同心共力의心이乏ᄒᆞ야互相救濟치아니ᄒᆞᆫ事ㅣ오二ᄂᆞᆫ諸都邑人이敵과對戰홀時에兵을傭ᄒᆞ야戰鬪케ᄒᆞ고스ᄉᆞ로冒死ᄒᆞ기를不肯ᄒᆞᆫ所以ㅣ니當時政治家마기아베루라의長太息ᄒᆞ든바가此也ㅣ러라

第四章 英吉利

英國은九世紀에비로소에구빠도王이此를統一ᄒᆞᆫ後로恒常덴人의侵入을蒙ᄒᆞ야甚苦ᄒᆞ다가八七二年에아루후넷도大王이即位ᄒᆞ니大王이賢明ᄒᆞ야學事를奬勵ᄒᆞ고法律을制定ᄒᆞ며司法行政의大權을區劃ᄒᆞ고軍艦을製ᄒᆞ며兵力을養ᄒᆞ야ᄡᅥ富國强兵의基礎를定ᄒᆞ고덴人과相戰ᄒᆞ야드듸여此를大破ᄒᆞ고自己에服從케ᄒᆞ되全히此를國外에放逐치못ᄒᆞ얏더니其死後에덴人이復叛ᄒᆞ야英國을取ᄒᆞ고其酋長가니유도가立ᄒᆞ야英王이되얏스되其가니유도死後에아루후넷도大王의後裔가ᄯᅩ位를復ᄒᆞ다

紀元一〇六六年에佛國로루만ᄯᅵ侯우리아무가英國을攻ᄒᆞ니英人이此를迎戰

ᄒᆞ다가大敗ᄒᆞᆫ지라우리아무가앙子로삭손人種을西方邊陲에放逐ᄒᆞ고英國의土地를占領ᄒᆞ며臣下를封爵ᄒᆞ야封建의制度를確立ᄒᆞ고國內의土地를測量ᄒᆞ야課稅의法則을一定ᄒᆞ다自是以後로英國에ᄂᆞᆫ로루만王統과앙쑤로삭손王統의二王統이有ᄒᆞ야반다시有事ᄒᆞᆫ時ᄂᆞᆫ其紛議를生케ᄒᆞᄂᆞᆫ勢가有ᄒᆞ더니헨리ㅣ二世가即位홈에及ᄒᆞ야國家가비로소安穩無事ᄒᆞ니王의父ᄂᆞᆫ佛國의一諸侯ㅣ오母ᄂᆞᆫ英王의女ㅣ니母系로ᄂᆞᆫ앙子로삭손統과로루만統을兼ᄒᆞᆫ바ㅣ라王의爲人이剛勇ᄒᆞ야大志를抱ᄒᆞ고兼ᄒᆞ야佛國의諸多領地를合有ᄒᆞ야其版圖가廣大ᄒᆞ고國力이强ᄒᆞ야能히佛國을凌駕ᄒᆞᄂᆞᆫ勢를示ᄒᆞ야佛國과競爭이漸盛ᄒᆞ니於是에王이兵制를變ᄒᆞ고法律을改ᄒᆞ며司法의權을全ᄒᆞ고人民의力을養ᄒᆞ야크게內治에用意홈으로ᄡᅥ英國의威名이赫赫ᄒᆞ다

大憲章發布

王의二子잇재루ᄯᅩ와존이相繼即位ᄒᆞ니존의爲人이至極히暗弱ᄒᆞ야徒然히重稅를貴族平民에課ᄒᆞ며又此를虐殺ᄒᆞ니於是에貴族平民이王을迫ᄒᆞ야一大憲章을發케ᄒᆞ니是ᄂᆞᆫ紀元一二一五年이라此大憲章은英國憲法이此에由ᄒᆞ야發

代議院起

達ᄒᆞᆫ바ㅣ오英國民權이此에由ᄒᆞ야伸張ᄒᆞᆫ바ㅣ라존이大憲章을發布ᄒᆞ얏스되

此ᄂᆞᆫ實行치아니ᄒᆞ고內으로內亂을招ᄒᆞ며外으로佛國內의領地를見奪ᄒᆞ야國勢가크게萎縮ᄒᆞ더니죤이歿ᄒᆞ고子헨리ㅣ三世가立ᄒᆞ미亦愚蠢ᄒᆞ야其政을失ᄒᆞ니貴族이反ᄒᆞ야王軍을破ᄒᆞ고王을捕囚ᄒᆞ며國內各都城에命ᄒᆞ야代議士를出케ᄒᆞ니於是에英國上下二院의國會가起ᄒᆞᆫ지라是ᄂᆞᆫ世界의代議國會가生ᄒᆞᆫ嚆矢로卽紀元一二六四年事ㅣ러라

百年戰爭 일의大憲章이實施되고代議政體가確立ᄒᆞᆫ故로英人이能히國運을挽回ᄒᆞ얏다云ᄒᆞ더라紀元一三二七年에에ᄃᆞ와ᄅᆞ드三世가卽位ᄒᆞ야일의養成ᄒᆞᆫ國力을依ᄒᆞ야佛王후립ᄲᅮ六世의卽位ᄒᆞᆷ을拒ᄒᆞ고母后의權을據ᄒᆞ야此를兼倂코자ᄒᆞ더니가紛議의結果로드듸여所謂百年戰爭의端緖를發ᄒᆞ니此戰爭의結局은英人이敗歸ᄒᆞ얏스되英國人이此로ᄡᅥ一國民의觀念이大起ᄒᆞᆫ지라

薔薇戰爭 百年戰爭終局以前卽一三九九年에ᄲᅳ란다ᄭᅦ넷드王家가斷絕ᄒᆞ고란가스터ㅣ家가此에代ᄒᆞ얏스나一四二二年에王家의第三代헨리ㅣ六世가卽位ᄒᆞ야一四五五年에王位繼承의亂이起ᄒᆞ니此ᄂᆞᆫ薔薇戰爭이라云ᄒᆞ더라官軍은赤薔薇로ᄡᅥ記號를삼고賊軍은白薔薇로ᄡᅥ記號를삼은故로此名稱이有ᄒᆞ니戰爭ᄒᆞᆫ지凡六

年後에賊將요ㅣ子侯가入ᄒᆞ야王位에卽ᄒᆞ얏스되戰亂이恒常不絕ᄒᆞ더가요ㅣ子王家가三世에亡ᄒᆞ니란가스터ㅣ黨이지ㅣ쏘듀侯를迎立ᄒᆞ고舊王家의女를立ᄒᆞ야爲后ᄒᆞ니此에至ᄒᆞ야二王家가相合ᄒᆞᆷ을得ᄒᆞ니實은一四八六年의事ㅣ라此戰爭에貴族의戰死者가甚多ᄒᆞ야貴族의勢가頓減ᄒᆞ고王室의權이大加ᄒᆞ니近世史에至ᄒᆞ야英王이强大ᄒᆞᆫ兵力으로ᄡᅥ歐洲中原에雌雄을爭ᄒᆞᆷ을得ᄒᆞᆷ은實로此에基因ᄒᆞᆷ이러라

第三編 (近世史)

總論

近世中世兩史異同 東羅馬帝國이滅亡ᄒᆞᆫ以後今日에至ᄒᆞᄂᆞᆫ年間을稱ᄒᆞ야近世史의時代라云ᄒᆞ니近世史ᄂᆞᆫ卽中世史를繼續ᄒᆞᆷ과無異ᄒᆞ되其特質上으로ᄂᆞᆫ其中世史와크게差異가有ᄒᆞ니라

近世特質 近世史와中世史의相異ᄒᆞᆫ所以가如左ᄒᆞ니

一 歐洲諸國一般의傾向이小國을合ᄒᆞ야大國을組成ᄒᆞᆫ事

二 歐洲諸國의政治가漸次僧侶의手를脫ᄒᆞ야俗人의手에歸ᄒᆞᆫ事

三 歐洲諸國이一致共同으로漸漸宗教的의性質을脫ᄒᆞ고政治的의性質을具ᄒᆞᆫ事

四 歐洲諸國이一致共同으로國力의平均을一大主義로合은事

五 歐洲人이陸地發見과殖民貿易의手段을依ᄒᆞ야他諸大洲의命脉을左右ᄒᆞᆫ事

六 歐洲諸國의商工兩業이漸次振興ᄒᆞ야中等社會로ᄒᆞ야곰漸漸勢力을占得케ᄒᆞᆫ事

七 歐洲諸國의生業及學藝가크게其範圍品類를增ᄒᆞᆫ事

八 歐洲諸國에耶蘇教가慈善을奬勵ᄒᆞᆷ으로ᄡᅥ大功을奏ᄒᆞᆫ事

近世史期

近世史를分ᄒᆞ야五大期라ᄒᆞ니一은發明發見의期ㅣ오二ᄂᆞᆫ宗教改良의期ㅣ오三은霸王輩出의期ㅣ오四ᄂᆞᆫ歐洲大亂의期ㅣ오五ᄂᆞᆫ各國統一의期라ᄒᆞ고且歷史上中世近世의性質로ᄒᆞ야곰相異케ᄒᆞᆫ者ᄂᆞᆫ即第一期의發明發見의点이라云

ᄒᆞᄂᆞ니라

第五部 發明發見

中世近世相異事件

發明發見의時期ᄂᆞᆫ一四五三年으로十六世紀初에跨ᄒᆞ야中世가近世로遷移ᄒᆞᄂᆞᆫ期ㅣ니近世中世의相異ᄒᆞᆫ所以ᄂᆞᆫ此時期에起ᄒᆞᆫ事實로브터明白ᄒᆞᆫ지라此時期에起ᄒᆞᆫ重要의事實이如左ᄒᆞ니

一 東羅馬의滅亡

二 火藥發明及王權의强大

三 海上發見

四 印刷發明及古文의復興

第一章 東羅馬滅亡

東羅馬亡

東羅馬帝國의滅亡이紀元後一四五三年의事ㅣ니帝國이八世紀以後로亞拉比亞人의侵ᄒᆞᆫ바되고十一世紀以後로土耳其人의侵ᄒᆞᆫ바되야其地가日削ᄒᆞ더니十五世紀에至ᄒᆞ야ᄂᆞᆫ僅히帝都콘스단지로샤루府와幷其四周數里의地가存在ᄒᆞᆯ뿐이니其衰亡ᄒᆞᆷ이ᄯᅩᄒᆞᆫ甚速ᄒᆞ도다歷代의君主가皆暗弱ᄒᆞ고僧侶가教旨를

論ᄒᆞᆷ에相讓ᄒᆞᆷ을不知ᄒᆞ고人民一般의風儀가壞敗ᄒᆞ야國事를不顧ᄒᆞ니其强敵의一擊을被ᄒᆞ야倒敗ᄒᆞᆷ은自然의理ㅣ라十四世紀에至ᄒᆞ야土耳其人이입의허루니스뽄도海峽을渡ᄒᆞ야歐洲에入ᄒᆞ야帝國을迫ᄒᆞ니一四五三年에곤스단지로쁠루府가其被圍ᄒᆞᆫ바되야受圍ᄒᆞᆫ지五十三日에至ᄒᆞ야乃降ᄒᆞ니라

第二章 海上發見

中世史末期에在ᄒᆞ야歐洲諸國의都府가隆盛ᄒᆞ야크게商工의業을營ᄒᆞ고運輸의便을開ᄒᆞ야伊太利半島의諸都府와如ᄒᆞᆫ者ᄂᆞᆫ陸路로브터東方印度ᄭᆞ지互市를作ᄒᆞ야有無를相通ᄒᆞᆷ으로ᄡᅥ贏利를增進ᄒᆞ나然이나印度에達ᄒᆞᆷ에陸路가甚遠ᄒᆞ고運搬이極難ᄒᆞ며且其貴族海賊과土耳其人回回敎徒에게其商品을掠奪ᄒᆞᄂᆞᆫ事가有ᄒᆞ니歐洲諸國이此를甚憂ᄒᆞ다가비로소磁器의利를藉ᄒᆞ야亞非加大陸을回ᄒᆞ야ᄡᅥ印度에達ᄒᆞᄂᆞᆫ新航路를發見ᄒᆞ고或은西方으로直行ᄒᆞ야印度에得達코자ᄒᆞᄂᆞᆫ者도有ᄒᆞᆫ지라伊太利人고롬부스가多年硏究의考案으로印度에達ᄒᆞᆷ에ᄂᆞᆫ西方으로直行ᄒᆞᆷ만不如ᄒᆞᆷ을노確信ᄒᆞ야親히葡萄牙에往ᄒᆞ야其王을說ᄒᆞ고其弟로ᄒᆞ야금英吉利에往ᄒᆞ야其王을說ᄒᆞ니皆不聽ᄒᆞᄂᆞᆫ지라고롬부

印度航路發見

스가乃西班牙女王이사베라를說ᄒᆞ야採納ᄒᆞ니僅히三小船을得ᄒᆞ고西方渺茫ᄒᆞᆫ大西洋을渡ᄒᆞ야艱辛이亞米利加洲의一羣島에達ᄒᆞ니고롬부스가此로ᄡᅥ印度에達ᄒᆞᆫ바라ᄒᆞ야大喜而歸ᄒᆞ니是ᄂᆞᆫ紀元一四九二年이니亞米利加大陸發見의端緖ㅣ라云ᄒᆞ다

先是에葡萄牙人이임의亞非利加의西岸으로南航ᄒᆞ야亞非利加를廻ᄒᆞ야印度에達ᄒᆞᆷ이有ᄒᆞ얏고一四八六年에ᄲᅡ르도로메우ᄯᅵ아스란者가亞非利加의最南端되ᄂᆞᆫ喜望峰에達ᄒᆞ얏고一四八九年에ᄲᅡ스고뎨가마란者가又喜望峰을廻航ᄒᆞ야印度에達ᄒᆞ얏고十六世紀初에葡萄牙人마ᄶᅥ에루란이가海上으로世界를一周ᄒᆞ야愈愈世界의球形됨을證ᄒᆞ야ᄡᅥ亞米利加의新大陸과及其印度의新航路를發見ᄒᆞ니於是에歐洲諸國이其心을漸漸航海殖民通商의事業에傾注ᄒᆞᆷ서西班牙人이亞米利加에至ᄒᆞ야土人을從ᄒᆞ야其地를奪ᄒᆞ고礦山을發見ᄒᆞ야金銀을採出ᄒᆞ며葡萄牙人은印度에至ᄒᆞ야居留地를多置ᄒᆞ야商業의便을開ᄒᆞ고英吉利獨乙其他諸國人等이又盛히探檢ᄒᆞᆷ을企圖ᄒᆞ니近世初에至ᄒᆞ야歐洲人民의棲息ᄒᆞᄂᆞᆫ바世界가크게其範圍를擴張ᄒᆞ얏다云ᄒᆞᆷ이可ᄒᆞ니라

火藥發明

王權强大

第三章　火藥發明及王權强大

火藥發明의年代와及其發明者의人名이姑未詳ᄒᆞ야或은獨乙製藥者베루도보ㅣ루쉬와루쓰가此를發明ᄒᆞ얏다ᄒᆞ고或은支那印度아라배야의諸國으로브터歐洲에輸入ᄒᆞᆫ者ㅣ라云ᄒᆞ다此火藥을軍用에供ᄒᆞᆷ은十四世紀中頃의事ㅣ니其初에ᄂᆞᆫ銃器가麁惡ᄒᆞ야火藥으로ᄡᅥ其十分의效果를奏치못ᄒᆞ더니漸次로改良을加ᄒᆞ야비로소其効果를十分能奏케ᄒᆞᆷ에至ᄒᆞ다

火藥의發明은戰法軍略의變革을促케ᄒᆞ야常備軍隊의設置를務ᄒᆞ며城壘甲冑의效用을無케ᄒᆞ야ᄡᅥ封建制度의廢絶을速케ᄒᆞ고常備의軍隊를置ᄒᆞ야貴族의勢가頓減ᄒᆞ얏스되平民의權이姑且未成ᄒᆞᆫ故로君主의權力이專恣ᄒᆞᆷ을得ᄒᆞ야君主의專權이實로此에始ᄒᆞᆫ지라君主가專權ᄒᆞ야天下를自意와如히思ᄒᆞᆷ으로臣民의苦를不顧ᄒᆞ고屢屢히干戈를弄ᄒᆞ야外國을征伐ᄒᆞ야强勝弱合ᄒᆞ고大克小呑ᄒᆞᆷ에至ᄒᆞ니小國이同盟ᄒᆞ야大國을敵ᄒᆞ야ᄡᅥ各自의滅亾을避코자ᄒᆞ미乃國力平均論의所起ㅣ오封建의制가失勢ᄒᆞ고義騎의制가亦凋亾ᄒᆞᆷ에至ᄒᆞᆫ所以ㅣ니라

印刷發明

古代學術復興

第四章　印刷發明及古文復興

火藥의發明과共히社會를變動ᄒᆞ고王權의擴張을助ᄒᆞ며人文의進步를早速케ᄒᆞᆫ者ᄂᆞᆫ即印刷의發明이니此印刷의發明年代도亦未詳ᄒᆞ나然이나印刷物의最早知名된者ᄂᆞᆫ一四二三年의印刷ㅣ라ᄒᆞ고一四五〇年에獨乙國마인쓰府人쑤ㅣ덴베루쑤가活字를發明ᄒᆞ고同時同國人셰쁘루가銅版을發明ᄒᆞ얏다ᄒᆞ니此印刷發明ᄒᆞᆫ以後로著述出版의事業이漸開ᄒᆞ야人民이容易히看書ᄒᆞᆷ을得ᄒᆞ야民智가漸漸發達ᄒᆞ며且特히最著ᄒᆞᆫ影響을民智進步上에及케ᄒᆞᆫ者ᄂᆞᆫ文學의復興과宗教의衰頹ㅣ二者에在ᄒᆞᆫ지라東羅馬帝國의末路에其志士가西歐諸國에游說ᄒᆞ야請援ᄒᆞᆯ時에西歐諸國이希臘羅馬의古文을講ᄒᆞᄂᆞᆫ者ㅣ其跡이絶ᄒᆞ고獨東羅馬에셔此를講ᄒᆞ니其志士가請援ᄒᆞᆫ餘暇에其古文을講究ᄒᆞ야於是에伊國諸都邑과東羅馬의志士即古文의學者를優待ᄒᆞ며크게古文의復興을計ᄒᆞ니此古文은政治宗教哲學上으로其言論思想이自由된故로其復興이크게學藝의獨立을助ᄒᆞ고此로ᄡᅥ宗教上의羈絆을脫케ᄒᆞ며詩文音樂과彫刻建築에對ᄒᆞ야一大新活路를與ᄒᆞ며人民이迷夢을破ᄒᆞ야妄信을脫ᄒᆞ니於此에宗教가其勢力

을大滅ᄒᆞ고法王이其尊嚴을大失ᄒᆞᆷ에至ᄒᆞ다

第六部 宗敎改良

第二時期年數

宗敎改良의期ᄂᆞᆫ一五一七年에起ᄒᆞ야三十年戰爭의結局即一六四八年에至ᄒᆞ니其間이凡百三十年이라此宗敎改良期에對ᄒᆞ야歐洲事變의가장重大ᄒᆞᆫ者가如左ᄒᆞ니

一 新敎唱道
二 佛國內亂
三 英國事變
四 三十年戰爭
五 米國殖民

是等五大事變은皆多少宗敎의改良에關ᄒᆞᆫ者ㅣ라宗敎의改良은獨國에始ᄒᆞ야他國에及ᄒᆞ고諸國이此로ᄡᅥ大亂ᄒᆞ니佛國의內亂은政黨上의競爭과敎黨上의競爭으로由起ᄒᆞ얏고三十年戰爭은獨國의事變으로宗敎上舊怨의再發로ᄡᅥ由起ᄒᆞ얏고英國의內亂은新敎撲滅의不熱과國王無限의壓制에由起ᄒᆞ얏스니宗

敎의改良은實로其民權의發達을促ᄒᆞᆷ이니라

第一章 新敎唱道

新敎起原

一五一七年에獨國僧루ㅣ데루가新敎를唱ᄒᆞ고中世中頃에法王專橫의敎義가임의識者의非難ᄒᆞᄂᆞᆫ바된지라十二世紀에佛國南部의耶蘇敎徒가法王의敎權과羅馬敎의儀式으로ᄡᅥ不法不理ㅣ라論ᄒᆞ고十四世紀에英國僧우잇구릿후가羅馬敎를大難ᄒᆞ고十五世紀에獨國僧핫쓰가新敎義를大唱ᄒᆞ니此等論者가皆嚴刑을遇ᄒᆞ야其說과其身이共滅ᄒᆞ얏스나然이나陰密이宗敎의改良을願ᄒᆞᄂᆞᆫ者가其數ㅣ日增ᄒᆞ니法王이敎祖耶蘇의遺誡를破ᄒᆞ야政權을握ᄒᆞ고僧侶ᄂᆞᆫ德行智識을缺ᄒᆞ야專혀名利를計ᄒᆞ고儀式은繁雜을極ᄒᆞ야虛禮를重ᄒᆞ며淫祠邪祭의事가多ᄒᆞ며古文이復興ᄒᆞᆫ以來로世人의知識이漸進ᄒᆞᆷ을從ᄒᆞ야法王의壓制를厭惡ᄒᆞᆷ에至ᄒᆞ니是를可怪의事ㅣ라謂치못ᄒᆞᆯ지라

法王賣赦

十六世紀初에法王니오十世가即位ᄒᆞ니時에府庫가甚히匱乏ᄒᆞᆫ지라法王이百方으로運籌ᄒᆞ야賣赦의手段으로ᄡᅥ府庫의充實을計ᄒᆞ니賣赦란것은耶蘇敎信徒로ᄡᅥ宗敎上에犯罪가有ᄒᆞᆫ時ᄂᆞᆫ法王이償罪의金을收ᄒᆞ고其罪를赦ᄒᆞᆷ을云ᄒᆞᆷ

獨國民態

ᄒᆞᆷ이라故로人金을出ᄒᆞ면但其身에既犯ᄒᆞᆫ罪를赦ᄒᆞᆯᄲᅮᆫ아니라未犯의罪도亦豫赦ᄒᆞᆷ을得ᄒᆞ고又其亡父母를爲ᄒᆞ야冥土의煩惱를滅ᄒᆞᆷ을得ᄒᆞᆫ다ᄒᆞ니於是에眞正ᄒᆞᆫ耶蘇敎徒ᄂᆞᆫ此等惡習을甚憎ᄒᆞ더라一五一七年에루ㅣ데루가우잇텐베루ᄭᅳ府敎會門扉에九十五個條의論文을揭ᄒᆞ야其法王의賣赦ᄒᆞᄂᆞᆫ害를痛論ᄒᆞ니人心이此로ᄡᅥ激昂ᄒᆞ고世論이甚히囂囂ᄒᆞ거ᄂᆞᆯ法王이使者를遣ᄒᆞ야루ㅣ데루에命ᄒᆞ야其說을勿唱케ᄒᆞ니루ㅣ데루ㅣ不聽ᄒᆞ고自說을固執ᄒᆞᄂᆞᆫ지라法王이乃루ㅣ데루를耶蘇敎徒의名籍에除汰ᄒᆞ니루ㅣ데루가反ᄒᆞ야衆中에셔法王의勅書를燒却ᄒᆞ니危機가已迫ᄒᆞᆫ다領主사기소ㅣ니侯ᄂᆞᆫ루ㅣ데루의說을左袒ᄒᆞ야極力히루ㅣ데루를庇護ᄒᆞ니物議가愈愈騷然ᄒᆞ더라

獨國의人心이從來로互相和合치못ᄒᆞ야諸侯와武士가爭權ᄒᆞ고諸侯와僧侶가爭利ᄒᆞ며都會에ᄂᆞᆫ收歛의重ᄒᆞᆷ을苦ᄒᆞ야農夫ᄂᆞᆫ饑渴의患을不免ᄒᆞ고加之皇帝마기시미리안은法王과利害를異케ᄒᆞ야法王의權을挫折코자ᄒᆞ니上下가皆國內에有事ᄒᆞᆷ을望ᄒᆞᄂᆞᆫ지라此際에루ㅣ데루의宗敎改良論이起ᄒᆞ며物論이囂然ᄒᆞ야皆名을宗敎에藉托ᄒᆞ고干戈를動ᄒᆞ야ᄡᅥ一大爭亂을惹起코자ᄒᆞ더라

査烈五世

一五一九年에獨帝가歿ᄒᆞ고孫재ㅣ루스五世가即位ᄒᆞ야帝國議會를우솜무스府에開ᄒᆞ고루ㅣ데루를命ᄒᆞ야其親히議會에臨ᄒᆞ야公然的으로其說을翻ᄒᆞ라ᄒᆞ니루ㅣ데루가臨會ᄒᆞ야告衆호ᄃᆡ自說은決코翻改치못ᄒᆞᆯ것이라ᄒᆞ니루ㅣ데루ㅣ出府ᄒᆞᆫ後에皇帝가勅令을下ᄒᆞ야루ㅣ데루의有罪ᄒᆞᆷ을布ᄒᆞ니時에루ㅣ데루의身上이甚危ᄒᆞᆫ지라然이나領主사기소ㅣ니侯의庇護를受ᄒᆞ야得全ᄒᆞ고其說이漸漸世間에盛行ᄒᆞᆷ에至ᄒᆞ다一五二九年에帝國議會를스싸이에루府에開會ᄒᆞ고이믜改良論을主張ᄒᆞᄂᆞᆫ諸侯의領地以外의獨乙國에ᄂᆞᆫ루ㅣ데루의所說을嚴禁ᄒᆞ기로議決ᄒᆞ니新敎徒가甚히此決議를抗辯ᄒᆞᄂᆞᆫ지라舊敎의諸侯가크게新敎의諸侯를害코자ᄒᆞ며新敎의諸侯가大懼ᄒᆞ야互相同盟을結ᄒᆞ고此를防備ᄒᆞᆯᄉᆡ時에皇帝가土耳其佛蘭西瑪馬의三國이侵犯ᄒᆞᆯ가恐ᄒᆞ야急히兵力으로ᄡᅥ新敎主義를撲滅치못ᄒᆞ고一五三二年에新舊兩敎의諸侯가一朝相和ᄒᆞ다一五四六年에루ㅣ데루ㅣ死ᄒᆞ며其後에新舊兩敎의諸侯가和를破ᄒᆞ고相戰ᄒᆞ다가一五五五年에至ᄒᆞ야帝國議會를으ㅣ쑤스ᄲᅢᆨ루ᄭᅳ府에開ᄒᆞ고永永히兩敎를並許ᄒᆞ기로議決ᄒᆞ니於是에兩敎의諸侯가更히相和ᄒᆞ다

瑞西新敎

루ㅣ데루와同時에瑞西에서宗敎의改良을唱ᄒᆞᆫ者ᄂᆞᆫ쓰잉ᄋᆞᆨ리ㅣ니其說ᄒᆞᆫ바ᄂᆞᆫ루ㅣ데루의所說에比ᄒᆞ야稍稍過激ᄒᆞᆫ故로其信徒가루ㅣ데루의信徒와共히事爲ᄅᆞᆯ不得ᄒᆞ고一五三一年에쓰잉ᄋᆞᆨ리가舊敎徒와相戰ᄒᆞ다가死ᄒᆞ미佛國의新敎論者가루빈이瑞西에來ᄒᆞ야新敎徒의首領이되니自是로가루빈의新敎가又世間에行用ᄒᆞ다

諸國新敎

璉馬瑞典那威三國에ᄂᆞᆫ國王이크게宗敎의改良을奬勵ᄒᆞᆷ으로ᄡᅥ貴族僧侶에對ᄒᆞ야其權力을維持ᄒᆞᆷ이甚便ᄒᆞ얏고英國에ᄂᆞᆫ國王헨리ㅣ八世가其后廢立에關ᄒᆞ야法王과有隙ᄒᆞ야新敎ᄅᆞᆯ奉ᄒᆞ고스ᄉᆞ로國敎의長이되얏스나然이나英國의新敎徒中에王으로ᄡᅥ敎長을삼고자아니ᄒᆞᄂᆞᆫ者ㅣ甚多ᄒᆞ더라

新敎特質

凡新敎ᄂᆞᆫ人人個個의智識으로ᄡᅥ經典의意義ᄅᆞᆯ解釋ᄒᆞ고虛儀空禮ᄅᆞᆯ排ᄒᆞ야其眞實의信仰을專主ᄒᆞᄂᆞᆫ義ㅣ라루ㅣ데루ᄂᆞᆫ貴族을依ᄒᆞ야起事ᄒᆞᆫ者ㅣ故로其說이每貴族的이오쓰잉ᄋᆞᆨ리ᄂᆞᆫ平民을依ᄒᆞ야起事ᄒᆞᆫ者ㅣ故로其說이每民權說이오가루빈의說도亦民權的을主ᄒᆞ니라

第二章 佛國內亂

盟誓徒

루ㅣ데루ᄂᆞᆫ獨乙에서宗敎改良論을唱ᄒᆞ야天下가囂然ᄒᆞ얏더니又佛國에가루빈이란者의一派가創起ᄒᆞ야舊敎ᄅᆞᆯ對抗ᄒᆞ니其說을奉ᄒᆞᄂᆞᆫ者ᄂᆞᆫ皆盟誓結合ᄒᆞᆫ지라故로時人이此ᄅᆞᆯ稱ᄒᆞ야盟誓徒라ᄒᆞ다此徒等이但其宗敎의改否로ᄡᅥ爭論ᄒᆞᆯᄲᅮᆫ아니라宗敎ᄅᆞᆯ藉名ᄒᆞ야國家의政權을爭ᄒᆞᆷ이니如斯ᄒᆞᆫ國情은十六世紀後半期五十年間을佛國에大亂이踵起ᄒᆞ야一日이라도其安寧ᄒᆞᆷ을不得ᄒᆞᆫ所以ㅣ라

諸侯大亂

佛王후랑시스二世時에至ᄒᆞ야其母后의所親씨ㅣ스侯兄弟가政權을專握ᄒᆞ고新敎ᄅᆞᆯ嚴禁ᄒᆞ니於是에數多諸侯가同盟ᄒᆞ야此ᄅᆞᆯ除ᄒᆞ기ᄅᆞᆯ謀ᄒᆞ니此等諸侯ᄂᆞᆫ임의新敎ᄅᆞᆯ信奉ᄒᆞᆷ으로ᄡᅥ恒常政治上에其씨ㅣ스侯兄弟ᄅᆞᆯ怨咨ᄒᆞᆯᄲᅮᆫ아니라又其宗敎上에도此로ᄡᅥ仇讎와如히嫉視ᄒᆞ니於是에兩黨이相戰ᄒᆞᆷ이凡九年에及ᄒᆞᆫ지라時에新敎諸侯의同盟長은나빠ㅣ루國王이니王은佛國王族의一人이라王이新舊兩敎諸侯의和好ᄅᆞᆯ敦密케ᄒᆞ고자ᄒᆞ야佛王에게其妹의降嫁ᄒᆞᆷ을請ᄒᆞᆫᄃᆡ佛王이許諾ᄒᆞ야一五七二年八月十八日노ᄡᅥ大禮ᄅᆞᆯ執行ᄒᆞᆯ서此時佛王은재ㅣ루스九世ㅣ라재ㅣ루스가一切新舊兩敎의諸侯에命ᄒᆞ야大禮에臨케ᄒᆞ다

祭夜屠殺

재ㅣ루스母后의爲人이隱險ᄒᆞ고謀略이富ᄒᆞᆯᄉᆡ今回諸侯가此大禮에來臨ᄒᆞ얏다가王都를出發ᄒᆞ기前을乘ᄒᆞ야一擧으로ᄡᅥ新敎諸侯를鏖殺코자計圖ᄒᆞ야八月二十三日夜에母后가其所親과共히王의寢所에至ᄒᆞ야王을迫ᄒᆞ야悉皆新敎徒를撲殺ᄒᆞ라ᄂᆞᆫ勅令을發케ᄒᆞ니王이暗弱ᄒᆞ야自決치못ᄒᆞ다가終乃允許ᄒᆞᆫ지라翌朝午前二時에警鍾이頻鳴ᄒᆞᄆᆡ刺客이羣起ᄒᆞ야新敎徒를捕殺ᄒᆞᆯᄉᆡ其屠戮이三日間에及ᄒᆞ야新敎徒가王都에셔被殺ᄒᆞᆫ者ㅣ一萬人이오地方에四萬五千人에至ᄒᆞ얏다ᄒᆞ니時人이此屠殺을稱ᄒᆞ야祭夜의屠殺이라ᄒᆞ다

國亂始定

此屠殺以後로新敎諸侯가王室을大怨ᄒᆞ야擧兵作亂ᄒᆞᆯᄉᆡ亂이一年을經ᄒᆞ야纔熄ᄒᆞ다一五七四年에王재ㅣ루스ㅣ死ᄒᆞ고弟헨리ㅣ三世가繼立ᄒᆞ니헨리ㅣ의在位十五年間에國內가紛亂ᄒᆞ야寧歲가殆無ᄒᆞ더니畢竟헨리ㅣ가刺客의手에被殺ᄒᆞ고新敎徒의首領나ᄡᅡㅣ루國王이入ᄒᆞ야佛王의大統을繼ᄒᆞ야헨리ㅣ四世라稱ᄒᆞ다

信敎自由

헨리四世가賢明ᄒᆞ고大志가有ᄒᆞ야自己ᄂᆞᆫ新敎를奉ᄒᆞ되國人의多數ᄂᆞᆫ皆舊敎를奉ᄒᆞᆷ으로ᄡᅥ親히率先ᄒᆞ야舊敎徒가되야ᄡᅥ國人多數의希望에適케ᄒᆞᆷ을計ᄒᆞ

고又新敎徒에對ᄒᆞ야ᄂᆞᆫ此에信敎自由의權을與ᄒᆞ야ᄡᅥ永久의安堵를得케ᄒᆞ니新敎徒가此信敎自由의權을得ᄒᆞᆫ勅令을난데府勅令이라稱ᄒᆞ고其發布ᄂᆞᆫ一五九八年의事ㅣ니此勅令은實로佛國五十年間의內亂을鎭定ᄒᆞᆫ者라謂ᄒᆞ다是時

名相當國

에一名相이有ᄒᆞ니曰사루리ㅣ라氏가農業을復興ᄒᆞ고商業을奬勵ᄒᆞ며工藝를新開ᄒᆞ고苛政을全廢ᄒᆞ며稅法을一變ᄒᆞ고內治를整理ᄒᆞ며府庫를充實케ᄒᆞ니伊後佛國의强大ᄒᆞᆫ原因은實로此난데府勅令과사루리ㅣ의善政을由ᄒᆞᆷ이라더라

一六一〇年에佛王헨리ㅣ가刺客에게死ᄒᆞ니初에王이近鄰諸國을倂呑ᄒᆞᆯ雄志가有ᄒᆞ다가此에至ᄒᆞ야遭害ᄒᆞᆷ으로ᄡᅥ其素志를未達ᄒᆞ니國人이크게王을愛敬ᄒᆞ고其功을贊頌不已ᄒᆞ야王을稱ᄒᆞ야大王이라云ᄒᆞ다

第三章 英國事變

顯利八世

英王헨리ㅣ八世ᄂᆞᆫ元來舊敎의信徒로屢屢히兵을出ᄒᆞ야法王을擁護ᄒᆞ더니헨리ㅣ八世가其后가싸린의不正結婚을主張ᄒᆞ야此를廢ᄒᆞ고更히안색넌을納ᄒᆞ야爲后ᄒᆞ니法王이其가싸린의結婚을正當으로認ᄒᆞ야其離婚을不許코자ᄒᆞ나

國教數變

此ᄅᆞᆯ不許ᄒᆞᆫ則헨리ㅣ의憤怒ᄅᆞᆯ見ᄒᆞᆯ지오此ᄅᆞᆯ許ᄒᆞᆫ則法王의威嚴이減ᄒᆞ고且后甥獨帝재ㅣ루스五世의憤怒ᄅᆞᆯ逢ᄒᆞᆯ터인故로此ᄅᆞᆯ逡巡不決ᄒᆞ니王이僧正을法王에게遣ᄒᆞ야其確答을求ᄒᆞ되不得ᄒᆞ야드듸여大怒曰英國의國教ᄂᆞᆫ法王의管轄을不受ᄒᆞᆫ다ᄒᆞ고가싸린을廢ᄒᆞ고간다ㅣ베ㅣ리의大僧正으로ᄒᆞ야곰新結婚의禮式을行케ᄒᆞ니法王이亦怒ᄒᆞ야헨리ㅣ의名을一籍에除汰ᄒᆞ고其離婚의無效ᄒᆞᆷ을宣言ᄒᆞ거ᄂᆞᆯ헨리ㅣ가此ᄅᆞᆯ不顧ᄒᆞ고ᄉᆞᄉᆞ로ᄡᅥ國教의長이되ᄂᆞᆫ令을發ᄒᆞ야若此에不從ᄒᆞᄂᆞᆫ者ᄂᆞᆫ大逆刑에處ᄒᆞᆫ다ᄒᆞ고六個條規ᄅᆞᆯ出ᄒᆞ야ᄡᅥ正教와異教의區分을明確케ᄒᆞ니라

此헨리ㅣ八世가羅馬教의管理ᄅᆞᆯ脫ᄒᆞ얏스되全히其新教의主義ᄅᆞᆯ依ᄒᆞᆷ이아니오에또와루또六世ᄂᆞᆫ新教徒ᄅᆞᆯ援ᄒᆞ야舊教徒ᄅᆞᆯ虐待ᄒᆞ얏고메ㅣ리ᄂᆞᆫ舊教徒ᄅᆞᆯ用ᄒᆞ야新教徒ᄅᆞᆯ貶ᄒᆞ니如斯히宗教가每代君主와共히變遷ᄒᆞ야人民의所歸ᄅᆞᆯ不知케ᄒᆞᆫ지라에리싸베스가此ᄅᆞᆯ深憂ᄒᆞ야更히國教ᄅᆞᆯ起ᄒᆞ고ᄉᆞᄉᆞ로其教長이되야新舊二教로ᄒᆞ야곰自己에服從치아니ᄒᆞᄂᆞᆫ者ᄂᆞᆫ大逆으로ᄡᅥ處케ᄒᆞ다西班牙國王이其美ᄅᆞᆯ見ᄒᆞ고求婚ᄒᆞ거ᄂᆞᆯ에리싸베스가結婚은크게內治에妨害된다

蘇國女王被誅

ᄒᆞ야此ᄅᆞᆯ謝絶ᄒᆞ고獨身으로ᄡᅥ終世ᄒᆞ니故로時人이稱ᄒᆞ야處女王이라ᄒᆞ다

女王에리싸베스卽位ᄒᆞᆯ時에其位ᄅᆞᆯ相爭ᄒᆞ든者ㅣ有ᄒᆞ니卽蘇格蘭의女王메ㅣ리라메ㅣ리ᄂᆞᆫ에리싸베스의遠親이오舊教ᄅᆞᆯ奉ᄒᆞᄂᆞᆫ故로英國의舊教徒가此ᄅᆞᆯ立ᄒᆞ야王을ᄉᆞᆷ고자ᄒᆞ다가에리싸베스가新教徒ᄅᆞᆯ厚遇ᄒᆞ야畢竟其卽位ᄒᆞᆷ을得ᄒᆞ얏스나然이나恒常陰密이메ㅣ리ᄅᆞᆯ除코자計ᄒᆞ더라初에메ㅣ리가佛國王후랑시스二世에게嫁ᄒᆞ얏더니佛王이死ᄒᆞᆫ後에歸國ᄒᆞ야其色美와才智가有ᄒᆞᆷ으로ᄡᅥ行淫이無雙ᄒᆞ야權勢ᄅᆞᆯ貪ᄒᆞ니國人이드듸여反亂ᄒᆞ매메ㅣ리가英國으로走ᄒᆞ야其庇護ᄅᆞᆯ에리싸베스에게乞ᄒᆞ거ᄂᆞᆯ에리싸베스가此ᄅᆞᆯ捕ᄒᆞ야獄에投ᄒᆞ니時에메ㅣ리ᄅᆞᆯ借名ᄒᆞ고謀反ᄒᆞᄂᆞᆫ者ㅣ有ᄒᆞ매에리싸베스가此ᄅᆞᆯ倖이라ᄒᆞ야메ㅣ리ᄅᆞᆯ處刑ᄒᆞ니메ㅣ리獄中에서呻吟ᄒᆞᆫ지十八年에自刎而死ᄒᆞ다

西艦攻英

西班牙國王후릿샤二世가메ㅣ리의橫死ᄒᆞᆫ報道ᄅᆞᆯ聞ᄒᆞ고大怒ᄒᆞ야크게軍艦을派遣ᄒᆞ야英國을攻ᄒᆞ니時에軍艦이百二十九艘ㅣ오大砲가三千門이오戰士가二萬人이라一五八八年에大艦隊가蔽天ᄒᆞ야英吉利海峽을入ᄒᆞ니英人이此ᄅᆞᆯ迎戰ᄒᆞᆯ새其軍艦이僅三十艘에不過ᄒᆞᆫ지라英人이決死奮鬪ᄒᆞ야西艦에放火ᄒᆞ

니西艦이크게紛擾ᄒᆞ야戰鬪를中止ᄒᆞ고奔歸코자ᄒᆞᆯ시會大風이起ᄒᆞ야西艦의沈沒ᄒᆞᆫ者ㅣ不小ᄒᆞ니西軍의此戰敗ᄂᆞᆫ但西國의屈辱ᄲᅮᆫ아니라舊教徒一般의勢力이頓挫ᄒᆞᆷ이니英國이自此로威勢가益加ᄒᆞ야宇內를雄視ᄒᆞᆷ에至ᄒᆞ고後에學藝商工의盛大ᄒᆞᆷ도皆此에基因ᄒᆞᆷ이라더라

第四章　三十年戰爭

戰爭原因

獨乙의宗教改良論은一五五五年오ㅣ쑥스뿌루쑥府會議로ᄡᅥ結局ᄒᆞ고너싸ㅣ란ᄯᅩ國의改良論은一六〇九年和蘭의分離로ᄡᅥ終了ᄒᆞ고佛國의紛擾ᄂᆞᆫ一五九八年난데府의勅令으로ᄡᅥ終結ᄒᆞ얏스나然이나新舊兩派의軋轢競爭이오히려鬱勃ᄒᆞ야內部에蟠蜒ᄒᆞ고信教自由의範圍論이所在에起ᄒᆞ야一六一八年에再次獨乙에셔一大活戲를演ᄒᆞ야歐洲全部의大紛擾를成ᄒᆞ야戰爭이三十年의星霜을亘ᄒᆞᆷ으로ᄡᅥ此를三十年戰爭이라云ᄒᆞ니其重要ᄒᆞᆫ原因은即新舊二教의競爭을隨伴ᄒᆞᆫ國力平均論에不外ᄒᆞᆷ이라

十七世紀初에獨乙의ᄲᅩ헤미야國王后에루ᄠᅳ난ᄯᅩ가其國內의新教者를虐待ᄒᆞ니新教者가乃兵을擧ᄒᆞ야反ᄒᆞ다翌年에獨乙皇帝맛쟤스ㅣ死ᄒᆞ니王이入ᄒᆞ야

其後를嗣ᄒᆞ고ᄲᅩ헤미야에ᄂᆞᆫ其國人의所親ᄒᆞᆫ諸侯후너덴릿기를戴ᄒᆞ야王을ᄉᆞᆷ으니王은英國王의女婿가되ᄂᆞᆫ지라獨帝후에루ᄠᅳ난ᄯᅩ가怒ᄒᆞ야크게ᄲᅩ헤미야를攻伐ᄒᆞ야大捷ᄒᆞ다

獨國大亂

獨帝가此勢를乘ᄒᆞ야他新教諸侯의地를侵코자ᄒᆞ니新教諸侯가大懼ᄒᆞ야同盟을結ᄒᆞ야帝軍을抗ᄒᆞᆯ시丁抹國王이其盟主가되야率兵ᄒᆞ고獨乙을侵入ᄒᆞ니獨乙의名士와ㅣ넌스다잉이스ᄾᆞ로兵을募集ᄒᆞ고獨乙의將과共히協力ᄒᆞ야시유너스읏구州及호루스다잉州等을攻ᄒᆞ고一六二九年에리유벳구條約으로ᄡᅥ丁抹國王으로ᄒᆞ야금永永獨乙에干涉치못ᄒᆞ게ᄒᆞ니於是에名士와ㅣ넌스다잉의威名이頓高ᄒᆞ나然이나又其威名을嫉妬ᄒᆞᄂᆞᆫ者ㅣ甚多ᄒᆞ야드듸여舊教가同盟ᄒᆞ고와ㅣ넌스다잉의重稅를賦課ᄒᆞᆫ名으로ᄡᅥ此를黜却ᄒᆞᆷ에至ᄒᆞ니라

瑞王親援

丁抹國王구리스지안四世가獨乙에셔見却ᄒᆞᆫ後로此에代ᄒᆞ야新教徒의盟主를瑞典王쑤스다뿌스로ᄉᆞᆷ으니王이賢明ᄒᆞ고武略이有ᄒᆞ야獨乙의新教徒의撲滅됨을歎息ᄒᆞ고리유벳구條約의仲裁를謝絶ᄒᆞᆷ을怒ᄒᆞ야크게獨乙의新教徒를救援ᄒᆞ고ᄲᅮ루시아州와ᄲᅩ무메라니아州를攻ᄒᆞ야此를取ᄒᆞ고ᄲᅩ루짓구海로ᄡᅥ瑞

典의佔有ᄒᆞᆫ바ᄅᆞᆯ合ᄒᆞ고一六三〇年에兵을率ᄒᆞ야ᄲᅥ무메란니아州에上陸ᄒᆞ야獨
乙의大將지루리ᄅᆞᆯ에루베河에逐退ᄒᆞ니사ᄀᆡ소니ㅣ侯가지루리의逼迫을恐ᄒᆞ
야ᄭᅮ스다ᄲᅮ스와合兵ᄒᆞ야크게지루리와相戰ᄒᆞᆯ새ᄭᅮ스다ᄲᅮ스ᄂᆞᆫ후란고니아州
로브터拉因河에進ᄒᆞ야마인쓰에入ᄒᆞ고사구소니ㅣ人은ᄲᅥ헤미아에入ᄒᆞ야ᄲᅳ
라ᄭᅳᄅᆞᆯ占領ᄒᆞ니於是에獨帝후에루써난또가更히와ㅣ넨스다잉을起ᄒᆞ야無上
의特權을與ᄒᆞ고兵을出ᄒᆞ야危急ᄒᆞᆷ을救援케ᄒᆞ니와ㅣ넨스다잉이再次擧兵ᄒᆞ
야ᄲᅥ헤미아ᄅᆞᆯ回復ᄒᆞ고天下의義兵을募ᄒᆞ니ᄭᅮ스다ᄲᅮ스가東으로지루리와戰
ᄒᆞ다가敗ᄒᆞ고因ᄒᆞ야戰亡ᄒᆞ거ᄂᆞᆯ諸軍이리유쓰엔에會戰ᄒᆞ야瑞典軍이大勝ᄒᆞ
얏스나其王ᄭᅮ스다ᄲᅮ스가戰死ᄒᆞ니於是에新敎徒의勢力이大衰ᄒᆞ고獨와ㅣ넨
스다잉의令名이赫赫ᄒᆞᆫ지라獨乙의大臣大將과諸侯中에或와ㅣ넨스다잉을嫉
視ᄒᆞᄂᆞᆫ者ㅣ有ᄒᆞ거ᄂᆞᆯ와ㅣ넨스다잉이此ᄅᆞᆯ不顧ᄒᆞ고秘密이삭소니와瑞典佛
蘭西와相約ᄒᆞ고其應援에依ᄒᆞ야局外中立의位置ᄅᆞᆯ保ᄒᆞ야獨帝로ᄒᆞ야금西班
牙國의干涉을斷絶케ᄒᆞ니此에와ㅣ넨스다잉의處置가愈愈其反對者의疑懼ᄒᆞᆫ
바되야一六三四年에獨帝가드듸여群臣의議ᄅᆞᆯ容ᄒᆞ야와ㅣ넨스다잉을黜ᄒᆞ니

萬國史　第四章　三十年戰爭　　九五

未幾에와ㅣ넨스다잉이暗殺을被ᄒᆞ다
此時ᄅᆞᆯ當ᄒᆞ야皇帝가全勝을制ᄒᆞ고一六三五年에ᄲᅳ라ㅣᄭᅳ에서叛徒와相和ᄒᆞ
야天下가장ᄎᆞᆺ平定에歸코자ᄒᆞᄂᆞᆫ듸瑞典의相오구센스지루시와佛國의一相리
세리우及마싸린等이오히려出兵ᄒᆞ야獨乙의勢ᄅᆞᆯ挫코자ᄒᆞ야獨軍과連戰ᄒᆞ야
此ᄅᆞᆯ破ᄒᆞ니獨帝가力乏ᄒᆞ야講和ᄒᆞᆯ새一六四八年에우에스도후힐리아府에各
國使節이會同ᄒᆞ야和議ᄅᆞᆯ結ᄒᆞ고左의條項을約ᄒᆞ니

一　獨乙의諸侯가其所領內에서爲政及信敎의自由ᄅᆞᆯ得ᄒᆞᆫ事

二　和蘭瑞西二國의獨立을公認ᄒᆞᆫ事

三　瑞典은後部ᄲᅥ무메란니아、ᄲᅳ네ㅣ먼等의地ᄅᆞᆯ得ᄒᆞ고六百萬弗의軍費及獨乙議會에서三票의投票權을得ᄒᆞᆫ事

四　佛國은메쓰、베루단、아루사스五等의地ᄅᆞᆯ得ᄒᆞᆫ事

此條約은萬國史上의重大ᄒᆞᆫ條約으로後世歐洲諸國의境界가大略此로ᄡᅥ標準
이되엿지라獨乙이如斯不幸ᄒᆞᆫ條約을締結ᄒᆞᆫ所以ᄂᆞᆫ內訌外患이三十年의長久에
亘ᄒᆞ야人口가減少ᄒᆞ고富財가耗損ᄒᆞ며土地가荒廢ᄒᆞ고商工이不振ᄒᆞ야獨乙

의疲弊가實로極甚ᄒᆞ고文學美術과商工政治가皆衰微ᄒᆞ며國家가統一치못ᄒᆞ야皇帝ᄂᆞᆫ有名而無實ᄒᆞ고諸侯ᄂᆞᆫ互相孤立ᄒᆞ야私利ᄅᆞᆯ謀ᄒᆞ고國家로ᄒᆞ야금衰頹ᄒᆞᆫ悲境에沈淪케ᄒᆞᆫ것이凡二百有餘年에及ᄒᆞ다

第五章 米國殖民

重大事件

歐洲諸國間의其政治宗敎로ᄡᅥ互相競爭ᄒᆞᆷ이但歐洲에셔만此ᄅᆞᆯ觀ᄒᆞᆯᄲᅮᆫ아니라新世界即亞米利加大陸에도亦可觀ᄒᆞᆯ者ㅣ有ᄒᆞ니即互相히競爭ᄒᆞ야探檢殖民의業에從事ᄒᆞᆷ은皆政治上宗敎上의競爭으로由來ᄒᆞᆫ所以ㅣ라

附隨事件

此探檢殖民을伴ᄒᆞ야從起ᄒᆞᆫ바重大事件이有ᄒᆞ니一은金銀山의發見이오二ᄂᆞᆫ黑奴의賣買ㅣ오三은背敎者의移住가是也ㅣ라當時西班牙人은米國의金銀山을發見ᄒᆞᆷ에注心ᄒᆞ고其金銀鑛의採掘은亞非利加의黑奴ᄅᆞᆯ使役ᄒᆞ니於此에黑奴賣買의事가大起ᄒᆞᆫ지라歐人이皆亞非利加西岸에往ᄒᆞ야蠻民의酋長을說ᄒᆞ야黑奴ᄅᆞᆯ買入ᄒᆞᆯ새西班牙人은此ᄅᆞᆯ金銀採掘에使ᄒᆞ고其他國은此ᄅᆞᆯ農耕에用ᄒᆞᄂᆞᆫ故로米洲의原野가漸漸開墾되야富源이增殖ᄒᆞᆷ은實로其奴隷의力이夥大ᄒᆞ다云ᄒᆞᄂᆞ니라

諸國背敎者

英佛의國敎違背者가刑을避코자ᄒᆞ야米洲에移住ᄒᆞᄂᆞᆫ者ㅣ不少ᄒᆞ니此輩가其所信을自由로奉行코자ᄒᆞ야遼遠ᄒᆞᆫ異域에移住ᄒᆞᆫ者ㅣ故로能히百種의困難을忍ᄒᆞ니此困難中最大ᄒᆞᆫ者ᄂᆞᆫ寒氣의凛冽과土人의侵擊이是也ㅣ라殖民事業이能히其効ᄅᆞᆯ奏ᄒᆞᆷ은此輩의忍耐至誠으로由ᄒᆞᆷ이오其後英領十三州가크게德義에富ᄒᆞ야能히獨立의大業을建ᄒᆞᆷ도亦此輩의忍耐至誠으로由ᄒᆞᆷ이라云치아니치못ᄒᆞᆯ지라

米洲金銀

米洲金銀山의發見으로猝然歐洲의金銀이增加ᄒᆞ야物貨가크게騰貴ᄒᆞᆫ故로西班牙人이一時에大富ᄅᆞᆯ得ᄒᆞ얏고歐洲에ᄂᆞᆫ其金銀이濫入ᄒᆞ얏스되商業上의恐慌을能免ᄒᆞᆫ所以ᄂᆞᆫ當時歐洲人이東洋諸國과通商ᄒᆞ야布敎ᄅᆞᆯ務ᄒᆞ며日本支那印度에來往ᄒᆞᄂᆞᆫ葡萄牙人이印度支那에셔鴉烟을貿易ᄒᆞ며日本支那에布敎ᄒᆞ기ᄅᆞᆯ事主ᄒᆞᆷ으로ᄡᅥ能히其餘裕ᄒᆞᆫ金銀을利用ᄒᆞᆫ바ㅣ니라

第七部 覇王輩出

六大特性

近世史第七部ᄂᆞᆫ三十年戰爭結局의年即一六四八年에起ᄒᆞ야佛國大革命初發의年即一七八九年에至ᄒᆞ기ᄭᆞ지凡百四十年이라此年間의特性은一은諸國의人民中特히中等의人民이家産ᄅᆞᆯ增ᄒᆞ고品位ᄅᆞᆯ高케ᄒᆞᆫ事ㅣ오二ᄂᆞᆫ諸國人民이

前半部

教育文雅上에大爲進步ᄒᆞᆫ事ㅣ오三은諸國의君主가常備兵을依ᄒᆞ야其權勢를極度ᄭᆞ지及케ᄒᆞᆫ事ㅣ오四ᄂᆞᆫ戰爭의多數ᄂᆞᆫ每王位相繼의競爭에止ᄒᆞᆫ事ㅣ오五ᄂᆞᆫ歐洲의大勢가佛奧英魯普五國의交涉에因ᄒᆞ야左右ᄒᆞᄂᆞᆫ事ㅣ오六은佛王留易大王과魯帝彼得大帝와普王후너또릿기大王이相繼爲霸ᄒᆞᆫ事가是也ㅣ라

今에此部를分ᄒᆞ야前半部後半部ㅣ라ᄒᆞ니前半部에歐洲를二分ᄒᆞ야東西를合ᄋᆞ니東西兩部가互相交涉ᄒᆞᆫ事ᄂᆞᆫ極少ᄒᆞᆫ지라西部에ᄂᆞᆫ佛國이恒常獨國及奧國을凌ᄒᆞ야西班牙王位相續戰爭에至ᄒᆞ니英國이能히佛奧兩國間에立ᄒᆞ야國力의平均을復舊ᄒᆞ얏고東部에ᄂᆞᆫ瑞典이其他東國의上位에居ᄒᆞ더니魯國의振興을當ᄒᆞ야俄然히其勢力이頓挫ᄒᆞᆫ지라

後半部

後半部에普國이俄然히勢力을歐洲中部에占有홈에至ᄒᆞ야歐洲東西의兩部가合一ᄒᆞ니此時期에著大ᄒᆞᆫ事變이如左ᄒᆞ니라

著大事變

一 英國의政變
二 佛西二國間의戰爭
三 佛蘭二國間의戰爭

四 西國王位相續의戰爭
五 北歐의大戰爭
六 奧國君位相續의戰爭
七 七年戰爭
八 波蘭國의分割
九 米國獨立의戰爭

事變效果

是等事變中第一은英王이專權코자ᄒᆞ야人民을壓迫ᄒᆞ다가反히其亂禍를招ᄒᆞᆫ所以ㅣ오第二第三第四ᄂᆞᆫ佛國이爭霸ᄒᆞᆫ所以ㅣ오第五ᄂᆞᆫ瑞典國이衰微ᄒᆞ고魯國이勃興ᄒᆞᆫ所以ㅣ오第六第七은普國이勃興ᄒᆞᆫ所以ㅣ오第八은奧普魯三國이其地를增加ᄒᆞᆫ所以ㅣ오第九ᄂᆞᆫ米國이能히英國의管轄을脫ᄒᆞ고獨立ᄒᆞᆫ所以ㅣ러라

第一章 英國政變

王家特質

一六〇三年에에리사베스가歿ᄒᆞᆫ後蘇格蘭王제ㅣ무스六世가入ᄒᆞ야王位를承ᄒᆞ니是를제ㅣ무스一世라稱ᄒᆞ다此王家最初의四代ᄂᆞᆫ皆王權으로ᄡᅥ神授ᄒᆞ야

此ᄅᆞᆯ神聖王權이라稱ᄒᆞ고皆專制로ᄡᅥ虐民ᄒᆞ야變亂을生ᄒᆞᆷ이一回에及ᄒᆞ니此時英國의人民은쥬ㅣ또르王家治世의餘澤을受ᄒᆞ야民權을擴張ᄒᆞ며商工이隆盛ᄒᆞ야殷富ᄅᆞᆯ致ᄒᆞ고人智가漸進ᄒᆞ야元氣가大振ᄒᆞᆫ者ㅣ故로스쥬아ㅣ트王家의壓制ᄅᆞᆯ見ᄒᆞᆫ되國人이皆專制의治下에在ᄒᆞᆷ을不願ᄒᆞ니是ᄂᆞᆫ一大變亂이由起ᄒᆞᆫ바ㅣ라

졔ㅣ무스一世가虐政을施ᄒᆞ야人民을苦케ᄒᆞᆷ이至甚ᄒᆞ나然ᄒᆞ나變亂의機가未熟ᄒᆞ야王이終身토록無事ᄒᆞᆷ을得ᄒᆞᆫ지라王의素性이怯弱ᄒᆞ야戰爭을避ᄒᆞ고讀書屬文等으로ᄡᅥ智者ㅣ라自許ᄒᆞ니佛國名相사루리ㅣ가此ᄅᆞᆯ評ᄒᆞ야曰歐洲人中最賢의愚者ㅣ라云ᄒᆞ더라

一六二五年에챠ㅣ르스一世가即位ᄒᆞ니王이專制의主義ᄅᆞᆯ唱ᄒᆞᆷ이其父王에比ᄒᆞ야一層尤甚ᄒᆞᆯ뿐아니라凡事物上의信을失ᄒᆞ고約을破ᄒᆞᆷ을躊躇치아니ᄒᆞ니是ᄂᆞᆫ其民望을失墜ᄒᆞᆫ所以ㅣ라其即位ᄒᆞᆯ際에英國이임의西班牙와葛藤이生ᄒᆞ야王이軍費ᄅᆞᆯ國會에請求ᄒᆞᆫ되國會가不應이어ᄂᆞᆯ王이乃其國法을破ᄒᆞ고私稅ᄅᆞᆯ課ᄒᆞ니於是에國人이怒ᄒᆞ야國會에셔王의暴虐ᄒᆞᆷ을抑制코자ᄒᆞ야古來의權

義ᄅᆞᆯ研究ᄒᆞ야一書ᄅᆞᆯ著ᄒᆞ니其重要ᄒᆞᆫ者ᄂᆞᆫ生命財産의安全과法律制定의協贊權과豫算의議定權等을云ᄒᆞᆫ者ㅣ라此ᄅᆞᆯ王에奉呈ᄒᆞ고裁可ᄅᆞᆯ請ᄒᆞ니是所謂有名ᄒᆞᆫ權利請願書ㅣ라王이甚히不悅ᄒᆞ나勢不得已ᄒᆞ야此ᄅᆞᆯ裁可ᄒᆞ니即一六二八年의事ㅣ라其後未幾에王이又國會와釁端이生ᄒᆞ야此ᄅᆞᆯ解散ᄒᆞ고其後에王이更히國會ᄅᆞᆯ召集치아니ᄒᆞ고國政을專恣ᄒᆞᆷ이凡十一年間이라其間王이私稅ᄅᆞᆯ課民ᄒᆞ고其所忌의論者ᄅᆞᆯ悉皆捕着ᄒᆞ야獄에投ᄒᆞ더니此頃에王이英國國教의教義ᄅᆞᆯ蘇國에强行코자ᄒᆞ다가蘇國人의反亂을招ᄒᆞ야一六四〇年에蘇國人이英國을侵入ᄒᆞᆫ되王이스ᄉᆞ로裁決치못ᄒᆞ고乃國會ᄅᆞᆯ召集ᄒᆞ야此ᄅᆞᆯ議케ᄒᆞ니此國會ᄂᆞᆫ英國國會中가장有名ᄒᆞᆫ長國會ㅣ라其存立ᄒᆞᆷ이十四年間에至ᄒᆞᆫ故로此名이有ᄒᆞ니라

長國會

於是에長國會가王의所求ᄅᆞᆯ不聽ᄒᆞ고反히王에게對ᄒᆞ야其十一年間의虐政을責ᄒᆞ며一宰相一僧正으로ᄡᅥ王을誤케ᄒᆞᆫ者라ᄒᆞ야此ᄅᆞᆯ死刑에處ᄒᆞ니其首惡은已斃ᄒᆞ얏스되國會가오히려未安ᄒᆞ야漸漸王의過失을責ᄒᆞ고크게其職權을限코자ᄒᆞ니王이終乃其憤怒ᄅᆞᆯ不勝ᄒᆞ야親히率兵ᄒᆞ고國會에臨ᄒᆞ야剛愎ᄒᆞᆫ議員

五名을捕코자ᄒᆞ니其議員이先次其機ᄅᆞᆯ知ᄒᆞ고匿避ᄒᆞᆫ지라王이能히捕着치못ᄒᆞ니王의如此所爲ᄂᆞᆫ實로其國法을破潰ᄒᆞᆫ바ㅣ라國人이皆王의非理ᄅᆞᆯ鳴ᄒᆞ며ᄂᆞᆫ王이自安치못ᄒᆞ야都城을離ᄒᆞ야요ㅣ구府에至ᄒᆞ야兵을擧ᄒᆞᄆᆡ國會가또ᄒᆞᆫ兵士ᄅᆞᆯ募集ᄒᆞ니時ᄂᆞᆫ一六四二年이러라

君民相戰

王의軍은貴族과並國敎信徒로ᄡᅥ成ᄒᆞ고國會의軍은平民及國敎違背者로ᄡᅥ成ᄒᆞᆫ故로此戰亂은其性質이獨政治的ᄲᅮᆫ아니라又宗敎的이니王에屬ᄒᆞᆫ者ᄂᆞᆫ華奢ᄅᆞᆯ尙ᄒᆞ고國會에屬ᄒᆞᆫ者ᄂᆞᆫ質素ᄅᆞᆯ事ᄒᆞ며頭髮의長ᄒᆞᆷ이虛飾이라ᄒᆞ야此ᄅᆞᆯ斷ᄒᆞ니時人이國會의黨派ᄅᆞᆯ稱ᄒᆞ야圓顱黨이라ᄒᆞ고王黨을稱ᄒᆞ야騎武者黨이라ᄒᆞ다國會의黨派가但其質素ᄅᆞᆯ爲主ᄒᆞᆯᄲᅮᆫ아니라神을信ᄒᆞᆷ이至篤ᄒᆞ야臨戰에반다시齋戒祈禱로ᄡᅥ其神佑ᄅᆞᆯ仰ᄒᆞ더라

鐵側軍

王軍이初에累勝ᄒᆞ얏스되鐵側軍이出ᄒᆞᆷ으로브터頻頻히敗績ᄒᆞ니鐵側軍이란者ᄂᆞᆫ國會의將子로무우엘이編成ᄒᆞᆫ바軍隊인ᄃᆡ其軍士의志操가堅固ᄒᆞ야神을篤信ᄒᆞ며武勇이無雙ᄒᆞ야生死의別을不知ᄒᆞ니此軍隊가드ᄃᆡ여王軍을破ᄒᆞᄆᆡ

民黨二派

王이蘇國으로奔走ᄒᆞ니時ᄂᆞᆫ一六四六年이라時에國會黨이二派에分ᄒᆞ니一派

ᄂᆞᆫ議員派ㅣ오一派ᄂᆞᆫ軍人派ㅣ니子로무우엘軍人派가其首領이되지라議員派ᄂᆞᆫ但王權을限ᄒᆞ고軍人派ᄂᆞᆫ王政을廢ᄒᆞ고民政을建코자ᄒᆞ니二派의意見이相合치못ᄒᆞ야漸漸葛藤이生ᄒᆞ다

尻骨國會

蘇國人이王을捕ᄒᆞ야英國에賣ᄒᆞ거ᄂᆞᆯ子로무우엘이此ᄅᆞᆯ獄에繫ᄒᆞ얏더니議員派가秘密히王과約束ᄒᆞᆷ이有ᄒᆞᄆᆡ子로무우엘이此ᄅᆞᆯ知ᄒᆞ고大憤ᄒᆞ야裨將을國會議塲에遣ᄒᆞ야議員百餘人의入塲을禁ᄒᆞ니是乃軍人派의不善ᄒᆞᆫ所爲ㅣ라議員中入塲을得ᄒᆞᆫ者가僅五六十人이니ᄉᆞᄉᆞ로國會라稱ᄒᆞ고軍人派의意見으로決事ᄒᆞ니時人이此國會ᄅᆞᆯ稱ᄒᆞ야람ᄲᅮ即尻骨國會라ᄒᆞ니時ᄂᆞᆫ一六四八年이러라

王罪審判

翌年一月에尻骨國會가高等法院을開ᄒᆞ고王의罪ᄅᆞᆯ審判케ᄒᆞ니高等法院이王으로ᄡᅥ人을殺ᄒᆞ고民을虐ᄒᆞ며國을賣ᄒᆞᆫ罪가有ᄒᆞ다ᄒᆞ야此ᄅᆞᆯ死刑에處ᄒᆞ야一六四九年一月三十日에王이드ᄃᆡ여斷頭塲의鬼가되다

露骨國會

此에王政을廢ᄒᆞ고共和의政體ᄅᆞᆯ建ᄒᆞ니新政府의名을共和라云ᄒᆞ되實은武斷이라尻骨國會가漸漸子로무우엘의專橫을憎惡ᄒᆞ야此ᄅᆞᆯ除코자ᄒᆞᄆᆡ子로무우

엘의胸筭이已定홈으로其術中에不陷코자ᄒᆞ야一六五三年四月에親히國會에臨ᄒᆞ야議員을逐出ᄒᆞ고議塲을鎻ᄒᆞ고其鍵을携歸ᄒᆞ야新國會를立ᄒᆞ야此를베야ᄲᅳᆫ國會라云ᄒᆞ니是ᄂᆞᆫ議員의가장有力ᄒᆞᆫ者의名을取ᄒᆞ야指稱홈이라此베야ᄲᅳᆫ國會가成立ᄒᆞᆫ後未久ᄒᆞ야ᄉᆞᄉᆞ로解散되고悉皆其政權을구로무우엘에게授與ᄒᆞ야此를共和政體의保護者殿下라尊稱ᄒᆞ니實로구로무우엘의其名이王은아니로ᄃᆡ其實은王과無異ᄒᆞ더라

武斷政治

구로무우엘이國內를分ᄒᆞ야十一政區를合고各政區에太守를置ᄒᆞ야此를治케ᄒᆞ니太守ᄂᆞᆫ權力이無限ᄒᆞ야中將으로任ᄒᆞ다是時에兵勢가强ᄒᆞ고法이嚴ᄒᆞ야不平의徒가能起치못ᄒᆞ고凡國事犯의嫌疑가有ᄒᆞᆫ者ᄂᆞᆫ皆此를捕ᄒᆞ야遠島에流謫ᄒᆞ고구로무우엘이强硬으로ᄡᅥ外交의主義를合아英軍이能히蘇格蘭和蘭西班牙等을攻ᄒᆞ야賓服ᄒᆞ고新敎의諸國을相合ᄒᆞ야同盟을成ᄒᆞ야英國이盟主가되야舊敎의諸國을壓ᄒᆞ고敎禁을寬케ᄒᆞ니此皆구로무우엘의胸筭으로出ᄒᆞᆫ바ㅣ러라

王政復古

一六五八年에구로무우엘이年六十에死ᄒᆞ고其子릿재루ᄯᅩ가繼職ᄒᆞ니릿재루

ᄯᅩㅣᄉᆞᄉᆞ로堪任치못홈을知ᄒᆞ고在職五個月에辭位ᄒᆞ니此에豪傑이出ᄒᆞ야當事치아니ᄒᆞ미國家가復亂코자ᄒᆞ고外國이乘釁ᄒᆞ야來侵코자ᄒᆞ니於是에王黨民黨이相合ᄒᆞ야先王의子재ㅣ루스二世를迎立ᄒᆞ니時ᄂᆞᆫ一六六〇年이오此를王政의復古라稱ᄒᆞ다

二黨興起

재ㅣ루스二世의爲人이惰弱ᄒᆞ야淫樂으로爲事ᄒᆞ니朝野가皆王을倣則ᄒᆞ야風儀가敗ᄒᆞ고淫奔에流ᄒᆞ다王이恒常佛王路易大王의賂物을貪ᄒᆞ야其言를聽ᄒᆞ야爲政ᄒᆞ니英國의威嚴이此로ᄡᅥ墮地ᄒᆞ며加之王政의復古ᄂᆞᆫ人民으로ᄒᆞ야금忠義心을起케홈을不拘ᄒᆞ고王이即位홈에當ᄒᆞ야誓約ᄒᆞᆫ것을實行치아니ᄒᆞ고或은佛蘭西或은和蘭과相戰ᄒᆞ야王權의擴張을謀ᄒᆞ며舊敎僧正의領地를復ᄒᆞ고屢屢히國會를解散ᄒᆞ며民權의壓抑을謀ᄒᆞ니於是에도ㅣ리ㅣ의保守王黨과호잇ᄭᅳ의民權黨이起ᄒᆞ야甚히競爭ᄒᆞ다

王走于佛

재ㅣ루스二世가歿ᄒᆞᆫ後弟셰ㅣ무스二世가立ᄒᆞ니是ᄂᆞᆫ暴虐專制의君主ㅣ라舊敎를復興ᄒᆞ고民權의撲滅을計ᄒᆞ니國人이大懼ᄒᆞ야秘密히和蘭의統領우이리아무에通ᄒᆞ고此를迎立코자ᄒᆞ다셰ㅣ무스二世가暗愚ᄒᆞ야其難이身邊에迫홈

權利宣告書

威利廉大功

을不察ᄒᆞ고些少의防備도不施ᄒᆞ얏더니우이리아무가率兵ᄒᆞ고읜의英國에到着ᄒᆞᄆᆡ衆이爭先ᄒᆞ야歸附ᄒᆞᄂᆞᆫ지라셰ㅣ무스ㅣ策盡ᄒᆞ야佛國으로奔走ᄒᆞ야身을路易大王에게寄托ᄒᆞ니時ᄂᆞᆫ一六八八年의事ㅣ라英國國會가王位의空虛ᄒᆞᆷ으로ᄡᅥ우이리아무와幷其夫人메ㅣ리ㅣ를迎立ᄒᆞ니우이리아무ᄂᆞᆫ先王의甥이오메ㅣ리ㅣᄂᆞᆫ先王의女ㅣ러라

우이리아무가即位ᄒᆞᆯ時에英國國會가權利宣告書를發布ᄒᆞ야ᄡᅥ英國國民의古來享有ᄒᆞᆫ바權利를明ᄒᆞ고且國法으로ᄡᅥ君民의共立ᄒᆞᆫ바라ᄒᆞ고國君으로ᄡᅥ國法에依立ᄒᆞᆫ바라ᄒᆞ니於斯에英國國民의民權이大成ᄒᆞᆫ지라故로英人이此革命으로ᄡᅥ一六八八年의名譽革命이라稱ᄒᆞ더라

우이리아무가英王이된後로愈益奮勵ᄒᆞ야佛王路易大王의覇勢를挫ᄒᆞ니路易大王이우이리아무로ᄡᅥ簒位者라ᄒᆞ고先王셰ㅣ무스로ᄡᅥ正統의王이라ᄒᆞ니英人이怒ᄒᆞ야우이리아무로ᄒᆞ야곰國力을盡ᄒᆞ야佛王을抗敵케ᄒᆞ니우이리아무가國力平均을爲ᄒᆞ야盡力ᄒᆞᆫ其功이宏大ᄒᆞᆫ지라是時에若우이리아무가無ᄒᆞ얏스면蘭國英國其他諸國의命脉이如何ᄒᆞᆫ境遇에陷ᄒᆞ얏슬ᄂᆞᆫ지可히知得치못ᄒᆞᆯ

安治世

바러라

一七〇二年에우이리아무三世가死ᄒᆞ고后메ㅣ리ㅣ가既歿ᄒᆞᄆᆡ메ㅣ리ㅣ의妹안을繼立ᄒᆞ니時에호잇구黨이勢力을得ᄒᆞ야其首領마루쏘로侯가政權을握ᄒᆞᆫ지라西班牙王位相續의亂에對ᄒᆞ야率兵ᄒᆞ고大同盟에加入ᄒᆞ야세쑤라루다루海峽及佛領米洲殖民地를奪ᄒᆞ야佛王路易十四世의覇業을大挫ᄒᆞ고因ᄒᆞ야葡萄牙와條約을結ᄒᆞ야産物의輸出을盛히ᄒᆞ야ᄡᅥ英國의威名을赫然코자ᄒᆞ야一七〇七年에英國과蘇格蘭을合併ᄒᆞ야大不利顚國을創立ᄒᆞ고兩國의議會를合ᄒᆞ야爲一ᄒᆞ고英蘇二國으로ᄒᆞ야곰各其所信ᄒᆞᄂᆞᆫ宗敎를奉케ᄒᆞ야ᄡᅥ國家의安寧富强을謀ᄒᆞᆯ새호잇구黨이失敗ᄒᆞ고도ㅣ리ㅣ黨이代立ᄒᆞ야政權을執ᄒᆞ니首領二人의相爭이激甚ᄒᆞ야女王안이心痛을不勝ᄒᆞ야遽死ᄒᆞᆷ에至ᄒᆞ니라

一七一四年에안이歿ᄒᆞ고無嗣ᄒᆞ니셰ㅣ무스一世의曾孫쎠ㅣ오지一世를迎ᄒᆞ야即位ᄒᆞ니是ᄂᆞᆫ하로ㅣ쎄ㅣ家의祖ㅣ오獨乙하로ㅣ쎄ㅣ州의領主ㅣ라쎠ㅣ오지一世ᄂᆞᆫ年五十四에即位ᄒᆞ고子쎠ㅣ오지二世ᄂᆞᆫ年四十五에即位ᄒᆞ니父子가共히純然ᄒᆞᆫ獨乙人으로恒常其故鄕하로ㅣ쎄ㅣ를念ᄒᆞ고英國의利를不顧ᄒᆞ니

써ㅣ오지一世時에奧國君位相續의亂이又起ᄒᆞ야第一回시니시아戰爭이將起ᄒᆞᆯ시지ㅣ오지가奧國을助ᄒᆞ야佛普二國을擊ᄒᆞ고第二回시니시아即七年戰爭時에普國과約束ᄒᆞ야써互相의利益을謀ᄒᆞ고普佛二國과釁隙이生ᄒᆞ야北米及歐洲에開戰ᄒᆞ야써各國의强兵을挫ᄒᆞ고英傑쎗도를擧ᄒᆞ야國事를任ᄒᆞ니쎗도의爲人이潔白ᄒᆞ고智能이富ᄒᆞ야英國의形勢를大張ᄒᆞ더

一七○六年에써ㅣ오지三世가即位ᄒᆞ니王은其父祖와殊異ᄒᆞ야英國에서出生ᄒᆞ야英國의敎育을受ᄒᆞᆫ故로民心이王에게大歸ᄒᆞ나然이나王이智少ᄒᆞ고頑冥ᄒᆞ야治國의法을不知ᄒᆞ고國會가又腐敗ᄒᆞ야國內의紛擾가多端ᄒᆞ고米國殖民地가일의獨立ᄒᆞ며諸國이兵을英國에加ᄒᆞᆷ에至ᄒᆞᆫ지라然이나구라이쑤、취스진쑤스等이能히東印度를征服ᄒᆞ고쎗도(前出ᄒᆞᆫ쎗도의子)等이歐洲諸國으로ᄒᆞ야곰佛帝那翁一世를抗케ᄒᆞ야其倂呑을得免케ᄒᆞᆷ은當時英國에在ᄒᆞ야偉大ᄒᆞᆫ功蹟이오萬國史上의最緊要ᄒᆞᆫ事實이러라

第二章 佛國强大

一六一○年에佛國王路易四世가死ᄒᆞ고其子路易十三世가立ᄒᆞ니路易의年이

甫九歲ㅣ라母后가親政ᄒᆞ더니路易가成人ᄒᆞᄆᆡ暗愚ᄒᆞᆫ故로母后가僧正리셰리유ㅣ를登用ᄒᆞ야當國케ᄒᆞ니리셰리유ㅣ가大僧正의身分으로써宰相의任을當ᄒᆞ야國政을專恣ᄒᆞᆷ이二十年間에至ᄒᆞᆫ지라內으로新敎徒의勢를挫ᄒᆞ고貴族의權을収ᄒᆞ며王室의威를極ᄒᆞ고外으로三十年戰爭에干涉ᄒᆞ야奧國을壓ᄒᆞ고佛國으로ᄒᆞ야곰覇業을專一케ᄒᆞ더

一六四二年에리셰리유ㅣ死ᄒᆞ고路易十三世가亦繼死ᄒᆞᄆᆡ其子路易十四世를立ᄒᆞ니年이甫五歲ㅣ라母后가親政ᄒᆞᆯ시리셰리유ㅣ의徒弟마싸린으로ᄒᆞ야곰當國케ᄒᆞ니마싸린이亦大僧正의身으로써宰相이된지라리셰리유ㅣ의遺法을遵守ᄒᆞ야每王權의擴張과佛國의强大를圖ᄒᆞ며母后의寵을受ᄒᆞ고政權을專ᄒᆞᆷ이凡十八年에及ᄒᆞᄆᆡ貴族이其所爲를不悅ᄒᆞ야平民과共히反亂ᄒᆞᆯ시一六六一

路易大王 年에마싸린이死ᄒᆞ고路易十四世가親政ᄒᆞ니此路易十四世는所謂路易大王이니大王이英邁ᄒᆞ야功業을希望ᄒᆞ고賢能의士를擇用ᄒᆞ며權勢를貪ᄒᆞ야親히政事를決ᄒᆞ며華美를好ᄒᆞ야土木을大起ᄒᆞ고名聲을暢耀코자ᄒᆞ야文學을奬勵ᄒᆞ니佛國의威가自此로大振ᄒᆞ더라

佛西戰爭

一六六五年에西班牙國王후립ᄲᅳ四世가歿ᄒᆞ니路易大王의后ᄂᆞᆫ即후립ᄲᅳ의女ㅣ라故로大王이西國領地비와ㅣ란ᄯᅩ一部ᄂᆞᆫ后에讓受ᄒᆞᆯ바라ᄒᆞ야出兵ᄒᆞ니蘭國이佛兵의北至ᄒᆞᆷ을恐ᄒᆞ야英國瑞典國과合ᄒᆞ야三國同盟을組織ᄒᆞ야ᄡᅥ佛國을當ᄒᆞ고西班牙ᄂᆞᆫ割地ᄒᆞ야佛國과相和ᄒᆞ다

佛蘭戰爭

路易大王이蘭國의三國同盟을組織ᄒᆞᆷ을憤怒ᄒᆞ야此ᄅᆞᆯ報酬ᄒᆞᆯ計畫으로先次其詭辯과賄賂ᄅᆞᆯ英王瑞王에게納ᄒᆞ야該王等으로援助ᄒᆞ기ᄅᆞᆯ約ᄒᆞ고後으로蘭國에遣兵ᄒᆞ야此ᄅᆞᆯ擊ᄒᆞ니佛兵이連戰皆勝ᄒᆞ야크게蘭國을蹂躪ᄒᆞᆯ시時에蘭國의軍事ᄅᆞᆯ專管ᄒᆞᆫ者ᄂᆞᆫ오렌지公이라오렌지公이蘭人을說ᄒᆞ야堤防을潰決ᄒᆞ야國內ᄅᆞᆯ海로ᄉᆞᆷ아ᄡᅥ佛軍을抗拒케ᄒᆞ고又西獨英諸國을說ᄒᆞ야援兵을出케ᄒᆞ니西獨英諸國이漸次로路易大王의蠶食狼吞ᄒᆞᆷ을恐ᄒᆞ야皆出兵ᄒᆞ야蘭國을救ᄒᆞ니路易가是等數國의合力을能敵치못ᄒᆞ야和ᄅᆞᆯ約ᄒᆞ얏ᄂᆞ니此和約에依ᄒᆞ야得地ᄒᆞᆫ바ㅣ不少ᄒᆞᆫ지라路易十四世가尙且不足ᄒᆞ야機ᄅᆞᆯ見ᄒᆞ면곳크게佛國을富强케ᄒᆞ고자ᄒᆞ더니

西班牙王位相續亂

會西班牙王차ㅣ르스二世가死ᄒᆞ고無子ᄒᆞᆫ딕其生時브터路易ᄂᆞᆫ其后가차ㅣ르스의姊되ᄂᆞᆫ緣으로ᄡᅥ其孫안지유侯ᄅᆞᆯ嗣立고자ᄒᆞ고獨帝레오

폴드ᄯᅩ一世ᄂᆞᆫ其后가차ㅣ르스의妹가됨으로ᄡᅥ其第二子차ㅣ르스ᄅᆞᆯ繼立고자ᄒᆞ야議論이紛紛ᄒᆞ야或은佛에左袒ᄒᆞ고或은獨에左袒ᄒᆞ며又或은西國을分割고자ᄒᆞ야議論이未決ᄒᆞᆫ딕차ㅣ르스二世가歿ᄒᆞ니是ᄂᆞᆫ一七〇〇年事ㅣ라路易ᄂᆞᆫ硬强히차ㅣ르스의遺詔ᄅᆞᆯ依ᄒᆞ야其孫안지유侯ᄅᆞᆯ立고자ᄒᆞ니當時歐洲諸國이皆曰안지유侯로ᄡᅥ西班牙王을ᄉᆞᆷ으면畢竟西佛兩國의合併을見ᄒᆞ리니寧可獨帝의請求ᄅᆞᆯ容許ᄒᆞᆷ만不如ᄒᆞ다ᄒᆞ야乃獨英蘭其他諸國이同盟ᄒᆞ야路易ᄅᆞᆯ抗拒ᄒᆞ니是所謂大同盟이라兩軍이相戰ᄒᆞᆫ지十二年에獨將英將이大同盟軍을率ᄒᆞ고佛軍과連戰連勝ᄒᆞ야佛軍을退却ᄒᆞ니路易가力屈ᄒᆞ야兵을止고자ᄒᆞᆯ시適獨帝가歿ᄒᆞ고차ㅣ르스가帝位ᄅᆞᆯ嗣ᄒᆞ니於此에同盟諸國이云ᄒᆞ되今에차ㅣ르스로ᄒᆞ야금西國王이되야西獨二國으로ᄡᅥ合併케ᄒᆞᆯ진딕其弊가안지유侯로ᄡᅥ西國王을ᄉᆞᆷᄂᆞᆫ것보다尤甚ᄒᆞ리라ᄒᆞ야乃안지유侯후히립ᄲᅳ로ᄒᆞ야금西國王을ᄉᆞᆷ게ᄒᆞ다此時英國의마ㅣ르ᄲᅳ로ㅣ黨이失敗ᄒᆞ고平和黨이起ᄒᆞ야和議ᄅᆞᆯ成고자ᄒᆞ고루이ᄂᆞᆫ彼英의强國으로ᄒᆞ야금同盟에脫케ᄒᆞ고자ᄒᆞ야一七一三年에英國其他와和ᄒᆞ고翌年에獨國其他와和ᄒᆞ다

和議條約

大抵此戰爭은歐洲諸國이二黨에分ᄒᆞ니此獨歐洲의戰爭ᄲᅮᆫ아니라其戰爭의影響이亞米利加英佛의殖民地와印度의英佛殖民地ᄭᆞ지波及ᄒᆞᆷ이甚히激烈ᄒᆞ얏스니實로歷史上一大의事件이라故로其結果가亦大ᄒᆞ니今其和議條約의大要를舉ᄒᆞ면如左ᄒᆞ니라

一 戰爭의主因된西班牙王位ᄂᆞᆫ후히립ᅋᅮ로ᄒᆞ야금繼承케ᄒᆞᆫ事但西佛二國이現在及將來에在ᄒᆞ야決코合併치못ᄒᆞᆯ事

二 英國은新敎徒되ᄂᆞᆫ우이리아무의即位를公認ᄒᆞ고유ㅣ후호ᅂᅵᆫᄯᅡ、로ᄶᅡ스고지아、하ᄯᅩ손灣沿岸의土地를佛國으로取ᄒᆞ고ᄶᅦᆸ라루다루海峽及미로루가島를西班牙로得ᄒᆞᆫ事

三 和蘭은佛領二三의城寨를得ᄒᆞᆫ事

四 奧地利ᄂᆞᆫ西班牙領네ᄯᅥㅣ란ᄯᅳ를得ᄒᆞᆫ事

佛國亂兆

此에戰亂이止ᄒᆞ민天下가一時의太平을得ᄒᆞᆫ지라佛王루이十四世가西班牙王位相續戰爭에對ᄒᆞ야其目的은達ᄒᆞ얏스되其所領을失ᄒᆞᆷ이甚多ᄒᆞᆫ지라然이나佛國의威名이尙且墜地치아니ᄒᆞ야天下가오히려佛國의威光을仰ᄒᆞ며佛國의

文明을慕ᄒᆞ고佛國에ᄂᆞᆫ詩文이盛興ᄒᆞ고美術이大進ᄒᆞ며風俗이華美ᄒᆞᆷ이實로歐洲諸國에卓冠ᄒᆞᆫ지라諸國이皆文明의中心을佛國이라ᄒᆞ야言語風俗을大槪佛風에擬ᄒᆞ고佛人이亦自誇ᄒᆞ야此時代를黃金時代라云ᄒᆞ다然이나其黃金된所以ᄂᆞᆫ僅히其外部表面에存ᄒᆞ고其內實의情況은即土崩瓦解의因이有ᄒᆞ니大王이干戈를弄ᄒᆞ야壯丁을原野에斃ᄒᆞ고富財가殆盡ᄒᆞ며文物의美麗ᄂᆞᆫ其民의膏血을絞ᄒᆞ야得ᄒᆞᆫ바ㅣ오王室의盛ᄒᆞᆷ은民權을亡ᄒᆞ고得ᄒᆞᆫ바ㅣ니如此事情이엇지後日의大患을遺ᄒᆞᆷ이아니리오

第三章　俄國勃興

俄國紀略

俄國의人民은스라ᄫᅳ닉인人種이니性質이卑屈ᄒᆞ야自爲의事가無ᄒᆞ고恒常君主의壓制ᄒᆞᆫ바되다九世紀에北人即스칸지나ᄲᅵ야人酋長루ㅣ릭구가其衆을率ᄒᆞ고俄國에入ᄒᆞ야土人으로더브러一王國을成ᄒᆞ얏고十三世紀에至ᄒᆞ야蒙古人이侵入ᄒᆞ미其勢를可當치못ᄒᆞ야俄國君主가幣를出ᄒᆞ야稱臣ᄒᆞᆷ이凡二百年에及ᄒᆞᆫ지라十四世紀에俄國이二分ᄒᆞ야東西가되니西部ᄂᆞᆫ리ᄯᅮ아니아國과併波蘭國의領地ㅣ오東部ᄂᆞᆫ即今日俄國의由起ᄒᆞᆫ바ㅣ니時에俄主ᄂᆞᆫ이ᄫᅡᆫ一世

라云ᄒᆞ야莫斯科府로ᄡᅥ王都를定ᄒᆞ다

俄國與羅馬

十五世紀末에이ㅣ반二世가王이되니王이能히俄國으로ᄒᆞ야곰全히蒙古人의軛을脫케ᄒᆞ고王이東羅馬最末의皇帝콘스탄진十一世의姪을納ᄒᆞ야爲后ᄒᆞ고東羅馬滅亡ᄒᆞᆫ後로스스로ᄡᅥ羅馬皇帝의後嗣希臘敎의保護者라ᄒᆞ야其遺民을招ᄒᆞ야優遇ᄒᆞ다王의孫은이ㅣ반四世라云ᄒᆞ니이ㅣ반四世가비로소ᄶᅡㅣ의尊號를用ᄒᆞ니ᄶᅡㅣ는皇帝의意ㅣ라其死後에國亂이三十年에及ᄒᆞ야로ㅣ마노ᄑᆞ帝家가드듸여代立ᄒᆞ니此帝家五代의帝가即彼得一世ㅣ니是所謂彼得大帝ㅣ라大帝가一六八九年에即位ᄒᆞ다

彼得大帝

彼得의兄二人이有ᄒᆞ니曰셰오ᄯᅩ르ㅣ오曰이ㅣ반五世ㅣ니皆相繼ᄒᆞ야即位ᄒᆞ다一六八二年에셰오ᄯᅩ르ㅣ死ᄒᆞ고彼得이立ᄒᆞᆯ際에彼得의異母姊소후아이ㅣ반으로ᄒᆞ야곰共히與政케ᄒᆞ니소후아는智謀가富ᄒᆞ고陰險ᄒᆞᆫ者ㅣ라一六九六年에이ㅣ반이死ᄒᆞᆫ後로彼得을除코자ᄒᆞ니彼得의年十七이라能히소후아를捕ᄒᆞ야尼寺에錮ᄒᆞ고其徒黨을擊滅ᄒᆞ니是ᄂᆞᆫ一六八九年의事ㅣ라彼得이少時에學習ᄒᆞᆫ바ㅣ甚博ᄒᆞ야拉丁語獨語蘭語를能通ᄒᆞ고自身이親히獨蘭英諸國에遊

ᄒᆞ야스ᄉᆞ로工器를執ᄒᆞ고職工과相伍ᄒᆞ야造船의術을習ᄒᆞ더가歸國ᄒᆞᆫ際에其學者士官水夫匠工等을聘ᄒᆞ야ᄡᅥ海軍을盛起ᄒᆞ기로計圖ᄒᆞ고又制度文物과民情風俗을擧히改良코자ᄒᆞ며其地를廣闢ᄒᆞ야所領이增多ᄒᆞ니境界가西歐諸國에接ᄒᆞᆫ지라帝都모스코ㅣ가僻遠ᄒᆞᆫ邊鄙에在ᄒᆞ야西歐諸國과交通이不便ᄒᆞ다ᄒᆞ야帝都를聖彼得堡에新開ᄒᆞ다

大帝侵略

初에俄國이비록地廣ᄒᆞ나海가少ᄒᆞ야軍艦을備置ᄒᆞ기甚히不便ᄒᆞᆫ故로彼得大帝가近隣諸國과相戰ᄒᆞ야其海灣을取ᄒᆞ기로務ᄒᆞᆯ시一六九六年에大帝가아소후海를土耳其에取ᄒᆞ야黑海에進步ᄒᆞᆷ을得ᄒᆞ고오히려西으로波羅的海를取ᄒᆞ기를計畫ᄒᆞ니於此에所謂北歐戰爭이起ᄒᆞ다

北歐大戰

北歐大戰爭은俄國丁國波國이合從ᄒᆞ야瑞典을伐ᄒᆞᆫ것이라一六九七年에瑞典國王이死ᄒᆞ고子챠ㅣ루스十二世가嗣立ᄒᆞ니年이十五歲ㅣ라彼得大帝가챠ㅣ루스의年少ᄒᆞᆷ을侮ᄒᆞ야丁波二國으로共히瑞典을伐ᄒᆞ야其地를分割코자ᄒᆞ더니챠ㅣ루스는當時의豪傑이라諸敵의來侵을不待ᄒᆞ고自進ᄒᆞ야此를伐ᄒᆞ니英王우이리야무三世가챠ㅣ루스를援助ᄒᆞ야英蘭合體의軍艦을派ᄒᆞ니一六九

瑞王善戰

九年에大戰이始ᄒᆞ다

재ㅣ루스가先攻丁國을擊ᄒᆞ야此를服ᄒᆞ고次에波國을伐ᄒᆞ야此를服ᄒᆞ고次에俄兵八萬人을나루ᄡᅡㅣ城下에破ᄒᆞ야連戰皆勝ᄒᆞᆷ이凡四年間에破竹의勢를乘ᄒᆞ야俄境에入ᄒᆞ니彼得이大懼請和ᄒᆞᆫ지라재ㅣ루스가答曰모스고ㅣ城下에셔相盟ᄒᆞ자ᄒᆞ니彼得이乃諸將에令ᄒᆞ야野를淸ᄒᆞ고壁을固ᄒᆞ야謹守ᄒᆞ고接戰치아니ᄒᆞ며橋梁을毁ᄒᆞ야敵의進行을不便케ᄒᆞ니재ㅣ루스가크게彼得을ᄯᅡ로ᄯᅩ로府에窘迫ᄒᆞ미彼得이僅히得免ᄒᆞ고재ㅣ루스가又彼得을스모넌스구府에破ᄒᆞ고재ㅣ루스가計畫을誤ᄒᆞ야곳莫斯科府에長驅치아니ᄒᆞ고南轉ᄒᆞ야유ㅣ구넌地方에入ᄒᆞ니是ᄂᆞᆫ土人으로ᄒᆞ야금俄朝를反ᄒᆞ고自己에服從케ᄒᆞᆷ을希望ᄒᆞᆫ所以ㅣ러라

瑞王大敗

一七〇九年에재ㅣ루스가彼得과ᄲᅥ루ᄯᅡ와原에셔戰敗ᄒᆞ고僅히得免ᄒᆞ야俄領을出ᄒᆞ야土國에入ᄒᆞ야土國에爲客ᄒᆞᆷ이凡三年에懇切히土國을說ᄒᆞ야俄國을征伐케ᄒᆞ나然이나其意를未達ᄒᆞᆯᄲᅮᆫ아니라其厭惡ᄒᆞᆷ을被ᄒᆞ야微行으로歸國ᄒᆞ야彼得과割地請和ᄒᆞ고一七一八年에재ㅣ루스가那威를伐ᄒᆞ야其一都城을圍

ᄒᆞ다가不幸히中丸而死ᄒᆞ다

瑞國多失地

彼得이瑞典의得地ᄒᆞᆫ바多大ᄒᆞ야리ᄲᅩ니아其他瑞典의所領으로波羅的海東에在ᄒᆞᆫ者가皆俄領이되니於此에波羅的海가俄艦의橫行ᄒᆞᆫ바되고彼得이發熱ᄒᆞ야死ᄒᆞ다彼得이能히人民을化ᄒᆞᆷ을得ᄒᆞ되自己ᄂᆞᆫ能化치못ᄒᆞ야終乃蠻風으로ᄡᅥ其身을終ᄒᆞ니라

大帝後嗣

彼得大帝가死ᄒᆞ고后가싸린一世가立ᄒᆞ니가싸린이美而有才ᄒᆞ야彼得의業을補佐ᄒᆞᆷ이不少ᄒᆞ더니在位六年에死ᄒᆞ고其彼得大帝의孫ᄲᅦㅣ다ㅣ二世의姪女에리싸베스가繼立ᄒᆞ니에리싸베스時에獨國에셔奧國君位相續의亂이起ᄒᆞᆷ을際ᄒᆞ야俄國이出兵ᄒᆞ야마리아데너사를援ᄒᆞ야普王우너ᄯᅦ릿기大王을擊ᄒᆞ야連戰의功이有ᄒᆞ다에리싸베스가遜位ᄒᆞ고其甥ᄲᅦㅣ다ㅣ三世가立ᄒᆞ야크게普王을左袒ᄒᆞ야此로ᄡᅥ奧國의勢力을挫케ᄒᆞ더니在位七月에見廢ᄒᆞ고其后가싸린二世가立ᄒᆞ다

大女帝

가싸린二世가才略이有ᄒᆞ야每隣國의勢를挫ᄒᆞ고自國의富强을謀ᄒᆞᆯ시波國으로ᄒᆞ야금其嬖人ᄲᅩ니아도스기를立ᄒᆞ야王을삼게ᄒᆞ고更히普王후너ᄯᅦ릿기大

俄國日盛

王과共히波蘭을迫ᄒᆞ야希臘教徒도亦其新教徒及羅馬教徒와同一의權을與케ᄒᆞ고波蘭土耳其의反對軍을破ᄒᆞ야反히普奧兩國의嫉妬를招ᄒᆞ니普王후니ᄯᅦ릿기大王의計畫으로波蘭의四境을三分ᄒᆞ야其東北部를占領ᄒᆞ니是는一七七二年波蘭第一의分割이라가ᄶᅡ린이又進兵ᄒᆞ야土耳其를征伐ᄒᆞ야其地를奪ᄒᆞ고一七九三年에又波蘭恢復黨을擊ᄒᆞ야普王과共히其地를割ᄒᆞ고一七九五年에更히普奧兩國과同盟ᄒᆞ야波蘭을亡ᄒᆞ고全히其領地를分取ᄒᆞ니於是에魯西亞의國運이日로日盛大ᄒᆞ야歐洲東部를雄視ᄒᆞ고全歐로ᄒᆞ야금魯西亞의威勢를恐케홈에至ᄒᆞ니라

第四章．普國勃興

普國起原

中世에는波蘭國의一諸侯領으로普魯西亞라云ᄒᆞ는者ㅣ有ᄒᆞ얏고又獨國의一諸侯領으로ᄲᅳ란ᄯᅦᆫᄲᅮ르ᄭᅳㅣ라云ᄒᆞ는者ㅣ有ᄒᆞ더니一六一一年에此二領이合ᄒᆞ야一諸侯의所有가되고十七世紀中頃에至ᄒᆞ야드릭ᄭᅴ波蘭國君에對ᄒᆞ야君臣의分을絕ᄒᆞ고純然ᄒᆞᆫ獨國諸侯가되얏더라一七〇一年에領主가獨國帝니오ᄲᅩㅣ루ᄯᅩ와特約홈을因ᄒᆞ야王位에進ᄒᆞ야普國王이라稱ᄒᆞ니是乃후니ᄯᅦ릿기一

世ㅣ라王이初에都를伯林에開ᄒᆞ다王이死ᄒᆞ고子후니ᄯᅦ릿기우이리아무가立ᄒᆞ니王이粗暴殘酷ᄒᆞ고金錢을愛ᄒᆞ야貯蓄으로爲事ᄒᆞ고兵觀의美를好ᄒᆞ며長大의壯丁을募ᄒᆞ더니王이死ᄒᆞ고其子가立ᄒᆞ니是乃후니ᄯᅦ릿기大王이라大王이英姿로度量이有ᄒᆞ야父王의所遺ᄒᆞᆫ金錢과兵隊를依ᄒᆞ야覇業을成ᄒᆞ다

奧主男系絕

一七四〇年에大王이即位ᄒᆞ니同年에奧國의主即獨帝ᄎᆞㅣ루스六世가死ᄒᆞ고男子의相續홀者ㅣ無ᄒᆞ야此에所謂奧國君位相續의戰爭이起ᄒᆞᆫ지라初에獨帝在世中에其領地를其女마리아데레사에게讓與코자ᄒᆞ야其事를諸國君主에게說ᄒᆞ야異議가無케ᄒᆞ니諸國의君主가大槪帝意를贊成ᄒᆞ야異議를不唱ᄒᆞ기로約束ᄒᆞᆫ지라此에至ᄒᆞ야마리아데레사가其父帝의領地奧國항ᄀᆞ리ㅣ國과ᄲᅩ헤미아國等을傳授ᄒᆞ야此에主ㅣ되고獨帝의尊位는元來選帝諸侯의選擧를要ᄒᆞ는것인故로마리아데레사가但其父帝의遺言을依ᄒᆞ야此를繼承치못ᄒᆞᆫ지라마

奧國君位相續爭

리아데레사가父帝의諸領地에臨ᄒᆞ야主되고자ᄒᆞ니諸國의君主가前約을破ᄒᆞ고或은其領地의全部를取코자ᄒᆞ며或은其一部를取코자ᄒᆞ는ᄃᆡ其中先唱ᄒᆞᆫ者는普國후니ᄯᅦ릿기大王이라大王이奧國의領地시니사로ᄡᅦ普國舊時의領地

普國大利 戰爭

라ᄒᆞ야親히率兵ᄒᆞ고시너사에入ᄒᆞ야此ᄅᆞᆯ取ᄒᆞ니마리아데너사가他敵과相戰ᄏᆞ자ᄒᆞ야此地ᄅᆞᆯ割ᄒᆞ야大王과相和ᄒᆞ니於是에所謂第一回시너사戰爭이終ᄒᆞ고一七四四年에第二回의시너사戰爭이起ᄒᆞ야英國은奧國을援ᄒᆞ고佛國은俄國을援ᄒᆞ야一七四八年에아ㅣ헨條約으로ᄡᅥ此戰局을結ᄒᆞ다

아ㅣ헨條約後未幾에마리아데너사가후너ᄯᅦ릿기大王의敵되ᄂᆞᆫ俄國女帝에리사베스와同盟ᄒᆞ야시너사ᄅᆞᆯ回復ᄏᆞ자ᄒᆞ고에리싸베스ᄂᆞᆫ大王에對ᄒᆞ야私怨이有ᄒᆞ야波羅的沿海의普領을略取ᄏᆞ자ᄒᆞ니佛國이亦遣使ᄒᆞ야奧國과連合을盟約ᄒᆞ다會北亞米利加洲及하로ㅣ싸에英佛戰爭이起ᄒᆞ야英은普와局外中立의約을爲ᄒᆞ고佛國과相戰ᄒᆞᄂᆞᆫ터이니於是에一七五六年에奧佛兩國의連合이愈益强固ᄒᆞᆫ지라후너ᄯᅦ릿기大王이其事情을探知ᄒᆞ고魯佛二國이容易히自己의國을攻伐치못ᄒᆞᆷ을察ᄒᆞ고急히進兵ᄒᆞ야奧領을侵ᄏᆞ자ᄒᆞ야六萬七千의兵을率ᄒᆞ고사기소니ㅣ에入ᄒᆞ니獨乙諸州가獨乙帝國의名으로ᄡᅥ普을攻ᄒᆞᆯ셰獨헷세갓셰루州와쌰룬스우잇구州等이普國에附從ᄒᆞ얏더라

於是에奧佛俄及瑞典이普國을分割ᄒᆞᆯ目的으로ᄡᅥ同盟ᄒᆞ야普ᄅᆞᆯ攻ᄒᆞ니普王후

너ᄯᅦ릿기ᄂᆞᆫ英과連合ᄒᆞ야ᄡᅥ强大ᄒᆞᆫ同盟軍을當ᄒᆞᆯ셰一七五七年에로ㅣ스싸하로이덴諸原에셔大戰ᄒᆞ야能히敵軍을破ᄒᆞ얏스나一七五九年구네루스또루후大戰에셔후너ᄯᅦ릿기가크게奧魯同盟軍에게敗ᄒᆞᆫ바되야普軍의勢가稍稍萎縮ᄒᆞ고加之一七六〇年에英王쪼ㅣ은ᄯᅳ三世가即位ᄒᆞ야其出金을止ᄒᆞᆷ으로普國의困難이其極에達ᄒᆞ야普의滅亾이朝夕에在ᄒᆞᆫ지라然이나其翌年에俄女帝에리싸베스가歿ᄒᆞ고ᄲᅦㅣ다ㅣ三世가即位ᄒᆞ야크게후너ᄯᅦ릿기ᄅᆞᆯ援助ᄒᆞ야普의危難을救ᄒᆞ니於是에普國이聖彼得堡府條約으로ᄡᅥ俄와結和ᄒᆞ고ᄯᅢ무쌰루구府의條約으로ᄡᅥ瑞典과相和ᄒᆞ야其侵地ᄅᆞᆯ歸ᄒᆞ다俄帝ᄲᅦㅣ다ㅣ三世가退位ᄒᆞ고가싸린이即位ᄒᆞᆷ에至ᄒᆞ야援普의兵이去ᄒᆞ얏스나普軍이크게奧軍을破ᄒᆞ고一七六三年에普奧가議和ᄒᆞ니普ᄂᆞᆫ實로一小國으로起ᄒᆞ야歐洲五大强國에入ᄒᆞᆷ을得ᄒᆞ다

大王精意求治

후너ᄯᅦ릿기大王이用兵法에長ᄒᆞ고亦治國術에巧ᄒᆞ야兵亂流離ᄒᆞᆫ後에倉庫ᄅᆞᆯ開ᄒᆞ야饑餓ᄒᆞᆫ農民을給恤ᄒᆞ고銀行을起ᄒᆞ야商業을振興ᄒᆞ고戰亡將士의遺族을豐饒이賑恤ᄒᆞ며兵馬驅逐의州郡에對ᄒᆞ야其租稅ᄅᆞᆯ久免ᄒᆞ고大王이甚히權

勢를貪ᄒᆞᄃᆡ士民의言路를不塞ᄒᆞ며大兵을養ᄒᆞ야國費를糜ᄒᆞᄃᆡ其身의自奉은至薄히ᄒᆞ며宗敎學問上에ᄂᆞᆫ自由思想의主義를採ᄒᆞ야士民의智識으로ᄒᆞ야곰其發達을專一케ᄒᆞ고極力히農工商의三業을奬勵ᄒᆞ야國家의殷富를致ᄒᆞ니其即位ᄒᆞᆯ時에至ᄒᆞ야ᄂᆞᆫ人口가僅二百萬이오國庫金이六百萬다ー니루에不過ᄒᆞ더니其歿ᄒᆞᆯ時에ᄂᆞᆫ六百萬의人口와七千二百萬다ー니루의金이有ᄒᆞᆫ지라要컨ᄃᆡ此大王의功業이獨乙人으로ᄒᆞ야곰漸次佛國의慕情을絶ᄒᆞ고自國의思想心을勃興케ᄒᆞᆫ者라謂ᄒᆞᄂᆞ니라

第五章 米國獨立

英佛二國殖民地

一六〇七年에英國이비로소亞米利加洲에殖民地를開ᄒᆞ고其前後로各國이競爭ᄒᆞ야殖民地를置ᄒᆞᄂᆞᆫᄃᆡ就中英領의殖民地ᄂᆞᆫ其數가十三이니北緯凡四十八度로브터三十一度에亘ᄒᆞ야頗히廣大ᄒᆞ고又佛國의殖民地ᄂᆞᆫ其數가四로ᄃᆡ此로英領殖民地에比ᄒᆞ면其面積의大ᄒᆞᆷ이數倍가되ᄂᆞᆫ지라英佛二國이互相爭地ᄒᆞ야大戰ᄒᆞᆫ結果로佛領殖民地가多數히英領에歸ᄒᆞ야十八世紀에至ᄒᆞ야ᄂᆞᆫ英領殖民地의宏大ᄒᆞᆷ이他國殖民地에冠ᄒᆞ더라

米人反亂

七年戰爭이終局ᄒᆞᄆᆡ英國이普國을助ᄒᆞ야歐洲各國과相戰ᄒᆞ야財政이稍困ᄒᆞ니一七六五年에英國政府가暴戾ᄒᆞ고英國議會가腐敗ᄒᆞ야代議에不依ᄒᆞᆫ租稅로米國殖民地에賦課ᄒᆞ니此代議에不依ᄒᆞᆫ租稅란것은米國殖民이姑且代議士로英國國會에不出ᄒᆞᆫᄃᆡ이에ᄂᆞᆫ英國政府가其租稅를米國殖民地에課ᄒᆞᆷ을云ᄒᆞᆷ이라英國憲法을依컨ᄃᆡ租稅의賦課ᄂᆞᆫ반다시議會의協贊을要ᄒᆞ고國王의專斷으로써執行ᄒᆞᆷ을不得ᄒᆞᆫ다ᄒᆞᆫ故로憲法의此精神을依ᄒᆞ면英國政府가이今代議士로不出ᄒᆞᆫ米國殖民地에向ᄒᆞ야租稅를不課ᄒᆞᆯ지라然이나英國政府가財政이如意치못ᄒᆞᆷ으로인ᄒᆡ屢屢히新英의商事를拘束ᄒᆞ야其利를專케ᄒᆞ더니此亦不足ᄒᆞ야租稅를新英에課ᄒᆞ니一七六五年에英國政府가印紙條例를發布ᄒᆞ야印紙를訴訟契約其他書類에貼用케ᄒᆞ매ᄂᆞᆫ新英人이此로써租稅의一種이라ᄒᆞ야忿怒ᄒᆞᆷ이尤甚ᄒᆞᄆᆡ英國政府가此를廢ᄒᆞ고其代에茶其他貨物輸入의稅를課ᄒᆞ니新英人이愈益激怒ᄒᆞ야新着의茶를海中에投ᄒᆞᆷ에至ᄒᆞᆫ지라英國政府가兵力으로써新英을鎭壓코자ᄒᆞ니新英人이드ᄃᆡ여兵을擧ᄒᆞ야反ᄒᆞᆯᄉᆡ華盛頓을選ᄒᆞ야將軍을合으니時ᄂᆞᆫ一七七五年이라翌年即一七七六年七月四日에新英人이

獨立을宣告ᄒᆞ고一七七七年에新英人이各殖民地를稱ᄒᆞ야國을合ᄒᆞ야十三國으로ᄡᅥ北米合衆國이라稱ᄒᆞ고후란구린으로合衆國公使를삼아佛國에往ᄒᆞ야救援을請ᄒᆞ다是時에歐洲人이渡海ᄒᆞ야合衆國人을援ᄒᆞᄂᆞᆫ者ㅣ甚多ᄒᆞᄃᆡ其中最著ᄒᆞᆫ者ᄂᆞᆫ佛國貴族라ㅣ후아옛도及普國士官ᄉᆞ도이벤이라合衆國의將士가衣食兵器의缺乏ᄒᆞᆷ을不拘ᄒᆞ고奮戰ᄒᆞ야其死를不顧ᄒᆞ니其苦戰의狀態ᄂᆞᆫ可히勝言치못ᄒᆞᆯ지라然이나各國의援軍이益益添加ᄒᆞ야英兵과連戰連勝ᄒᆞ니英國도ᄯᅩᄒᆞᆫ力盡ᄒᆞ야一七八三年에英國이合衆國과相和ᄒᆞ야其獨立을許ᄒᆞ니華盛頓이乃大將의任을辭ᄒᆞ고故山에歸ᄒᆞ다

共和政體

合衆國人이憲法을制定ᄒᆞ고大統領一人을置ᄒᆞ야此에行政權을委ᄒᆞ고元老院衆議院을設ᄒᆞ야此에立法權을與ᄒᆞ고人民은宗敎의自由를許ᄒᆞ고諸國에自治權을與ᄒᆞ다一七八九年三月四日에合衆國第一期國會를紐育府에開會ᄒᆞ고華盛頓一人의異議가업시統領에被選되야合衆國이드듸여純然ᄒᆞᆫ民權共和國이되다

第八部　歐洲大亂

二大事變

近世史의第八部ᄂᆞᆫ佛國大革命의發端即一七八九年에起ᄒᆞ야那翁一世最末의失敗即一八一五年에終ᄒᆞ니其間이凡二十七年이라佛國의大革命이發ᄒᆞᆫ時에歐洲諸國이임의相通ᄒᆞ야一大國系를成ᄒᆞ고임의相通ᄒᆞ야一大國係를成ᄒᆞᆫ時ᄂᆞᆫ其一國에所起ᄒᆞᆫ事變의太者ᄂᆞᆫ반다시其影響을他諸國에波及케ᄒᆞ니佛國의大革命은君主政治를廢ᄒᆞ고民主政治를建ᄒᆞᆷ을目的ᄒᆞᆫ故로諸國의君主가皆其臣民이佛國亂民을傚則ᄒᆞᆯ가恐懼ᄒᆞ야互相連合ᄒᆞ야佛國의亂民을鎭壓ᄒᆞ기로計ᄒᆞ니是乃佛國一個의事變이俄然其範圍를弘케ᄒᆞ야歐洲一般의大事變을成ᄒᆞᆫ지라那翁一世가此大亂을乘ᄒᆞ야歐洲를一統코자計畫ᄒᆞ니於此에歐洲의局面이一變ᄒᆞ야攻ᄒᆞ든者ㅣ退而守ᄒᆞ고守ᄒᆞ든者ㅣ進而攻ᄒᆞ다那翁의帝業이未終ᄒᆞ얏다云ᄒᆞᄃᆡ歐洲의命脈을制ᄒᆞᆷ이十有餘年에及ᄒᆞ얏고佛國大革命이歐洲諸國의人民으로ᄒᆞ야금民權의思想을固抱케ᄒᆞ고那翁의覇業이歐洲諸國의人民으로ᄒᆞ야금크게國粹의念慮를發케ᄒᆞ얏스니要컨ᄃᆡ此二大事變은中世的國家를滅ᄒᆞ고近世的國家를興ᄒᆞᆫ者ㅣ니中世的國家ᄂᆞᆫ貴賤의別을立ᄒᆞᆫ者ㅣ오近世的國家ᄂᆞᆫ貴賤의別을破ᄒᆞᆫ者ㅣ니라

革命原因

前半期 佛國革命

第一章 佛國革命原因

佛國大革命의由來ᄒᆞᆫ바原因이遠且大ᄒᆞ니其重要ᄒᆞᆫ者ᄅᆞᆯ擧ᄒᆞ면如左ᄒᆞ니라

一 佛國財政의困難

二 貴賤貧富의懸隔

三 工業商業의拘束

四 文武官爵의公賣

五 壓制專橫의政治

六 米國獨立의影響

七 破壞學說의流行

財政困難

留易十四世의治世ᄂᆞᆫ華美淫佚과驕奢壯觀으로ᄡᅥ有名ᄒᆞ더니留易가干戈ᄅᆞᆯ弄ᄒᆞ야威ᄅᆞᆯ外國에張ᄒᆞ고壯觀을尙ᄒᆞ야百事에盡美ᄒᆞᆫ故로當時歐洲各國이佛國으로ᄡᅥ文明의中心이라ᄒᆞ야政治의要樞가되야凡百의事爲ᄅᆞᆯ皆佛風을擬模ᄒᆞᆷ에至ᄒᆞ나然이나華美ᄅᆞᆯ尙ᄒᆞ고壯麗ᄅᆞᆯ重ᄒᆞᆷ에不止ᄒᆞᆫ則其國費ᄅᆞᆯ焉堪ᄒᆞ리오國

帑이忽空ᄒᆞ야歲出이歲入에超過ᄒᆞ야政府의負債가三億萬圓의多額에達ᄒᆞ니留易十五世十六世가屢屢히有名ᄒᆞᆫ宰相을擧ᄒᆞ야整理의任을托ᄒᆞ나然이나此皆其反對黨의防害ᄒᆞᆫ바되야其意ᄅᆞᆯ能히決行치못ᄒᆞ더라

貧富貴賤懸隔

此時ᄅᆞᆯ當ᄒᆞ야貴族은其身이戶主及子弟ᄅᆞᆯ勿論ᄒᆞ고皆貴族의班位에列ᄒᆞ야英國의制度와如히其子弟ᄂᆞᆫ庶民列에不在ᄒᆞᆫ故로貴族과平民의相離가甚遠ᄒᆞ고貴族僧侶ᄂᆞᆫ其身이共貴ᄒᆞ야特權을多有ᄒᆞ고官職爵位ᄅᆞᆯ專恣ᄒᆞ며平民은身分이賤ᄒᆞ야獨政費의負担을任ᄒᆞᆯᄲᅮᆫ이라故로貴族은平民의怨憎을大被ᄒᆞ야國家整理의困難은僧侶貴族이有ᄒᆞᆫ故ㅣ라唱道ᄒᆞ며加之貴族僧侶ᄂᆞᆫ國內의地ᄅᆞᆯ三分ᄒᆞ야其二ᄅᆞᆯ有ᄒᆞ고平民은或地ᄅᆞᆯ有ᄒᆞ되其地가皆小ᄒᆞ야家族을養ᄒᆞ기不足ᄒᆞ고農夫ᄂᆞᆫ其主ᄅᆞᆯ爲ᄒᆞ야傭作ᄒᆞᄂᆞᆫ其慘狀을可言치못ᄒᆞᆯ지오其主의城堡ᄅᆞᆯ仰見ᄒᆞᆯ時ᄂᆞᆫ先次其念頭에發ᄒᆞᄂᆞᆫ思想이彼城堡와其所藏ᄒᆞᆫ債簿ᄅᆞᆯ幷燒코자ᄒᆞᆷ에在ᄒᆞ니是以로貧民의困窮을可知ᄒᆞᆯ지라

惡政苛法

夫國王은毫髮도社會의困難을不意ᄒᆞ야驕奢의舊習을變ᄒᆞ야勤儉의善政을不施ᄒᆞ고오직歲入의增加ᄅᆞᆯ致코자ᄒᆞ야先次其工業商業에不正ᄒᆞᆫ專賣免許ᄅᆞᆯ與

ᄒᆞ야利를貪ᄒᆞ며嚴重ᄒᆞᆫ會社條例를發布ᄒᆞ야收入의道를開ᄒᆞ고文武의官職과府縣會議員의位置를賣ᄒᆞ야國費의補助에充ᄒᆞ고府縣會의決議와如ᄒᆞᆫ者ᄂᆞᆫ毫髮도實行치아니ᄒᆞ고國會를一六一四年以來에召集치아니ᄒᆞ고國王이隨意로法令을發ᄒᆞ야租稅를課ᄒᆞ고其忌厭ᄒᆞᆫ者ᄂᆞᆫ此를捕縛ᄒᆞ야獄에投ᄒᆞ니於是에王室의威嚴이墜地ᄒᆞ야人民이貴族僧侶를憎惡ᄒᆞᆫ同時에又王室을奉戴ᄒᆞᆷ을不好ᄒᆞᆷ에至ᄒᆞᆫ지라政府王室이其民心을失ᄒᆞᆷ은財政의紛亂과法令의苛酷과賦歛의過重과國王의淫奔을因ᄒᆞᆷ이니其上의所爲가如斯ᄒᆞ고其民心의不去ᄒᆞᆷ을豈望ᄒᆞ리오 (王室政府共失信)

是時에至ᄒᆞ야米國獨立의戰爭이起ᄒᆞ야米洲의英領殖民地十三州가擧兵ᄒᆞ야英國을叛ᄒᆞ고救援을佛國에請ᄒᆞ니佛國은英國으로ᄡᅥ舊讎라ᄒᆞ야喜悅ᄒᆞ야米人을往援ᄒᆞ고佛國의志士가多數히赴戰ᄒᆞ야米人이드듸여獨立ᄒᆞᆫ지라佛人이米國에往ᄒᆞ야米國의實情을見ᄒᆞ고歸來ᄒᆞ야自國政府의苛酷ᄒᆞᆷ을見ᄒᆞ고心內에大段慨歎ᄒᆞ야米國의不羈自由를稱羨아니ᄒᆞᄂᆞᆫ者ㅣ無ᄒᆞ더라國事가愈愈急迫ᄒᆞᆷ을從ᄒᆞ야破壞의論이頻起ᄒᆞ야國政과國敎를共히攻擊ᄒᆞᆯ서몬데스큐ㅣᄂᆞᆫ (米國獨立影響) (破壞學說流行)

英國憲法의善美ᄒᆞᆷ을稱讚ᄒᆞ고쏘루데ㅣ루ᄂᆞᆫ人權의所重ᄒᆞᆷ을唱道ᄒᆞ고루ㅣ소ㅣᄂᆞᆫ人民의多數가主權을有ᄒᆞ야人民의少數를壓ᄒᆞᆷ을主張ᄒᆞ고其他當時의政府社會를攻擊ᄒᆞ야治安을妨害아니ᄒᆞᄂᆞᆫ者ㅣ無ᄒᆞ니佛國의民心이大爲不平ᄒᆞ야此等의甘言美辭에惑亂된者ㅣ甚多ᄒᆞ야드듸여一大의擾亂을惹起ᄒᆞᆷ에至ᄒᆞ다

第二章 第一國會

一七七四年卽米國의革命戰爭이起ᄒᆞ든前年에留易十五世가歿ᄒᆞ고其孫留易十六世가立ᄒᆞ니年이二十歲ㅣ오其后ᄂᆞᆫ獨國女帝마리아데너사의女ㅣ라王이溫良仁恤ᄒᆞ나氣力이乏ᄒᆞ고治體에不通ᄒᆞᆷ으로ᄡᅥ畢竟國家의大紛擾를釀出ᄒᆞᆷ에至ᄒᆞᆫ지라是時에佛國財政이日益窘急ᄒᆞ니王이有名ᄒᆞᆫ經濟家주ㅣ루고ㅣ를命ᄒᆞ야財政을整理케ᄒᆞ미주ㅣ루고ㅣ累代의政弊를芟除코자ᄒᆞ니貴族僧侶가大懼ᄒᆞ야王에게讒ᄒᆞ야此를逐放ᄒᆞ고其後에大藏大臣二人이相繼ᄒᆞ야도皆不成ᄒᆞ고瑞西의銀行頭取넥가ㅣ를聘ᄒᆞ야財政을整理케ᄒᆞ니넥가ㅣ가能히處事에巧ᄒᆞ되亦其僧侶貴族에게見逐되얏스니其見逐의事由ᄂᆞᆫ卽歲入歲出의對照 (留易十六世) (財政不理)

表ᄅᆞᆯ公布ᄒᆞ야貴族僧侶ᄂᆞᆫ些少도政費ᄅᆞᆯ負相치아니ᄒᆞᆷ을人民에게示ᄒᆞᆫ故로其貴族僧侶의怒ᄅᆞᆯ買ᄒᆞᆫ所以ㅣ니時ᄂᆞᆫ一七八一年이러라

王不能如何

此頃에佛國이米人을援ᄒᆞ야英國과相戰ᄒᆞ고米國으로歸來ᄒᆞᄂᆞᆫ者ᄂᆞᆫ皆民權의主義ᄅᆞᆯ齎ᄒᆞ야貴族十五萬人이農僕二千五百萬人을虐待ᄒᆞᄂᆞᆫ非ᄅᆞᆯ說ᄒᆞ며加之英佛의戰爭이愈愈財政의困難을致ᄒᆞᆫᄃᆡ一七八七年에王이貴族을會合ᄒᆞ고其地에課稅ᄒᆞᆷ을論ᄒᆞ니貴族이不聽ᄒᆞᆫᄃᆡ王이如何의手段能力이無ᄒᆞ야넥가ㅣᄅᆞᆯ召ᄒᆞ야問策ᄒᆞ니넥가ㅣ答호ᄃᆡ國會ᄅᆞᆯ召集ᄒᆞ야協議에附ᄒᆞᆷ이可ᄒᆞ다ᄒᆞ니王이其

國會開設

言을從ᄒᆞ야國會ᄅᆞᆯ召集ᄒᆞᆫᄃᆡ大抵佛國의國會가一六一四年以來百七十五年間에召集된事가無ᄒᆞᆫ故로國人이其國會의復興을大悅ᄒᆞ야議員의選擧ᄂᆞᆫ普通選擧로平民二百萬人이選擧者가되야議員六百人을選出ᄒᆞ니僧侶의議員과貴族의議員이各三百人이라一七八九年五月五日에國會ᄅᆞᆯ벼르세ㅣ유ᄉᆞ王宮에開會ᄒᆞᆫᄃᆡ

院數問題

於是에國會ᄅᆞᆯ開ᄒᆞᄆᆡ一大議論이發ᄒᆞ니平民의議員은一院議會의制ᄅᆞᆯ採用코자ᄒᆞ고貴族僧侶ᄂᆞᆫ二院議會로써佛國의舊制라ᄒᆞ야議決치아니ᄒᆞ거ᄂᆞᆯ平民議

員이獨立ᄒᆞ야ᄉᆞᄉᆞ로國會라稱ᄒᆞ고天文學者베이유ㅣᄅᆞᆯ推ᄒᆞ야議長을삼고憲法을制定치아니ᄒᆞ면解散치아니ᄒᆞ기로誓約ᄒᆞ고크게政治의改革을行ᄒᆞ야假借치아니ᄒᆞ기로約定ᄒᆞ니王이其集會ᄅᆞᆯ禁ᄒᆞ되其令이不行ᄒᆞ더라

巴里府民暴動

貴族이크게平民議員의暴行을怒且懼ᄒᆞ야獨國及瑞西國의兵을傭入ᄒᆞ야自衛ᄒᆞ니巴里府民이大怒暴動ᄒᆞ야바ᄉᆞ지ㅣ유獄을攻ᄒᆞ니是ᄂᆞᆫ七月十四日事ㅣ라獄吏가能히禁止치못ᄒᆞ야屈ᄒᆞ니暴徒가獄吏의頭ᄅᆞᆯ鎗尖에貫ᄒᆞ고市街로凱旋ᄒᆞᆯᄉᆡ皆赤白青三色의紐을帽子에着ᄒᆞ야써革命의紀章을삼으니王이驚駭ᄒᆞ야넥가ㅣ의職을復ᄒᆞ고巴里府民兵을置ᄒᆞ니此ᄅᆞᆯ護國兵이라稱ᄒᆞ야라ㅣ후엣도로ᄒᆞ야곰爲將ᄒᆞ고護國兵이赤白青三色의旗로써隊旗ᄅᆞᆯ삼고王이巴里에親幸ᄒᆞ야府民을慰諭ᄒᆞᆫᄃᆡ此際에貴族이外國에出奔ᄒᆞᄂᆞᆫ者ㅣ多ᄒᆞ니地方都府에ᄂᆞᆫ農僕이群起ᄒᆞ야其主의城堡ᄅᆞᆯ攻ᄒᆞ고各都會에ᄂᆞᆫ巴里ᄅᆞᆯ傚則ᄒᆞ야民兵을排置ᄒᆞ야써自衛ᄒᆞ더라

暴民迫王宮

王이甚危ᄒᆞ야兵士ᄅᆞᆯ召ᄒᆞ야宮中을護衛ᄒᆞᆯᄉᆡ十月一日에新召ᄒᆞᆫ將士가置酒高會ᄒᆞ고拔劍擧盃ᄒᆞ야王의壽ᄅᆞᆯ祝ᄒᆞ며三色의帽紐ᄅᆞᆯ蹈蹴ᄒᆞ야平民의亂暴ᄅᆞᆯ罵

舊弊一洗

ᄒᆞ니巴里府民이此ᄅᆞᆯ傳聞ᄒᆞ고暴民數千人이蹶起ᄒᆞ야府門을出ᄒᆞ야王宮을指行ᄒᆞᆯ새其中多數ᄂᆞᆫ女子인ᄃᆡ顔貌가憔悴ᄒᆞ야饑餓의實狀을現出ᄒᆞᆫ지라途上에셔相叫曰麵麭麵麭라ᄒᆞ고國會及王宮을侵入ᄒᆞ니近衛兵이戰敗ᄒᆞ민王族의危急ᄒᆞᆷ은可히勝言치못ᄒᆞᆯ지라會라ㅣ후엣도가護國兵을率來ᄒᆞ야暴民을宮城으로逐出ᄒᆞ민暴民이王과其一族을擁ᄒᆞ고巴里에歸ᄒᆞ니是ᄂᆞᆫ十月六日의事ㅣ라國會가亦ᄒᆞᆫ議場을巴里에移ᄒᆞ다

時에國會ᄂᆞᆫ僧俗相異의舊制ᄅᆞᆯ廢ᄒᆞ고府縣會의司法權을收ᄒᆞ며寺院의不動産을沒收ᄒᆞ고官職은僧俗이共히民選에依케ᄒᆞ고全國을平分ᄒᆞ야八十三縣을合ᄒᆞ고全國의度量衡金錢法律을一定ᄒᆞ고貴族平民의分別을破ᄒᆞ야平等의主義ᄅᆞᆯ採用ᄒᆞ니是等改革을行ᄒᆞᆯ際에巴里府民은漸漸過激ᄒᆞᆫ辯士의게煽動ᄒᆞᆫ바되지라諸政黨이各其俱樂部ᄅᆞᆯ組織ᄒᆞ야黨勢ᄅᆞᆯ張ᄒᆞ니俱樂部中最著ᄒᆞᆫ者ᄂᆞᆫᄶᅢ고빈俱樂部와코르데리에ㅣ俱樂部와ᄒᆡ이ㅣ얀俱樂部ㅣ라ᄶᅢ고빈俱樂部及코르세리에ㅣ俱樂部ᄂᆞᆫ民主政治ᄅᆞᆯ主ᄒᆞ고ᄒᆡ이ㅣ얀俱樂部ᄂᆞᆫ立憲王政을望ᄒᆞ고又巴里府ᄅᆞᆯ八十四區에分ᄒᆞ야各區에議員을置ᄒᆞ고時事ᄅᆞᆯ大議케ᄒᆞ다

萬國史 第三章 第一國會 一三三

萬國史 第三章 第二國會 一三四

王遂出奔

王身의危急ᄒᆞᆷ이日益甚ᄒᆞ니一七九一年六月廿日夜에王이秘密히其一族과共히行在所ᄅᆞᆯ脫ᄒᆞ야巴里府外로出奔ᄒᆞᆯ새ᄲᅡ렌늬驛에至ᄒᆞ야人의知ᄒᆞᆫ바되야護國兵이來ᄒᆞ야王을捕ᄒᆞ고巴里에歸ᄒᆞ니國會及諸俱樂部에셔王을廢ᄒᆞ고王政을罷ᄒᆞ기로議論이囂囂ᄒᆞ야一時王의職을罷ᄒᆞ니府民이此로ᄡᅥ不足타ᄒᆞ야又暴動ᄒᆞ야王政의顚覆을計ᄒᆞ거ᄂᆞᆯ라ㅣ후엣도가護國兵을率ᄒᆞ고此ᄅᆞᆯ鎭定ᄒᆞ다九月에憲法이成ᄒᆞ고王이更히就職ᄒᆞ야憲法을裁可ᄒᆞ니於此에第一回國會가ᄉᆞᄉᆞ로解散되니是ᄂᆞᆫ一七九一年九月二十九日의事ㅣ러라

第三章 第二國會

三政黨

一七九一年十月一日에第二回國會가始開ᄒᆞ니議員이七百四十五人인ᄃᆡ多數ᄂᆞᆫ皆青年者ㅣ라不幸ᄒᆞ도다第一國會의議員은其解散ᄒᆞ기前에第二回國會의議員되지아니ᄒᆞᆷ을盟約ᄒᆞ야名利ᄅᆞᆯ貪치아니ᄒᆞᆷ을示ᄒᆞᆫ故로第二國會ᄂᆞᆫ其知識과經歷을可히利用치못ᄒᆞᆯ지라第二國會의議員이三黨으로成ᄒᆞ니一은立憲王政黨이오二ᄂᆞᆫ溫和共和黨이오三은過激共和黨이라溫和共和黨은其首領이大槪셰론도州의出身인故로此ᄂᆞᆫ셰론도黨이라稱ᄒᆞ고過激共和黨은ᄶᅢ고빈俱樂

奧普相謀征佛國

王政黨失勢

王幽囚

部員과고루떼리에ㅣ俱樂部員으로成立ᄒᆞ야三奸物로뼈스뻬에ㅣ루、똔돈、마ㅣ라ㅣ로써首領을삼다此時三政黨中溫和共和黨이가장勢力을有ᄒᆞ니是ᄂᆞᆫ外國과葛藤을生ᄒᆞ야國人의元氣를振興케홈으로써最上의政略을삼다

歐洲諸國의君主가佛王의境遇를觀ᄒᆞ고憐情의所發을能禁치못ᄒᆞ며又其佛國의出奔者가其實況의慘怛홈을告ᄒᆞ니諸國君主의心이愈動ᄒᆞᄂᆞᆫᄃᆡ獨帝普王이最甚ᄒᆞ야獨帝ᄂᆞᆫ奧國의主ㅣ오佛王의后안도아넷도의兄이라普王과同盟ᄒᆞ고佛國을攻ᄒᆞ야王權을回復ᄒᆞ기를計ᄒᆞ니一七九二年四月에지론또黨이此를奇貨로삼아王을逼迫ᄒᆞ야宣戰의勅令을發케ᄒᆞ고兵을國境에出ᄒᆞ야防護케ᄒᆞ다時에지론또黨員이內閣을組織ᄒᆞ얏더니王이其所爲의過激홈으로써此를退ᄒᆞ고王政黨員으로ᄒᆞ야금替代ᄒᆞ니巴里府民이甚히激忿ᄒᆞ야六月二十日에暴徒一萬人이王宮에闖入ᄒᆞ야王을脅迫ᄒᆞ니國會의議員이奔來ᄒᆞ야此를退却ᄒᆞ다라ㅣ후엣도가是等暴徒를罰코자ᄒᆞ되不得ᄒᆞ니於此에立憲王政黨의勢力이墜地ᄒᆞ다

七月二十五日에奧軍普軍의總督쁘란쓰우잇子侯가佛國을攻ᄒᆞ야共和黨의首

九月屠殺

佛軍勇戰

第二國會解散

領을誅홈을宣言ᄒᆞ니共和黨首領똔돈等이大忿ᄒᆞ야暴民을煽動作亂홀ᄉᆡ八月十日에亂民이王宮을侵ᄒᆞ야近衛兵을屠殺ᄒᆞ니王이僅身으로得免ᄒᆞ야國會로走ᄒᆞ야逃難ᄒᆞ니時에國會ᄂᆞᆫ暴徒의左右ᄒᆞᄂᆞᆫ바라同月十三日에國會가王을獄에投ᄒᆞ니라ㅣ후엣도가其部下의將士를說ᄒᆞ야王을救出코자호ᄃᆡ其說이不行ᄒᆞᆫ지라外國으로出奔ᄒᆞ야難을避코자ᄒᆞ더니奧人이此를捕ᄒᆞ야繫獄ᄒᆞ니라

八月十日노九月二十日에至ᄒᆞᄂᆞᆫ間佛國의主權은똔돈、로뼈스뻬에루、마ㅣ라ㅣ等의掌握ᄒᆞᆫ바되지라마ㅣ라ㅣ가其同僚에게恒言ᄒᆞ야曰貴族出身의者와貴族主義의者를一擧ᄒᆞ야鏖殺치아니면此革命의大業을得지못ᄒᆞᆫ다ᄒᆞ니同僚가其說을容聽ᄒᆞ야其嫌疑者를大捕홀ᄉᆡ九月一日에飛報가有ᄒᆞ야曰普軍이佛軍을破ᄒᆞ얏다ᄒᆞ니마ㅣ라ㅣ等이此를報酬ᄒᆞᆫ다ᄒᆞ야獄中의囚徒를悉殺ᄒᆞ니其殺死者가二千人이러라

時에敵軍은奧兵六萬五千人과普兵五萬人과佛國에셔出奔ᄒᆞᆫ者七千人으로成ᄒᆞ고此를應敵ᄒᆞᄂᆞᆫ佛軍은僅히二萬人에不過ᄒᆞ니佛軍이衆寡가不敵호ᄃᆡ其勇氣가甚銳ᄒᆞ고善戰ᄒᆞ야能히國境의防禦를得ᄒᆞ다一七九二年九月에第二國會

가一年의滿期됨으로ᄡᅥ解散ᄒᆞ니是ᄂᆞᆫ廿一日의事ㅣ러라

第四章 第二國會

二政黨

一七九二年九月二十一日에第二國會가始ᄒᆞ니此國會ᄂᆞᆫ益益革命의殺氣ᄅᆞᆯ帶ᄒᆞᆫ지라議員이七百四十五人인ᄃᆡ其中二百人은第一國會의再選者ㅣ오六十人은第一國會議員의再選者ㅣ오雖外國人이라도革命의贊成者ᄂᆞᆫ議員에被選ᄒᆞ니此議員은悉皆溫和共和黨과過激共和黨으로成ᄒᆞ고王政黨은一人도不見ᄒᆞᄂᆞᆫᄃᆡ其中가장勢力이有ᄒᆞᆫ者ᄂᆞᆫ過激共和黨員이러라

王被刑戮

第二國會가始開ᄒᆞ야憲法을毁ᄒᆞ고王政을廢ᄒᆞ야ᄡᅥ共和政體의設立을宣言ᄒᆞ고又未幾ᄒᆞ야王罪審判의事가起ᄒᆞ야國會가스ᄉᆞ로法廷이되야王의罪ᄅᆞᆯ審理ᄒᆞ니셔론또黨이王命을救코자ᄒᆞ다가不得ᄒᆞ고投票의多數로ᄡᅥ王을死刑에宣告ᄒᆞ니殘忍ᄒᆞ도다留易王이셔斷頭臺上에被戮ᄒᆞ니是ᄂᆞᆫ一七九三年一月二十一日이러라

佛國四面受敵

佛民의此弑逆을斷行ᄒᆞᆷ은歐洲一般에對ᄒᆞ야宣戰ᄒᆞᆷ과同ᄒᆞᆫ지라英國獨國西國和國瑞典國等이皆擧兵ᄒᆞ야佛國으로向ᄒᆞ고又佛國의勤王家라ㅣ반ᄃᆡ州가反

亂ᄒᆞ니佛國의危急ᄒᆞᆷ이燃眉에迫ᄒᆞᆫ지라諸國의兵이二十五萬人이라云ᄒᆞ니佛國이此에對ᄒᆞ야俄然히三十萬人을募兵ᄒᆞ고佛軍의防守ᄒᆞ든位置ᄅᆞᆯ轉ᄒᆞ야攻戰의位置ᄅᆞᆯ執ᄒᆞ고敵地에入ᄒᆞ야相戰ᄒᆞᆯ시敗가少ᄒᆞ고勝이多ᄒᆞ더라

保安局

佛國國會ᄂᆞᆫ其兵이內外에奏功ᄒᆞᆷ을誇ᄒᆞ야漸漸倨傲ᄒᆞ야過激의處置ᄅᆞᆯ行ᄒᆞ니其가장暴戾ᄒᆞᆫ者ᄂᆞᆫ宗敎의信仰을廢ᄒᆞ고人智ᄅᆞᆯ女神에像ᄒᆞ야此ᄅᆞᆯ拜ᄒᆞ고曆을改ᄒᆞ야一七九二年으로ᄡᅥ紀元을定ᄒᆞ고其가장殘酷ᄒᆞᆫ者ᄂᆞᆫ后王妹其他貴顯數百人과溫和主義者二十萬人을屠殺ᄒᆞᆫ지라此暴國會ᄂᆞᆫ一委員會ᄅᆞᆯ置ᄒᆞ야此ᄅᆞᆯ保安局이라云ᄒᆞ고此에國家의主權을一任ᄒᆞ니其局員中最有力者ᄂᆞᆫ마ㅣ라ㅣ、ᄯᅡᆫ톤、로ᄇᆡᆺ스피에ㅣ르三人이니皆ᄶᅩ코빈俱樂部의首領이라其殘忍酷虐ᄒᆞᆷ이漸漸國人의憎惡ᄒᆞᆫ바되야人을殺ᄒᆞᆷ이殆히마ㅣ라ㅣ의一種病이된지라一處女가스ᄉᆞ로萬民을爲ᄒᆞ고天을代ᄒᆞ야此一首惡을誅ᄒᆞ니ᄯᅡᆫ톤이曰革命의步가過度ᄒᆞ면乃其秩序와治安을復코자ᄒᆞᄂᆞᆫ것이라ᄒᆞ니로ᄇᆡᆺ스피에ㅣ르가聞而怒ᄒᆞ야ᄯᅡᆫ톤을殺ᄒᆞ며一七九四年六月十日上七月十七日에至ᄒᆞ기ᄭᆞ지로ᄇᆡᆺ스피에ㅣ르의殺人ᄒᆞᆷ이凡一千三百人이니國會議員이漸漸其身의危迫ᄒᆞᆷ을覺知ᄒᆞ고

로뻬스삐에ㅣ르와其黨員을捕殺ᄒᆞ니於此에溫和黨이政權을掌握ᄒᆞ고其過激黨의所設ᄒᆞᆫ制度를悉廢ᄒᆞ다

理事政府

一七九年에國會가憲法을新定ᄒᆞ니此憲法에ᄂᆞᆫ行政의權은理事五人에게與ᄒᆞ고立法의權은元老院과衆議院에與ᄒᆞ고理事ᄂᆞᆫ衆議院의選定으로元老院의允可ᄅᆞᆯ得ᄒᆞ야各三個月의交替로ᄡᅥ統領이되니元老院은議員이二百五十人이오衆議院은議員이五百人이니是ᄅᆞᆯ所謂理事政府라云ᄒᆞ다

羅翁鎭暴徒

新憲法은國人一般의所喜로ᄃᆡ王黨은此ᄅᆞᆯ不悅ᄒᆞ야一七九五年十月三日에王黨이巴里에셔作亂ᄒᆞ니ᄶᅢ고빈俱樂部員及護國兵三萬人이此ᄅᆞᆯ應援ᄒᆞ거ᄂᆞᆯ國會에셔青年將校那破崙을命ᄒᆞ야此ᄅᆞᆯ鎭撫케ᄒᆞ다翌日에那翁이兵六千人과大砲五十門을率ᄒᆞ고暴徒로迎戰ᄒᆞᆯᄉᆡ彈丸이雨注ᄒᆞ니暴徒가能敵치못ᄒᆞ야四散ᄒᆞᆫ지라此後로佛國의政治가漸漸武斷的에歸ᄒᆞ야其體面을改ᄒᆞ니此月에第三國會가解散되고理事政府가此ᄅᆞᆯ代ᄒᆞ다內國의紛擾ᄂᆞᆫ姑置ᄒᆞ고外國의强敵을能禦ᄒᆞ야每戰勝의利ᄅᆞᆯ見ᄒᆞ니誠奇稀의事ㅣ라其獨國西國의境界의城堡ᄅᆞᆯ攻ᄒᆞ야降伏ᄒᆞᆷ이不少ᄒᆞ고和蘭及ᄑᆞ로셔ᄂᆞᆫ드ᄃᆡ여佛國의屬國이되고普國西國은

佛軍頻勝

드ᄃᆡ여和親을乞ᄒᆞᆷ에至ᄒᆞ다

第五章　理事政府

三大軍

一七九五年十月二十八日에理事政府가立ᄒᆞ고翌年春에理事政府가三大軍을興ᄒᆞ야外敵을擊ᄒᆞᆯᄉᆡ一軍이伊國에向ᄒᆞ니卽那翁이此ᄅᆞᆯ將ᄒᆞ다一七九六年에三軍中獨那翁의部下가크게戰功을奏ᄒᆞ고他ᄂᆞᆫ皆敗績ᄒᆞ니翌年에那翁이伊國을鎭定ᄒᆞ야獨國을進擊ᄒᆞ니獨帝卽奧主가地ᄅᆞᆯ割ᄒᆞ야相和ᄒᆞ다

羅翁大奏功

羅翁征埃及

一七八年에那翁의人望이日加ᄒᆞᄆᆡ政府의厭忌ᄒᆞᆫ바되야那翁이禍가及身ᄒᆞᆯ가恐ᄒᆞ야自全의策으로政府에請ᄒᆞ야親히埃及을攻ᄒᆞ야英國의商業을妨害ᄒᆞ자ᄒᆞ니政府가喜許ᄒᆞ니是ᄂᆞᆫ那翁을斥遠코자計圖ᄒᆞᄂᆞᆫ所以ㅣ라那翁이埃及에着ᄒᆞ야크게土耳其埃及人과三尖塔近邊에셔戰勝ᄒᆞ니英國艦隊司令官넬손이佛艦을追尾ᄒᆞ야아ᄲᅮㅣ가ㅣ에셔擊破ᄒᆞᆫ지라那翁이自歸ᄒᆞᆷ을不得ᄒᆞ고兵을東進ᄒᆞ야亞細亞西部ᄅᆞᆯ征ᄒᆞᆯᄉᆡ又不利ᄒᆞ야埃及으로歸ᄒᆞ야佛國政府의內外에有敵ᄒᆞ야其苦케ᄒᆞᆷ을聞知ᄒᆞ고政府의命을不待ᄒᆞ고潛行ᄒᆞ야歸國ᄒᆞ니是ᄂᆞᆫ一七九九年十月의事ㅣ러라

那翁倒政府

十一月十日에那翁이率兵ᄒᆞ고元老院에臨ᄒᆞ야其由來所作의憲法을詰難ᄒᆞ니議員이驚愕ᄒᆞ야其所措ᄅᆞᆯ不知ᄒᆞᄂᆞᆫ지라那翁이轉步ᄒᆞ야衆議院에來ᄒᆞ야其無能ᄒᆞᆷ을責ᄒᆞ니議員이怒ᄒᆞ야國賊國賊을不可生이라ᄒᆞ거ᄂᆞᆯ那翁의顔色이少沮ᄒᆞ야議場을出ᄒᆞ야騎馬ᄒᆞ면셔將士ᄅᆞᆯ顧謂曰我ㅣ今日에卿等의力을藉ᄒᆞᆷ을得ᄒᆞᆯ가將士等이異口同音ᄒᆞ야相呼曰諾다將士가乃鳴鼓ᄒᆞ고議場에入ᄒᆞ니議員이皆恐慌逃走ᄒᆞ다

新立共和政府

於是에理事政府ᄅᆞᆯ倒ᄒᆞ고新政府ᄅᆞᆯ立ᄒᆞ니新政府의名은共和의政體로實은武斷의政體ㅣ라統領一人副統領二人을置ᄒᆞ고元老院衆議院을備ᄒᆞ야統領은行政의事ᄅᆞᆯ執ᄒᆞ고兵馬의權을專ᄒᆞ니那翁이被選ᄒᆞ야其統領이되다

後半期 那翁覇業

第一章 統領政治

那翁出身

那翁의姓은색니쎄ㅣ도라云ᄒᆞ니其先은世世로伊國領코ㅣ시가島의人이라一七六九年에那翁이生ᄒᆞ니其出生前二個月에佛人이該島ᄅᆞᆯ取ᄒᆞ야佛國領이되지라那翁이十歲에佛國쁘리안府兵學校에入ᄒᆞ야在學中에甚히研究ᄒᆞᆫ者ᄂᆞᆫ數

萬國史 第一章 統領政治 一四一

萬國史 第一章 統領政治 一四二

學地理歷史等이라一七八五年에那翁이砲兵少尉가되니時年이十七이라一七九二年에那翁이能히쓰ㅣ루府의亂을鎭ᄒᆞ고一七九五年에那翁이又巴里의民亂을定ᄒᆞ고一七九六年以後로外敵을伐ᄒᆞ야大功을奏ᄒᆞ고一七九九年에那翁이理事政府ᄅᆞᆯ倒ᄒᆞ고新共和政府ᄅᆞᆯ起ᄒᆞ야스ᄉᆞ로統領의職에居ᄒᆞ다那翁이政府의權을强大코자ᄒᆞ야新聞의檢閱을嚴케ᄒᆞ고政談集會ᄅᆞᆯ禁ᄒᆞ며探偵을國內에縱ᄒᆞ야政治家의陰謀ᄅᆞᆯ暴露케ᄒᆞ고又財源을豐饒코자ᄒᆞ야國立銀行을新興ᄒᆞ고商業을크게奬勵ᄒᆞ고又外敵을防備ᄒᆞ기爲ᄒᆞ야猝然히二十五萬의兵을募集ᄒᆞ다

同盟軍艦

一八〇〇年에那翁이親히率兵ᄒᆞ고伊國에入ᄒᆞ야奧軍과相戰ᄒᆞ야此ᄅᆞᆯ破ᄒᆞ고伊太利의土地ᄅᆞᆯ恢復ᄒᆞ며又進ᄒᆞ야奧都ᄅᆞᆯ迫ᄒᆞ니翌年에奧國이割地ᄒᆞ야乞和ᄒᆞ다那翁이英國을征ᄒᆞ야쎄아색ㅣ가ㅣ의讎ᄅᆞᆯ復코자ᄒᆞ야俄國瑞國丁國普國을說ᄒᆞ야海軍을合倂同盟ᄒᆞ니同盟ᄒᆞᆫ海軍中丁國의海軍이最强ᄒᆞᆫ지라一八〇一年四月二日에英國名將넬손이丁國코ㅣ펜하ㅣ겐港에入ᄒᆞ야港中에碇泊ᄒᆞᆫ軍艦을擊沈ᄒᆞ니此事以前數日에俄帝색ㅣ루ㅣ死ᄒᆞ다색ㅣ루ㅣ生前에那翁

은甚히崇拜ᄒᆞ더니 쎠ㅣ무의死去와下國軍艦의覆沒이諸國으로ᄒᆞ야금ᄉᆞᄉᆞ로其同盟을脫케ᄒᆞᆫ所以ㅣ라 一八〇二年에那翁이드듸여英國과相和ᄒᆞ다

一八〇二年八月에元老院에서那翁으로ᄡᅥ無期限의統領을삼ᄂᆞᆫ議ᄅᆞᆯ決ᄒᆞ니國人이投票ᄒᆞ야此ᄅᆞᆯ可決ᄒᆞᆫ지라那翁이國人의所望을不背코자ᄒᆞ야크게佛國의利益을計ᄒᆞᆯᄉᆡ行政의各部ᄅᆞᆯ整理ᄒᆞ고國民의敎育을獎勵ᄒᆞ며商工을盛ᄒᆞ고道路ᄅᆞᆯ興ᄒᆞ며耶蘇敎ᄅᆞᆯ復ᄒᆞ고那翁法典을編纂ᄒᆞ니人民이大悅ᄒᆞ야那翁을深爲崇信ᄒᆞ더라 那翁爲無期大統領

一八〇三年에英佛二國이更히生釁ᄒᆞ야相戰ᄒᆞᆯᄉᆡ俄奧兩國이共히英國을援ᄒᆞ야佛國이將危ᄒᆞᆫ지라那翁이此ᄅᆞᆯ幸이라ᄒᆞ야元老院을慫慂ᄒᆞ야統領의政治ᄅᆞᆯ廢ᄒᆞ고皇帝의政治ᄅᆞᆯ起코자ᄒᆞ니元老院이此ᄅᆞᆯ先議ᄒᆞ고國人이投票ᄒᆞ야此ᄅᆞᆯ可決ᄒᆞ니一八〇四年十二月二日에那翁이即位의大禮ᄅᆞᆯ行ᄒᆞ고羅馬法王의加冠을受ᄒᆞ야皇帝位에即ᄒᆞ다 那翁爲皇帝

第二章 皇帝政治

一八〇五年에奧俄二國의兵이相合ᄒᆞ야佛國을向ᄒᆞ니那翁이親히率兵出戰ᄒᆞ 奧魯大敗

야先次奧國을擊破ᄒᆞ고進ᄒᆞ야奧國首府維也納에入ᄒᆞ니時에奧魯二國의兵이아우스떼르릿쓰에軍ᄒᆞᆫ지라那翁이進擊ᄒᆞ야激戰數次에敵軍이敗績ᄒᆞ니死者가一萬五千人이오俘虜가二萬人이오隊旗ㅣ四十旒와大砲二百門을奪ᄒᆞ니奧主即獨帝가親히那翁軍門에臨ᄒᆞ야人民二百五十萬人과土地二千萬方哩ᄅᆞᆯ獻ᄒᆞ고乞和ᄒᆞ다

此頃에那翁이英國을攻伐코자ᄒᆞ야海軍을大備ᄒᆞᆯᄉᆡ英將네루손이恒常佛艦을追跡ᄒᆞ니佛艦이恐ᄒᆞ야西國軍艦과共히가듸쓰灣에入ᄒᆞ더니네루손이此ᄅᆞᆯ封鎖ᄒᆞᆫ지라佛西兩艦이敢히出灣치못ᄒᆞ거ᄂᆞᆯ네루손이此ᄅᆞᆯ쓰라ᄒᆞ아루셔岬下에擊沈ᄒᆞ니是ᄂᆞᆫ一八〇五年十月二十一日의事ㅣ라此에至ᄒᆞ야那翁이永히攻英의念을斷ᄒᆞ다 佛艦覆沒

一八〇六年에那翁이獨國의諸侯ᄅᆞᆯ說ᄒᆞ야獨帝ᄅᆞᆯ反ᄒᆞ고獨立ᄒᆞ야互相結合ᄒᆞ야同盟을成케ᄒᆞ니是所謂拉因河同盟이라那翁으로ᄡᅥ同盟長을삼으니於此에獨帝후란시스二世가獨帝의尊號ᄅᆞᆯ去ᄒᆞ고奧國皇帝라稱ᄒᆞ다此年에那翁의弟조ㅣ소로ᄡᅥ네ㅣ쌀무스國王을삼고又其弟루이로ᄡᅥ蘭國王을삼고那翁이又普國軍과相戰ᄒᆞ야此ᄅᆞᆯ大破ᄒᆞ고進ᄒᆞ야普國首府伯林에入ᄒᆞ다 拉因河同盟

羅翁服普 一八〇七年에魯軍이普軍의殘兵을合ᄒᆞ야佛軍과相戰不利ᄒᆞ야魯普兩國이共히佛國과相和ᄒᆞ니普國이其領地를大失ᄒᆞᆫ지라此年에那翁이葡國王家의亂離을乘ᄒᆞ야其王家를廢ᄒᆞ고其地를佛國에合ᄒᆞ고翌年에又進兵ᄒᆞ야西國을征ᄒᆞ야其地를併ᄒᆞ야죠ㅣ소로ᄡᅥ其王을삼으니英將우에린돈이西國에往ᄒᆞ야其國人을援助ᄒᆞ야佛人을逐出코자ᄒᆞ더니那翁이親來相戰ᄒᆞ야其勢力을更復ᄒᆞ더라

后宮廢立 一八〇九年에奧帝가那翁이西班牙를征伐ᄒᆞᄂᆞᆫ虛隙을乘ᄒᆞ야那翁을反ᄒᆞ야起兵ᄒᆞ니那翁이急히返兵ᄒᆞ야此를擊破ᄒᆞ니奧帝가乞和ᄒᆞ야其女를納ᄒᆞ야那翁의后를삼게ᄒᆞ다初에那翁이威權을未得ᄒᆞᆫ時에一將官의未亡人죠ㅣ소휜을迎ᄒᆞ야爲妻ᄒᆞ얏더니其皇帝位에即ᄒᆞᆷ에及ᄒᆞ야此를立ᄒᆞ야爲后ᄒᆞ니后ㅣ無子ᄒᆞᆫ지라那翁이曰若無嗣ㅣ면國家를安泰ᄒᆞ고皇室을鞏固키不能ᄒᆞ다ᄒᆞ야乃后를廢코자ᄒᆞ야先次魯帝에게其女를乞ᄒᆞ니不聽ᄒᆞᄂᆞᆫ지라此에更히女를奧帝에乞ᄒᆞ니奧帝가許之ᄒᆞ야於是에奧佛의連合이成ᄒᆞ다

羅翁全盛 一八一一年에那翁의權力이其極에達ᄒᆞ야和蘭西班牙비ㅣ쓰르소、우에스도하리아諸國은其兄弟將校가皆君主ㅣ되고瑞西의諸州와獨國의諸侯가其指揮

를仰ᄒᆞ고奧國普國魯國이皆佛國에賓服ᄒᆞ고那翁의命을不聽ᄒᆞᄂᆞᆫ者ᄂᆞᆫ唯一英國이라於是에那翁이英國을服코자ᄒᆞᄂᆞᆫ志가勃勃不止ᄒᆞ니然이나英國의海軍이强大ᄒᆞ야能히相戰치못ᄒᆞᄂᆞᆫ故로諸國에嚴飭ᄒᆞ야英國과貿易을相通치못ᄒᆞ게ᄒᆞ야ᄡᅥ英國을大困케ᄒᆞ야英國으로ᄒᆞ야곰不戰自服케ᄒᆞᆫ지라然이나魯國이

魯國征伐 令을違反ᄒᆞ고英國과貿易을如舊ᄒᆞ니那翁이大怒ᄒᆞ야一八一二年六月에親히五十萬兵을率ᄒᆞ고魯國을攻ᄒᆞᆯ새普奧其他諸國이皆援軍을出ᄒᆞ니魯人이那翁을誘引ᄒᆞ야內地에深入케ᄒᆞ고其背後의糧道를斷絶코자ᄒᆞ더니九月十四日에那翁이魯國의舊都莫斯科에入ᄒᆞ니都中이寂寥無人ᄒᆞ믜佛軍이크게疑惑ᄒᆞ얏더니入夜ᄒᆞ야四方에火가大起ᄒᆞ거ᄂᆞᆯ佛軍이鎭火ᄒᆞᆷ을不得ᄒᆞ야火가四日에止ᄒᆞ니大都가全히焦土된지라佛軍이宿屋이無ᄒᆞ고食糧이乏ᄒᆞ야크게困苦ᄒᆞᆫ中에兼且冬天에雪下ᄒᆞᄂᆞᆫ지라十月九日에那翁이退軍의令을發ᄒᆞ니魯兵이追擊ᄒᆞ야死者ㅣ十二萬五千人이오凍餓疲勞ᄒᆞ야死ᄒᆞᆫ者ㅣ十三萬人이오虜囚된者ㅣ十九萬人이라十二月五日에那翁이其兵을스모ㅣ르쎤로비에委ᄒᆞ고橇를乘ᄒᆞ고逃走ᄒᆞ야同十八日에巴里에達ᄒᆞ니普國이又忽叛ᄒᆞ다

那翁失敗

一八一三年에那翁이英氣가未挫ᄒᆞ야新히兵士를募集ᄒᆞ고普國魯國의兵과相戰ᄒᆞ야那翁이連戰無利ᄒᆞᆫ지라奧國이其親戚의緣으로써和를勸ᄒᆞ니那翁이不聽ᄒᆞᆫ디奧國이沒策ᄒᆞ야普魯와連合ᄒᆞ야同盟의軍이佛境에進入ᄒᆞ니那翁이曰敵의殿軍을擊ᄒᆞ면先鋒이必然其殿軍을顧ᄒᆞ야相救ᄒᆞ리라ᄒᆞ고乃其殿軍을擊ᄒᆞᆫ디其先鋒은益益進入ᄒᆞ야巴里에至ᄒᆞ니巴里가能拒치못ᄒᆞ고降ᄒᆞ니是ᄂᆞᆫ一八一四年三月三十一日의事ㅣ라那翁이巴里를救援코자急來ᄒᆞᆫ디時已晩이라四月四日에那翁이辭位ᄒᆞ니諸國이那翁을에르바島에流ᄒᆞ고路易十六世의弟路易를立ᄒᆞ야爲王ᄒᆞ니此ᄂᆞᆫ路易十八世라ᄒᆞ더라先是에路易十六世가被殺ᄒᆞᆯ時에諸國이其太子로써佛國의正統王이라ᄒᆞ야路易十七世라稱ᄒᆞ얏더니路易十七世가未幾에死ᄒᆞᆫ故로此에至ᄒᆞ야路易十八世를迎立ᄒᆞ더라

那翁復失敗

那翁이在島十閱月에脫島ᄒᆞ니故舊가皆來歸ᄒᆞᄂᆞᆫ지라彈丸一發의勞도無ᄒᆞ고巴里에直入ᄒᆞ니國王路易가僅히身免ᄒᆞ고那翁이復位ᄒᆞ야又兵士를大募ᄒᆞ니諸國이那翁으로써天下의賊이라ᄒᆞ야英將우에린돈으로總督을삼고兵을盡ᄒᆞ야佛國으로向ᄒᆞ니那翁이親히率兵ᄒᆞ고英普二國의兵과白耳義우오ㅣ다ㅣ루

ㅣ原에셔相戰ᄒᆞ야大敗ᄒᆞ니是ᄂᆞᆫ一八一五年六月十八日事ㅣ라同月二十二日에那翁이又帝位를去ᄒᆞ니七月七日에諸國兵이巴里에入ᄒᆞ야路易十八世의位를復ᄒᆞ다那翁이米國으로避走코자ᄒᆞ다가不得ᄒᆞ고드듸여大西洋中의一孤島셕도헤레나에流ᄒᆞ야一八二一年五月五日에那翁이死ᄒᆞ니時年이五十二歲ㅣ라第一國會의開會日노브터此에至ᄒᆞ기ᄭᆞ지滿三十一年間이러라

維納府會議

一八一五年에歐洲諸國의公使가奧國首府維也納에會同ᄒᆞ야那翁의蹂躪된바諸國의境界를定ᄒᆞᆯ시奧國普國은其舊地를復ᄒᆞ고和蘭白耳義ᄂᆞᆫ合ᄒᆞ야一王國이되고拉因河同盟이一變ᄒᆞ야獨乙同盟이되고奧國으로써其盟主가되고瑞典國은那威를併ᄒᆞ고丁抹國은라우엔뷔르부를取ᄒᆞ고魯國은와르소ㅣ侯領의太半을占ᄒᆞ고英國은其殖民地를大增ᄒᆞ고西班牙其他小國은皆舊王家를復ᄒᆞ니此會同에至ᄒᆞ야諸國의公使가割地讓領ᄒᆞ며復城定境ᄒᆞᆷ을但其君主의意見에依ᄒᆞ고毫末도其國民의意見을不問ᄒᆞ니諸國의君主가其國土를觀ᄒᆞᆷ이恰然히一家의私有와如ᄒᆞ더라

第九部 各國統一

五洲事變

近世史第九部ᄂᆞᆫ那翁最後의失敗卽一八一五年으로今日에至ᄒᆞ기ᄭᆞ지此年間歐洲에最著ᄒᆞᆫ事變은諸國의人民이立憲政體ᄅᆞᆯ建ᄒᆞ야權利自由ᄅᆞᆯ擴張ᄒᆞ며國內ᄅᆞᆯ一統ᄒᆞ야國力을强大케ᄒᆞᆷ이是也ㅣ라米洲에ᄂᆞᆫ北米合衆國이太平無事ᄒᆞ야俄然히民을增ᄒᆞ고富ᄅᆞᆯ致ᄒᆞ며墨西哥幷南米諸國의西班牙葡萄牙에屬ᄒᆞᆫ殖民地ᄂᆞᆫ西班牙葡萄牙의內亂을僥倖으로ᄒᆞ야反亂獨立ᄒᆞ고亞非利加에ᄂᆞᆫ埃及이土國의羈絆을脫ᄒᆞ얏스되歐人의牽制ᄅᆞᆯ免치못ᄒᆞ고黑奴ᄂᆞᆫ或米人의奬勵ᄅᆞᆯ依ᄒᆞ야共和의政體ᄅᆞᆯ立ᄒᆞ고歐人의殖民地ᄂᆞᆫ或勢力을得ᄒᆞ야獨立ᄒᆞ고亞細亞에ᄂᆞᆫ日本支那의二國이東洋의文明發達ᄒᆞᄂᆞᆫ國으로自任ᄒᆞ고魯英兩國이크게領地ᄅᆞᆯ有ᄒᆞ야互相雄視ᄒᆞ고南洋에ᄂᆞᆫ歐人이特히英人의殖民地가日日隆盛ᄒᆞ야五大洲의形勢ᄅᆞᆯ通覽ᄒᆞ니萬國이相通ᄒᆞ야一大國系ᄅᆞᆯ成ᄒᆞ얏스되獨白色의人種이其間에跋扈ᄒᆞᆫ勢ᄅᆞᆯ極ᄒᆞ더라

歐洲事變

那翁一世가失敗ᄒᆞᆫ後歐洲의事變을列敍ᄒᆞ건ᄃᆡ其後十五年間은諸大國의君主가併力ᄒᆞ야民權을壓ᄒᆞ얏고其後十八年間은諸國의人民이大勢力을得ᄒᆞ야社會主義와共產主義ᄅᆞᆯ漸次現出ᄒᆞ얏스니此社會主義와共產主義의發生은佛國

中等의人士가驚愕ᄒᆞ야那翁三世로ᄒᆞ야곰帝業을成케ᄒᆞᆫ所以ㅣ라那翁三世가獨國의不和ᄒᆞᆷ을乘ᄒᆞ야覇ᄅᆞᆯ歐洲에稱ᄒᆞᆷ이二十年에及ᄒᆞ얏고獨國의一統은奧國을獨國으로셔除去ᄒᆞ고普國은獨國의覇로合ᄂᆞᆫ듸由來ᄒᆞᆷ이오又獨國의一統과普佛의戰爭은那翁三世의失敗ᄒᆞᆫ所以ㅣ오那翁三世의政略과奧普의戰爭은伊國이能히一統을得ᄒᆞᆫ所以라謂ᄒᆞᄂᆞ니라

歐洲二患 四幸

歐洲의所患이有二ᄒᆞ니一은諸國이互相嫉視ᄒᆞ야크게兵備ᄅᆞᆯ貯ᄒᆞᆷ으로ᄡᅥ糜費가膨大ᄒᆞ야人文의發達進步ᄅᆞᆯ妨害ᄒᆞᆷ이오一은社會主義와共產主義와虛無主義와過激主義가世間에漸行ᄒᆞ야社會의秩序安寧을妨害ᄒᆞᆫ事가是也ㅣ라然이나又此ᄅᆞᆯ反ᄒᆞ야歐洲의所幸이有四ᄒᆞ니一은國民敎育의普及이오二ᄂᆞᆫ學藝의大進이오三은商業이萬國間에大行ᄒᆞ야歐洲의大國이互相親和ᄒᆞᄂᆞᆫ利ᄅᆞᆯ知ᄒᆞᆷ이오四ᄂᆞᆫ人文의進步와戰爭의慘毒이慈善의人으로ᄒᆞ야곰愈益慈善의業을奮勵케ᄒᆞᆷ이是也ㅣ라

第一章 佛國政變

佛國僅免分割

一八一五年에諸國의軍이巴里ᄅᆞᆯ攻降ᄒᆞ미諸國中或은佛國을分割코자ᄒᆞ되英

無事年間

魯二國이主張ᄒᆞ야償金二億六千萬圓을收ᄒᆞ고留易十八世를復位ᄒᆞᆷ을唱ᄒᆞ니他國이皆聽이라此時에魯普奧의君主가大亂이再發ᄒᆞᆯ가恐ᄒᆞ야此를防備ᄒᆞ기爲ᄒᆞ야一同盟을組織ᄒᆞ고耶蘇敎의主義를依ᄒᆞ야施政將來의方針을定ᄒᆞ고各其國內의民亂이有ᄒᆞᆫ時ᄂᆞᆫ互相히應援ᄒᆞ기로誓約ᄒᆞ니是所謂神聖同盟이라各國이此同盟에加入ᄒᆞ고此同盟에不入ᄒᆞᆫ者ᄂᆞᆫ惟英國、土國、法王이러라

留易十八世의治世間에ᄂᆞᆫ大事가無ᄒᆞ얏스되專制王政黨과立憲王政黨의軋轢의事가不絶ᄒᆞ야王의弟재ㅣ루스가專制王政黨의首領이되고제쏘ㅣᄂᆞᆫ立憲王政黨의首領이되야互相競爭ᄒᆞ더니一八二四年에王이死ᄒᆞ고弟재ㅣ루스가立ᄒᆞ니是를재ㅣ루스十世라云ᄒᆞ다

七月革命

一八三〇年七月에재ㅣ루스가立憲王政을廢ᄒᆞ고專制王政을復코자ᄒᆞ야六大勅令을發布ᄒᆞ야出版의自由를禁ᄒᆞ며國會의組織을改ᄒᆞ며改選後未開의國會를解散ᄒᆞ며違法의政令을施ᄒᆞ니新聞記者지에ㅣ가同業의友人과相謀ᄒᆞ고其新聞紙에該勅令의非ᄒᆞᆷ을大段詰責ᄒᆞ니巴里府民이此를讀ᄒᆞ고自奮ᄒᆞ야亂을作ᄒᆞᆫ지라國會에셔라ㅣ후엣도로ᄒᆞ야금護國兵을率ᄒᆞ고亂民을鎭撫케ᄒᆞᆯ석지

에ㅣ와라ㅣ후엣도等이相謀ᄒᆞ야王을廢ᄒᆞ고王의從弟루이후히릿색를立ᄒᆞ야爲王ᄒᆞ니佛人이新王으로ᄡᅥ佛國의王이라不稱ᄒᆞ고佛民의王이라稱ᄒᆞ니國은人民의所有ㅣ오王은人民에依ᄒᆞ야所立ᄒᆞᆫ者라云ᄒᆞᆷ이니是乃佛國의七月革命이라云ᄒᆞ다

佛民失望

루이후히릿색가即位ᄒᆞ니年이五十七歲ㅣ라諸國에流寓ᄒᆞ야前後艱苦를喫嘗ᄒᆞ얏스미能히民間의事情을通ᄒᆞᄂᆞᆫ故로佛民이云ᄒᆞ되王의治世에ᄂᆞᆫ반다시昌平ᄒᆞ리라ᄒᆞ얏더니王이專制王政黨과民主王政黨間에介在ᄒᆞ야進退의自由를不得ᄒᆞ니不平의徒가或王을弑코자ᄒᆞ거ᄂᆞᆯ於是에王이刑罰을峻嚴케ᄒᆞ야新聞을拘束ᄒᆞ고立憲王政黨이此를痛難ᄒᆞ다一八三六年에那翁一世의甥루이나ᄲᅥ레온이機를乘ᄒᆞ야作亂코자ᄒᆞ다가成事치못ᄒᆞ고鎭定되니此時에土國과其屬國埃及間에葛藤이生ᄒᆞ미佛國이此葛藤에干涉ᄒᆞ야其政略이失宜ᄒᆞ니佛人이政府를甚責ᄒᆞᄂᆞᆫ지라루이나ᄲᅥ레온이更히此機를乘ᄒᆞ야나ᄲᅥ레온黨의力을藉ᄒᆞ야作亂코자ᄒᆞ다가又未成ᄒᆞ다其後에王及一般官吏가敗德의事가多ᄒᆞ야世論이囂囂ᄒᆞ야改革을望ᄒᆞᄂᆞᆫ者ㅣ諸所에會合ᄒᆞ야開宴ᄒᆞ니此를改革宴會ㅣ라

第二共和政府

羅翁三世爲皇帝

自稱ᄒᆞ다

一八四八年에此輩가米國初代의大統領華盛頓의誕生日即二月二日로ᄡᅥ盛宴을開코자ᄒᆞ니宰相게쏘ㅣ가治安의妨害된다ᄒᆞ야此를禁止ᄒᆞ고又其言論出版集會의自由를牽制ᄒᆞ니巴里府民이大怒ᄒᆞ야反亂ᄒᆞ미王이能支치못ᄒᆞ야게쏘ㅣ와共히英國으로走ᄒᆞ니詩人라마ㅣ진等이臨時政府를組織ᄒᆞ고共和黨共產黨社會黨의暴動을鎭定ᄒᆞ니此를二月革命이라稱ᄒᆞ다於是에佛國이同年十一月노ᄡᅥ共和政府를設立ᄒᆞ고大統領을置ᄒᆞ야任期를四年으로定ᄒᆞ다十二月에루이나ᄲᅩ레온이佛人五百五十萬人의投票로ᄡᅥ大統領이되니時에中等以下의人士가社會主義를懼ᄒᆞ야政府의權을强케ᄒᆞ야此를壓抑코자ᄒᆞ니루이나ᄲᅩ레온이此等人士의氣에投合ᄒᆞ야專權ᄒᆞᆷ을計ᄒᆞ다

一八五一年十二月에루이나ᄲᅩ레온이暴力으로ᄡᅥ國會를解散ᄒᆞ고憲法을破毁ᄒᆞ며武斷의政治를布ᄒᆞᆯ서翌年十二月에七百萬의投票로ᄡᅥ皇帝에被選ᄒᆞ야那翁三世라自稱ᄒᆞ다(那翁一世의子를那翁二世라云ᄒᆞ나幼死)那翁三世가歐洲에覇코자ᄒᆞ고且又國人의歡心을買코자ᄒᆞ야諸國이相戰ᄒᆞ면반다시此에干涉

普佛戰爭

ᄒᆞ니구리미야戰爭에ᄂᆞᆫ土國을援ᄒᆞ야魯國을伐ᄒᆞ고伊國獨立의戰爭에ᄂᆞᆫ伊國을援ᄒᆞ야奧國을伐ᄒᆞ니其所關ᄒᆞᆫ戰爭中最大至重ᄒᆞᆫ者ᄂᆞᆫ即普佛戰爭이러라

一八六八年에西國이大亂ᄒᆞ야王室이倒ᄒᆞ니西國人이普王의遠親너오ᄲᅩ루또를迎ᄒᆞ야西國의王位에即케ᄒᆞᄃᆡ那翁三世가國力의平均을打破ᄒᆞᄂᆞᆫ것이라ᄒᆞ야크게詰難ᄒᆞ니너오ᄲᅩ루또가亂因을斷去코자ᄒᆞ야스ᄉᆞ로即位를辭ᄒᆞ되那翁三世가此를不足타ᄒᆞ야普王을迫ᄒᆞ야너오ᄲᅩ루또가決코再次其位를不望ᄒᆞᆷ을約케ᄒᆞ니普王이不肯ᄒᆞ야約定치아니ᄒᆞ거ᄂᆞᆯ那翁三世가無禮ㅣ라ᄒᆞ야親히率兵ᄒᆞ고普國을伐ᄒᆞ다初에那翁三世가嘗謂ᄒᆞ되獨乙南部의諸國은반다시普國을反ᄒᆞ고自己에附從ᄒᆞ리라ᄒᆞ얏더니밋戰爭이起ᄒᆞᆷ에當ᄒᆞ야南部의諸國이北部의諸國과共히普國을應援ᄒᆞᄂᆞᆫ지라佛軍은皇帝那翁이親率ᄒᆞ니總數가五十六萬七千이오普軍의總數ᄂᆞᆫ百十八萬인ᄃᆡ戰鬪에充ᄒᆞᆫ者가五十三萬이오其餘ᄂᆞᆫ皆後備에充ᄒᆞᆫ지라普軍이此를三軍에分ᄒᆞ야第一軍은도리에루ㅣ오第二軍은미잇쓰ㅣ오第三軍은ᄡᅡㅣ덴이니아루사스를向ᄒᆞ야進發ᄒᆞ다一八七〇年七月二十八日에那翁이멋쓰에進發ᄒᆞ니普王이또ᄒᆞᆫ宰相比斯麥과大將모루도게

로率ᄒᆞ고伯林을發ᄒᆞ다八月二日에佛軍이싸ㅣ르ᄲᅮ르켄구로를襲擊ᄒᆞᆷ으로ᄡᅥ此戰爭이開始되얏ᄂᆞᆫ듸普軍이能支치못ᄒᆞ야退却ᄒᆞ얏스니佛將마구마흔의所守ᄒᆞᄂᆞᆫ우에ㅣ르도ᄂᆞᆫ읭의普軍이三方으로攻圍ᄒᆞᆫ바되니佛軍이勢敵지못ᄒᆞ야새로의堅城을據ᄒᆞ다普軍의第二軍은읭의佛境을超ᄒᆞ야스도라스ᄲᅮ르ᄀᆞ를圍ᄒᆞ고장ᄎᆞᆺ進兵ᄒᆞ야佛軍의背後로出코자ᄒᆞ니佛軍이不利ᄒᆞ야士氣가阻止ᄒᆞ고軍紀가大亂ᄒᆞ거ᄂᆞᆯ那翁이드듸여새쟈잉으로ᄡᅥ自己ᄅᆞᆯ代ᄒᆞ야總督의任을當케ᄒᆞ니새쟈잉이二十萬의兵으로ᄡᅥ멧쓰에據ᄒᆞ믹普軍이蝟集ᄒᆞ야四面을圍ᄒᆞ고極力히此ᄅᆞᆯ攻擊ᄒᆞ니巴里의應援이斷絶ᄒᆞᆫ지라새로ᄂᆞᆫ에在ᄒᆞ든마구마흔이멧쓰의急ᄒᆞᆷ을聞ᄒᆞ고此ᄅᆞᆯ救援코자ᄒᆞ야城을出ᄒᆞ야東北으로進軍ᄒᆞ니普軍의攻擊隊가此ᄅᆞᆯ追躡ᄒᆞ야ᄲᅥㅣ몬에셔大破ᄒᆞ니佛軍이세단城에入ᄒᆞᆫ지라普王이勅下ᄒᆞ야此ᄅᆞᆯ急擊케ᄒᆞ니九月二日에세단城이陷落ᄒᆞ야那翁과其兵士八萬六千人이共히俘虜가되ᄂᆞᆫ지라那翁이位ᄅᆞᆯ遜ᄒᆞ니於是에巴里ᄂᆞᆫ九月四日로ᄡᅥ共和政府ᄅᆞᆯ復ᄒᆞ고도로수로ᄡᅥ統領을任ᄒᆞ다

巴里城降 세단의戰後로普王이巴里에入ᄒᆞ기로ᄡᅥ努力ᄒᆞᆯ서普軍이스도라스ᄲᅮ르ᄀᆞ를拔ᄒᆞ

고멧쓰ᄅᆞᆯ陷ᄒᆞ니其兵十八萬이皆降ᄒᆞ야巴里로向ᄒᆞ고佛國의城壘가皆望風投降ᄒᆞ믹巴里가드듸여重圍ᄅᆞᆯ受ᄒᆞᆫ지라佛將감베다가輕氣球ᄅᆞᆯ竊乘ᄒᆞ고重圍ᄅᆞᆯ脫ᄒᆞ야쓰ㅣ르에至ᄒᆞ야國民兵을徵發ᄒᆞ믹佛國의義勇兵이諸處에起ᄒᆞ야其勢가稍盛ᄒᆞ나然이나普軍의强大로쓰ㅣ르ᄅᆞᆯ陷ᄒᆞ야佛國北部의義勇兵을撲滅ᄒᆞ고佛國東南의大軍을瑞西國에追ᄒᆞ야巴里城外의應援을遮斷ᄒᆞ니巴里가重圍ᄅᆞᆯ受ᄒᆞᆷ이百三十日에至ᄒᆞ믹糧이盡ᄒᆞ고援이絶ᄒᆞ야如何키不能ᄒᆞᆫ지라乃降旗ᄅᆞᆯ揭ᄒᆞ고一八七一年一月二十八日에休戰條約을成ᄒᆞ다

戰爭結局 於是에佛人이ᄲᅥ르ᄯᅩㅣ에國會ᄅᆞᆯ開ᄒᆞ고지에ㅣᄅᆞᆯ擧ᄒᆞ야行政部長을合고和議締結의任을當케ᄒᆞ다二月二十六日에普佛兩國이베르세ㅣ유宮에셔和議ᄅᆞᆯ結ᄒᆞᆯ셔佛國이아ᄅᆞ사스와로비잉二州及멧쓰ᄅᆞᆯ普國에與ᄒᆞ고三年間에五十億흐랑구의償金을出케ᄒᆞ고其償務가終了日에至ᄒᆞ기ᄭᆞ지普軍으로ᄒᆞ야금佛國內에滯在케ᄒᆞ기로約定ᄒᆞ니於此에所謂普佛戰爭이其局을結ᄒᆞ다

第三共和政府 一八七一年에巴里가降伏ᄒᆞᆫ後로지에ㅣ가行政部長이되얏더니未幾에任期三年의大統領이되니其在職中에能히財政을整理ᄒᆞ야普國의所求ᄒᆞᆫ償金을容易

히辦出케ᄒᆞ고一八七二年에지에ㅣ가辭職ᄒᆞ니其後에將軍마구마흔과法律家ᄉᆞ버세ㅣ等이相繼ᄒᆞ야大統領이되니라

第二章 英國政變

民權漸進

佛國人民이屢屢革命을起ᄒᆞ던年間에英國의人民은平安無事ᄒᆞ야權利를增進ᄒᆞ고政弊를改革ᄒᆞᆫ지라佛國人民은權利와平等을同一히視ᄒᆞ얏고英國人民은能히其相異ᄒᆞᆷ을知ᄒᆞᆫ故로佛國人民은平等을得ᄒᆞ되權利를不得ᄒᆞ야專制政府에壓迫되얏고英國人民은恒常貴族과平民의區別을立ᄒᆞ야上으로君主를置ᄒᆞ얏스되能히其政治의實權을握ᄒᆞ야크게君主를抑制ᄒᆞᆷ을得ᄒᆞᆫ지라

政弊의改革中最重要ᄒᆞᆫ者ᄂᆞᆫ쎄오ㅣ쎄四世時에舊敎徒가비로소官吏議員과其他名譽의位置에就ᄒᆞᆷ을許ᄒᆞᆫ것이即是ㅣ라先是에國法이堅確히舊敎徒의就職을禁ᄒᆞ얏더니愛蘭의辯護士오ㅣ꼰넬ᄅᆞ가此禁을痛論ᄒᆞ니愛蘭人이오ㅣ꼰넬ᄅᆞ를選出ᄒᆞ야議員을삼으ᄆᆡ오ㅣ꼰넬ᄅᆞ가善辯ᄒᆞ야크게他議員의贊成을受ᄒᆞ니總理大臣우에린톤侯가亂이起ᄒᆞᆯ가恐ᄒᆞ야貴族院을說ᄒᆞ야該廢禁의議案을通過케ᄒᆞ다

維廉四世

쎄오ㅣ쎄四世가歿ᄒᆞ고우이리암四世가即位ᄒᆞ니우이리암時의英國은잉의議員의選擧法을改良ᄒᆞ고奴隸苦役의禁制를發布ᄒᆞ얏스니此選擧法에改良을依ᄒᆞ야衰殘城邑五十六個所가選擧의權을失ᄒᆞ고第一等의都會數個所가비로소其選擧權을得ᄒᆞᆷ에至ᄒᆞ니社會의人士가其選擧資格의低減ᄒᆞᆷ으로ᄡᅥ選擧權을得ᄒᆞᆫ者ㅣ增加ᄒᆞ니要컨ᄃᆡ此改良은選擧로ᄒᆞ야곰公平을得케ᄒᆞᆷ이오其範圍를擴張케ᄒᆞᆷ이라奴隸苦役의禁制ᄂᆞᆫ一八三三年에우이루ᄡᅥㅣ포ㅣ스의主張으로英領殖民地에在ᄒᆞ야亞非利加黑人을賣買ᄒᆞ고此를苦役ᄒᆞᆷ을禁ᄒᆞᆷ이니此로ᄡᅥ解放된奴隸가其數ㅣ八十萬人에及ᄒᆞ고英國政府가其主에對ᄒᆞ야償金을出ᄒᆞᆷ이二千萬磅에至ᄒᆞ얏다ᄒᆞ니是로以ᄒᆞ야近世道德의發達ᄒᆞᆫ證을可知ᄒᆞᆯ러라

穀物條例廢止

쎄기도리아가即位ᄒᆞᆯ際에英國制度中오히려改良을要ᄒᆞᆯ者ㅣ不少ᄒᆞ니當時貧民이困苦에迫ᄒᆞ야크게改革을熱望ᄒᆞᄂᆞᆫ者ᄂᆞᆫ即穀物條例의廢止ㅣ라穀物條例ᄂᆞᆫ自國農民의利益을計ᄒᆞ야重稅를輸入ᄒᆞᄂᆞᆫ穀物에課ᄒᆞᆷ을規定ᄒᆞᆫ것이니故로穀物의價가騰貴ᄒᆞ야貧民이此로ᄡᅥ困苦ᄒᆞᆷ이甚ᄒᆞᆫ지라고ᄇᆞ셴이란者가其友와

相謀ᄒ고 一政黨을組織ᄒ니是ᄅᆞᆯ稱ᄒ야非穀物條例同盟이라ᄒ야甚히此條例
의廢止ᄒᆷ을主張ᄒ야一八四六年에政府로ᄒ야금此條ᄅᆞᆯ撤去케ᄒ더
穀物條例가既廢된後로庶民의希望이猶有ᄒ니即選擧法의改良이라職工等이 六大改革請願
同盟을組織ᄒ고政府에請願ᄒᆫ바六大改革이有ᄒ니一은普通選擧ㅣ오二ᄂᆞᆫ祕
密投票ㅣ오三은每年國會ㅣ오四ᄂᆞᆫ選擧區域이오五ᄂᆞᆫ被選擧者의財產資格의
廢止ㅣ오六은代議士의俸給이是也ㅣ라一八四八年二月에佛國에革命이起ᄒ
미此輩가其餘威ᄅᆞᆯ藉ᄒ야크게其力을示코자ᄒ니政府가戒嚴ᄒ야倫敦府民에
訴ᄒᆫ딕府民警官이相伍ᄒ야此輩ᄅᆞᆯ鎭撫ᄒᆫ지라然이나議員選擧의法이數回의
改正을經ᄒ야普通選擧에稍近ᄒᆫ것은此ㅣ實로人心으로ᄒ야금其心을滿足케
ᄒᆷ에至ᄒᆷ이러라
英國內部의爲政이頗히整理ᄒ얏스되獨愛蘭의爲政이크게其困難을覺知ᄒᆫ지 論愛蘭自治
라大抵英國과愛蘭은人種이相異ᄒ고民情이又不同ᄒᆫ故로國會ᄅᆞᆯ爲一ᄒ고法
律을同一케ᄒᆷ은理의不許ᄒᄂᆞᆫ바ㅣ니是乃愛蘭自治論의發ᄒᆫ所以ㅣ라時에愛
蘭人이가쟝苦痛을訴ᄒᄂᆞᆫ者ᄂᆞᆫ土地借耕法의弊害ㅣ니當時愛蘭의土地ᄂᆞᆫ貴族

數人의兼併ᄒᆫ바되야農民은田地ᄅᆞᆯ貴族에借ᄒ야此ᄅᆞᆯ耕ᄒ고貴族은其家僕에
게田地賃借의事ᄅᆞᆯ委ᄒ고自身은英都倫敦에遊ᄒᄂᆞᆫ故로貴族의僕은田地의改
良을計圖치아니ᄒ고但農民에게徵求ᄒ야此ᄅᆞᆯ虐待ᄒᆷ이甚ᄒ니農夫가貧困ᄒ
야馬鈴薯도能히飽食치못ᄒ고歲가不登ᄒ면一家가飢餓에迫ᄒ니英國政府가
此ᄅᆞᆯ矯正코자ᄒᆫ딕其功을未奏ᄒᆫ지라孛相와ᄅᆞᆺ스논이盡力ᄒ야此의救助ᄅᆞᆯ
計ᄒ고名士ᄶᅵ비루가奮然히自治ᄅᆞᆯ唱道ᄒ더
英國이其內治ᄅᆞᆯ漸次整理ᄒᆫ同時에其威ᄅᆞᆯ外國에示코자ᄒ더니一八五四年에 外國排斥策
俄國이土國의領地ᄅᆞᆯ奪ᄒ고東方의危機가漸迫ᄒᆷ에及ᄒ야佛國與사ㅣ쯰니아
國과併力ᄒ야土耳其ᄅᆞᆯ援ᄒ고一八五六年에ᄏᆡ리미아에서俄軍을破ᄒ고兵을
印度에出ᄒ야印度帝國을組織ᄒ고支那와相戰ᄒ야香港을奪ᄒ니於斯에英國
의威名이宇內에轟振ᄒ고其同時에商權을東洋에擴張ᄒ야其所止ᄅᆞᆯ不知ᄒ더
라

第三章 伊國一統

一八一五年維也納府會同以後凡三十年에奧國은伊國의牽制ᄅᆞᆯ爲事ᄒ고奧相 奧國壓制

獨立戰爭

멧데루니히가壓制의政令을施ᄒᆞ야其自由主義의堙滅을計圖ᄒᆞ시伊國各州의君主ᄂᆞᆫ每奧國의隨意로廢立ᄒᆞᄂᆞᆫ바ㅣ되고其人民은其暴戾苛酷의政治를憤ᄒᆞ야장ᄎᆞᆺ大爲를行코자ᄒᆞ더라

一八四六年에法王ᄈᆡ이아스九世가即位ᄒᆞ야其法王領內의政弊를矯止코자計ᄒᆞ시奧國으로ᄡᅥ離反의徵候라ᄒᆞ야兵力으로此를壓抑코자ᄒᆞ더니一八四七年에伊國中部의諸國이相繼ᄒᆞ야奧國을反ᄒᆞ고其翌年에몬ᄡᅢㅣ쩌ㅣ國과사ㅣ쩌니아國이또ᄒᆞᆫ兵을擧ᄒᆞ야反ᄒᆞ다一八四九年에사ㅣ쩌니아國王이奧國과相戰大敗ᄒᆞ야其位를遜ᄒᆞ고此를其子에무마니에루에讓ᄒᆞ니에무마니에루가其名相가뿌ㅣ루와勇將쎄리빠루쩌ㅣ의力을依ᄒᆞ야크게國政을改ᄒᆞ고頻頻히奧國과戰ᄒᆞ시佛國의那翁三世가奧國의勢를挫折코자ᄒᆞ야사ㅣ쩌니아國과相約ᄒᆞ고精兵을率ᄒᆞ야伊國을援ᄒᆞ니奧軍이屢敗ㅣ라奧帝가假意로佛帝와和를結ᄒᆞ야론쌰ㅣ쩌를佛國에與ᄒᆞ기로約ᄒᆞ니佛國은此를伊國에與ᄒᆞ고伊國은其援助의報酬로사쌘ㅣ이、와니ㅣ스의二小州를佛國에與ᄒᆞ야和成ᄒᆞ니其後伊國의人心이오히려平穩치못ᄒᆞ야諸小國의人民이其君主를叛ᄒᆞ고사ㅣ쩌니아王에

게依歸ᄒᆞᄂᆞᆫ者ㅣ甚多ᄒᆞ며又시시리ㅣ國과네ㅣ뿌루國이亦사ㅣ쩌니아에降ᄒᆞᄂᆞᆫ지라一八六一年에쎄구도루。에무마니에루二世가드듸여伊太利를統一ᄒᆞ야其國王이되고因ᄒᆞ야其주ㅣ린府에셔伊太利國創建의事를公布ᄒᆞ다

伊王奪墺領

此時에오히려伊王에게不從ᄒᆞᄂᆞᆫ者ᄂᆞᆫ베니스府及法王領뿐이라베니스府ᄂᆞᆫ奧國에隸屬ᄒᆞ고法王領은法王의管轄에屬ᄒᆞ야佛兵의擁護ᄒᆞᆫ바된지라伊王이此를統一코자ᄒᆞ더니一八六六年에普國이奧國과葛藤이生ᄒᆞ거ᄂᆞᆯ伊王이普國과相約ᄒᆞ고베니스府에侵入ᄒᆞ미奧軍이逆戰大敗ᄒᆞ고又奧軍이普軍에게敗ᄒᆞ니奧國이베니스府를佛帝那翁三世에게讓ᄒᆞ야伊國과和議調停을乞ᄒᆞᆫᄃᆡ普伊兩國이皆那翁의仲裁를納ᄒᆞ야於是에伊王이베니스府를兼併ᄒᆞᆷ에至ᄒᆞ다

伊王奪羅馬府

伊王이베니스府를既取ᄒᆞ고又羅馬를切望ᄒᆞ더니一八七〇年에普佛戰爭이起ᄒᆞ미佛帝가羅馬에駐屯ᄒᆞᆫ兵士를撤去ᄒᆞ니伊王이此를好機라ᄒᆞ야急히羅馬를略ᄒᆞ야千百年來獨立의法王領을併合ᄒᆞ고一八七一年에羅馬府를國都로定ᄒᆞ니於此에伊國統一의業이全成ᄒᆞ니是ᄂᆞᆫ即現今存立ᄒᆞᆫ伊太利王國이러라

第四章　獨國一統

獨乙聯邦

一八一五年의維也納府會同은歐洲諸國의政體와其境界를復舊ᄒᆞ얏스나然이나此獨乙帝國으로ᄒᆞ야금其然치못ᄒᆞᆷ은奧普의二國이相嫉ᄒᆞ야覇業을不讓ᄒᆞᆫ故ㅣ라維也納會同의議로獨乙의三十九國이相合ᄒᆞ야一聯邦을組織ᄒᆞ야此를獨乙聯邦이라稱ᄒᆞ고一大議會를設立ᄒᆞ야獨乙聯邦議會라云ᄒᆞ고各國其領內에ᄂᆞᆫ獨立自治를得ᄒᆞ니三十九國內의十一國은一等國이라稱ᄒᆞ야聯邦議會에各一投票를得ᄒᆞ고他ᄂᆞᆫ二等國이라云ᄒᆞ야或은二國이相合ᄒᆞ야一投票를有ᄒᆞ고或은四國이相合ᄒᆞ야一投票를有ᄒᆞ다

關稅同盟

一八二八年에普國이他諸國과合ᄒᆞ야一商業同盟을成ᄒᆞ니此를關稅同盟이라稱ᄒᆞ다同盟의諸國이相約호ᄃᆡ商賈가其國境에往來ᄒᆞᆯ時에關稅를不課ᄒᆞᆷ이니諸國君主의所爲中此一事가獨乙人의一般希望에合ᄒᆞᆫ바라호ᄃᆡ其他ᄂᆞᆫ大槪獨乙人一般의怨怒를買ᄒᆞᆫ바ㅣ러라

民權大進

一八四八年의佛國革命이獨乙諸國의人民을甚히刺戟ᄒᆞᆫ바되니諸小國의君主가亂이起ᄒᆞᆯ가恐懼ᄒᆞ야其人民의所言을能聽ᄒᆞ고諸大國은不然ᄒᆞ야奧國에ᄂᆞᆫ維也納府大學校學生이府民을煽動ᄒᆞ야亂을作ᄒᆞ니宰相멧데루니히ᄂᆞᆫ英國으

로出奔ᄒᆞ고皇帝후에루떼난또一世ᄂᆞᆫ普通選擧의國會를召集ᄒᆞᆷ에至ᄒᆞ얏고普國에ᄂᆞᆫ伯林府民이官軍과相戰ᄒᆞ야王을迫ᄒᆞ야國會를開設케ᄒᆞ고諸國의人民이其代議士를出ᄒᆞ야一大國會를組織ᄒᆞ고此로ᄒᆞ야금臨時中央政府를組織케ᄒᆞ다時에후랑구후오루도의聯邦議會ᄂᆞᆫ新憲法을審議ᄒᆞ고奧國으로써聯邦長을삼고자호ᄃᆡ其共和黨及破壞黨이聯邦議會를攻擊ᄒᆞ야쌔ㅣ던에셔共和黨의暴動이甚烈ᄒᆞᆫ故로聯邦議會가終乃解散ᄒᆞᆷ에至ᄒᆞ다

聯邦議會解散

新聯邦設立計畫

普國은奧國의統一策이不成ᄒᆞ고후랑구후오루도의聯邦議會가解散됨을見ᄒᆞ고사기소니ㅣ國하로ㅣ쌔ㅣ國과共히聯邦憲法을設ᄒᆞ야奧國을除ᄒᆞ고其他諸國을合ᄒᆞ야新聯邦을興ᄒᆞ고스ᄉᆞ로其長이되고자ᄒᆞ니諸小國이此에加入ᄒᆞᄂᆞᆫ者ㅣ甚多ᄒᆞᆫ지라奧國이此를見ᄒᆞ고秘密히사기소니ㅣ國과하로ㅣ쌔ㅣ國을敎唆ᄒᆞ야新聯邦에脫케ᄒᆞ고普國을迫ᄒᆞ야舊聯邦議會의復興과新聯邦의解散을要求ᄒᆞ다

墺伊相戰

一八五九年에사ㅣ떠니아國王이奧國의羈絆을脫코자ᄒᆞ야亂을作ᄒᆞ니那翁三世가此를援助ᄒᆞᄂᆞᆫ지라於是에奧國이獨乙諸國을說ᄒᆞ야自己를應援케ᄒᆞ니普

國이是를反ᄒᆞ야諸國으로ᄒᆞ야곰該戰爭에關係치아니케ᄒᆞ니其意ᄂᆞᆫ蓋奧國으로ᄡᅥ伊國內의屬領을失케ᄒᆞ야獨乙統一의業을容易케ᄒᆞ고자ᄒᆞᆷ이러라

六週間戰爭

一八六一年에普王후네떼릿기우이리아무四世가死ᄒᆞ고弟우이리아무一世가立ᄒᆞ야比斯麥으로宰相을ᄉᆞᆷ고모루도게로將軍을ᄉᆞᆷ다會丁抹國王후아ㅣ지난ᄯᅩ七世가수네스잇구州와호루스다잉州를占領ᄒᆞ니普奧二國이相合ᄒᆞ야丁抹을攻ᄒᆞ야此二州를取ᄒᆞ야共有ᄒᆞ얏더니其後普國은此로ᄡᅥ其一個의所有로歸케ᄒᆞ고자ᄒᆞ고奧國은此로ᄡᅥ獨立케ᄒᆞ야議論이紛紜不決ᄒᆞᄂᆞᆫ지라奧帝가호루스다잉의兵寡ᄒᆞᆷ을憂慮ᄒᆞ야사기소니ㅣ等諸國을命ᄒᆞ야出兵守護케ᄒᆞ니普國이此에怒ᄒᆞ야사기소니ㅣ를攻擊ᄒᆞ미사기소니ㅣ가甚危ᄒᆞᆫ지라奧軍과連合ᄒᆞ야總兵二十七萬으로ᄡᅥᄲᅩ헤미야를依據ᄒᆞ야普軍을當케ᄒᆞ니普王이親히二十八萬兵을率ᄒᆞ고宰相比斯麥과大將모루도게로ᄒᆞ야곰三面을分ᄒᆞ야奧軍을攻ᄒᆞᆯ시連戰皆勝ᄒᆞ야普軍이維納府에迫ᄒᆞ니八月二十三日에普奧兩國이ᄲᅮ라ㅣᄲᅮ에셔和議를整ᄒᆞᆯ시舊來의獨乙聯邦을解散ᄒᆞ니奧國이獨乙에셔見却되고其수네스잇구州와호루스다잉州를普國에讓與ᄒᆞ야ᄡᅥ戰局을結ᄒᆞ니此戰爭을所

謂六週間戰爭이라稱ᄒᆞ다

北部聯邦興

於是에獨乙의北部諸國이普國과共히新聯邦을組織ᄒᆞ야聯邦議會를設ᄒᆞ고聯邦憲法을定ᄒᆞ야一八六七年七月一日노ᄡᅥ新憲法을實施ᄒᆞ다聯邦議會ᄂᆞᆫ二院으로成ᄒᆞ니一院은二十二國의政府를代表ᄒᆞ야普王이其長이되고又一院은諸國人民의代表者로ᄡᅥ成ᄒᆞ고又獨乙聯邦軍隊를設置ᄒᆞ야此를普王의統率에歸케ᄒᆞ다

普佛戰爭

一八七○年에佛帝那翁三世가西國王位相續의問題를口實로ᄉᆞᆷ아發兵ᄒᆞ니獨乙人이크게其暴戾ᄒᆞᆷ을憤怒ᄒᆞ야其形勢를挫折코자ᄒᆞᆯ시獨乙南部의諸國이北部의諸國과同盟ᄒᆞ고普王의旗下를喜從ᄒᆞ니於是에南北諸國의連合이愈堅ᄒᆞ야一八七一年에普軍이制勝ᄒᆞ야佛京巴里를圍ᄒᆞ다時에普王이諸國君主의勸誘에依ᄒᆞ야獨乙皇帝位에即ᄒᆞ고帝國議會를設立ᄒᆞ야純然ᄒᆞᆫ立憲帝國을創始ᄒᆞ니自是로獨乙이學術工藝軍事政治及其他百般의事에對ᄒᆞ야愈益隆盛ᄒᆞᆷ을研究ᄒᆞ야宇內에雄視ᄒᆞᆷ을得ᄒᆞ다

第五章 西葡兩國內亂

西國變亂

一八一四年에西國王후에루지난ᄯᅩ七世가佛國에久虜된後로歸國ᄒᆞ야復位ᄒᆞ

니其歸國과復位는全히國人과英人의力에依홈이라然이나王이其酬恩홈을不知ᄒᆞ고不在中에國人이定ᄒᆞᆫ바憲法을廢ᄒᆞ고國人의排除ᄒᆞᆫ政弊를復ᄒᆞ야ᄡᅧ國人을虐ᄒᆞ고壓制를爲事ᄒᆞ는지라一八二〇年에國人이怒反ᄒᆞ니官軍이此를鎭定치아니ᄒᆞᆯ뿐아니라反히此를援助ᄒᆞ거ᄂᆞᆯ王이如何키不能ᄒᆞ야立憲의政體를建ᄒᆞ얏스되僧侶及王黨이神聖同盟의救援과佛軍의力을依ᄒᆞ야民黨을壓ᄒᆞ고更히專制政治를興코자ᄒᆞ다一八三三年에王이歿ᄒᆞᆯ시其遺言으로其女이사베루라를嗣ᄒᆞ라ᄒᆞᆫ故로이사베루라가立ᄒᆞᄆᆡ年幼ᄒᆞ야母后가攝政ᄒᆞᆫ지라先王의弟돈가로스가自立코자ᄒᆞ야反亂ᄒᆞ니돈가로스는非立憲黨의首領으로先王의暴政을幇助ᄒᆞ든者ㅣ라故로人民의輿望을不得ᄒᆞ야其反亂이七年을閱過ᄒᆞᆫ後에비로소鎭定ᄒᆞ다이사베루라가漸長ᄒᆞ야親政홈에至ᄒᆞ야又其政을失ᄒᆞ니國人이其虐을不勘ᄒᆞ야離叛ᄒᆞᄆᆡ一八六八年에女王이外國으로出奔ᄒᆞ니國人이伊王의少子를迎ᄒᆞ야爲王ᄒᆞ얏다가其後에王政을廢ᄒᆞ고共和政體를立ᄒᆞ다一八七四年에國人이更히王政을復ᄒᆞ고廢女王의子아루후온쏘十二世를迎立ᄒᆞ니西國이如斯ᄒᆞᆫ紛擾로ᄡᅧ國力이드듸여不振ᄒᆞ야其亞米利加洲에在ᄒᆞᆫ屬領과

其他所屬ᄒᆞᆫ諸國이皆叛獨立ᄒᆞ고오직큐ㅣ싸國과ᄡᅦ유에도리고國이西國에屬ᄒᆞ얏더라

葡國變亂

葡王지온六世는葡國이佛帝那翁一世의게侵入홈을當ᄒᆞ야其一族을率ᄒᆞ고亞米利加에有ᄒᆞᆫ바屬領ᄲᅳ라지루에走ᄒᆞ얏더니那翁의流竄된後로葡人이憲法을定ᄒᆞ고一八二〇年에葡人이其王家를ᄲᅳ라지루에迎奉ᄒᆞ얏스되지온六世가其王黨僧侶及神聖同盟에依ᄒᆞ야民權을堙滅코자ᄒᆞ니於此에變亂이復發ᄒᆞ야葡國의屬國이皆反獨立ᄒᆞᆫ지라葡王지온六世가歿ᄒᆞ고孫女마리아가立ᄒᆞ니於是에位를爭ᄒᆞ는者ㅣ甚多ᄒᆞ되皆敗ᄒᆞ고마리아의子孫이其帝位를繼承ᄒᆞ야今日에至ᄒᆞ다

第六章 白耳義國獨立

白蘭二國之異同

一八一五年維也納會同에白耳義와和蘭이合併ᄒᆞ야此를稱ᄒᆞ야네싸ㅣ란또合併王國이라云ᄒᆞ다時에和蘭은其人口가合併王國의人口를三分ᄒᆞ야其一에不過ᄒᆞ되議員을出홈은白耳義와同ᄒᆞ니是乃白耳義人의其不平을大抱ᄒᆞᆫ바ㅣ오加之此二國은歷史、民俗、産業、宗敎等에對ᄒᆞ야相異ᄒᆞᆫ故로白耳義人은其和

白人反亂

蘭人과國君法律을同一케아니ᄒᆞ기로主張ᄒᆞᄂᆞᆫ지라時에國王이和蘭의官務로
ᄡᅥ白耳義에도賦担케ᄒᆞ니白耳義人이愈愈激昂ᄒᆞ야一八三〇年七月의佛國革
命에刺戟ᄒᆞᆫ바되야三色旗를立ᄒᆞ고反亂ᄒᆞ야政治上의分離를謀ᄒᆞ니佛西一國
이此를陰助ᄒᆞᄂᆞᆫ지라時에神聖同盟이和蘭을援코자ᄒᆞ나其東方波蘭의反亂과
伊太利의反亂을因ᄒᆞ야其意를未達ᄒᆞ고英國에ᄂᆞᆫ自由黨이得勢ᄒᆞᆫ時ㅣ오佛國
에ᄂᆞᆫ變亂後의事인則兩國이皆暗으로此戰爭에關係치아니ᄒᆞ니蘭人이其援을

白國獨立

他國에不得ᄒᆞ야全破됨에至ᄒᆞᆫ디一八三一年에諸國公使가倫敦府에會同ᄒᆞ야
白耳義로ᄡᅥ一獨立立憲王國을숨고同年六月四日에白耳義人이英國女王의叔
父사구세고ᄲᅮ루악公니오ᄲᅩ루伍를選ᄒᆞ야國王을숨으니一八三九年에和蘭이
公然히白耳義의獨立을承認ᄒᆞ다

第七章 魯土兩國事變

四大事件

歐洲西部의各國이其內治를整理ᄒᆞ고國威를宣揚ᄒᆞ며東部의諸國이亦同主義
를採ᄒᆞ야互相競爭으로其國家의繁榮을企圖ᄒᆞ니今에其重要ᄒᆞᆫ活劇을擧ᄒᆞ면
第一은希臘의獨立이오第二ᄂᆞᆫ魯土二國間의戰爭이오第三은波蘭의亂이오第

四ᄂᆞᆫ구리미아의戰爭이是也ㅣ니是皆魯國이强大ᄒᆞᆫ實力을奮ᄒᆞ고土國의衰運
을乘ᄒᆞ야兼倂의邪心을逞코자ᄒᆞᆷ이라

希臘獨立

先是에希臘人이土國治下에在ᄒᆞ야其壓制를呻吟ᄒᆞ미久矣로되恒常其希臘古
代의隆盛을追想ᄒᆞ고蠻族土國人에게虐待됨을深恨ᄒᆞ야好時機의來到ᄒᆞᆷ을企
待ᄒᆞ더니및那翁一世가歐洲를蹂躪ᄒᆞᆷ에當ᄒᆞ야獨立의志望을懷ᄒᆞᆫ者ㅣ希臘에
蜚出ᄒᆞ야俱樂部를組織ᄒᆞ고헤테ㅣ리ㅣ아이라稱ᄒᆞ다一八二一年에아레기산
서ㅣ、이색시란지ㅣ란者가希臘、南魯、土國의耶蘇敎徒를煽動ᄒᆞ야兵을모루
서세아에擧케ᄒᆞ니土軍이此를鎭壓屠殺ᄒᆞ거ᄂᆞᆯ希臘人이此를觀ᄒᆞ고愈愈激憤
ᄒᆞ야相盟曰死力을盡ᄒᆞ야土軍을拒코자ᄒᆞ나其自力의不足ᄒᆞᆷ을知ᄒᆞ고救援을
歐洲諸國에懇乞ᄒᆞ니英國獨國伊國等이希臘의古國됨을追想ᄒᆞ며耶蘇敎徒의
虐遇를憤慨ᄒᆞ야同盟을組織ᄒᆞ야希臘을應援ᄒᆞᆫ지라然이나埃及國王이其子가
土軍을助ᄒᆞ야希臘의南部모레아를略取ᄒᆞ니希軍이此로ᄡᅥ大困ᄒᆞᆫ지라英將코
도린돈이援兵을魯國에求ᄒᆞ니魯帝아레기산서ㅣ가大喜ᄒᆞ야赴援ᄒᆞᄂᆞᆫ지라
一八二七年에英國佛國魯國伊國等의同盟艦隊가나ᄡᅡ리ㅣ灣에서土國埃及의

艦隊를大破ᄒᆞ고土國으로ᄒᆞ야곰希臘의獨立을許케ᄒᆞ니一八三二年에希臘人
이빠빠리아公오도ㅣ를迎ᄒᆞ야爲王ᄒᆞ다

魯土戰爭 魯國이希臘獨立의戰爭을爲機ᄒᆞ야土國의勢를大挫코자ᄒᆞ더니魯帝아렉산
더ㅣ一世가歿ᄒᆞ고니코라스가嗣ᄒᆞ니니코라스가波斯及土國을侵ᄒᆞ미土國
이此를拒치못ᄒᆞ야一八二九年에至ᄒᆞ야魯國과講和ᄒᆞ고魯國에對ᄒᆞ야黑海東
岸의아사ㅅ城을讓與ᄒᆞ고又黑海航行의自由와뽀ㅅ포루ㅅ비루스海峽通過의自
由를許ᄒᆞ다

土國內亂 一八七五年에土國의二領地헤루셰쏘ㅅ떼나州와뽀스니아州가土國의虐政을不
堪ᄒᆞ야反ᄒᆞ니近鄰의諸小國이此를援助ᄒᆞ미土國이能히此亂을鎭定치못ᄒᆞᄂᆞᆫ
지라魯獨奧佛等諸國이土國으로ᄒᆞ야곰其政弊를除ᄒᆞ고亂을鎭케호ᄃᆡ若土國
이此를不聽ᄒᆞᄂᆞᆫ時ᄂᆞᆫ土國에對ᄒᆞ야過激의手段을施코자ᄒᆞ야英國으로ᄒᆞ야곰
其意에合同케ᄒᆞ니英國이此를不應ᄒᆞᆷ은盖土國을保全ᄒᆞ야英領印度의藩屛을
숨아魯國의蚕食을備코자ᄒᆞᆷ이라魯國等이累次土國에對ᄒᆞ야其人民을爲ᄒᆞ야
憲法의制定을忠告호ᄃᆡ每不聽ᄒᆞ거ᄂᆞᆯ魯國이其國人의土國亂民을援助ᄒᆞᆷ을不

禁ᄒᆞ니英國이此에怒ᄒᆞ야銳意로土國을援ᄒᆞ고魯國은每其忠言이土國에見排
됨을怒ᄒᆞ야드듸여戰을宣ᄒᆞ니是ᄂᆞᆫ一八七七年의事ㅣ라土國이오스만빠샤ㅣ
로命ᄒᆞ야率兵ᄒᆞ고魯軍과相戰케ᄒᆞ니오스만빠샤ㅣ가勇敢善戰호ᄃᆡ大敗ᄒᆞ야
四萬四千의兵으로써降ᄒᆞ니魯軍이戰勝ᄒᆞᆷ을誇ᄒᆞ야又아드리아노ㅣ쁠루府를
取ᄒᆞ고此에據ᄒᆞ니於此에土國의首府코스탄지노쁠루가장ᄎᆞᆺ魯軍의侵襲ᄒᆞᆫ바
되얏더라

伯林會同 土國이大懼ᄒᆞ야仲裁를英國에乞ᄒᆞ니魯國이英國의仲裁를拒絕ᄒᆞ고直接土國
과和議를結ᄒᆞ야自己의利益이甚多ᄒᆞ니英奧兩國이共히魯國의新得ᄒᆞᆫ利를剝
奪코자ᄒᆞ미魯國이大怒ᄒᆞ야大葛藤을復生코자ᄒᆞ더니가偕히此葛藤을未發에防
ᄒᆞᆫ者ᄂᆞᆫ即伯林의會同이라此會同의議決ᄒᆞᆫ바ᄂᆞᆫ一은세루삐아州와루ㅣ마니아
州와몬테네쓰로州를獨立國으로숨게ᄒᆞᆷ이오二ᄂᆞᆫ쁘루가리아州를東西二州에
分ᄒᆞ야東쁘루가리아州를土國皇帝의直轄에歸케ᄒᆞ야行政은土國政府와特別
히ᄒᆞ고耶蘇信徒로ᄒᆞ야곰國守케ᄒᆞᆷ이오三은奧國으로ᄒᆞ야곰其兵을헤루셰쏘
ㅅ떼나州와뽀스니아州에屯在케ᄒᆞᆷ이니此會同은一八七八年의事ㅣ러라

土國衰頽

土國의屬國領地로離反ᄒᆞᆫ者가但歐洲內에在ᄒᆞᆫ者뿐아니라歐洲外에在ᄒᆞᆫ者도亦相踵ᄒᆞ야離反ᄒᆞ니埃及의其最甚ᄒᆞᆫ者ㅣ라土國이屢屢히埃及과相戰失利ᄒᆞ야시리아를埃及에割讓ᄒᆞ니歐洲諸國이土國의衰運이日甚ᄒᆞ고魯國이獨强大ᄒᆞᆷ을致ᄒᆞ야國力의平均을破ᄒᆞᆯ가憂慮ᄒᆞ야先次倫敦에會同議定ᄒᆞ고後援兵을土國에出ᄒᆞᆯ식英奧二國이드듸여埃及을迫ᄒᆞ야시리아를土國에還附케ᄒᆞ다

波蘭反亂

魯國이其威를外國에逞ᄒᆞᆷ으로不足타ᄒᆞ야更히此를國內에示ᄒᆞ야虐民이尤甚ᄒᆞ니魯領波蘭人이恒常魯國을怨ᄒᆞ야謀反고자ᄒᆞᆷ이日久ᄒᆞᆫ지라一八三〇年十一月에波蘭人이드듸여同年七月의佛國革命에剌戟ᄒᆞᆫ바되야反亂ᄒᆞ니魯國이此를鎭定ᄒᆞ고波蘭人八萬人을西比利亞에放ᄒᆞ니魯國人民의悲憤과幷波蘭遺民의怨恨이其虛無黨의興起ᄒᆞᆫ所以ㅣ라其勢가日加ᄒᆞ야皇帝가其慘毒에罹ᄒᆞ야見斃ᄒᆞᆷ에至ᄒᆞ니라

克利米野戰爭

魯帝니코라스가此等國患을不顧ᄒᆞ고土耳其의衰運을乘ᄒᆞ야頻頻히東方呑併의策을講ᄒᆞ고耶蘇敎徒의保護를土國에要求ᄒᆞ니土國은元來回回敎를奉ᄒᆞᄂᆞᆫ故로魯國의此要求를斷然히拒絶ᄒᆞᄂᆞᆫ지라니코라스가大怒ᄒᆞ야兵을모루써베아

에進發ᄒᆞ니土國이此와應戰ᄒᆞ다時에英佛二國이土國의盛衰로써歐洲의大勢를左右ᄒᆞᆷ이라ᄒᆞ야土國을援ᄒᆞ야連合艦隊를黑海에派遣ᄒᆞᆯ식魯國海軍의銳鋒을避ᄒᆞ야세싸스도쏠ㅣ루港灣에入ᄒᆞ니魯軍이恐ᄒᆞ야國境을退ᄒᆞ믹奧國이亦魯國의所爲를憂ᄒᆞ야다유ㅣ싸河邊에出兵ᄒᆞ고一八五四年九月에英佛二國의軍艦이사ㅣ듸니아兵과合ᄒᆞ야구리미아半島에到ᄒᆞ야劇戰十一個月後에黑海의鎖鑰과魯國의藩屛세싸스도쏠ㅣ루의砲臺를陷ᄒᆞ니其際에니코라스가死ᄒᆞ고子아렉기산ᄯᅥㅣ二世가立ᄒᆞ니아렉기산ᄯᅥㅣ가其軍의敗ᄒᆞᆷ을大恐ᄒᆞ야諸國과和議를成ᄒᆞ고又巴里에會同ᄒᆞ야土國으로ᄒᆞ야곰黑海를公開케ᄒᆞ고모루써세아州等으로써루ㅣ마니아侯國을創建ᄒᆞ고天主敎徒와回回敎徒에同一ᄒᆞᆫ權利를與케ᄒᆞ다

農僕解放

아렉기산ᄯᅥㅣ二世가크게政治에用力ᄒᆞ야一八六一年에農僕解放의詔를發ᄒᆞ얏스니然이나一八八一年에皇帝가虛無黨員에게暗殺ᄒᆞᆫ바되고子아렉기산ᄯᅥㅣ三世가立ᄒᆞ야亦其意를東方呑倂策에用ᄒᆞ야魯國의勢力으로ᄒᆞ야곰天下를壓倒ᄒᆞᆷ에至ᄒᆞ니라

第八章 米國事變

歐洲大亂餘波

佛國大亂及那翁戰爭時에北米合衆國이歐洲戰爭에不關코자ᄒᆞ나然이나佛國大亂ᄒᆞᆯ際에佛國이合衆國으로ᄡᅥ英國을應援ᄒᆞᄂᆞᆫ者라ᄒᆞ야其商船을捕拿ᄒᆞᆷ이有ᄒᆞ고那翁戰爭ᄒᆞᆯ際에那翁의英國封鎖命令과幷其英國의歐洲諸國封鎖命令이皆其局外ᄒᆞᆫ合衆國의商利를妨害ᄒᆞ고屢屢히合衆國의商船을押領ᄒᆞ며合衆國으로ᄒᆞ야곰損害를受케ᄒᆞᆫ事가不少ᄒᆞ나然이나合衆國은日日隆盛에趣ᄒᆞ고姑且改良치못ᄒᆞᆫ者ᄂᆞᆫ但奴隷使役의一事ㅣ라是時에合衆國의北部ᄂᆞᆫ商工을爲業ᄒᆞ고其南部ᄂᆞᆫ農作을營ᄒᆞᄂᆞᆫ故로南北兩部의利害得失이自相殊異ᄒᆞᆫ지라十九世紀中頃의北部ᄂᆞᆫ人權天賦의大義를據ᄒᆞ야奴隷의解放을主張ᄒᆞ고南部ᄂᆞᆫ其自己에不利ᄒᆞᆷ으로ᄡᅥ此를拒ᄒᆞ더니一八六〇年에아ᄲᅳ라하무린고른을北部로서擧ᄒᆞ야大統領을ᄉᆞᆷ으ᄆᆡ南部十一州가此에反ᄒᆞ야其下에屬ᄒᆞᆷ을不願ᄒᆞ야共히聯合ᄒᆞ야一共和政府를리지몬ᄯᅩ에開ᄒᆞ고獨立을宣言ᄒᆞ야ᄲᅥᆺ후하ㅣ손ᄯᅦᄲᅵ스로大統領을推薦ᄒᆞ니於是의北部가ᄭᅳ란도로大將을ᄉᆞᆷ아南部를親征ᄒᆞᆯ시南軍의大將리ㅣ가數戰大敗ᄒᆞ니一八六五年에南部諸州가降ᄒᆞ야更히合衆國

에合倂ᄒᆞᆫ바되다一八六五年에合衆國이公然히奴隷의使役賣買를禁止ᄒᆞ고大統領린고른이名望이有ᄒᆞ야滿期에再選되얏다가其翌月에兇人의手에見斃ᄒᆞᆫ지라一八六九年에ᄭᅳ란도가戰功으로ᄡᅥ大統領에被選ᄒᆞ야任滿에再選되고任期가復滿ᄒᆞᄆᆡ世界를漫遊ᄒᆞ야日本에渡來ᄒᆞ얏다가漫遊二年에歸國ᄒᆞ야一八八五年에歿ᄒᆞ다

第九章 東洋諸國景況

總說

亞非利加及亞細亞에歐人의威가振ᄒᆞ고勢가張ᄒᆞ야土地를有ᄒᆞᆷ이多大ᄒᆞᆫ지라亞非利加에ᄂᆞᆫ諸國中最要至大ᄒᆞᆫ者ᄂᆞᆫ埃及이라云호ᄃᆡ其命脈은英佛二國의制ᄒᆞᄂᆞᆫ바되고歐洲諸國中土地를亞細亞에有ᄒᆞ야最大ᄒᆞᆫ者ᄂᆞᆫ英魯二國이니英國은印度緬甸香港等을有ᄒᆞ며魯國은西比利亞의曠原을有ᄒᆞ얏고南洋으로ᄂᆞᆫ濠洲가英國의所領이되고諸群島ᄂᆞᆫ他諸國의占有ᄒᆞᆫ바된지라

埃及

那翁三世時에埃及에君臨ᄒᆞᆫ者ᄂᆞᆫ이스메ㅣ루라稱ᄒᆞᄂᆞᆫᄃᆡ이스메ㅣ루가크게那翁三世를欣慕友善ᄒᆞ다初에埃及이土耳其帝國의一領地러니이스메ㅣ루가漸次得勢ᄒᆞ야土帝를迫ᄒᆞ야크게主權을割讓케ᄒᆞ야埃及으로ᄒᆞ야곰每年略干의幣를獻ᄒᆞᆫ外에其屬

國의實이無케ᄒᆞ고이스메ㅣ루가屢屢히干戈ᄅᆞᆯ用ᄒᆞ고土木을起ᄒᆞᆷ으로ᄡᅥ外國債ᄅᆞᆯ起ᄒᆞᆷ이甚大ᄒᆞ니外國債가其埃及의財政을困難케ᄒᆞᆫ原因이라이스메ㅣ루가英國政府에對ᄒᆞ야스에쓰運河會社의株劵을賣ᄒᆞ고又且財政의整理ᄅᆞᆯ英佛二國에委任ᄒᆞ니自是로英佛二國이甚히埃及國事에干涉ᄒᆞ야重稅ᄅᆞᆯ埃及人民에게課ᄒᆞᄂᆞᆫ지라이스메ㅣ루及國人이英佛의苛政을不堪ᄒᆞ야離反을謀ᄒᆞ니英佛二國이怒ᄒᆞ야土帝로ᄒᆞ야곰이스메ㅣ루ᄅᆞᆯ廢ᄒᆞ고其子지유ㅣ호핏구ᄅᆞᆯ立케ᄒᆞ니於是에人民이大憤ᄒᆞ야作亂ᄒᆞᆫᄃᆡ將軍아라ᄡᅦㅣᄲᅡ샤가其亂民의巨魁되지라英佛二國이遣兵ᄒᆞ야此ᄅᆞᆯ鎭定ᄒᆞᆯ시英國이가쟝其鎭定ᄒᆞᆷ에用力ᄒᆞᆫ故로民亂을鎭定ᄒᆞᆫ後로埃及이全히英國掌中에歸ᄒᆞ고佛國은其干涉의權을失ᄒᆞ다其後에僞聖人마듸가大衆을聚集ᄒᆞ고스ㅣ단地方에셔作亂ᄒᆞ니英國이고루돈將軍으로遣討ᄒᆞᆯ시將軍이亂民에게가루쓰ㅣ무府에被圍ᄒᆞ얏다가밋該府가陷落ᄒᆞᆯ時에府民과共히亂民의屠殺을當ᄒᆞ니英國政府가更히遣兵ᄒᆞ야亂民을討平ᄒᆞ다

印度

印度ᄂᆞᆫ일즉英人의東印度商會에셔戰爭上略取ᄒᆞᆫ바로ᄃᆡ土人이此에不從코쟈

ᄒᆞ야叛亂ᄒᆞᄂᆞᆫ者ㅣ多ᄒᆞ니特히ᄲᅦᆫ가루人과如ᄒᆞᆫ者ᄂᆞᆫ其勢가甚히猖獗ᄒᆞ거ᄂᆞᆯ英國에셔司令官구라이ᄲᅮᄅᆞᆯ派遣ᄒᆞ야討平ᄒᆞ다一八七七年에東印度商會에셔印度의主權을英國女王에게奉獻ᄒᆞ고女王을尊稱ᄒᆞ야印度女帝라ᄒᆞ니於此에印度가全히英國의屬國이되다

淸國

支那ᄂᆞᆫ古來歐洲와交通을開ᄒᆞ야元朝時에ᄂᆞᆫ兵으로ᄡᅥ西亞ᄅᆞᆯ經ᄒᆞ야東歐에侵入ᄒᆞᆫ事가有ᄒᆞ고歐人을優待ᄒᆞ며耶蘇敎ᄅᆞᆯ入ᄒᆞ야歐化ᄅᆞᆯ採ᄒᆞᆷ이亦此時에在ᄒᆞᆫ지라然이나東西가隔離ᄒᆞ야姑且合同의活戲ᄅᆞᆯ演ᄒᆞᆷ이無ᄒᆞ고其合同演戲ᄂᆞᆫ十九世에至ᄒᆞ야始發ᄒᆞᆫ지라一八四〇年에淸朝가英人의鴉片輸入을禁ᄒᆞ고此ᄅᆞᆯ燒ᄒᆞ니英國이怒ᄒᆞ야兵으로ᄡᅥ淸朝ᄅᆞᆯ迫ᄒᆞ다一八四二年에英國이南京條約을依ᄒᆞ야淸朝로ᄒᆞ야곰香港을割ᄒᆞ고五個互市港을開케ᄒᆞ니佛米二國이亦繼後ᄒᆞ야互市의條約을淸朝에求ᄒᆞ야許允ᄒᆞ다時에支那南部에長髮賊이起ᄒᆞ야淸朝ᄅᆞᆯ顚覆코쟈ᄒᆞ니其勢가甚히猖獗ᄒᆞᆫᄃᆡ官軍이能히此ᄅᆞᆯ鎭定치못ᄒᆞ고英佛二國은淸朝가條約을履行치아니ᄒᆞᆷ을怒ᄒᆞ야更히擧兵ᄒᆞᆯ시一八五七年에英兵이廣東을陷ᄒᆞ고且長髮賊을援ᄒᆞ야內亂을大助ᄒᆞ니淸朝가不得已ᄒᆞ야更히六互

市港의開放과耶蘇敎의宣敎를認可ᄒᆞ얏스나又此約을遵守치아니ᄒᆞ야葛藤이再生ᄒᆞᆫ지라一八六〇年에英佛二國의兵이北京을攻陷ᄒᆞ니淸朝가償金을出ᄒᆞ고公使의駐在를許ᄒᆞ야ᄡᅧ和를乞ᄒᆞ니於是에外寇가全止ᄒᆞ고從ᄒᆞ야外人의內亂을助ᄒᆞᄂᆞᆫ者ㅣ無ᄒᆞᆯ뿐에不止라淸朝가反히英佛米의兵을依ᄒᆞ야內亂을鎭定ᄒᆞ얏스니此時英軍의將은꼬루돈이러라

日本

一八五三年에米國水師提督彼理가비로소日本浦賀에來ᄒᆞ야互市의條約을德川幕府에乞ᄒᆞ니幕府가不許ᄒᆞᄂᆞᆫ지라翌年에彼理가復來ᄒᆞ야條約을頻請ᄒᆞ거ᄂᆞᆯ幕府가假意로條約을許ᄒᆞ고其後幕府가又假條約을歐洲諸國에許ᄒᆞ다外交ㅣ事가他原因과相合ᄒᆞ야尊王攘夷의論을發ᄒᆞ니此尊王攘夷의論은드듸여王政은復古케ᄒᆞ자ᄂᆞᆫ바ㅣ라翌年即明治元年에現今皇帝가即位ᄒᆞ야封建의制를廢ᄒᆞ고郡縣의制를布ᄒᆞ며輿論을重ᄒᆞ고憲法을定ᄒᆞ며國會를開ᄒᆞ니彼歐洲諸國과如히革命의慘毒을不見ᄒᆞ고憲法을有ᄒᆞ야大政을施ᄒᆞ니是ᄂᆞᆫ實로日本人民의大幸이라稱ᄒᆞᄂᆞ니라

亞細亞爲歐人所領

西洋諸國이頻數히其意를東洋에注ᄒᆞ야特히國權의擴張과商利의增殖을企圖

ᄒᆞᄂᆞᆫ者ᄂᆞᆫ英國이爲最ㅣ라日本으로西航ᄒᆞ야地中海에入ᄒᆞᄂᆞᆫ關門即香港新嘉坡셰ㅣ룬、아ㅣ젠、스에스、運河가皆其有에歸ᄒᆞ얏고佛國은印度內幾多의領地와交趾東京을有ᄒᆞ며安南의保護權을握ᄒᆞ얏고魯國은아후싸니스단에出ᄒᆞ야印度에入ᄒᆞᆷ을圖ᄒᆞ며西伯利亞鐵道를布設ᄒᆞ야國都를三千哩外浦鹽斯德港에連接케ᄒᆞ야ᄡᅧ支那日本韓國의要衝을貫코자ᄒᆞ니噫라從此로東洋의風雲變態ᄂᆞᆫ可히其際涯를莫測ᄒᆞᆯ지로다

精選萬國史　終

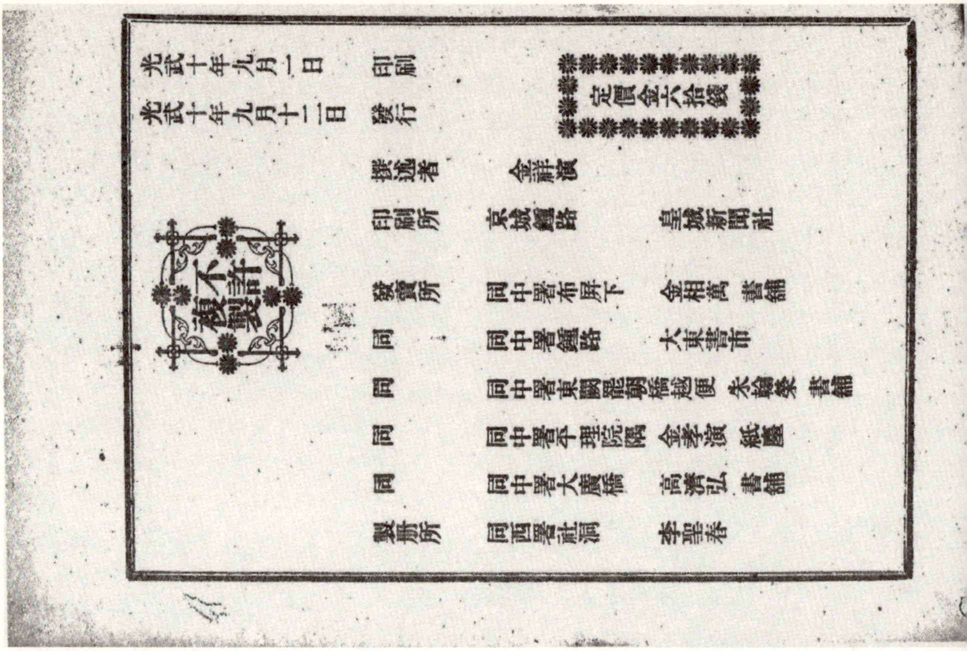

光武十年九月一日 印刷
光武十年九月十二日 發行

不許複製

撰述者 金祥演
印刷所 京城鍾路 皇城新聞社
發賣所 同中署布屛下 金相萬書舖
同 同中署鍾路 大東書市
同 同中署東闕罷朝橋越便 朱翰榮書舖
同 同中署寺理院隅 金孝演紙廛
同 同中署大廣橋 高濟弘書舖
製冊所 同西署社洞 李聖春

定價金六拾錢

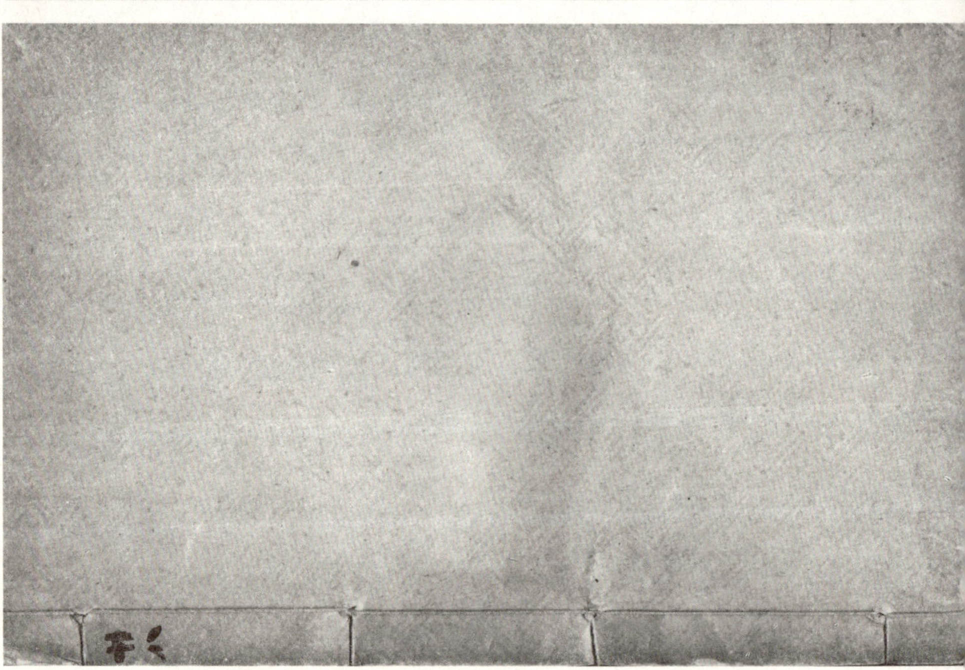